经营生命

清风◎编著

让您站在巨人的肩上 远眺真理的大海

让您彻悟人生真相 产生重活一次的冲动

《经营生命》——深度解析东西方文化的莫斯密码

中医古籍出版社

图书在版编目（CIP）数据

经营生命/清风著．-北京：中医古籍出版社，2009.6
ISBN 978-7-80174-736-5

Ⅰ．经… Ⅱ．清… Ⅲ．东西文化-比较文化 Ⅳ．G04

中国版本图书馆 CIP 数据核字（2009）第 073913 号

经营生命

清 风 编著

责任编辑 邓永标
封面设计 回归线工作室
出版发行 中医古籍出版社
社　　址 北京东直门内南小街 16 号（100700）
印　　刷 北京金信诺印刷有限公司
开　　本 787mm×960mm 1/16
印　　张 26.25
字　　数 420 千字
版　　次 2009 年 6 月第 1 版 2009 年 6 月第 1 次印刷
印　　数 0001～4000 册
标准书号 978-7-80174-736-5
定　　价 40.00 元

《经营生命》——人生路上的明灯

呈现在我们面前的这本《经营生命》，以全息论串联起东西整个文化尤其是哲学及心理学的对比，对主要的流派都作了简明扼要的介绍。书中许多观念令人耳目一新，可以说本书有力地填补了东西方文化比较的空白。

20年前在上海财经大学读书的清风先生读到《宇宙全息统一论》一书时热血沸腾，在那个全民崇尚思考的年代，他立志要以全息统一论为桥梁，打通古今中西，为人生和人类的发展提出自己的思考。如今二十年过去了，一切都斗转星移，浅层化、快餐化成为时代的标签，在当下的国学热中，学术超男超女们在将传统文化通俗化的同时，也将其庸俗化了。

“孔子很生气，庄子很着急，”清风很震惊！清风积二十年心血，倾力奉献东西文化的统一论——《经营生命》，深度解析东西文化的莫斯密码，拨云见日，以正视听。我们相信清风先生的努力如果不能将我们带回那个全民崇尚思考的时代，至少也将掀起一股巨大的“思考旋风”。

我们愿意将《经营生命》与《苏菲的世界》这本1991年出版的享誉世界的西方通俗哲学名著相提并论，甚至我们认为前者在不少方面还高于后者。试将两书比较如下（分别简称《苏》与《经》）：

●通俗度　《苏》★★★★★　《经》★★★

《苏》使读者能以阅读侦探小说般的心情浏览西方哲学史，堪称哲学版的《爱丽丝漫游仙境》。

《经》以对话体，师徒二人双向问答的形式，深入浅出使读者的阅读倍感轻松。

●广度　《苏》★★★　《经》★★★★★

《苏》讲述了从古希腊哲学一直到20世纪的存在主义等的整部西方哲学史。

《经》讲述了东西方文化的主要哲学及其衍生发展出来的心理学流派，贯穿了相关的宗教学、物理学、医学、经济学、全息论等诸多领域知识，堪称成年人的“十万个为什么”。

●深度　　《苏》★★　　《经》★★★★★

《苏》可以当作哲学启蒙书来读，可以说是最佳的入门读物，让人油然而生“爱好智慧”（哲学最古典的定义）的心情。

《经》探讨了一个个人生的大问题，诸如“宇宙是否循环往复”、“克服人的异化具有几种层次”、“天人合一究竟是怎样的境界”等等不胜枚举，足以长时间激荡每个读者的心灵，并对自己的人生哲学进行自觉地反思与重塑。

●亮度　　《苏》★★★　　《经》★★★★★

《苏》新颖的小说体裁，并配以各个时代的历史背景加以解释当时哲学家的思想，引人入胜。一些当代时髦词汇全部被囊括，如生态学、女性主义、宽容、东方宗教、比较宗教、联合国和新世界秩序等，使得哲学议题不和时代脱节。

《经》将全息论引用于对东西文化的比较，打破了东方古典文化的玄虚迷局；第一次引用易经八卦的阴阳不断分化的推演方式，将东西方主要思想流派及其演进脉络梳理成“人类思想文化之树”，从而让人一目了然；三是用求变性与守旧性的对立统一这一自己独创性的理论核心，来重新阐释人类行为模式及由之产生无尽烦恼的深层原因。

在当今这个充满浮躁与喧嚣的社会，我们完全有理由说，《经营生命》是最近二十年来难得的文化精品、哲学精品。它的横空出世，证明我们的民族仍然是充满希望的，因为黑格尔这样说过：“一个民族有一些关注星空的人，他们才有希望；一个民族只是关心脚下的事情，那是没有未来的。”

我们衷心祝愿《经营生命》成为你人生路上的明灯——

让你站在巨人的肩上，远眺真理的大海；

让你彻悟人生真相，产生重活一次的冲动；

让你的生命长度高效延伸，让你的生命宽度高效拓展。

——编者

序　一

人作为地球上的生命，其特殊就在于对生命的自觉，对天地自然的主动探究。我是谁？我从哪里来，将要到哪里去？天地日月是什么？它们从哪里来，将要到哪里去？人和天地自然应该是怎样关系？冥冥之中谁在主宰？天地人这一切是怎样运行的呢？古往今来的思想者总是不断地发出诘问。

由于不同的地理环境，不同的发生源头和不同的发展过程，不同地方的人形成了不同的思维方式，对这些问题就有了各不相同的答案。尤其是老子、孔子、庄子、释迦牟尼、苏格拉底、柏拉图、亚里士多德，以及一代又一代的哲人和思想家，以其深思和睿智推动了人类文明的进程，如群星灿烂，当空闪烁。世界如此丰富多彩，人类的思想如此丰富多彩！但后来，人们往往把不同的思想文化概括为东西两大体系，把它们的差异称为东西之别。其实，如此丰富的世界思想文化，东西二字是不能完全概括的。

数千年中，中国人以其独特的智慧，卓立于东方，曾经长时间领先于世界。近代以后，中国落伍了，在西方列强的坚船利炮之下一败再败。中国从来就不缺少思想者，他们努力追寻中国落后的原因，为着铲除落后的病根；中国也从不缺乏包容和进取精神，一直在努力学习吸收一切新鲜的有用的事物，为着强国富民。多少人殚精竭虑，反省中国的传统文化，多少人负笈远游，求学取经，在中国走向新生的过程中，涌现了一大批学贯中西的思想者。终于，在经过痛苦的磨难之后，中国迎来了走向伟大复兴的时代。

日益全球化的时代，也是东西文化大交融、大碰撞的时代。如今，科学技术日新月异，思想文化日益昌隆，然而，时代虽然进步了，人类面临各种问题、各种挑战，却没有本质的不同，仍然是人自身的发展，人与人的关系，人与自然的关系这些恒久的主题。因此，先哲在面对这些基本问题时所提出的种种基本理念，仍然值得我们深入思考、解读，从中汲取有益的东西。在当今时代，这种思考，应该不是单线的，不是仅仅从某一体系出发，也不仅仅局限于某一特定的时段；应该是全面的、纵深的、包容的。回顾历史，探寻来时的足迹，不是为了倒退，而是为了走好未来的路。深究哲理，不是为给先哲们的思想加以注释，而是为了发掘其中的哲思，指导现实的人生。这种思考，也应该不仅仅是少数学者和专家的责任，它应该是在专家的引导下的大众思考。真理只有掌握了大众，才能发挥作用，才不会成为停留在书斋的纸上谈兵。

青年友人清风先生，沉浸于中西文化的研读思考中十年有余。他立志于打通古今中西，为人生和人类的发展提出自己的思考。他的志大，他选择的题目大，难度也大。十年甘苦，积有所得，如今他愿意把他的成果献出来与大家共享。他的工作是在前人一代一代努力之上进行的，他同时也是众多思想者中的一员。高山不辞垒土，大海不择细流。清风先生通过辛勤的劳动，为大家送来了他的智慧，我为之欢迎，为之祝贺。

《经营生命》，让大家与他结伴而行吧。

中国人民大学历史系教授、博士生导师　毛佩琦

2009 年 3 月 17 日于北京昌平北七家村

序　二

恰受好友清风先生之托为其《经营生命》作序，高兴之余备感荣幸。这不仅因为其巨著即将问世，更主要是因为我的确有话想说。

我结识清风，缘于两年前他作为一家杂志社的首席记者，对我所做的一次专访。后来那份杂志便有了《凯美瑞的魅与周君的美》这篇文章。细读之余进而开始欣赏他这个人，倒不是因为他在该文中对我的大加赞赏，而是我好奇他竟能将一个女性管理者的心理把握得如此准确，并且又能用如此细腻的文笔展现出来。于是，我们便成为了朋友。

我知道清风一直在呕心沥血地创作这本《经营生命》，还知道他边谋生边写书的艰难，更知道他四处联系出书的艰辛历程。这整整 42 万字的宏篇巨帙，让他在最近几年里从没有任何节假日的概念，并且因用脑过度而经常头疼欲裂。还有整整 100 多家各类出版机构以各种理由（主要是以学术书籍没有市场为理由）的拒绝，一次又一次地挑战他心理承受力的极限。但是这一切，他都咬牙挺过来了，不畏一切辛劳，不惧一切挫折，直到心想事成这一天的到来。

我一直感动于清风先生的这种执着与坚持中。

“Nothing can take the place of persistence”（毅力无可替代）。我不敢说清风有超人的智力，但他有超人一等的毅力肯定是确凿无疑的。这种毅力以常人观之，太过另类。但这也恰恰证明了“成功者的常态就是常人的变态”。不过坦诚的他倒也据实相告，“千万不可高估了我的意志。实际上我常常感到内心的脆弱，好多次也想过放弃。只是由于我在书中评论许多伟人的思想，而他们的经历又鼓舞了我的斗志”。我有些感同身受，比如，“德国哲学家叔本华 30 岁时即发表反映其核心思想的《作为意志与表象的世界》。但是，这部著作首版发行时，几乎无人问津，所印刷的五百本绝大部分都搁置在仓库里。直到 1850 年，叔本华的最后一部巨著《附录与补遗》终于完成，但是费尽周折才有一家出版商同意出版，印数只有区区的 750 本。而且叔本华没有稿酬，仅仅是获赠十本样书而已。又比如，马克思前后历时25年，写出的《资本论》第一卷首版的印数只有1000本，并且在第一年里只卖出去200本，用他自己的话说‘挣不来写书时费的雪茄烟钱’。”

但是，后来的历史证明，《作为意志与表象的世界》和《资本论》这两部书的重要作用，以及给世界带来的影响力，都是无可替代的。

这倒真的是印证了那句著名的西方谚语，“上帝的磨盘转得很慢，也转得很细。”或者更进一步说，我们每个人都永远不要丢失希望，因为“上帝为你关上一扇门，必定为你打开一扇窗”。

通观全书，清风对东西方文化作了深刻的提炼和比较，又特别是对当今主流文化之外的东方文化进行了全新的阐述。我的理解是这样，在当今这个为名利而极度竞争的社会，他想劝说人们一定要能够稍事停下来，能够享受这样的时刻：“一个人躺在一方草坪上，嘴里衔着一颗草，静静仰望天上的飞鸟。”进而，他希望重新唤起人们对中国传统文化如佛家、道家等的热情，能够通过各种“修炼”，能够或多或少地体会那“明心见性”，也即西方人所说的“澄明”境界。老实说，最近两年来我业余时间静心研究了一些佛学，并身体力行地参禅打坐，也顺应潮流地练起瑜伽，这才让我能够真正读懂他书中的一些精髓所在。

然而，清风自己最近几年的生活却是如此的忙碌，因为他要通过自己的忙碌造就巨著的问世，好让他的思想传播四海，好让一片宁静能够在当今这个浮躁的社会里发散开来。他对我说，主要想趁年轻能够写出来，到老来就会觉得自己这一生完成了一个使命，实现了人生的价值，能够无怨无悔。他认为他自己是尘缘已了，可以安心向道了，从此可以封笔，去过他所向往的闲云野鹤般的生活了。

我非常理解他“大事即成，如释重负”的心情，但希望他能食“封笔”之言，今后能够有更多的精品问世，以为当今社会吹来更多的“清风”！同时，我作为一个翘首以待《经营生命》问世的读者，必须要借此机会，对出版该书的中医古籍出版社表示衷心的感谢。“千里马常有而伯乐不常有”！在当前不少出版机构重经济效益胜过于社会效益的氛围中，中医古籍出版社能够玉成这本严谨的学术著作出版，可谓功德无量，善莫大焉！

周　君

2009年3月10日

写在前面的话

我在1998年春节后即有一种强烈的冲动，欲写作此书。当时将书名定为《站在巨人的肩上》，因其时仅想到“站巨人之肩上”，将他们的思想串联为一体并理出脉络来。现在本书改为《经营生命》，“站在巨人的肩上”作为书中第十八章的标题，该章内容为在前面章节分别阐述的基础上再对经典的哲学、心理学派别进行一个小结。最后一章即十九章将阐明我在心理学领域的一些最新研究心得，并且结合现实人生来进行探讨，使本书内容显得更具完整与实用性。

之所以用“经营生命”四字为书名，是由于一个偶然的时机，我听说人们在经营生意时都挺认真的，突然悟到人生岂不也是一个经营的过程，人们自觉不自觉地在规划设计与实践着它。但是，有的人可能过得很幸福或者很精彩，有的人则可能完全相反。这里面涉及的因素固然很多，但没有真正像经营生意那样来善待生命恐怕也是一个很重要的因素。

在昆明看到的一则报道对我触动很大，讲的是一个青年妇女来城市后草率地与一位打工认识的男子同居，可是当她怀上双胞胎并生下来后，男方感到经济上乃至思想上过大的压力而选择了消失。该女子走投无路之下通过记者在报上呼吁期望出现一个好心男子与之共度终生，只要能善待她们母女就行。类似的例子其实还有很多，并且说明生命的苦难与无奈还有尴尬在和平年代其实很大程度上是源于自己的错误抉择。这使我重新唤起对哲学的热情——在一个物欲横流而精神空虚的年代，哲学实际上对人生有着非凡的指导意义，只是被常人误视为“清谈无用”而已。

生意失败了可以重新来过，所谓“在哪里跌倒就在哪里爬起来”。当然这句话对不断前行之生命也同样适用，但由于人生之最大特点为有限性与不可逆性，所以扪心自问“有多少糊涂可以重来”？正由于这样，树立自己清晰的人生哲学，尽可能地少走弯路实在是成为必需的了。也由于同样的缘由，本人愿以我三十九年人生经历之积淀，特别是从1998年春节后至2004年7月10日正式动笔前之沉思，浸于笔下提供给所有热爱生命热爱思考的读者，相信一定会对读者诸君有所助益。

必须指出的是要将整个东西方文化（以哲学为主）冶为一炉，是一件极其艰难与殊胜的工作。我不敢说这样的工作是前无古人，但至少本人将作出许多开拓性的贡献。我将为读者勾勒出一幅清晰而壮观的“文化比较”之画卷，使得人人皆有兴趣去深入研究其中的每章每节，不难想象的是书中的每一章甚至每一节如果展开来研究的话都起码可以写出洋洋大观的数本著作来。我这样说的意思就是本书的特点在于既高度综合，又特具新颖性、趣味性，着实将令人难以忘怀。稍具文化的人也能感到读了本书后，天地之学问就仿佛是展现在他面前的一株人类思想文化之参天大树，而各门各派之文化思想有条不紊地如果实一般悬挂于其错落有致的枝头上。

特别为本书增色的是全书采用师徒二人对话的形式，用最通俗生动的语言来阐述最高深玄妙的学术思想。本书必将证明，哲学绝非一定是那些在象牙塔里坐而论道的学院派人士，搜索枯肠所写出来的无比晦涩的东西。本书仍然秉承我一贯的写作风格，有感而发且绝不拾人牙慧，新颖流畅又不失条理分明。值得一提的是1998年春节后的一日，也许是天意吧，我忽然觉得灵感闪现不容错过，于是立即草就了一个简略的前言。尽管过去了这么多年，如今再读之却惊喜地发现其中的思想，似乎仍然足以构成本书的一个主体框架，并且推动作者依照此框架写就这本洋洋大观的《经营生命》来。

——作者

2009年4月6日

Contens 目录

第一章 东西方文化比较之总论

庞大的东西方文化体系，可以一“树”打尽。东方文化乃一阴性体系，西方文化乃一阳性体系，一阴一阳合为双璧。

1. 人类思想文化之树

新知：先生，我读了你的自序，已有所悟，不过你得给我勾勒详细一些才行呢。

清风：正合我意，那是当然的，我们今后的讨论将围绕下图来展开吧！（如图1－1）

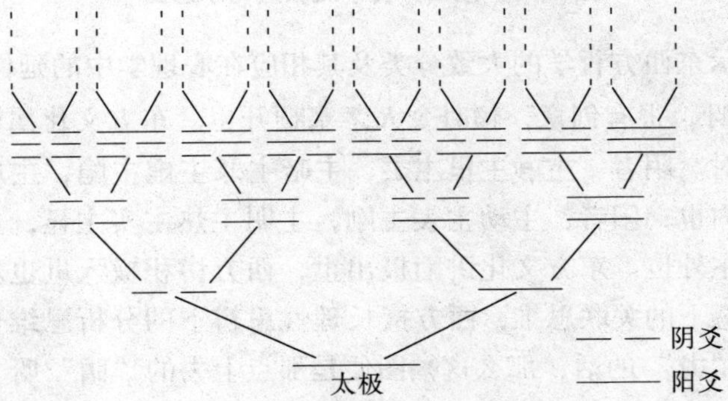

图1－1　易经八卦卦象演绎图

新知：有没有搞错哟，恕学生不敬，弟子虽然孤陋寡闻，到底也还知道上图无非是《易经》中的卦象演绎图，如《易经·系辞》中所说“无极生太极，太极生两仪，两仪生四象，四象生八卦”。法国大哲学家及数学家莱布尼兹受中国的《易经》启发而发明了二进制，奠定了近代信息技术发展的基础。我知道先生年轻时曾对《易经》有过浓厚的兴趣，莫非今日要与学生合写一本易学专著不成？

清风：非也，非也。《易经》在中国文化中占有极其重要的地位，被称为群经之首，是中国所有思想流派的活水之源。但我在这里单单是借其阴阳两分的思维方式来构筑我的人类思想文化之树，请再看图1－2。

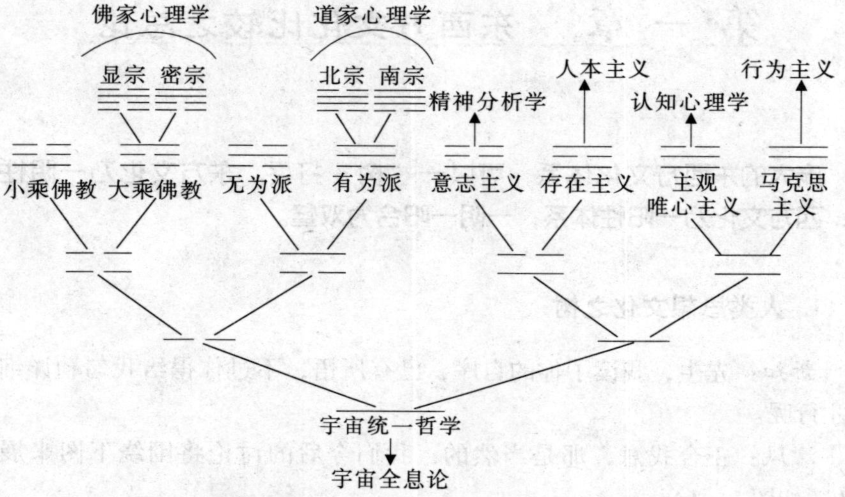

图1－2　东西方哲学流派演化示意图

上图显示东西方哲学的大致分类及其相应在心理学中的延伸。

新知：呀，很有创意，顿时令人茅塞顿开也。东方文化属阴，西方文化属阳，很对。阴者，主静主里主柔，主暗主寒主虚主隐，主后主下主聚主闭主沉主内也；阳者，主动主表主刚，主明主热主实主显，主前主上主散主开主浮主外也。东方文化讲消极出世，西方讲积极入世也。东方文化擅长禅定直感下的关联思维，西方擅长理性思辨下的分析思维也。如果说先生此书是“龙”的话，那么这幅图便是那点上去的“睛”呀。我对先生真是佩服得五体投地了，赶快详细地开讲其具体内容吧。

清风：心急吃不了热豆腐，日后我们会按此脉络分章节地加以阐述，不过在这里仍可先三言两语地简述一二。将东西方文化主要是哲学统合起来可建立宇宙统一哲学，这可看作是“太极”。太极生两仪，可看作从宇宙统一哲学中分出东西方两大派别也。显然，主静主柔主内的东方哲学属阴，与之完全相反的西方哲学属阳。两仪生四象，可看作东方哲学以印度之佛家及中国之道家为代表，西方哲学虽派别林立总无出理性经验与本能意志两大类。佛家更偏重于心性的超脱（心性属隐性的属阴），论辩更具本体论性质，故为阴中之阴；道家更偏重于身体的修炼（身体属显性的属阳），论辩多涉及具体的技术细节，故为阴中之阳；本能意志多属于隐性层面的潜意识范畴，故本能意志派属阳中之阴；理性经验多属于显性层面的意识范畴，故理性经验派属阳中之阳。

新知：妙呀妙呀，再复杂的东西经先生一点拨顿时云开雾散，晴空万里，一片清晰。那四象生八卦何解？我悟也。小乘佛教，乃最初之原始佛教，更强调出世静修（消极出世为阴），偏重于自我解脱，故为阴中之阴之阴；后期大乘佛教强调真俗圆融人世修行（积极入世为阳），偏重于度己还要度人，故为阴中之阴之阳也；道家早期以老子、庄子等为代表，主要以无为养性立论（无为属隐性的主静为阴），一切以“道”为核心，故为阴中之阳之阴也；以后之道家特别是随着道教的建立与发展，主要是将有为修炼之法达到空前完善之程度，处处都体现显性的“术”的特征，故为阴中之阳之阳也。

清风：弟子聪明，吾与你同龄即弱冠时，其心智与你差之甚远矣。你先歇口气，我来接着与你说后四卦。生命意志论者叔本华、尼采等人相对而言之论辩更在意志的浅层次上，对人生更看到其消极的一面，强调本能意志的作用，故为阳中之阴之阴；而后期以萨特为代表的存在主义可说是在生命意志论者的思想上发展起来的，但偏重于将本能意志提高到自由选择的层面，其论辩更带积极乐观色彩，故为阳中之阴之阳；而以英国的贝克莱、休谟等为代表的主观唯心主义者，同时又是经验派的代表（经验作为一种低层次的理性更加具有隐性特征），故为阳中之阳之阴也；黑格尔之思想既代表了与英国经验派相对的大陆理性派，又因其客观唯心主义而与主观唯心主义相对——在其思想上发展起来的马克思主义是彻底的唯物主义而与唯心主义不共戴天（客观为阳，唯物为阳，理性为阳），故为阳中之阳之阳也。到此八卦生矣，东西方文化之八大流向皆齐备了。

新知：接下来的一点儿细分就由我给先生代劳好了。大乘佛教传入中国后影响最大的有八大宗派，它们可分为显宗与密宗两大类。以禅宗为代表的七大宗派在中国内地广为流传是为显学，其教义偏重于心性的超脱且接近一般民众，如仍以阴阳论之，当是阴中之阴之阳之阴（心性属隐性的属阴）；密宗乃佛教之藏传一脉，主要在西藏一地盛行且其仪轨练法讲究极其严格秘密，故名“密”宗，（其特别强调即身成佛，重视身体的修炼），故为阴中之阴之阳之阳也。而道家之精华学说集中在其内丹学中，此丹道又有南北二宗之分也。北宗强调先性后命，以性功炼神为主，按我们前面的分类标准，是属于阴中之阳之阳之阴也；而南宗强调先命后性，以命功炼气为主，很显然的是属于阴中之阳之阳之阳也。

清风：真是青出于蓝而胜于蓝也！我想起一首歌中唱到“我为你骄傲，我为你自豪……”

新知：过奖了，弟子可是受之不起哟。但是接下来关于西方思想的一些细分还得劳驾先生，以弟子那点斤两是无能为力的了。

清风：哈，看来你还是有点自知之明的。很显然在古代并无专门的心理学，其思想都包含在哲学中，为了方便与近现代心理学相比较，特引申归纳出一点佛家心理学与道家心理学（加上一些儒家及中医中的有关心理学的内容合为东方心理学）以飨读者。西方心理学直至近代始从哲学中正式分离出来，其与哲学的渊源可以大致地概括如下——

生命意志论者的思想深深地影响了弗洛伊德，弗氏自己就认为尼采早就说过了他想说的80%的内容，其以创建精神分析学说而闻名遐尔。弗氏最著名的是其关于潜意识的学说，该学说认定本能尤其是性本能虽然平常被人压抑在潜意识中，但它们才是人生各种活动真正的主宰。现代曾风靡一时的存在主义也可说是一种“人学”，发展到萨特时已臻于化境，强调精神绝对自由，存在先于本质，人生永远指向未来等等。该学说在美国的传播深深地影响了马斯洛等人，马氏高举完善人的无限潜力的大旗，提倡人人都应追求自我实现以及为获得高峰体验而努力，因而其被公认为“人本主义心理学”的代表。

主观唯心主义以贝克莱的主观经验论为代表，它们影响了后来的冯特等人。冯特最早开创内省实验的心理学研究新模式，被尊为现代意义上的心理学鼻祖。这样的心理学思潮几经演变，终于形成了有广泛影响的认知心理学体系，其最基本的思想就是人们对事物的反映不是取决于事物本身而是对事物的态度。马克思主义哲学在黑格尔集辩证法大成的基础上加入了唯物论，其著名的“人是社会关系的总和”的论断以及历史决定论思想不得不使我们想到美国20世纪上半叶最著名的心理学家华生。虽不能说以“环境决定论”为核心思想而闻名于世的行为主义奠基人华生继承了马克思的衣钵，但感觉他好像是将马克思主义的一些思想在心理学上进行了极端的应用，尽管他并不是一个马克思主义者。

新知：哇，妙趣横生也，真乃“听君一席话，胜读十年书”也。经先生如此条分缕析一番，顿时一目了然矣。只是我有一个疑问不知当问否？

清风：言者无罪，但说无妨。

新知：那先生你自己属于那一派呢？唯物还是唯心？

清风：看到你就仿佛看到我二十多岁时的影子，那时的我看问题也是如此绝对。难道一定要非此即彼，就没有一条第三道路吗？其实在我看来无论唯物论还是唯心论都是失之偏颇的，正如中国近代著名学者梁启超所说，真理是不能用“唯”字表现的，凡讲“唯什么”的都不是真理。就宇宙全息论来看，任何物质都具有精神性，而任何精神都是一种具有一定主观性的特殊存在的物质，物质与精神实际上是不可分割开来的。

新知：先生是不是还想说，从更广阔的意义上说物质、精神、时间、空间都是紧密联系不可分割的？先生呀先生，一代物理巨匠爱因斯坦因为提出物质、时间、空间都非绝对孤立的相对论，而引发物理学的革命，而先生更加入精神在内，看来是要引发思想界的巨大革命呢。

清风：你咋个总是能揣摩透为师的心思呢，难道真应了那句“心有灵犀一点通”吗？不过话也说回来，在以前人们的认识总是要么将精神与物质割裂开来，要么坚持物质第一性而精神是物质的产物也是情有可原的。

新知：这主要是因为以前人们只以为精神是人脑的机能，而意识不到动物、植物乃至宇宙万物都是有精神的，只不过同人之精神相比它们都还处于低级状态。但人之精神之种子是早在宇宙诞生之时起就已经种下的，宇宙不过是按照既定的秩序一步一个脚印地将其从潜态层面一点一滴地完全地展现到显态层面而已。

清风：聪明，我没看错你！精神的种子如果不是早已存在的话，那就只能想象当自然界出现了进化的最高产物人之后，最高级的意识——人的精神突然就从地里冒出来了。人之精神就是宇宙精神的体现，是宇宙表现与反思自身的一种高级方式。

植物是有精神的，因为植物其实也是有“情绪”的，这听起来有点不可思议，但是美国、前苏联等国的一些科学家的研究证明过这一点。我在读小学时就听一位音乐老师念过一篇文章，让我一直记着的是——科学家给农作物听古典音乐，使其能够增产。

新知：既不偏执于唯物也不偏执于唯心，看来老师是深受传统文化中的中庸之道的影响呀，如同孔子所云“过犹不及”也。

清风：看来徒弟就是徒弟，就是还差一点火候，你仅知道中庸之道，可知道佛教中非常重要的中道观念吗？从层次以及涵盖面来说中道都比中庸之道更胜一筹。再进一步说东西方哲学又何尝不是各执一端，如同一枚硬币的两面呢？为师所做的就是要在充分揭示它们各自的贡献与局限的基础上，给读者诸君指出一条中道之路。这里话不多言因为来日方长，以后全书中都还会反复提到这个话题，定会让你尽兴而归。

新知：宁要片面的深刻，不要肤浅的全面。而把这些片面的深刻综合起来，取其长而补其短，就有可能得到对真理最接近的认识，汝以为然否？

清风：怎么这些话这么耳熟呢？

新知：实不相瞒，我私下已偷看了先生以前写的几本证券专著，对有些语言印象颇深。之所以今天才告诉你此事，是为了给你一个意外的惊喜。我坚信先生这本巨著，必将综合提炼所有“片面的深刻”而达到“深刻的全面”。

清风：不好说，是骡子是马拿出来遛遛就知道，出版之后自有读者来评判，但我想至少一纸风行的效果是可以期待的。

新知：先生，我得提醒你，在你的文化之树中，似乎少了一样东西，那就是孔子所创立的儒学，汝以为然否？

清风：什么“然否”，想不到我那咬文嚼字的坏毛病也被你传染上了。儒学虽然对中国文化影响极深，但它主要涉及伦理学等方面，相对来说少点哲学色彩，因而未加以在树上表示出来。不过我在书中正文里会有专门的章节来介绍它，类似的情况还有基督教及《圣经》，对它们的研究我也不会遗忘的。

新知：先生呀，先生，不瞒你说，我不知是该佩服你的天才思维，还是该觉得不可思议，我甚至觉得自己是不是在梦中。那汗牛充栋、浩如烟海的哲学及文化书籍，其间蕴含的思想之深邃与复杂实在是令人望而生畏呀，如何只用如此一棵“树”就梳理清楚了呢？在常人看来如此包罗万象的东西方文化体系，在先生这里就是这样区区一棵树，令人想起那句古话，“假传万卷书，真传一句话”。

清风：这句古话人们常常引用，固然有理，但更多的时候，也有点要贫嘴的味道。一个真正有真知灼见的人，他必然是既能深入分析研究每一个枝节，又具有高度综合的能力，这就是人们常说的“从薄书读到厚书，又从厚书读到薄书”的道理呀。

你说你“觉得自己恍若梦中”，我能明白你的感受，并且我自己也常有一样的困惑，可以说是感同身受，当简单真正到来时我们却又怕起来了。其实追求统一是思想界的永恒目标，爱因斯坦晚年不是几十年都在为建立统一场论而工作吗？奥地利的伟大哲学家、科学家马赫曾经提出过一个著名的思维经济原则，即用尽可能少的思维，对事实作出尽可能最完善的描述。科学发展如此，文化的发展也是如此呀。

新知：说得太好了，每个领域都是相通的，比如经济学的一个基本原则便是，用最少的成本获取最大的效益。就思想领域而言，真正的思想巨匠是将思想梳理简明的人，而不是相反。在物理学上有一个著名的能量守恒定律已是够简单明了的，但爱因斯坦的著名公式 $E = mc^2$ 更加的简明优美呀，它揭示了质量与能量转化的定律，于是能量守恒定律更可以扩展为闭合系统中所有质量与能量总和守恒的定律。

清风：不错不错，你的知识面很广，原子弹就是根据爱因斯坦的质能转化公式制造出来的。我再给你补充一个更广泛适用的定律，那就是信息守恒定律。从古至今，甚至说不管宇宙从奇点开始爆炸再到最后回到奇点经过多少个来回，其信息总量都是相等的，只不过是信息在潜态与显态之间的一种你消我长的过程。

我们知道动物进化为了人，然后人类社会又在不断从低级到高级在发展着，实际上这只是一种表象，潜信息不断被显化，而以前的显信息又不断地归于潜在，信息总量并无任何变化。值得一提的是，这里的信息是包括精神在内的。

新知：你太厉害了，如果你的看法是正确的话，看来教科书也得改写。某种意义上讲一粒种子就是一棵大树，二者从信息的角度来说就是一回事。不是有个哲人说过的吗，"世上没有新鲜的东西，有的只是排列组合的不同。"

清风：以后我们还会讨论这个问题，因为全息思想是贯穿本书全书的。道家有"人法地，地法天，天法道，道法自然"之说，佛家有"一即一切，一切即一"之说，这正是东方哲学的精髓所在呀。

新知：我感觉得到先生非常推崇宇宙全息论，弟子的胃口已经被吊上天了，趁热打铁赶快开讲吧。

清风：且慢，为师先与你卖个关子，让我们先从生物学差异比较谈起，接下来再谈全息论。

2. 从生物学差异比较

清风：余以为之所以东西方文化有这样大的差异，和生物学上的不同有关。东方人自古以来以农业为主，固守一方，饮食以素食为主；西方人自古以来以牧业为主，游历四海，饮食以肉食为主。是以东方人温和内向，西方人暴烈外向，因而文化类型也大不同也。

新知：不瞒先生，我对生物学情有独钟，颇有心得。动物分食草与食肉两大类，比如长颈鹿与老虎就分别属于食草与食肉类动物。食草类动物肠子特别细长，便于消化吸收素食而脾气相对温和；而食肉类动物则肠子特别短粗，便于消化吸收肉食而脾气也相对暴烈。以此推论，人作为高级动物，西方人似乎更具有食肉类动物的特征，反之东方人则更具有食草类动物的特征。

清风：弟子高见，虽为戏言，在解剖学上看来确也有所依据。身材高大且上身相对更短，下肢相对更长的西方人更接近食肉类动物；具有相反特点的东方人则更接近于食草类动物。以谷类为主的农耕民族，比起肉食为主的狩猎民族，欠缺瞬间爆发力。当肉被消化吸收，血液中氨基酸增加，就会产生瞬间爆发力。最典型的例证，比如女人相对男人就更像食草类动物，而她们相比之下就欠缺瞬间爆发力，而与之相应的补偿就是耐力更强而寿命也更长。

新知：据科学研究，人吃了大量肉食后，脾气会变得越来越烦躁，有如下的原因——肉类中含有大量动物蛋白，会使脑中的色氨酸含量减少，而导致人有侵略、焦虑和好斗的倾向；肉中含钙的比率不高，多吃会造成体内钙浓度太低，也会增加人易怒及暴躁的倾向；肉类中含有大量的饱和脂肪，过多摄入可使血管硬化，进而升高血压，这也就更容易造成人的情绪不稳。当然从另一方面来说，肉类尤其是如鸡肉之类蛋白质中赖氨酸含量高的食物能使人的情绪更为亢奋，也就有治疗忧郁症的作用。长期保持清淡饮食的人，性情比较温和，这是因为蔬菜、水果中含有大量血清素，具有让人增强睡意的功能，能降低人的攻击性。

清风：说这么多干吗，简单扼要地说，就是以阳性食物为主食的民族性格偏外向、暴烈，易患狂躁症，易染暴力倾向，而以阴性食物为主的民族则性格偏内向、温和，易患抑郁症，容易钻牛角尖以及走极端等等。哦，差点忘了，书写到这里之时，正是喜讯传来之时，2004 年雅典奥运会男子 110 米跨栏决赛中，中国的刘翔以 13 秒 27 的成绩平了世界记录。这是中国乃至亚洲运动员，首次能够在被欧美国家垄断的短距离径赛项目上大显神威。不过赛后刘翔也坦陈东方人相比西方人还是欠缺爆发力的，他的成功在于通过后天科学的训练来弥补这一劣势，从而能与欧美运动员在赛场上一逞高下。各家媒体推测刘翔将获得的奖金不会少于两百万元，还不算今后源源不断的广告合约将带来的巨额财富。

新知：多爽呀，太令人羡慕了。现在的小孩不用再像先生年轻时那样，去“千军万马挤独木桥”般往大学里挤，当父母的想办法将他们造就成体育明星就名利双收了。闲话少说，言归正传，所以体育运动产生在西方，而雅典也就成为奥林匹克的发祥地。而太极拳、修禅之类考验耐力，不求爆发力的玩意儿自然地也就产生在东方。并且肉食性动物身体粗壮，生命相对短促，相反草食性动物则是身体纤细，生命相对长久。修禅的和尚之所以寿命长且能够抵御红尘的诱惑，是因为定力强耐力也强，而这又源于他们常年过着粗茶淡饭、青菜豆腐的生活。而长期大量吃肉（包括蛋、奶等动物性高蛋白食物）的人，就会大量吸收精氨酸（制造性激素的主要原料）、荷尔蒙（激素）的分泌就会过量，因而定力耐力都相对差，但各种欲望及爆发力强，好动争胜，寿命也相对短。但是，动物蛋白及钙质的充分摄入能使人强壮呀，所以我国也就提倡国人多喝牛奶，所谓“一袋牛奶能振兴一个民族”也。

清风：你说得对，不过自古以来中国人的饮食结构决定了国人的体格相对瘦小，但是华夏民族还是生生不息地繁衍了下来，这是因为国人以豆制品为主食，从而吸取大量的植物蛋白，所以似乎也可以说“一把豆子繁衍了一代民族”也。至于说到激素的分泌问题，你干脆把话挑明得了，西方人性欲较东方人为强，并且西方社会似乎也是一个以“性”为中心、性文化空前发达的社会。一般学者都认为西方是性文化发达，东方是吃文化发达，在性方面比较压抑的中国人将大量精力都转移到对饮食的精细上了。

不过随着文明的发展，以洋快餐为代表的欧式饮食的不断侵入加之西方文化观念的大量涌入，现在的东方人似乎从观念到体格都在迎头赶上。性就如耗子一样无孔不入，现在东方社会哪一处角落没有充斥着“性”的喧嚣呢？不过当前我们还是不要把话扯远了，诸如性、寿命长短之类问题均留在以后的章节进行讨论，在此打住。

新知：讲到这里弟子想要补充一点的是在中国的众多少数民族中，自古以来就有一部分游牧民族的饮食习惯与西方人有类似之处，其体格乃至性格特征相应地与西方人有诸多相似之处，比如说蒙古族、藏族、满族等等。

清风：很好很好，能够举一反三，在为师看来是做好学问之保证也。历史上，彪悍的游牧民族曾给汉族带来了深重的灾难，在相当长的时间里汉族对于这些“马背上的蛮夷”真可谓是束手无策。当然这也直接催生了秦朝修建那至今被华夏儿女引以为傲的万里长城，这也导致了汉初与匈奴长达六十余年的和亲政策。直到汉武帝时，汉族同匈奴进行了数十年的战争，终得完胜方才保得一方平安。

新知：我由衷地钦佩先生的博古通今，同时也点燃了我的思想火花。我必须补充的是汉武帝派遣张骞出使西域，原本只为了去联络大月氏国以夹击匈奴，却无心插柳柳成荫，促成了举世闻名的丝绸之路，为东西方的文化交流作出了巨大贡献。

清风：好极了，你能有这样的灵性，为师也可少费点口舌。在北宋时北方少数民族再度卷土重来，金国与辽国逼得北宋屡次签下城下之盟，每每赔钱送物，直至最后偏安于江南而建立南宋。然而南宋苟延残喘也仅一时，北方蒙古族异军突起，先后灭金、灭辽，最后以秋风扫落叶之势统一中国，并且不断开疆拓土建立了有史以来中国的最大版图。值得一提的是“只识弯弓射大雕”的一代天骄成吉思汗的子孙们，驱动着那令人不寒而栗的蒙古铁骑最远一直打到欧州，被西方史家称之为“黄祸”。

新知：妙，妙呀！我斗胆给先生补充一点，在人类历史上，有一个奇怪的现象，即能攻打到西方去的东方人，都是游牧民族，比如匈奴、突厥和蒙古。而与汉族崇拜龙图腾不同的是，这几个民族都是崇拜狼图腾的民族。他们之所以如此强悍，是因为他们血管里流淌着的是狼性之血呀。敢问先生，你不是还涉猎过关于人之血型的研究吗，你可否将其用来佐证一下东西方人种之别呢？

清风：我也只能说是略知一二，姑且在此试析一二吧。在西方人中，O型血是为优势血型，据我所知约占总人口的50%以上，而在东方人中则只有25%左右。而通常O型血的人单从先天而论具有外向激动、情绪化、热情奔放、刚烈等性格特征，而其他血型尤其是B型血特别具有温和慢吞吞的特征。由此也可推知西方人何以与东方人在性格上有巨大的差别了。

新知：如果按照著名的心理学上的气质划分理论，也可以说在O型血占优势的西方人中，属于胆汁质以及多血质的比例应该相当的大，而在东方人则是黏液质和抑郁质占多数。以上我们非常粗线条地从生物学的角度比较了东西方文化差异的原因，其实这种差异又决定了中国古代一统社会的超稳定结构，而西方则是松散的城邦割据。

这些似乎属于研究社会学的范畴了，日后与先生再聊。先生，俺们接下来总该谈到全息论了吧。

3. 从宇宙全息论比较

清风：如果单将东西方哲学以出世与入世或阴性与阳性来划分，固然简明但也给人的印象仍嫌苍白。实际上，可进一步作如是观——一则为主要观察潜态世界的学问；一则为主要观察显态世界的学问；一则为研究化欲的学问，一则为研究顺欲的学问；一则为研究储能的学问，一则为研究耗能的学问；一则为研究追寻内心平静安祥之乐的学问，一则为从外界追寻快乐的学问；一则为找回人之先天本性之学问，一则为发展人之后天本性之学问；一则为主要运用综合关联思维方式的学问，一则为主要运用分析演绎思维方式的学问……

新知：啊，你终于暂停了，我一下子哪消化得了这么多东西，可否为我再细说一二。

清风：当然，你可要记得，本书是一本全新的书，从思维到观念都将引发一次不大不小的地震，很多东西你肯定将第一次听到。刚才我先给你综述了一番，日后随着各章节的深入展开，我自会毫不保留地灌输给你的。

新知：当下谢过先生，先生之开明令人感动。是以我对跟着先生登堂入室充满了信心，那先生就先从潜态显态说起吧。

清风："宇宙全息论"的基本思想是要把自然界、人类社会和人的精神世界，一句话要把整个宇宙统一为一个有机整体来认识，也就是要把宇宙中各个不同的层次和过程统一起来，把宇宙统一为一张结构缜密不可分割的巨网。宇宙全息律是说一切事物乃至宇宙都具有四维立体全息性，并且每一事物都是宇宙的全息元，这样就把宇宙统一为一个处于普遍渗透中的有机整体。

具体地说，宇宙全息律包括如下基本内容：一切事物都具有四维全息性；同一个体的部分与整体之间、同一层次的事物之间、不同层次的事物之间、不同层次与系统中的事物之间、事物的开端与结果、事物发展的大过程与小过程、时间与空间，都存在着相互全息的关系；每一部分中都包含了其他部分，同时它又被包含在其他部分中；物质普遍具有记忆性，事物总是力图按照自己的记忆中存在的模式来复制新事物；全息是有差别的全息。

新知：可是先生你方才讲的与"潜态、显态"并不相干呀。哦，我明白了先生先讲一点宇宙全息的基本要点作为一个铺垫，就好像一首乐曲正式开始之前先有一个过门一样。

清风：对！我先声明一点，本书所有内容都是俺独自按照自己的心得来辛勤工作完成，唯有上面一段以及下面关于潜态、显态的一段是完全引用自《宇宙全息统一论》一书，因为我感到自己无论怎样都无法达到作者那样的清楚表述的程度。

新知：我知道先生对宇宙全息论是推崇备至，我特想要知道它后来的推广应用情况如何了？

清风：我跟你汇报如下，1988 年该系列书陆续推出之后，在国内引起了较大的反响。但是，由于全息论本身的玄妙深奥以及缺乏在具体领域的展开应用再加之叙述的语言尚欠生动，所以它的巨大价值尚未得到世人特别是国外的广泛关注，近些年来甚至少有见到这方面的专著问世。

新知：我相信先生这本以全息论为指归而创造性地将古今中外的思想流派“串通一气”的书问世之后，必将把对全息论的研究推向一个新的高潮。更何况你我的对话是如此生动活泼，单凭这一点就足以吸引无数眼球，甚至风靡整个世界。

清风：我可没有你想得这么乐观，不过我得老实承认听君一席话，犹如吃了蜂糖一样沁人心脾，神清气爽。赶快接着往下——

人们或许要问，既然宇宙任一部分都包含着宇宙整体的全部信息，那么事物为什么还会发展呢？在发展中不是出现了以前没有的信息吗？为什么我们不能感受到这全部信息？

提这种问题的人只看到了宇宙的一部分，而未看到全体，或者说他只看到了显在的宇宙。宇宙有两种形态：显序宇宙和隐序宇宙。与此相对应，信息也有两种形态：显在信息与潜在信息。潜在的信息世界是无限的，显在的信息世界只是潜在信息世界的有限的部分。所谓潜在信息是指尚未被物质和能量等载体表现出来，只以高度浓缩的形式藏在幕后间接起作用的信息；显在信息则是处于与此相反的状态的信息。

比如植物的种子就是一个纯潜态的信息结或全息集，植物整体的信息全部潜在于里边，没有任何显露；以后植物整个一生中所显示出来的那些信息则是显在信息。但是，就是在以后的全部发展过程中，最初那粒种子中所包含的全部信息都仍然每时每刻潜在于该植物的每一部分——一切细胞之中。整个宇宙也是这样，宇宙“奇点”中潜含的全部信息都仍存在于宇宙的每一时刻每一位点上，只是由于它们无限潜在着，我们才难以发现。即便去掉宇宙“奇点”的假定也能发现同样的道理：宇宙最初形成的那些基本粒子都仍然存在于现在的宇宙里，并构成了万物的基础。

因此，所谓事物的发展并不是无中生有，也不是原先没有的东西产生出来以后对已有的东西的否定过程，相反它完全是对潜在信息的肯定过程，即是潜信息在外在事物作用下由潜在转化为显在的过程。只有从这个角度才能正确理解事物的发展过程何以同时既是否定又是肯定。任何事物都是潜在信息与显在信息的总和，其发展过程是信息由潜到显的显化过程，若从潜态与显态的总和来看，这个过程既是对潜信息的肯定，又是对已显化出来的信息的否定——任何显现出来的信息都排挤掉了以前显现出来的阶段，使之转入潜在。

新知：妙呀，真是天才的论述，宇宙全息论的开创者其思想之深刻令人信服，令人深思，令人难忘。其实古代圣贤早有朴素的全息论的描述，如关于潜态与显态，道家创始人老子及庄子用“无”与“有”来表达，而佛教创始人释尊用“空”与“色”来表达。但是，古人的全息思想既朴素又抽象，或者再说简单一点就是使人感到怎一个“玄”字了得。这使得他们的天才智慧从来都没有成为一种显学而为大众所认识和发展，并且最可气的是到封建社会后期甚至沦落为文人隐士们把玩文字游戏，坐而论道、附庸风雅的工具了。

清风：弟子少安毋躁，造成这种情况不是圣贤们的错，而是时代使然也。随着宇宙全息论的推出，第一次真正将全息思想上升到信息的高度，从而使那些天才智慧不再被视作哲人的呓语，其神秘面纱开始渐渐地被揭开，并且开始逐渐地走向系统化、规律化与科学化。尽管如此，信息这个玩意儿仍然是一个可以意会却难以言传的东西，因此要证明潜态世界的存在似乎还需要更进一步的证据。根据我前段时间所看的最新文献，西方学者已明确提出相对于显态世界的物质而言，存在一种潜在的物质，并且将其定名为“潜基”。

新知：这种情形，很像人体的情形，西医只看到显态的血液、肌肉等，而中医却看到的是在背后起操控作用的“气”也。实际上在整个宇宙中都弥漫着这样一个气场，这对于练功有素的人而言，体察到它的存在并非难事。人体这个小宇宙时时刻刻都在通过这个气场同外界的大宇宙进行着能量的交换，这种神秘之气曾被人称为“龙子”（因为华夏民族都是龙的传人)。

清风：我们还是回到正题上来吧，你这些玄论容易引发争议，所以还是先将其搁置在一边为妥。如我们前面所谈到的，要理解东西方文化的差异，最简捷深刻的办法是将东方文化看作是主要关于潜态世界的学问（其相应用词如“气”“道”“空”“无”“无极、太极”等等)，而西方文化是主要关于显态世界的学问（其相应用词如理性、物质、欲望、存在等等)。万物就潜态而论可说是全息的无差别的，就显态而论可说是有差别的。西方的文化就是用概念、逻辑、推理的方法去认识这显态的世界，从而有了现代文明的诞生。由于常人通常能够理解的也是显态的东西，并且能很实在地在生活中感受到西方文化尤其是科学带来的好处，所以对通常认为是落后的代名词的东方文化认识极其肤浅，所以以下主要来讨论东方文化与全息论之关系。

新知：先生，我前段时间在你那里浏览了一通宇宙全息统一论的书籍，今天再经你一番开示，真个有如饮醍醐之感。我国现代最早的全息思想起源于张颖清先生发现的生物全息律，王存臻、严春友两人创建宇宙全息论的宏大体系很大程度上是受到了张先生的启发。

清风：西方人的思维方式与东方人有较大的区别，像中医创造的许多奇迹已为世人所公认，但其中的经络、穴位等概念迄今为止尚未得到广泛的承认。所以生物全息律未引起足够的重视，但将来随着时间的推移自会发出灿烂的光芒。

我们继续谈全息论的事，无师自通的张颖清先生发现了举世瞩目的“生物全息律”，其在20世纪80年代末期出版的《生物全息诊疗法》一书有广阔的应用价值。它对生物全息律的描述如下——

生物体一个全息元上的各个部位，都分别在整体上或其他全息元上有各自的对应部位；一个全息元上的一个部位和相对于整体上或某一其他全息元上的非对应部位，总是和其所对应的部位生物学特性相似程度较大；各部位在一全息元上的分布规律与各对应部位在整体上或其他全息元上的分布规律相同。这样，生物学特征不完全相同的各部分的分布结果使全息元在不同程度上成为整体的缩影，并且各全息元之间在不同程度上是相似的。

相对于非对应部位，每一部位与整体上或其他全息元上其所对应的部位的病理、生理、生化、遗传等生物学特性相似程度较大。这样，每一部位就包含着整体上或其他全息元上其所对应部位的生物学特性的信息，从而每一全息元就包含着整体各部位的以及其他全息元各位点的生物学特性的信息。这与一幅全息照片的每一个碎裂的小片都包含着整个景物的信息十分相似。所以，我们使用了全息这一术语。

新知：听起来可真的有点拗口，大凡学术论述总是难免有一些令常人望而生畏的东西。不过我还是理解先生的良苦用心，不如此就无法真正理解东方的哲学及医学中那些特有的综合与关联思维方式。各位读者，为尔等着想，先暂停一下，喝杯茶水，然后讲点有趣的东西。在张颖清发现的穴位全息律概图（如图1－3）中，最方便常人用来进行诊疗的是第二掌骨侧全息穴位群详图（如图1－4）。

前段时间我按照先生教的方法在一些朋友身上做实验，挺灵验的。比如一个人是老胃病患者，最近虽少见发作，但我在他第二掌骨侧对应的胃穴上用力一按，他便痛得叫了起来。然后我嘱咐他日后坚持自己每天抽时间出来在两只手对应的胃穴上各按上个三五百下，以达到彻底断根的效果。应该不错吧，先生以为如何？

清风：瞧你那得意忘形的样子，真个是“小人得势，语无伦次”。不过，活学活用，其精神还是可嘉的，值得肯定。我再给你补充一点现代关于全息论最初的研究——

20世纪60年代初期，由于激光技术的问世，使全息照相术得到了迅速发展，人们不仅可以拍摄各种物体清晰的三维立体像，而且出现了彩色全息照片、白光再现全息照片等等。全息照片的信息完整而又丰富，即使一张照片破碎成许多小块，每个小块也都能再现出物体的整个图像来。这是因为全息照片的每个位点都受到了被摄物体乃至每个部分反射光的作用，从而每一位点上都浓缩了原物整体乃至每个部分的信息。

新知：先生，我觉得读过全息论的书之后，再与你切磋东西方哲学，不再有“乱花渐欲迷人眼”的感觉而是豁然开朗了。当今克隆羊的问世，难道不是对全息理论的最佳注解吗，一个小小的胚胎干细胞不就是一个堪称万能细胞的全息元吗？不过令我感到大惑不解的是，你怎么会想到以全息论观点来搭建沟通东西方哲学的桥梁呢？

清风：本属个人隐私，不过既然与你如此有缘，也不妨透露一二。我年轻时常受胃病折磨，严重时甚至骨瘦如柴。以后开始修习禅定，其间走过无数的弯路，终获彻底了悟，此不赘述。不过迫于生计以及自身意志薄

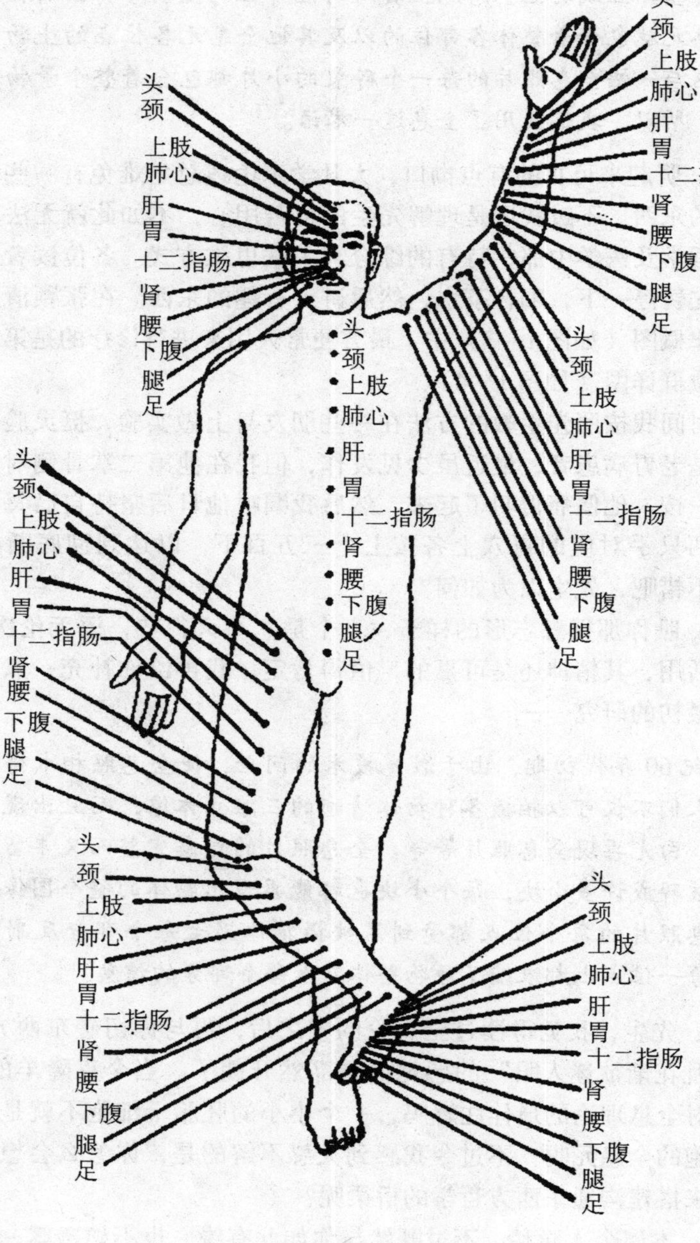
头
颈
上肢
肺心
肝
胃
十二指肠
肾
腰
下腹
腿
足
头
颈
上肢
肺心
肝
胃
十二指肠
肾
腰
下腹
腿
足
头
颈
上肢
肺心
肝
胃
十二指肠
肾
腰
下腹
腿
足
头
颈
上肢
肺心
肝
胃
十二指肠
肾
腰
下腹
腿
足
头
颈
上肢
肺心
肝
胃
十二指肠
肾
腰
下腹
腿
足
头
颈
上肢
肺心
肝
胃
十二指肠
肾
腰
下腹
腿
足
头
颈
上肢
肺心
肝
胃
十二指肠
肾
腰
下腹
腿
足

图 1－3　穴位全息律概图

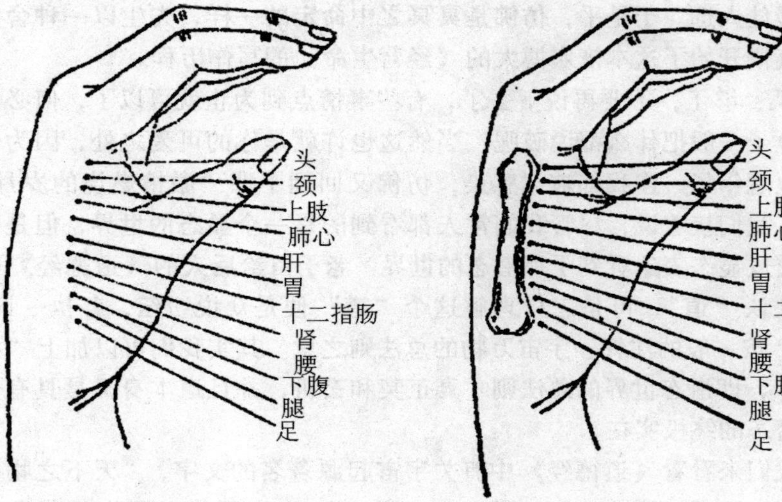

图 1－4　第二掌骨侧全息穴位群详图

左：穴位图；右：穴位位置解剖参考图

弱等原因，修行自然是三天打鱼，两天晒网，时断时续。不过这中间，确也饱读道家、佛家、中医等之经典著作，此也是不争之事实。如此反复多次的证悟双修，终于找回身心健康特别是心灵深处的平和安祥。我一直不会忘记昔日当我刚一接触到全息论后，犹如经过电闪雷鸣般的一瞬间，我一下子顿悟那极为玄妙的东方哲学（西方许多学者常称之为东方神秘主义）仍然是可以尝试用通俗一点的现代语言来向公众进行介绍的。

王存臻、严春友二人确实是为全息论的创立作出了很大的贡献，因为他们搭起了一个非常完整宏大的平台，当然其具体的构造和添砖加瓦的工作需要其他有志之士来共同完成，包括建立全息哲学、全息生物学、全息精神学等等。我从全息论的书籍中的字里行间能够深切感到严、王二人那出众的悟性，假若他们有更多的修炼禅定的体验以及对古典哲学的系统研究的话，那么其著作会更加引人入胜，而对全息论的贡献又会更上一层楼。

新知：不过，近几年我发现王存臻在网上自诩为“宇宙大师”，其情景已近乎颠狂，令人痛心，只是我们也不能因人而废二十年前之言了。我斗胆猜想先生认为自己有着东西方哲学乃至现代全息理论的理论基础，特别是加上亲身的气功修炼实践，因而是撰写一本集古今中外思想之大成的著作的最佳人选。于是乎，仿佛是冥冥之中命定的一样，先生以一种舍我其谁的气概开始了这本恢宏博大的《经营生命》的写作历程。

清风：够了，不要再说下去了，有些事情点到为止就可以了，何必像竹筒抖豆子一般把什么都说破呢？当然这也许就是你的可爱之处，因为你还处于豆蔻年华，连我都被你感染，仿佛又回到了那“激情燃烧的岁月”中去了。我们接着说，尽管我们常人都看到的是一个显态的世界，但是圣贤们却透过显态表象看到了那潜态的世界。老子留给后人的《道德经》中通篇都在谈“道”，可是怎样理解这个“道”便是众说纷纭，各执一词。这“道”按一般的注释，宇宙万物的总法则之意。其实我们可以加上“潜态”两字，即潜态世界的总法则才真正契和玄机，并且道本身又是具有全息性的潜态的终极实在。

让我们来看看《道德经》中有关宇宙起源著名的文字，“天下之物生于有，有生于无。道生一，一生二，二生三，三生万物。万物负阴而抱阳，冲气以为和。”用全息论的观点来理解就是天下之物来自显态信息的分化，而显态信息是由潜态信息转化而来的。包含宇宙全部潜态世界信息的道，产生了统一的未分化的原初之物，然后分化出对立统一的阴阳两气，万物皆由它们的交互作用而产生。

通过学习全息论，我们可以很容易地解决科学史上悬而未决的“预成论”与“渐成论”之争。新生命个体是如何发育起来的呢？他或它好像是从预先存在于性细胞（精子或卵子）中的雏形发育而成的，发育只不过是这一雏形生物的机械性扩大，并没有新的东西产生出来。这个观点被称为“预成论”或“先成论”。他或它的各种组织和器官又好像是在个体发育过程中逐渐形成的，而性细胞中并不存在任何雏形。这个观点被称为“渐成论”或“后成论”。

而今，我们可以下一个这样的结论，那就是生命个体的发展即是预成的又是渐成的，这要看从哪个角度上来看问题。从潜态的角度看，它是预成的，因为潜态的信息是一样不会少，且伴随生命个体发展的始终的。但是，潜信息要蜕变为显信息，并非一蹴而就的，而是依照从低到高的顺序逐渐地显现出来，因此从显态的表象上看来又是渐成的。

新知：预成论的另一种表现形式是所谓的“套装说”，“各个胚胎层层嵌套，包含数量巨大的其他成年个体的世代微小雏形，所有的胚胎都伺机而发。”这种情形有点相当于著名的中国魔盒，或者是令许多学者着迷的诡异的怪圈现象。哇，我悟也，怪不得老师在第一节结尾说“人法地，地法天，天法道，道法自然”是东方哲学的精髓所在呀。老子在《道德经》中的这段话可以说是一种广义的“套装说”，说明古时代的中国人还包括印度人很早就通过直感的方式产生了现在术语所称之为的“全息重演思想”呀！

不过，老师我还有一个疑问就是，预成论遭学者质疑的一个原因就是有学者发现在胚胎中并看不出成年动物的肢体和器官，比如鸡雏的血管和肠子都不是事先存在的，而是从一种片状的简单组织发育而成的。另一个被质疑的原因是子女有的像父，有的像母，有的兼有父母的特征。这些确实是令预成论者感到尴尬的问题，老师又有何高见呢？

清风：第一个问题好解决，早先的预成论是一种机械的理论，尚没有引进信息的概念。而你可能没有注意到我刚才所表述的“就潜态而言生命个体是预成的”，我立论的落脚点在于信息。就是说在胚胎中虽然看不出成年动物的肢体或器官，因而不能证明它们在卵或精子中预先就形成了的，但是却不能否认在卵或精子中预成的不是有形之物，而是信息呀。

至于第二个问题要这样来理解，潜信息的表达既是有序的，又是受制于各种内在及外在的条件的，因而出现一种在显态表现上的表现不全和产生个体差异的现象。

新知：请你恕我打断你讲话的不礼貌表现，一点就穿，我知道了。老师其实又间接地解释了遗传与变异的问题呀，限于篇幅不说这许多了，看来完全可以创立一门全息生物学啊。

清风：且慢且慢，通过我们以上的论述，以及我们在第一节所表述的物质、空间、时间、精神密不可分的观点，我们需要来重新审视“生命与非生命有鸿沟吗”这个古老的问题。

新知：这个问题还用问吗，肯定是没有任何鸿沟可言吗，从德国化学家维勒人工合成尿素开始有机化学的蓬勃发展，到中国科学家人工合成蛋白质——结晶牛胰岛素，都充分证明了在无机世界和生命体之间，不存在不可逾越的鸿沟。

清风：你说得对，问题在于并不能如同国内教科书那样得出结论，完全否定所谓唯心主义的“活力论”。“活力论”认为有机物跟无机物的区别是绝对的，只有在有机物中才具有生命活力。该理论将有机物与无机物的界限绝对化了，但我们又不能因此走向另一个机械唯物论的极端，即万物都由“元素”所构成，生命现象可以用物质粒子的集合来实现。这是因为，按照机械论，将无法解释生命现象中的活力是从那冒出来的呢？

新知：老师所说的意思我已很明白了，就是说万物都是有活力的，不管它是有机物，还是无机物，只不过无机物的活力处于一种潜信息状态而已，或者这样跟你说吧，所有的哪怕是最基本的物质粒子都是充满了活力的。有机物与无机物的区别，不在于是否有活力，而只是在于这种活力的状态而已，一为显态，一为潜态，仅此而已。这种活力，在希腊语中称之为“隐得来西”，古希腊的科学“权威”亚里斯多德就曾说过，任何生物体内，都有一种叫“隐得来西”的神秘力量。看来，学习了全息论就是好呀，我们很容易就克服了预成论与渐成论、活力论与机械论各自的偏颇，从更广义的角度上来说，我们能够在各个领域克服单纯的唯物论与唯心论各自的偏颇。

清风：你真是太厉害了，不出三年，师傅在你面前就将成为一个摆设了啊。再来谈谈有关医学方面的问题。人们常说西医“头痛医头，脚痛医脚，消炎杀菌，治标不治本”等等，这是因为建立在分析逻辑思维上的西医讲究的是眼见为实，他们看到的是显态的信息。注重关联思维的中医讲究辨证施治，对人的五脏六腑全身经络的气机升降进行整体调节，而这气便是潜态信息的体现。在中国所有医学及修炼的典籍中皆以气为核心展开论述，而气对于修炼禅定有素的人来讲是轻而易举地体验到的一种充盈全身且周流不息的物质。

新知：赶快让我插几句吧。例如中国的艺术如国画、书法等等，并非如西方艺术那样注重写实（讲究明暗光影解剖比例等），而是追求气韵生动。这种气韵就是一种潜态信息的体现呀，像舞、龙等字，在书法家笔下就好像真的在舞动或像龙在飞一般。

清风：道家言道，佛家言空，其中有一句最经典之名言“色不异空，空不异色。色即是空，空即是色（色指的是一切有形的物质）”。此绝非文字游戏，纸上妙语也，何也？空中含有所有潜态信息，所以真空非空，在一定的因缘和合作用下，又可产生世间万物；世间幻化万象虽然是包含了各类显态信息，但必经过“成、住、坏、空”的过程，最后归于“无常”，落于空，即显态信息必潜隐下来成为潜信息也。色是物质的宏观表现形态，空是物质的微观表现形态，色空相等且又时刻在相互转化也。

换言之，从全息论的角度来看，显态世界与潜态世界本无二致也，实乃一体两面也，而道家类似的说法为有归于无，无中又生有也，此乃异曲同工之妙也。又如佛家言人皆有佛性，关键是要通过修炼去返璞归真而显现出自性来，就是说从显态回到潜态，当其人进入心如止水的境界时，其性自现。千变万化的显态的后天之心已归于静，只剩下潜态的安定的先天自性也。

新知：我要大吼一声，这就是西方人所说的澄明境界。我恍然大悟，为何佛教《华严经》中有一个“芥子纳须弥”的思想，认为即使像芥子这样小的空间，也能容纳须弥山那样的庞然大物。这在我原来的思维中是不可想象的事，而在听师傅开讲了全息论之后，立即就搞明白了其中之道理也。在佛经中有关全息论的思想实在是信手拈来，比比皆是呀，比如《楞严经》中说“于一毫端，现十方刹。尘微尘里，转大法轮”。天台宗更有“一念三千（世界）”之说。《华严经》整个就是一部全息理论的古代版，其著名的帝释天之网比喻，我今天才知道其寓意是何其的深刻呀。

清风：《华严经》书中思想的根本特征就是圆融，此其实就是现代“全息性”的古代说法耳。所谓帝释天之网的比喻是这样的，它取材于印度神话，是说天神帝释天宫殿装饰的珠网上，缀联着无数宝珠，每颗宝珠都映现其他珠影。珠珠相含，影影相摄，重叠不尽，映现出无穷无尽的法界，呈显出圆融谐和的绚丽景观。我就补充说明这一点东西，弟子请继续开讲。

新知：古代东方人从不在唯心唯物上去纠缠不休，东方人的基本思想就是心物不二，本无差别。佛教中将一切有生命的动物及人类都归于“有情”。从现代全息论来理解，精神是一种特殊的物质，从显态上讲有高级低级之分，但从潜态广义上来说，在人类产生之前的植物动物乃至天地万物，其实早已蕴含人之精神，只不过其时仍处于潜化状态罢了。朴素的全息论思想在西方也是可以找到一些萌芽的，我读过英国18世纪进步诗人布莱克的诗，“一沙一世界，一花一天堂。盈盈无限握，刹那即永恒。”此诗既反映了空间的全息性，也反映了时间的全息性。

清风：徒儿聪慧过人，为师自然喜上心头，日后你必青出于蓝而胜于蓝也。以下我们用全息论来解释传统东方文化的关联思维问题。比如易经中的乾卦，有“乾健也，乾为马，乾为首，乾天也，故称乎父”等说法，这是为什么呢？因为乾卦是易经首卦，由三条阳爻构成，为纯阳之体，有健的特征，所以将马、首、天、父等具有类似特征的事物归为乾卦之下。

易经通过六十四卦来占卜天下万事万物，就是靠比类取象这样的原理。按照全息论的理解，同类事物的全息度更高。根据全息论所言，由于显态与潜态的差别，就造成了事物在显态上全息的程度的不同，越是种类、距离相近的事物，全息的程度越高，反之越低，我们称之为全息度。

全息度只是全息律的显态表现，若从显态与潜态的总和来看，则全息是绝对的，不存在全息度的差异。

新知：为了便于理解，将全息度这个概念改为全息相关度可能更为贴切准确。可以夸张一点说，整个中医学完全是按照全息相关度建立起来的体系。比如肝为木，同属于木的有胆、目、筋、怒、风、青、酸等等。肝为何为木，是因为肝气需要条达生发，如同树的生长一样。胆附属于肝，肝开窍于目，肝主筋，怒则伤肝，肝病易生肝风，酸入肝等等。

再比如中医也好，民间也好，特别流行的吃啥补啥，也是不自觉地应用了全息相关度的理论呀！比如小孩要聪明，需要多吃“脑”，以前流行过的巨人脑黄金就是号称从深海鱼类的鱼脑中提取精华而制成的补品。又如有胃病的人多吃猪肚会有好处，胃膜素就是一种从动物肚子（胃）中提取而制成的价廉物美的胃病良药。其他如吃腰子补肾，吃猪皮美容等等都是同样的道理，无须再多啰嗦。

我突然想到有关“文化群落”的问题，这固然是借用了植物学的术语“群落”来说明一些互为联系的文化现象，其实用全息相关度来解释则更加清晰透彻。比如看德国人踢球是最乏味的，但他们的成绩却相当好，并且屡屡上演反败为胜的经典场面，因为他们的球员最遵守纪律和最顽强，每个人都如同一架精密机器上的一个零件一样一丝不苟地运转。日尔曼民族难道不是以近乎刻板的严谨和对理性思维的崇尚而著称的吗？其中出过多少伟大的思想家呀！天哪，你知道德国人厨房里摆满了什么东西吗？量杯，即使是煮点饭也是靠量杯来准确无误地掌握分寸，多少米配多少水，务使分毫不差。是的，法国人踢球浪漫优雅，你不想想巴黎是闻名于世的浪漫之都，并且据说在巴黎经常能碰见一丝不挂的妙龄美女。巴西人踢球令人陶醉，其队员特别善于即兴发挥注重个人表现，你可知道拉丁美洲的民族本身就是一个特别热情奔放的民族，要不那性感火辣的桑巴、号称舞中之王的探戈等舞蹈怎会诞生在美洲大陆这块热土呢？

清风：你的想象力可真够丰富的，连为师都生嫉妒之心了。俗话说“徒弟找师傅难”，其实殊不知师傅找徒弟更难。我不知道换一个弟子来能否做得更好，我想是不会的了。要想在这里将全息论讲得很透彻是不现实的，只能先作一个提纲挈领的概括。徒儿下去自个儿要多作一点全息论方面的功课，我们在以后各章节的讨论中也会结合全息论作更深的阐述。在此先打住，接下来我们要讲讲顺欲与化欲的问题。

4. 顺欲与化欲

新知：今日一反常态，破例由我来开头，东方哲学无一不提倡“清心寡欲”也。老子讲“五色令人目盲，五音令人耳聋，五味令人口爽，驰骋畋猎令人心发狂。难得之货令人行妨，是以圣人为腹不为目，故去彼取此”。释尊临终前再次告诫后人道——

弟子们，善男信女们，你们要节制六根（即眼、耳、鼻、舌、身、意，也称六情），不要让六根追逐六尘（即六根所感受到的色、声、香、味、触、法等六种境界，故也称六境），以免放逸堕落。这就像管治凶悍的野马，一定要紧紧地辔住它，不然它将会把人牵坠入陷坑之中。恶马之害，只有一世，六根之害，殃及累世，这是需要提请谨慎注意的。

弟子们，善男信女们，六根之中又以心为主，所以制心方为根本。心的可畏，甚于毒蛇、猛兽、恶贼。比方人手中拿着取蜜的器具，动转轻躁，一心只顾看蜜，不见前面举步就有陷阱。放纵心意，犹如狂象无钩，猿猴得树，能够丧失一切善事。所以你们要精进修道，把心栖于安静清净的境界。

清风：你把什么都说完了，还要我这个老师做什么，真是不知天高地厚。哈哈，一句玩笑话而已，弟子不必介意。为师幼时常听人讲当和尚必须六根清净，其时听得云里雾里，今日方彻底明了其中之真意也。你都还晓得些什么，把它们都一古脑儿倒出来吧。

新知：还好，师傅只是说我不知天高地厚，没有说我大言不惭恬不知耻就算够意思了。俗话说，弄斧不去班门，但照我的理解弄斧非去班门不可，非唯此技艺不得大长也。所以今日难得师傅赏脸，我就偏在师傅面前卖弄一番。话说我小时候爱看中央台体育栏目，有段时间每天傍晚必播著名瑜伽女教师张惠兰主教的瑜伽教学短片。后来又在一个地方台的相关栏目上看到她所唱的名为“五匹野马”的歌，歌中的内容俺只记得大意了，就是说因人的五官产生的七情六欲如同五匹野马一样将人心往外拉扯，使人终日不得安宁。可是先生，古典哲学中的这些清心寡欲的主张仅仅是一种残酷的禁欲主义，还是圣贤们修炼中实证一种极乐因而自然得出的？

清风：这个问题问得好！我小时候与你一样有着这样的疑问，如此违背常人人性的观念如何能在生活中施行呢，直到后来参禅悟道之后方才明白其中的妙趣。人之后天之欲，不管是出自于理性的也好，还是感性的也罢，非经过修炼其能量难以达到转化也。西方的所有哲学、心理学等等无论是从那个角度，理性也好本能意志也罢，都是研究如何顺应满足人们的欲望（在西文中更多地被称作需求），而东方哲学是截然相反的另一极，它是研究如何转化掉人们的欲望的。在此还必须加以强调的是，在当今进入21世纪后的文化导向，何止是顺欲的问题，完全是达到了纵欲的程度。这从各种诱人的广告中就可见一斑，而其中又尤其是以各类光怪陆离的“性”宣传而令人咂舌。

新知：可是先生，你难道不觉得今天的西方哲学占据社会主流吗？西方整个科学文化不也代表了人类社会进步的方向吗？正因为人们日益增长的（当今可以用膨胀来形容）之无穷无尽之欲望，人类社会的生产力才得到空前快速的推动，科学、文化、艺术等等我们的文明才达到当今前所未有的高度。所以，起码一般人会得出基本的结论，西方文化作为一种阳性文化和显态文化，是进步的长久的，也是最具生命力的。

清风：此言差矣，你这个观点是合乎常理，常人之理也，但又是似是而非也。以全息论看来，世上并无绝对可以称为先进高级的东西，因为在所谓先进高级之背后必在另外的方面以落后低级为代价，即所谓有得必有失也。此话何解？显化的信息越多，潜隐的信息就越少，世界就变得越无序，信息总量还是那个总量。

新知：你能再结合实际讲得具体一点吗？

清风：生产发达了，可是环境污染越来越重了，这种代价就是一种退步。而人之精神“污染”就更加触目惊心了，压力也好，空虚也好，还是浮躁也好，总之精神失去家园，岂非离人的本性越来越远了，而宇宙世界也离其最初的和谐本性越来越远了，用古代圣贤老子的话说就是离道越来越远了。任何进步都代表着潜态方面的失去，医药先进了，人的自愈力就越来越差了。科技发达了，人自身的直感等先天功能便丧失殆尽了。生活舒适了，人的自身调节能力也就越来越差了，如空调病、手机病、电脑病等也就应运而生了。

再说了，西方文化是阳性文化，是主流，是显态文化，这也仅仅因为当前宇宙刚好发展到了这个阶段而已。其实潜态文化曾经长时期地是人类文化的主流，就好像母系氏族社会曾经统治人类几万年，而目前父系氏族社会才几千年一样的道理。当然，宇宙在膨胀在燃烧，人类社会在不断发展，历史的滚滚车轮不可阻挡，人欲也在不断膨胀、燃烧。但是，为师自认为有必要向你说明有这样一种阴性文化存在，这样一种力图返回人乃至宇宙之先天本性之文化存在。其实，宇宙在发展的主流过程中，又何尝不是每时每刻进行着局部的返还努力呢。人又何尝不是如此呢，哪一个人不是越大越老越是不断地尽力地试图去找回那童年的梦呢？世界越来越发达，可是宗教从来都未曾衰落过，因为人们希望回到一个没有任何高低贵贱之分真正安静的精神世界中去，这种愿望比之以往任何时候都要来得强烈。

新知：吾爱吾师，但吾更爱真理。你虽贵为我师，你不会计较我直言不讳大胆与你争辩吧？

清风：你说到哪里去了，为师不是一向提倡学问学问就是要学要问吗？如此弟子最终才能超过师傅，而老师不仅不会觉得其权威受到挑战，反而会以此为荣。因为名师出高徒，此乃做老师的大幸也。知无不言，言无不尽，真理越辩越明，弟子但说无妨！

新知：先生这种胸襟在中国这种盛行东方式嫉妒的国度实属罕见。我作为一个常人，没有先生那样的参禅入定之经历，我只知道欲望得到满足，快乐也就产生了。可是，像东方哲学所倡导的那样去生活，不管是遁入空门也好，还是在尘世中当个居士也好，总之要求清心寡欲，将欲望降低到最低程度，那快乐又从何而来呢？

清风：问得好！你如唯老师是从，不问这个问题，为师反而会责怪你不用脑子。在常人眼里什么佛家道家要不就是迷信，要不就是一些磕头作揖，烧香许愿等形式主义的东西。在他们眼里，这些所谓六根清净的人是没有任何快乐可言的，也许会比常人多活点寿命而已，但那种粗茶淡饭的生活毫无质量与品味可言。可是，殊不知快乐的方式有许多种，并非只有欲望满足一途呀。事实上，欲望既是无止境的，同时在实现途中的受挫又是人生的一个基本定式。所以常人的烦恼就是无止境的，而快乐就成了短暂甚至是转瞬即逝的，就像花一样，乍一开便谢了，又好比如风来之捷而去之也速矣。

而事实上对于真正有过禅定经验并且参悟了佛家道家思想妙谛的人来讲，自会体会到一种后天之欲望化掉，而先天之自性显现，其内心其乐融融的美妙感觉。所以佛家有言“幸福在尔心中，我们自身心中原本具足一切，只是常人不明此理，却拼命地去向外寻找”。通俗一点说，心本如明镜只是被后天的染着所遮蔽了，结果人们却拼命去外界寻找光明。

新知：哈哈，“不畏浮云遮望眼，只缘身在最高层”，先生已到了最高层了。我晓得道家有句名言“顺者为人，逆则成仙”。当然，我才跟先生修习禅定，因而对定境现前的感悟不深，但我从文字的层面还是有所领悟——所谓顺者，顺应常人本能的以满足欲望为特征的生活方式，一步步走向衰老也；逆者，最大可能地有违常人的生活方式，一切以最大限度地化掉欲望为特征，则最大可能地延缓衰老，并且最大可能地接近仙与佛的境界也。

清风：此问题说来话长也，以后的章节中再来仔细讲这个“逆者，返璞归真”之理也。现在来讨论生命的长度与宽度的问题——有的人认为生命之长度与宽度如鱼与熊掌不可得兼也，因为如果活得很精彩就有可能耗损大量精力从而影响身心健康。但是生命如果很有质量，享尽荣华富贵，即使少活二十年也是值得的。反之，那种青灯古佛伴终生的人，活得再长也是徒有长度而无宽度也，那些长寿的山野村夫就是如此也。也许少数贵如比尔·盖茨之类或是一些省长市长之类的人，可以做到长度与宽度得兼，因为他们既有事业地位，同时又有极好的生活与医疗条件。

新知：我不得不打断你一句，臭名昭著的厦门红楼仅仅对外展出了一个月便告关门了，便是对常人心态的一个绝妙的注解。红楼曾经是外逃最大走私首犯赖昌星用来进行拉拢利诱大小官员的一个极其奢华的场所，可是当它作为反面教材进行展出后，却有一些观众说什么能够过上这样的刺激生活这一辈子也就值得了。有关部门本想通过对红楼的展出起到一个教育作用，没想到是这样的结果，岂不是一个天大的讽刺，于是只得草草关门收场了。

这说明了什么，说明常人是追求灯红酒绿的感官刺激的生活，同时也是追求功名利禄的。也许是我的后天染着太深了，我还是觉得要过上一种轰轰烈烈的生活才好，哪怕身心消耗大一点也不要紧。不是有首歌中唱到“不在乎天长地久，只要一朝拥有”吗？先生，且恕弟子不敬，你因为自己修习禅定日久，又深谙佛学、仙学（即道家学说），会不会对尘世的文明抱有偏见呢？

清风：此言差矣，差矣。我虽然有幸接触了一个潜态的世界，但我清楚地知道宇宙之运动自有其必然的法则。宇宙在不断地扩张，社会也就不断地发展，一种返还的力量永远都不会成为主流。只有在常人无法想象的未来，宇宙的膨胀终止后又开始不断地向当初产生大爆炸的奇点收缩时，其时返还之力才可能成为主流。不过那时地球及整个太阳系早就被无情地毁灭了，而人类就更不用说了，早就不见踪迹了。当宇宙收缩为一个奇点后，又要开始新一轮膨胀运动，直到产生最高级的人类，直到人欲极度膨胀，总之又开始新的一个轮回，就象凤凰涅槃后又重生一般循环往复，周而复始，永不停息。

先生我虽然自诩为居士，但实际上由于定力不足的缘故，其修习之事也就是三天打鱼，两天晒网。当然有时候是因为红尘滚滚，挡不住的诱惑，有时是由于人在江湖，身不由己。我可以非常非常客观地告诉你，一个现代人要成佛成仙接近达到释尊、老子那样的境界，几无可能。一小部分人能够攀登到半山腰，时不时地领略到一点天人合一的壮丽景象就已经是很大的成就了。更不用说，许多人未得要领，反陷魔境，身心反而大损也，以至于如古人所云“华山之下，白骨茫茫”也（华山以险峻而著称，故以此形容修炼之路之凶险坎坷）。

但是，为师所想所为只是要完成这样一项使命，那就是向世人介绍，这世上除了地球人都知道的一种生活方式与快乐之外，还有另一种生活方式与快乐而已。这种生活方式就是通过化掉欲望来达到能量积聚而不是耗损，精神平和安祥，快乐自内而生，并且我认为这确实是可以真正达到实现生命长度与宽度得兼的奇妙的方式。联合国教科文组织有句口号，“给生命以时间，给时间以生命”，讲的就是既要活得长还要活得好。但是真要实现这个目标是不容易的，我所要强调的是除了常人所认为的那些世俗的方式之外，一些安贫乐道者通过积极地修炼也是能够做到的，并且我认为其到达的境界其实是更高的。

5. 苦乐观差异

新知：我有些领悟先生的用意了，所谓“心纳广宇，品正天地”也。确实，每个人都应有开放的心态，去了解和对待另类学说与另类生活方式。而不应该先入为主地去给自己看不顺眼的思想轻下结论，然后盲目地去排斥它。我们不能因为即便是信奉东方哲学的人士中也“修炼者多如牛毛，成功者少如凤毛”，便因而否定这些思想的价值。要知道就是在尘世中，完全按照常人的思维生活的人中又能有多少人能心遂我愿，顺利达到理想的颠峰呢？我们芸芸众生中的绝大部分还不就是生儿育女，养家糊口，碌碌无为地了此一生吗？真正能像人本主义心理学家马斯洛所说的达到自我实现境界的人又能有几个呢？

清风：实际上人生之根本共性在于“趋乐避苦”，谁人不是呢？人都是逃避痛苦的，并且痛苦对于人的记忆又是最深和最难以忘记的。比如人们在学会了游泳或是骑单车之后是再也不会忘记的，即使在事隔许多年后也是如此。何也？因为人们对学游泳时的呛水以及学骑车时的摔跟头之痛记忆犹新，永远难以忘却。

新知：我来作一个比喻吧——假使一群人在一段时间后将参加一个短跑比赛，如果有人只要跑出好成绩就可被赏10万元，多半他会取得特别优异的成绩。而如果有人拿把枪对着他说，不好好跑的话就没命了，估计这个人至少要进前三名，很可能将是第一名。

清风：我们从趋乐避苦的角度来讨论一个非常令人关注的问题，许多人为什么会吸毒上瘾呢？因为吸毒后能够在脑内产生不少内啡肽，这是一种使人快乐且镇静的物质，它能使人忘却当前的痛苦与烦恼。但是，付出的代价是身体的巨大伤害，并且干扰了人自身合成这类物质的能力，同时随着耐药性的产生，以至于越来越需要更大量地从毒品中去补充。这就是毒品使人上瘾且不能自拔的原因，换言之，内源性的内啡肽越来越匮乏，只能完全依赖于外源性的补充。

新知：我插一句，有些不良嗜好比之吸毒危害轻许多，但道理是一致的。比如，每日喝大量的浓茶或是咖啡，对身体必然有伤害，而茶与咖啡中都含有咖啡因，它使人感到欣快。其他如好色、好赌、嗜好烟酒辛辣等都是一种瘾，因为它们能够使人短暂的兴奋，继而使人越发地依赖它们，即使在生理上消除对它们的依赖之后，在很长的时间内都难以消除其心瘾，这也是这些东西一旦沾上就很难真正戒掉的原因。就像有人说过的一句经典的话一样，“戒烟太容易了，我已经戒了一千次了”。其他如现代非常流行的“上网综合征”之类也是如此，因而人称网络为“电子海洛因”也。

清风：从更广义的角度来说，人生就是一种吸毒，一种赌博，一种趋乐上瘾的过程。人们都在寻求外在的声色犬马、功名利禄，其结果是越来越依靠外在的刺激来提供快乐物质，内在的自身合成能力也就越来越降低了。而以东方哲学为指导的禅定修炼则是另一种寻求快乐的方式，那就是向自己的内心中求得。据科研机构测定，人在入静状态下，大量脑电波为α波而非平常的β波，这种非常平稳安定的波意味着大脑功能变得高度有序。在这种状态下，内啡肽成倍地大量分泌，其令人镇定与愉悦的效能甚至强过吗啡的几十倍。人在此等美妙的状态下，将获得东方哲学所形容的极乐之境，并且不是以身心的耗损为代价，反而是同时休养了身心，且大大地促进了健康。

新知：这似乎是一件一举两得的理想选择，只是在现代社会了解它的人实在是太少了，我们还是先多花点笔墨来讨论俗世中的事情。诚然，吸毒等不良嗜好的思想根源已被先生找到，但大多数人还是选择了其他一些不是那么极端的追求快乐的方式，比如说攫取权力财富，贪恋美女香车，从事体育锻炼或竞赛，享受美味靓装等等。而有些人之所以会吸毒以及嗜烟酗酒等上瘾而不能自拔，则是因为他们想以最简捷的方式，最快地获得最大限度的快乐。此番高论，先生以为然否？

清风：但是，这何尝不是人类的共性呢？人之内心深处都在追求快乐，并且都希望用最省力的方式去获得最大限度的快乐。运动要流汗，劳动要费力，读书要伤神等等，而吸毒多简单。且慢说它，先说更加普遍的吸烟问题，不需要费力，随时随地马上就能点上一支享受那“胜过活神仙”的滋味，多爽。这就是烟瘾难戒的原因，其他任何如酗酒等等嗜好也当作如是观。

新知：我悟了，实际上由于人的本性使然，根本上来说许多嗜好一旦染上，要想戒掉它是极其不容易的事情。虽说许多人也许会说我不吸毒，我不吸烟、不赌，我不想伤害身体，我只想踏踏实实地追求快乐。其实不然，这个社会的发展，文化的氛围已经是在按照先生所说的“以最省力和最迅速的方式获取最大限度的快乐”的方向发展。

清风：很对，一向是你打断我，这次我也来打断你一次，为什么流行的东西越来越短暂，时尚转换也越来越快，整个社会都在天天演绎着快餐文化，其间的道理难道不是不言而喻的吗？你看看那些粗制滥造的书（有些书商雇佣的大批写手可以在一周之内就东拼西凑出一个系列来），食而无味用饲料催肥的猪肉，各类考研考大学考职称考证的书的畅销（各种世界名著及文化典籍则滞销），电视上及婚姻介绍所的各类速配活动等等，你是否感觉你也跟着浮躁起来了。

新知：我来说我来说，快餐文化，也就是说浮躁文化也，对于它最典型的讽刺莫过于一段流行于手机上的短信，“两千年代，爱情加快，从爱到踹，一个礼拜：周一放电，周二表态，周三牵手，周四做爱，周五谈判，周六拜拜，周日寻找新的所爱，您今天周几？”

清风：你说的不算什么，我给你念一句报刊杂志电视广播都经常见到的性药广告——“是男人不行，还是方法不对？××强身胶囊，只需 38 元，1～3 天消除性疲劳，7～15 天消除肾疲劳，给男人双倍的爽。”

新知：当然，这种快餐文化在给人们带来迅猛而短暂的快乐时，也就带来了巨大的负面影响。人心的浮躁，让一切都具功利色彩，让一切都变了味。近十几年来，肉香味、菜香味及果香味都大不如前了，因为各种催产的高效化肥施得太多的缘故。同样的道理，药性也越来越差了，以至于现在的中医开方比古人多用数倍的药量而效果却不如以前明显。原因何在，如同著名的《生命的遗言》作者陆幼青所说的“人参都已经在用吨来计算进行批发了”，其药效岂不是可想而知了吗？环境污染了，城市里难以呼吸到新鲜空气了，怪病也就越来越多了，特别是糖尿病、痛风、肥胖等由生活方式特别是精致饮食带来的富贵病也越来越多了。

好了，好了，先不说这些了，我们都知道在森林、绿地、高山、瀑布等等地方，人们会感到心旷神怡，因为那里的空气中充溢着大量的负氧离子的缘故，每立方厘米可高达成千上万个。而负氧离子被人称为空气中的维生素，其对人的身心健康有着极其重要的作用。相反在城区，尤其是在一些装有空调的房间中，负氧离子的数目会降到令人震惊的每立方厘米仅有几十个，所以人会感到极其郁闷。我是否可以大胆地推论，先生之学说特具营养身心的作用，能给郁闷的人们带来丝丝清凉，可否将其称为饱含文化负氧离子的学说呢？

清风：所以我才将笔名取名为“清风”呀。你的悟性确实太高了，比我同龄时强多了，这也许就是佛家所说的慧根吧。世界就是这样，任何一种学说都有其长处，也有其盲点与局限性，而把这些片面的深刻、片面的真理加以综合，也许就接近于了解世界与人生的完整本质了吧。为师就是以这样的态度，而欲完成这样的使命的。

新知：先生之言论给我的感觉便是惊世骇俗，不，确切地说是精彩绝伦。那些关在象牙塔里的学者，恐怕做梦都不会将吸毒之类的现象联系人之最深层心理来解释，更不用说把常人的人生比喻为广义的吸毒之旅了。唯有如此，代表人类最高智慧的哲学才能真正放下高高在上的架子，而走进平凡人的心中，尽管他们也许一下子未必能真正领悟。对了先生，我现在对你说的另一种快乐已经有感悟了，可是你以前说过，“东方哲学是积聚能量以促进健康的同时，又获得长久的快乐”，这又当如何理解呢？

6. 储能与耗能

清风：你提的问题很好，我们接下来就马上进入有关储能与耗能的讨论。西方文化总的来说是张扬的文化，是顺应常人的生活方式不断地向外界耗损能量，按中医的说法是伤精耗神，元气也就大量耗损，这样才能不断地去满足人们那永无休止的欲望。然后人们一天天地衰老直至死亡，有些纵欲过度或是劳累过度的人则必然会未老先衰甚至是英年早逝也。西方崇尚的体育运动虽可起到一些健身作用，但是是以能量的巨大消耗为代价的。而名目繁多的各类体育竞赛更多地是体现一种竞争精神，本身很难说对参与者的身体健康有多大的促进作用。而东方文化则恰好相反，它是一种内敛的文化，是逆于常人的生活方式，不断地在体内储备能量。东方文化讲究的是恬淡虚无、精神内守，通俗一点说就是通过化掉欲望来实现能量的聚集，从而最大限度地延缓衰老与死亡的到来。

新知：我眼前仿佛出现两幅图画，一幅是在西方极其有名的掷铁饼者雕像，一幅是一位打太极拳的老者，它们不正好是对东西方两种哲学的最形象的注解吗？恰好这段时间正在开奥运会，电视里时常传来这样的播音员的描述，“这是现代奥运会在历时百年之后又回到了现代奥林匹克的故乡希腊雅典，同时也是整个奥林匹克运动在历经三千年的轮回之后又回到了它的古代发祥地希腊雅典。”

其实，所有的现代文明，哲学、科学、文学、体育、艺术等文化的种子哪一样不是在古代希腊就播种下来的呢？虽然欧洲后来经历了黑暗的中世纪，但在文艺复兴之后，又终于沿着古希腊人的足迹蓬勃发展起来了，直到今天又蔚然成大观也。这正如全息论所描述的那样，一粒种子可以发育成为一棵参天大树，这是因为种子本身已包括了大树的全部信息，只是等待合适的条件而将其全部显现出来而已。而东方文明的发源地当仁不让地首推中国与印度，并且一直呈双星闪耀之势。在当代世界的注意力越来越转向东方的大背景下，相信古代东方文明也会如同古希腊文明一样，发展为参天大树，结出灿烂的果实，从而与西方文明合为双璧，交相辉映。

清风：精彩，不愧是我的得意门生也。人之所以伟大，在于由动物进化而来而又高于动物。直立行走解放了人类，使得人的大脑空前发达，但是进化中也有退化，人自身受到后天意识、情绪等干扰，严重影响身心健康。并且直立行走本身也在生理上导致了下肢淤血，心脏因要克服地球重力的作用就需要加倍地做功，这本身就是人类心脏病特别高发的原因之一。

东方的修炼术，无论是参禅打坐还是内丹术、太极拳、瑜伽术，乃至于一些最简单实用的动作如下蹲、倒立、倒走、爬行等都是为了矫正这一状态。这些动作的共同点都是通过下半身的紧张，来达到强化静脉血回流的目的，同时使上半身尤其是大脑达到空虚清灵的目的。这在中医及道家理论中称作上虚下实，肾气上升而心火下降。这些动作本身可总括为“调身”，再配上“调息”与“调心”，使得后天之意识情绪等对身体机能的干扰下降到最低限度，于是乎先天之自身调节功能得到充分发挥，元气与能量开始聚集，身体自然百脉皆通，因而尽收健身祛病之功矣。

新知：我曾看到一则报道，说是英国女王伊丽莎白之所以能年过八旬尚精神抖擞，源于其独特的养生之道，那就是每日只要一有空就要将双脚高高架起到高过心脏的位置，然后悠然地喝上一杯茶。这也说明她自觉地在使静脉血顺利回流，而减轻心脏的负担。

清风：这就印证了“我的健康我作主”那句话，而遥控器就在我们自己手上，按钮就是“倒行逆施”四字，哈哈。

新知：先生，我补充一下，德国医学家提出了“反序运动”的概念，一度在世界许多国家流行。其实我国的气功和印度的瑜伽，正是集中了大量的与常人动作习惯不同的反序运动也。在东方的养生术中，一切的反序运动都是为了增进精神内守而不是外放，这可看作是它最关键的要领，也就是道家“顺则为人，逆则为仙”的思想之精髓也。换言之，反序运动只是手段，其最终目的是为了逆转“正序外放”之精神而“返序内守”也。

我前几天读了一些先生收集的古典道家书籍，知道了元神、识神的概念。道家之元神意指最初的原始的精神，它未受意识扰乱，主要负责调节人体气血正常运行，保证身体机能的最佳发挥。识神则是主管思维、情绪等后天意识的精神，它是人作为高等动物的标志与产物。但它越是发达，越是使用得频繁，越将耗费大量的能量，并且扰乱元神的工作，使得人体的生理机能产生无序化。

而长期修炼禅定有素的人直到很老时仍耳聪目明，就是因为最大限度地减少了识神对元神的干扰，元气未再大量耗损，而能量也得到最大限度的积聚，所以可以最大限度地延缓衰老。此即古代道家所说的由后天返先天，佛家所说的明心见性也。道家有句形容修炼步骤的经典语言，即“练精化气，练气化神，练神还虚，练虚合道”也，其实也就是对人体能量积聚与转化的过程描述。

清风：你说得很对，你的聪明让我用什么样的溢美之辞来夸奖你都不觉得过分。简言之，元神与识神之间的关系就是一个此消彼长的关系。但为了用现代语言来解释清楚精神能量得到最大限度的节约这一观点，还必须加上积神生气，积气生精这两条，这样一个能量转换之路才算是完整了。当然对于一个最初的修炼者而言，他的修炼也许主要体现在积神生气、积气生精、练精化气上，在进行到高级的阶段时，方能体会到后几个步骤的妙处来。

人之为高等动物，贵有大脑，然而大脑的耗能又是惊人的。大脑的重量仅占2%，但平时即要耗费25%以上的氧气和血液供应，在高度用脑时将达到接近50%的比例。更重要的是用脑过度或者情绪失控，将严重扰乱内气的运行，影响人体生理功能的正常发挥。按现代语言来表述就是在以上情形下，将释放出大量毒素来。比如科学研究表明，人在生气时所呼吸出来的气体，将其收集起来即可毒死一只小老鼠。

新知：我要特别指出精的概念。古人对练功达到一定程度有“气足不思食，神全不思睡，精满不思淫”之说。这里的精并非单指男性而言，而指男女两性均有的元精的概念。精足不思淫，就是说性能量很充足却不思淫欲，内心仍然平静祥和。精满、气足、神全是通过不断地进行气功修炼，不断地积神生气、积气生精……而实现的良性循环。哦，我悟也，东方之气功修炼也是一种性能量的转移呀，这像不像精神分析鼻祖弗罗伊德所说的升华呢？

清风：这个问题问得好。性是一个人生活中所要面临的最基本且最重要的问题之一，性能量也是一种最基本的能量。现代社会更是好像吃了春药一般，已可毫不夸张地说到了一个无处不“性”的地步，甚至社会也被有些人认为主要由“性”与“钱”两大要素所构成。

但弗罗伊德所提出的升华，更主要是指性能量向外部的耗损与转移，他认为人类的文学艺术等领域的很多杰作都是创作者性冲动的另一种表达方式，这是基于他的泛性论思想所决定的论点。此升华概念也属于西方的耗能哲学，只不过比之直接的性爱而言，虽无直接的感官快乐，也不能达成生儿育女之目的，但却可实现更有意义的价值并产生许多永不磨灭的精神产品。而东方哲学的升华则是能量在内部的转移与积聚，从而达到精神上的明心见性，持久的安祥快乐且更具强身健体、延年益寿的功效。所以这种升华根本上有别于西方的升华，它是一种储能效应。

新知：顺则为人，逆则为仙。在性这个问题上也适用，保守住“元精”则可以养神。不过，若是人人皆如此，岂不是与现代文明的发展方向背道而驰吗？

清风：你说的对，你想想一个人的一生要经历出生、童年、青年、成年最后直到老年然后死亡的过程。再看看社会也是如此呀，我们当今正处于成年社会，自然到处都呈现物欲横流、情欲也横流的景象。但是正如人生过程中总是不断地有一种非主流力量想要回到童年去一样，人类社会中也不断地孕育着一种强大的超越世俗的力量想要回到人类的童年中去，它并不随着文明的进步而消亡，甚至在一些特定阶段还会变得更加强烈。连著名足球明星巴乔都每日参禅，且拜日本著名禅学及社会活动家池田大作为师。原 NBA 湖人队的著名教练杰克逊也是深喜研禅，并被人送上禅师的雅号。关于文化复演的问题也属于全息律的一种，正如人在十月怀胎的过程中就已复演了生物起源的全过程一样，我们以后再来详谈这个问题。

新知：我来为先生总结吧，就是人是追求快乐的，即使是吸毒的人也有其深刻的心理根源，只是它是以牺牲健康为代价的。而人类迄今为止有一种生活方式在最大限度地促进健康的前提下同时又达到快乐之目的，这就是建立在东方哲学基础上的气功修炼技术。哦，对了，还差点忘了，我一直想问的一个憋在心里很久的问题是，先生为何总是避而不谈气功这个词，而总是代之以禅定、修炼之类的说法呢？

7. 由气功谈开去

清风：这就是“痛”之所在了。我们还是先来谈谈气功一词的由来吧，在古代并无专门的气功一词，其与之类似的名称十分庞杂，诸如吐纳、导引、行气、练丹、养生法、修道、禅定、止观法、六妙法门、六字诀、真气运行法、移精变气等等。以上名称各异，多为具体的修炼方法名称，但总属于当今气功所概括的范畴，即可理解为在东方哲学的理论指导下，个人修炼的这类功法的总称，即运用意和气的锻炼，调和气血，疏通经络，从而达到祛病延年、净化身心的效果。

新知：据我所知，气功一词的真正普及是到解放后的 1953 年，自己通过气功锻炼而恢复健康的刘贵珍医师撰写《气功疗法实践》一书，对气功一词作了详细的论述，并且数年后又在政府支持下建立了北戴河气功疗养院。气功一词从此得到了广泛流传，可说是到了妇孺皆知的地步。

清风：“文革”中气功活动沉寂多年，原因众所周知，在当时那种环境下几乎一切传统文化都被无情地加以批判了。在 20 世纪 80 年代初气功热重新开始兴起，先有赵金香的鹤翔庄，郭林的新气功影响很大，后来海灯高徒严新出山在各大城市作过多场的带功报告，引发对全国性的气功研究与实践的高潮。但是发展到后来，各类气功大师如过江之鲫一般纷纷出山，出现许多鱼龙混杂的混乱局面并产生了许多恶劣的影响，最典型的莫过于张小平、胡万林、李洪志之流，打着宣扬气功之名，行招摇撞骗之实而危害深远。尤其是李洪志创建的所谓“法轮功”，祸国殃民，举世瞩目，以至于许多群众现今谈气功而色变。而相关的各类报刊杂志被迫停刊，书籍停印，各地气功协会关门，使得中国这一自古沿承之民族瑰宝，竟然被无情淹没而不能造福于民，似又有因噎废食之嫌而令人痛心不已。

新知：据最新的报道称，健力宝公司总裁张海因涉嫌巨额经济犯罪被捕，而这张海出道之时竟是靠办气功训练班而大发横财，以后才摇身一变成为资本市场上翻江蹈海的“大鳄”。

清风：这个张海我当然知道了，还在为师上大学时，当时尚只有十几岁的这个奇人，号称进西藏受到某活佛亲传与加持，于是以藏密气功大师的身份出现，在全国巡回办班讲法，在众多媒体的炒作追捧之下影响甚大也。

新知：不过，对气功的全盘否定可说是因噎废食，是将脏水与婴儿一起泼掉是也，所以先生为之感到痛心疾首，不再提气功一词，而是只提修炼禅定，而气功态也用禅定态来代替。

清风：以上所说固然是一个重要原因，但另外同样重要的原因，姑且为你列举如下——

1. 气功一词简化了以前古时那些修炼方法的名称，通俗易懂，易于普及。并且它抓住了气作为人身体物质基础的这个核心，因为中国文化就是一种关于“气”的文化（汉语中有关气的词汇是极其丰富的），整个中医理论也是建立在气血经络之上的。但是在气功一词易于普及的好处后面也有其被严重地庸俗化的一面，这部分原因就在于许多人望文生义对之产生了许多误解。有的人认为富有表演性质的硬气功及轻功中的一些项目（如手掌劈砖、人踩气球等等）就是气功的精华内容，有的人则完全将外家功与气功混为一谈，比如说认定少林武术中的一些功夫以及一些筑基的功法（如站桩等）就是气功的全部了。一般民众也津津乐道于所谓“内练一口气，外练筋骨皮”之类的肤浅说法也。

2. 许多人视气功为老年人专用的一种保健活动，其功效似乎与跳跳老年迪斯科或者说打打门球这类相当，认为此非青壮年所需为也。

3. 一些人视气功为一种保健体操之类的东西，所以在以前常可看见百人千人在一个广场上一起比划，而尽管人头攒动煞是热闹效果却实在不敢恭维的场面。

4. 一些人将气功同特异功能等同起来，以为练气功就是追求神通、法术、超能力的出现，这当然也同一些流行功法对特异功能的过分渲染有关，比如有些功法里总是充斥着所谓“神仙一把抓”之类的似是而非的东西，对初学者产生极大的误导作用。当然个别大师或许是出于吸引练功者之兴趣而有意宣传特异功能，但客观上也对初学者起了误导作用，使许多人的追求本末倒置。殊不知练功者欲达之目的应是身心和谐，定境现前而超然于物外。至于一些特异功能的出现，历史上的高僧大德均认为此不过是修炼过程中自然产生的副产品而已，从来不成其为刻意追求的对象。古人早就对此下过定论，“万般神通皆小术，唯有空空是大道。”

5. 那些年在社会上进行宣传推广应用之中，气功竟然也成了一些人牟利之工具，其商业化程度令人咋舌，并且其广告之虚假、夸大、庸俗常令人不堪侧目。比如许多广告开口便是“接通宇宙能量，开发透视、内视等诸多神通”等等，不少人也因此成为了气功暴发户。本来现代之练功大环境比之古代要糟糕许多，现代人需要花更多的时间才能达到古人的功力，并且从总体上来说是呈现一种一代不如一代的发展趋势。然而，在利益的推动下，日日有新出山之“大师”推出一些让人几周甚至几天就悟道的神奇大法，引无数爱好者误入歧途，危害之大实难以估量。

新知：我明白先生的一片苦心了，是的，气功一词使古老的东方修炼之术走进了大众，可是那背后的哲学基础及其深厚的文化底蕴却又常被人抛之脑后，这让先生这样的智者忧心不已，不知先生是否找到更好的词来代替了吗？

清风：其实不用气功这个词，暂时也感到没有更好的词来代替，这方面的工作只有将来靠你来完成了，哈哈。如你所言我喜用禅定一词来代替，它易使人联想到那意蕴深长的古文化内涵，这样有助于克服气功一词所带来的庸俗化的流弊。

新知：我知道先生研究气功断续算来长达十六年之久，自十八岁入大学时偶然接触到一个教授气功的骗子“大师”到目前34岁开始写作这本《经营生命》为止，即使说没有很大的成绩，积累的心得之充实生动也足以昭示后人的了，可否在这里好好阐述一番以飨读者诸君，特别是我呢？

清风：不能也，不能也，如果这样，那么这本《经营生命》的主题就被冲淡了，且篇幅也会拉得非常的长，恐怕是不太合适的。而如果仅仅简略地讲讲功法，而缺乏具体禁忌等等详细的开示，则难免会让一些人走不少弯路，甚至带来不必要的痛苦。特别是由于为师年轻时完全是一个人在黑暗中“路漫漫而求索”，其间承受的挫折与痛苦实在是非亲身经历者可以体会之，所以为师才如此小心谨慎，实在是不想让后学者走上一丁点弯路也。初步考虑在本书出版之后，休整一年后，根据情况看是否有必要推出一部堪称本书《经营生命》的姊妹篇似的著作来，专事讨论具体修炼之有为之法也。

新知：我知道先生曾经传授一个饱受痛风病折磨的年轻人仅一招，其依法练习后短期内即治愈其多年痼疾且附带还收减肥之奇效，因此我对先生的“浩然健身法”有着无尽的期待，期望它早日面世，从而造福于民。

清风：是的，是的，我也是这么想的，人活着，在我看来，“给”总是比“得”愉快的，总是想为世上留一点东西的。之所以取名浩然健身法，非唯其他，只因为我自幼欣赏孟子的名言，“吾善养吾浩然之气也”。

新知：那先生在本文中将在什么样的层面上讨论气功呢？

清风：我主要将在哲学的层面上来讨论气功也，这也是本文取名为“由气功谈开去”的原因。虽然在以后讲述佛、道、瑜伽时会有一些具体方法的概述，但也会非常简略，主要是为了对它们的修炼方式加以区别。不过考虑到你的求知欲是如此的强烈，我还是可以将其最最核心的东西透露给你，让你有一个初步印象。气功修炼的过程整个是一个“以有为之法入手而达无为之境”的过程，而大部分偏差之根本所在便是执着（又作执著）于有为之法，误将手段（工具）当作了目的也。真正悟道之人将明白庄子所云“得鱼忘筌”之理，或者换一种说法就是“弃舟上岸”之理也。至于说如何能将那有为之法与无为之境衔接，那就是秘中之秘了，为师一定会在以后的章节里再来进一步地点化你。

新知：先生的海量令人钦佩。我多次聆听过先生“予人越多己越多”之教导，因而也领悟到世上“给总比得愉快”乃是不变的真理。我试着按照先生的开示来讨论“法轮功”何以令人“走火入魔”的原因——

在气功修炼中，讲究的是要入静，而基本的步骤则是通过意守的方式，以一念代万念，而最后归于无念也。比如常用的意守丹田等方法，都是一种行为诱导技术，通过简单而重复的刺激而导致大脑皮层局部区域兴奋，而周围区域则因排除了杂念即无相关的信息输入而呈现抑制状态。而意守本是手段，不是目的，它的兴奋度最后也要减低下来，所谓归于无念是也，从而体证高度入静，定境现前且其乐融融之境界也。

然而练法轮功的人因受法轮功本身的许多歪理邪说的影响而产生严重的执着，局部区域的兴奋不但不会减轻，还会更加亢奋。根据巴甫洛夫高级神经活动学说，局部的过度兴奋会反过来抑制周边区域，使之兴奋的更兴奋，抑制的更抑制，造成大脑的协调性变差，出现整合功能紊乱。在整合功能紊乱的状态下，外来的暗示，自我的暗示，潜意识深处的内心欲望、恐惧对象等均被整合成练功者的各种幻觉。

有的人会以为自己开了天目，因为他的幻觉中见到了法轮，见到了法身，看见了李洪志的人，听到了李洪志的声音，看见了天国的景象等等。这类人即使没有入魔的话，也已经是走火了，但他们还自认为是自己获得了特异功能而洋洋自得且陷之更深而不能自拔了。而严重的走火入魔的修炼者，则会出现自感鬼神附体等恐慌万状的情绪，还有的是听到李洪志命令去杀人或自杀等。有些人也就真的付诸实施了，结果造成了许多血淋淋的惨剧发生。

清风：很好很好，虽然属于弟子引用之见解，但能找到并恰当引用也说明你有悟性也。在修炼中一旦产生执着而不明"得鱼忘筌"之理，就难免会出一些偏差甚至走火入魔了，此在古籍中也多有论述。更何况以法轮功宣传的那些蛊惑人心的内容，更易使修炼者坠入火坑也。而你能结合近代巴甫洛夫的学说来重新阐发，更使我钦佩其用心之至也。当下你既正在状态，不如趁热打铁再往下谈谈气功与人性的关系吧。

新知：恭敬不如从命，弟子就先勉为其能吧。在一些学者看来，练气功要求清心寡欲，岂不是压抑乃至摧残人性吗？而与之相反的是在修炼有素的道中人看来，练气功恰好能修身养性，进而明心见性，恰好是张扬了真正的人性。这两派的认识何以有如此大的差异，到底谁对谁错呢？其实双方的见解都对又都不对。人性有先天和后天之分，先天之性未受后天的意识情绪所污染时，比如婴儿时期极其安详，因其先天之性得以保全也。人在成长过程中随着意识情绪的健全，继之受到环境的影响，必滋生诸多欲望烦恼，此也不能视而不见，此为后天之人性也。修炼气功即是一种由后天返先天之过程也，尽最大可能地消除后天之性的影响，然后此消则彼长也，先天之性则得以尽显。先生以为然否？

清风：很好，很好，你已尽得辩证法之精髓也。常人只认得后天之性，所以心随境转，内心难得片刻安宁。古代东方哲学以先天之性为真正之人性，故倡修行之道，如今所谓之练气功也。在古代圣贤看来常人因向外寻求快乐，故常常迷失真正的自我。而修行之人是向内去寻求快乐与祥和，故能找到真正的自我，即所谓明心见性也。

比如佛教中的一个经典故事说，一群人在追一个跑掉的女人时恰好路过佛祖身边，佛就对他们说"你们但怕女人跑了，却不怕自己的心真正跑掉了呀”。必须加以指出的是圣贤的话固然有理，但是他们所指引的理想境界对常人而言殊为难事，如果修行不得法而误入歧途，倒还不如如常人一样，尽去张扬后天之人性也。如斯，虽然难得清净之心境，烦恼虽时刻相伴而快乐也还常有，如此生活也还不算太糟。

新知：这样的话从先生口里出来实属难得，因为我知道先生对东方哲学是推崇备至，但先生并不囿于一己之见而是非常客观地来看待问题，并不偏执一端，实乃难能可贵也。只是这先天之性与后天之性实在是容易混淆，因为人们常说的本性一词，由不同的人讲来其含义则是大相径庭也，此点令弟子颇为疑惑也。

清风：是也，是也，为师也已注意到了这个问题。在佛家中常用自性一词来表示先天之性，而师傅认为如以原性一词来表示则更不易引起混淆，今后在为师的书中概如此办理。若径讲本性，则即指后天之性也。

新知：可否这样认为，练功即是一种通过自我身心的锻炼，不断地找回身心融合的一种最自然的状态，其时人的原性自然显现，其乐融融。在这样的原生态下，人们能够收到强身健体之奇效，甚至一些沉疴顽疾也在不经意间化为无形。我蒙胧中意会到此也可用全息论来解释，但要言传还得师傅出马。

清风：妙哉，妙哉！为师都听入迷了。越是潜态的信息，越具有全能性。比如，小时候我爱跟着一些大孩子去捉蚯蚓，然后一分为二，很快蚯蚓又重新变成了两条。越是低等的生物，则潜态信息量越大，则再生性（全能性在此时的表达）就越强也。同理，人通过练功，元气开始积蓄，则再生性开始大大地加强了，则驱邪外出的能力也得到大大加强，各种器官组织也得到了极大的修复与更新，免疫力也自然得到加强，恰如中医所说“正气存内，邪不可干”了。

新知：如此说来，找回原性对人的身心健康有极端的重要性了。只是古时之人所受各方面干扰较少，且其自然环境未被怎么破坏，特别接近原生态的性质，因而较容易达成与自然的共振也。

清风：那反转来推论，现在的人其修炼之路要更漫长才对，古人用一年，现在的人也许要三年才能达到同样的境界。由此也可推知，以前那些诱人的广告如“高功夫气功师带功给功一月内速通大小周天，获得最上乘法力”之类之荒诞不经了。这些混淆视听之谬说，总是出于商业利益的驱动，而为吸引人之眼球以广招学徒而所玩之花招而已。

新知：看来传统的东方哲学思维方式是不能以传统科学的思维方式所

能概括的，因为其非凭空产生的，而是建立在修炼实践中的亲身体验上的。当然，其间区别大有展开讨论的必要呀。

清风：但是从另一方面来看，如果跳出传统科学的桎梏而重新发掘东方哲学的内涵，则又将在另一个层面上体会到中国文化的先进之处了，并且可能有益于真正的中国文化的伟大复兴也。不过，这些问题我们还是留在下两节再讨论吧。

8. 思维方式差异

新知：有关东西方的思维方式比较的问题，真是无独有偶，美籍华人诺贝尔物理学奖得主杨振宁在2004年文化高峰论坛上的发言正是一个绝妙的引子。他认为《易经》影响了中华文化的思维方式，从而也在很大程度上导致了近代科学没在中国萌生——

中华文化有归纳法，可没有推演法。采取天人合一的哲学观念，是受《易经》的影响。而近代科学是把这两者结合起来而发展的。在中华文化里，很早就有“天人合一”的观念，比如天人一物，理一分殊。《易经》中每一卦都包含天道、地道、人道，也就是说天的规律跟人世的规律是一回事。中国文化所以受早年《易经》思维方式的影响，把自然跟人归纳成同一理。而近代科学的一个特点就是要摆脱掉“天人合一”这个观点，承认人世间有人世间的规律，有人世间复杂的现象，自然有自然界的复杂现象。这两者是两回事，不要把它混在一起。

杨振宁的这一番话一出来，立即引起轩然大波，各种指责纷至沓来，例如易学专家山东大学哲学系刘大钧教授的话——

杨先生的演讲“有许多常识性错误”。比如，杨先生说《周易》只有归纳，而没有推演。可是众所周知，《周易》是最早的一部算卦的书，算卦的方法就是靠推演，举一反三，怎么能说没有推演呢？另外，《周易》是一部“普世之书”。从这个角度，也是一种广义的“推演”。

先生对此二人的言论作何评价呢？

清风：西方人重理性思维，而其中最重要的两种形式逻辑的思维方式就是演绎逻辑和归纳逻辑。而古代中国人在这方面确实是很缺乏的，中国人的思维方式确切地讲是“类比思维”，反映在易经中就是“比卦取象”。何以看待算卦占卜等，我们前面以用全息论等进行了说明。何以一个卦象，既代表自然事物，又代表人间事物等，这是因为中国古代从来都是将“天道”与“人道”统一起来的。以今天的全息论来理解，中国古人的思维方式是将全息相关度高的事物，通过类比的方式排列在一起。这点我们以后在讲到中医的时候，会理解得更清楚。

杨振宁主要是想表达这样一层意思——中国传统文化缺乏理性思维，以至于影响了科学的兴起与发展，导致了近现代中国的落后。这一个观点非常有代表性，中国许多受到西方科学知识熏陶的人士对传统文化大都持有类似的看法，并且客观而论，也很大程度上说到了“近代科学没有产生在中国”这个问题的点子上。近代即使是像鲁讯这样的文坛大家也曾对建立在天人感应模式上的传统中医学嗤之以鼻，这也不奇怪，因为他是弃医从文的，早年在日本受到的是正统的现代西医学的教育。

但是，杨振宁先生的话只是说对了中国传统文化的思维方式落后的一方面，而忽略了其先进的一面。是的，正如为师前面章节给你分析的一样，对于这么一个常人所见的显态的世界而言，建立在逻辑分析思维基础上的科学必然有其无可比拟的先进性，并且建立了无比璀璨的现代文明。但是，另一方面科学越是发展到今天，越是处于一个十字路口上，人们开始对科学进行反思。越来越多的人意识到科学技术实际上是一把双刃剑，给人类带来益处的同时又给人类带来了许多的恶果与困境，因而将目光又重新投向将自然与人视为一体的中国古代文化。

在20世纪联合国关于环境与发展的宣言中，就有这样的话出现，“从现在起至2000年，是人类拯救地球和拯救人类自己的最后机会。”1988年1月，在法国巴黎，75位诺贝尔奖获得者开了会，并发表了宣言，其中有这样的话，“如果人类要在21世纪生存下去，必须回头到2500年前去汲取中国孔子的思想和智慧。”

新知：除此而外，在生命领域这样一个复杂的领域，由于其更多地牵涉到潜态领域，所以西医学在解决许多慢性病时遇到了极大的挑战，因而有识之士越来越多地将目光转向了扎根于东方哲学基础上的中医学，连联合国卫生组织都认为21世纪医学的希望在中医。这是因为在中医学中从来都不是如西方那样建立在分析思维上的“头通医头，脚痛医脚”，而是进行整体的辨证论治。

另一个重大的问题在于现代人在享受高度发达的物质文明的同时，又面临着前所未有的精神空虚与危机。针对这样的危机应对，同样的有着越来越多的西方人开始面向东方哲学中寻求其精神上的支撑。早在20世纪，著名的心理学家荣格就极力推崇道家、佛家的学说，其本人曾经在晚年身体力行地实践道家的生活方式，并且专门撰写著作介绍道家思想。禅宗更是风靡大洋彼岸，连足球明星如巴乔、NBA 著名教练“禅师”杰克逊等人都是其非常热烈的追捧者。至于说瑜伽则早已在各国遍地开花了，并且在我国已经成为许多都市青年女性的时尚生活方式的一部分了。越来越多的人开始反思，人是否一定要追求外在的对无止境欲望的满足，许多人开始寻求从内心寻求安宁的方法。

清风：从根本上来说，正如我们以前所讨论过的，东方哲学都是建立在统合思维上的研究潜态的学问。比较简明的一种说法是，西方的学问为显学，研究的是关于差别的学问；而东方的学问研究的是隐学，研究的是关于无差别的学问。比如中医是调理气机，疏通经络，平衡阴阳；而西医是建立在显态上的，故常规治疗方法是杀菌消炎。东方修炼术强调的是身心调和，天人合一，锻炼的是自我对意识的控制力，追求的是潜态层面上的东西。而西方的体育强调的是增进心肺功能，发达肌肉，提倡竞技，追求的是显态层面上的东西。

比如说文化艺术方面，书法、绘画等等，西方求实，东方写意也。至于说现代人面临严重的生态危机，这也是由于西方固有的思维方式，是建立了解剖自然的科学技术，然后要无限的认识客观，征服自然所造成的。所以道家哲学能够一度风靡现代西方学界，是因为它从来都未曾将人与自然对立过，它寻求的是与自然界的妥协与和谐。其实整个东方文化都是这样，从来不曾如同西方文化那样将人与自然、主体与客体进行对立起来。比如印度的经典著作《奥义书》，其在印度地位大概相当于中国的《易经》吧，其核心思想便是要人们通过修炼以求得梵我一如的境界，类似于中国古人所要追求的天人合一的境界。何以能天人合一呢，那是因为古人看来天与人之间不是相互对立而是相互感应的，在中国古代连皇帝发个诏书，第一句都是“奉天承运，皇帝诏曰……”

新知：先生，我必须打断你一下，我马上给你举一个文学中的例子，中国最杰出的古典小说《红楼梦》中，便有这样一段薛宝钗对常备身边，用以治疗自己先天热毒的奇药“冷香丸”之制作过程的描述——

“要春天开的白牡丹花蕊十二两，夏天开的白荷花蕊十二两，秋天的白芙蓉蕊十二两，冬天的白梅花蕊十二两。将这四样花蕊，于次年春分这日晒干，和在药末子一处，一齐研好。又要雨水这日的雨水十二钱，白露这日的露水十二钱，霜降这日的霜十二钱，小雪这日的雪十二钱。把这四样水调匀，和了药，再加十二钱蜂蜜，十二钱白糖，丸了龙眼大的丸子，盛在旧磁坛内，埋在花根底下。若发了病时，拿出来吃一丸，用十二分黄柏煎汤送下。”

且不说这样繁琐制成的奇药是否真正管用，古人根深蒂固的天人相应的观念由此也可窥见一斑也。我特别注意到先生并不像一般学者那样泛用“天人合一”这个词，而是平常用“天人感应”，而将“天人合一”作为东方文化所追求的一种境界。我是这样理解的，天人之间是时刻感应着的，但是人必须经过修炼，方才能够达到同自然的高度和谐。如同电视频道发射的信号是时刻作用着那个电视的，但是你必须恰到好处地调到那个频道，它才能非常清晰地收到那个信号。

清风：这个比喻很好。谈到这里，顺便要补充一句的是，时值2005年2月17日，电视上正好播出消息说，旨在减少二氧化碳等温室气体排放，以减缓全球气候异常趋势的《京都议定书》当天正式生效，而它将是让全球退“烧”的特效药。可见如何在发展经济的同时与自然环境进行调和已得到了各国政要的高度重视了。

新知：有趣的是，一些自小生长在中国的知识分子可能是深切体会到了传统文化中的落后一面，而对西方的东西顶礼膜拜。而像荣格之类的人可能又深刻体会到了西方文化的局限性，而反过来从东方文化中吸取精华。正如荣格所言，现代西方人的精神世界已陷入困境，而只有从东方思想源头中才能寻找到解脱之道。在近现代，对《易经》《孙子兵法》、道家及禅宗等的研究都曾在西方掀起过持续的研究热潮。这也不错，由不同的人换不同的视角来审视，正好起一个互补的作用，使得我们能够对东西方的文化特点有比较全面的认识，而不至于犯偏执一端的错误。这也许就如苏东坡所说“不识庐山真面目，只缘身在此山中”吧。

清风：很好，很好。东西方文化的交融在近代以来开始蓬勃发展起来。魏源、林则徐等人有感于老祖宗被动挨打的被动局面，提出了“睁开眼睛看世界”的大声疾呼。而西方如莱不尼兹等人也在东方文化中受到启发，比如他通过对易经的研究而创立了以后成为计算机运用基础的二进制。当然最能够体现东西方文化交融的还是表现在对量子力学的研究上，令人称奇的是几位量子力学的奠基人，诺贝尔物理学奖获得者玻尔、薛定谔、海森堡等都是东方哲学的忠实拥趸。以玻尔为例，他自己设计的一个盾形纹章上就选用了著名的中国太极双鱼图，并且他用此图案中的互补性思想来阐述自己的量子论观点。

新知：弟子打断先生一句，我想这绝不是偶然的，因为在量子力学中所探索的领域是属于微观世界，而这暗合先生所说的潜态世界也。所以，古代东方圣人在高度入静状态下所顿悟直觉的东西，能够与现代物理学家（须注意其思维方式已不是传统的科学及逻辑所能涵盖）通过实验且加以理性分析而得出的结论，有着惊人的相似与吻合。老子曰，“道生一，一生二，二生三，三生万物”，这是讲的一个正向的由潜态到显态的过程。老子对此的认识是通过“静观”与“玄览”，是一个逆向的过程，是通过入静入定的功夫，认识到缤纷多彩的世界必回归于“一”的过程，正如他所说“致虚极，守静笃，万物并作，吾以观复。夫物芸芸，各复归其根”。

清风：科学发展的历史，就是人类对物质世界的认识由宏观到微观不断深入的过程。而随着认识的日益微观化，构成物质世界的元素也在不断减少，如“细胞—分子—原子—原子核—质子—夸克”的不断递进，而这正反映了万象物界归于一、归于道的过程。在量子场论中，场是连续的，在空间中无处不在；同时它又是不连续和具有粒子性的。这种场的概念与东方哲学中的气、无、空、道等概念有相似之处。

而场与物质是不可分割的，它的波粒二象性永远不停地相互转化，在运动过程中体现着它们的统一，这也正好吻合佛家“色不异空，空不异色。色即是空，空即是色”的道理呀。

新知：现代量子场论已经证明了“真空非空”的道理，对东方古老哲学的精髓增添了新的诠释与注脚。量子场论是用以描写微观物质的存在形式及其运动状态的理论。量子场有波动，量子场的激发和退激，就是粒子的产生和消失。量子场系统既然有各种激发状态（它们代表处于不同运动状态的实粒子），那么它必然也就有其对立面——未激发的状态，即能量最低的状态（基态）。这个基态不是别的东西，正是自然界的真空。按照量子场论，在真空态中各种量子场也不停地振荡，这就是所谓的真空雾点振动。而且由于相互作用，真空中不断有各种虚粒子产生、消失、相互转化、循环往复而不绝（真空涨落）。形象地说，真空就像是各种虚粒子组成的波浪起伏的大海。确切地说，真空就是以量子场形式存在的物质系统的一种特殊的（即能量最低的）运动状态（基态）。

清风：你什么时候又偷看了我的一本关于现代科学成果运用的书，不过你能恰到好处地用上也说明你实在是一个具有慧根之人呀，“我爱你就像老鼠爱大米”！简单地说，就是物质有两种基本形态，即实物与场，或者称其为颗粒与波。当颗粒物质的振动频率达到一定数量级的时候，颗粒将以波动的状态存在。反过来，当波的频率降低到一定数量级的时候，波又恢复到物质的颗粒状态。实际上，场是一种特殊的物质，是潜在的物质。

说一千，道一万，潜态世界与显态世界实在是一枚硬币的两面呀，古代圣贤早就领悟到的与科学理论相类似的道理令现代人惊讶，比如佛家中“性空妙有”之类的绝妙好辞就是绝佳的证明。同样是古代圣贤在直觉顿悟中所领悟的对微观领域的认识，易经八卦中所揭示出的思想也和现代化学及生物学的有些发现很相似。

比如说，易经八卦与化学中的元素周期表有着惊人的对应关系早已为世人所瞩目。近来研究认为八卦中的六十四卦，与生物学中遗传密码是一致的。决定遗传机制的分子有两种，分别叫做脱氧核糖核酸（DNA）、核糖核酸（RNA），这两种结构相同，都是磷酸基、糖碱基组成。DNA 和 RNA 中的磷酸基是没有区别的，只有一种。但糖有两种，一种核糖，一种脱氧核糖。每种可分别接四种碱基，两种糖可以得到八种。这样，每三个 DNA 和 RNA 能决定一种遗传密码，八种碱基每次取三个，重复组合，只能是 64 种。它和八卦的结构及生成的六十四卦一模一样。

我们知道在量子力学中有一个著名的测不准原理，它讲的是“一个微观粒子的某些成对的物理量不可能同时具有确定的数值”，就是说对于原子现象而言，没有不依赖于观察方式的观察结果。这说明什么呢？说明主体与客体从来就是相互渗透的，只是在宏观状态下此种相互影响不显著从而不为人所观察与意识到，而在微观世界里，这种互动影响被实验观察所放大，因而出现测不准的情形。而如我们前面所说，东方哲学从不将主体与客体割裂开来，因为东方的圣人很早就在定境中深入到另一层次的微观世界中去了。

新知：为什么东方圣贤通过直观玄览的方式能与西方学者通过实验仪器观察然后由理性思维所提炼之结论常有惊人的吻合之处呢，这里面是否有一些深层次的原因呢？

清风：这样的殊途同归实际上并非偶然，在这里又用得上全息论了。我们前面反复谈到了全息思想，而从全息思想必然推论出全能思想。既然宇宙万物都是宇宙全息胚，那么每个小宇宙或部分就都可以在一定条件下发育为宇宙或整体，展示出与整体和宇宙相同的功能。人的全能性是宇宙或物质全能性的最高体现，而人的全能性根本上是由精神的全能性来实现的。人的精神的全能性主要表现在它的能动性上，精神不仅可以知道过去，也可知道未来，它并不受时空的限制，能够自由地翱翔。精神上知天文，下知地理，大知宇宙，小知粒子。可以造出自然界中没有的东西，可以从事宇宙飞行，在地球上就能控制飞出太阳系的非常遥远的宇宙飞船。

新知：师傅实在是中“毒”太深了，这些都是全息论一书的现成观点。我要给你补充清楚的是，精神的全能有两种体现方式——一种是外化，通过制造一切机器及仪器来实现人的功能的延伸。比如汽车是人之腿的延伸，机器是人之手的延伸，非常精密的仪器是人之眼的延伸。所谓科学就是这样的不断外化的发展从而能够上天入地，从而能够深入到量子世界中去呀。而另一种方式便是内化，这是通过持之以恒的修炼，能量内敛，高度入定入静，从而最大限度地回到潜态世界中去，从而激发自身与生俱来的巨大潜能，因而同样能够上天入地，同样能探幽入微，无所不能。

清风：如何得了，到底你是老师还是俺是老师？哈哈，你别怕，这正是我所期待的效果，你能经常显出一些比老师还高明之处，非师之耻，实师之荣也。

新知：老师，我前段时间好好读了你那里的一本美国学者的畅销书，顿感获益匪浅呀，此书即是《物理学之道——近代物理学与东方神秘主义》。作者卡普拉曾在书中引用擅长密宗的佛教徒噶文达喇嘛的一段话，他认为这段话看来极为恰当地概况了从原子物理学中产生的宇宙观，特录于此与你和读者诸君共享——

佛家不相信独立或孤立存在的外在世界，不相信自己能加入到外在世界能动的力量中去。对于他来说，外在世界和自己的内在世界只是一块布的两面。在其中，各种力量和各种事件，各种形式的意识和它们的对象，都被织入一张不可分割，没有尽头，相互制约的关系网中。

清风：很好很好，看来你很快便要超过为师了。在东方哲学中从来不曾孤立地研究事物，它总是通过事物的相互关系来整合统一地把握事物。为什么现在许多研究佛经的人从中能够找到许多与现代科学尤其是相对论相吻合的地方，就是因为在佛教中，从来都是将时间、空间与事物紧密联系在一起的，从来就不曾产生过如牛顿所说的那样的绝对时空观。总结起来说吧，就是在相对论所主宰的最宏观的领域与量子力学所主宰的最微观的领域，东方哲学恰好能与现代物理学的这两大支柱接轨，原因就在于其独特的整体关联思维也。说来好笑的是，中国人在社会上不管办任何事情，都首先要想到动用“关系”，自古皆然也。以至于在大学念书时，给我们上课的外籍教师都对此非常不解但又饶有兴趣，但具有讽刺意味的是我们无法在英文中找到一个与之接近的词给他们进行细致的讲解。

新知：哈哈，看来中国的关系学真是源远流长且又蔚为大观呀，这也难怪，谁叫我们“人治”社会的历史这么长呢？接下来我想说的一个问题就是，对于东方哲学的认识，通常的学者一般会有两种基本的认识。一些学者用西方人习惯了的哲学模式来衡量东方的思想，此是决然体会不到东方哲学的真正妙处的。这种错误按中国古话说来是一种“圆凿方枘”之错也，即“若凿圆穴，斫方木内之，必参差不可入”，即必然地格格不入也。

另有一些学者虽然认为不能抛开东方民族本身的思维原则去理解其观念形态与思维体系，但却也认为不能完全沉浸于其中，而犯当局者迷之错。比如《禅宗与中国文化》一书中评论日本著名禅学大师铃木大拙时就如此说——

从禅中看禅，有禅的体验，这是铃木大拙的优势，所以他对禅的心理机制有不少深刻的分析，可是“不识庐山真面目，只缘身在此山中”却也是他的缺陷。他把身心投入禅的体验，用“内省”方法感受禅的境界，但不能跳出来客观地“反观自身”，也没能从更广阔的文化背景上分析它的渗透、变形与影响，所以又有“当局者”之“迷”。

老师又是如何来看待“当局者迷，旁观者清”这个问题呢？

清风：对于“当局者迷，旁观者清”的说法必须辩证地来看待。以下棋为例，旁观者因为没有对局者那种胜负悠关的心理压力而可以抱一种比较超然客观的态度，因而显得清醒一些是有道理的。但，这种“清”也是在一定的层面上而言的，试想如果一个根本不会下棋的人来观战，那又如何谈得上“清”呢？更何况许多事情带有极大的实践性，不进行实践而是纸上谈兵，那样的客观又有何益呢？比如毛泽东就说过要学会游泳的关键是要下水，马克思则说布丁之证明在于吃，都是强调了亲身实践的极端重要性。

新知：是啊是啊，在修行这样的领域，是特别适用陆游所言“纸上得来终觉浅，绝知此事要躬行”的呀。可是先生，究竟是怎样的一个境界，在我等没有充分地实践领略之前，仍然冀望先生有一些善巧方便之法对弟子开示一二。

清风：好的，我先给你讲一个物理学的定理吧。物理学的惯性定理即牛顿第一定理学说，假使在没有外力的情况下，物体要么永远地静止，要么永远地匀速运动下去。而常人的观念虽得之于日常经验但却是错误的。常人认为力是物体运动的原因，而实际上力只是改变了物体的运动状态而已。当然没有外力的理想状态是不存在的，在实验中也只能去模拟它、逼近它。

而禅定态的情形是一样的道理，通过修炼可以无限地逼近它。如果没有任何后天的意念情绪等的作用，人的原性显露，本身的祥和状态就是极其美妙幸福的。而我们后天的意念情绪等一样的不是让我们幸福的原因，而是改变了幸福的程度与状态而已。以上当然是一种大致的类比，关键在于你要自己去实践，所谓“如人饮水，冷暖自知”也。任何描述都是与事物本质隔了一层的，都是不可能准确的，描述的文字也只能是一个工具，如果执着于文字本身也就会停留在表象之中了，佛家称为着“文字相”也。

新知：我能够理解老师的意思，那种禅定之境是难以用语言来言说的，任何比喻也都是蹩脚的。但是言语、文字的功用就在于让你能够理解一个蒙眬的东西，然后等到真正进入那种状态的时候能够恍然大悟，然后能够确认它并可能终身都去实践它。好比你给一个读者讲述喝普洱茶的妙处，他还是不得究竟。但是当他那一日真正喝了普洱茶的时候，他此时可能就回想起了你的讲述，然后深刻理解了那个滋味。而没有听你讲过的人，也许虽然喝了它，但没有开悟，以后没兴趣再喝，从而也就与它擦肩而过了。

9. 近代中国为什么会“落后”

新知：我们在经过了前述的讨论之后，再来解释这个问题，已是水到渠成了。我注意到先生在落后两字上面加了一个引号，表明所谓的落后，是在一个特定的层面上而言。确切地说，这就是一个关于显态的层面。

清风：是的，是的。为师在20世纪80年代看过的书比如说《颤动》，以及当年比较轰动的《走向未来》丛书，电视系列片《迎接挑战》《河殇》等等，这些作品都反映了面对同西方国家相比巨大的科学技术差距，当时的知识分子的忧国忧民之情。我那时受这些新潮思想影响，也就认同中国文化已全面落后之论。不过，后来经过对古典哲学的深入钻研和亲身参禅实践，终于完成了对古典文化的否定之否定过程，这也就是我现在要在题目上的落后一词加一个引号的原因。

新知：先生，我对你是由衷地钦佩，不仅是因为你学贯中西，更由于你的宽广胸怀。有不少人对传统文化盲目崇拜，堪称是民族虚荣主义者；另外的人则是矫枉过正而走向另一个极端，对传统文化一概否定，堪称是民族虚无主义者。关于中国后来的落后在以前曾经受到许多学者的关注，最著名的就是以撰写《中国科学技术史》这本巨著而享誉世界的英国学者李约瑟先生。他提出了一个经常被人引用的“李约瑟之迷”，即为什么近代科学没有诞生在中国？

这是一个合乎逻辑的显然的问题，因为在远比西方繁荣的古代中国，在一个为人类社会发展贡献了数不胜数的发现、发明的中国，近代却突然停止了脚步并从此一蹶不振多年。西方一个学者说，在中世纪的欧洲极为黑暗的时候，中国的官员已经在宽阔的驿道上奔驰巡视了。几乎所有的现代发明无论是蒸汽机还是足球运动，都会有人提出许多证据来证明中国为先，或者说是至少先有了发明的雏形，但是最后开花结果却都在西方。

按照李约瑟先生的解释，最主要是因为中国的封建主义与欧洲的封建主义是根本不同的。中国社会具有某种自然趋于稳定平衡的倾向，而欧洲则具有与生俱来的不稳定性格。从地理上来说，中国是一个内陆农业国，而欧洲是多岛地带且有海上贸易传统。这种情形，导致中国的发展是一个平缓的缓坡般的曲线，而西方则是一个大起大落的陡坡般的曲线。峰回路转，当中世纪黑暗过去之后，在文艺复兴之后西方立即得到了飞速的发展。

清风：这里面的原因可以举出很多，仁者见仁，智者见智，李约瑟先生的论述也堪称精辟，但我认为最根本在于自古以来国人理性思维的缺乏。比如一个众所周知的曹操之子曹冲称象的故事，此说明曹冲其实已经不自觉地在运用西方阿基米德发现的浮力定律了。此事固然一直被传为佳话，但也就到此为止了，不仅是曹冲也没有后人来将它总结为浮力定律。如果曹冲能够捅破这层纸，那么情况就大不一样了。同样的中国人有勾股定理，也总结出一些几何知识，但却不能像西方的欧几里德那样写出《几何原本》，总结出完备的欧氏几何体系出来。中国确实出了许多能工巧匠，否则就难以出现四大发明了。但是中国却缺少真正意义上的科学家，即使是像精确计算圆周率的祖冲之，发明预报地震的地动仪的张衡等人他们的贡献也是同样地在于一种技术的发明与改进上，而不是在理论上有什么建树。

而这种欧洲人普遍具备的理性思维在古希腊的时候打下了一个很好的

基础，比如浮力定律、欧氏几何等等都是在那时候建立起来的。当经过漫长的中世纪的黑暗之后，“文艺复兴”运动又重新唤醒了发源自古希腊的理性思维意识，从而导致了科学技术的迅猛发展。反观同时期的号称思想最活跃的中国春秋战国时候，其百家争鸣思想都是一些什么思维方式呢？不管是道家、法家、儒家，还是墨家之类，都缺少一些对自然的总结，缺少理性逻辑的思维推理。中国的经典著作都不是推理性的，都是一种以格言或者散文来进行断论、定论性质的。

这说明即使是抛开东方出世的哲学而论，单讲入世的学问而言，中国古代的学问都是以实用而著称的，它以调节人与社会的关系为主，少有特定的对自然进行观察且从来都不曾建立任何一种学术体系。所以，中国有火药，但不能变成炸药。因寻求长生不老之药而产生了练丹术，但却不能形成化学。西方人是重自然而轻人文，并且人文也有自然化之倾向。所以西方的学问一个最大的特点就是，客观化与定量化。而中国人是重人文而轻自然，并且自然也有人文化之倾向，最大的特点就是主观化与定性化。

新知：如你所说，弟子略有所悟。从显态的层面来说，客观与量化就是一种重视科学的体现，所以能促成西方科学技术的迅猛发展。但从潜态的层面而言，视万物为有情从不把主客观截然分割的东方文化，能够在生命科学领域大显身手，并且成为医治现代人精神危机的良医效方。平心而论，中国古代之灿烂文明是举世无双的，且中国是世上唯一一个其文明发展史没有被中断过的文明古国，其为世界文明发展所作的卓越贡献是无与伦比的。但是，即使以四大发明而论，其价值也在其实用性方面。中国文明对后世科学发展以及理性思想体系的建立而论，则难以与希腊文明相提并论，应该也是不争的事实。

清风：是的，相比之下中国古代产生的能工巧匠远远多过科学家。很好，你接着神侃一通吧。

新知：在先生看来印度这样的国家是唯一能与中国媲美的东方大国，堪为双璧。但是它与中国文化还是同中有异的，应该说中国人的思想更联系实际生活一些，而印度人有着思考的精神，有着沉思默想的习惯，有着思辨的风气。这一点西方学者也有比较深刻的认识，著名的美国学者卡普拉就认为，“以中国人和日本人为一方，以印度人为另一方，这两方面的差别是如此之大，以至于被认为代表着人类思想的两个极端。前者讲求实际，看重实效和有社会意识，后者则富于想象力，形而上学和先验论。”关于古印度人的思辨成风，可举唐僧在印度取经的一些故事作为佐证。

唐僧西天取经的素材被吴承恩改编成著名的神话小说《西游记》，因而他与虚构的孙悟空、猪八戒之流成了中国家喻户晓、妇孺皆知的生动人物。他法名玄奘，是我国杰出的旅行家、翻译家和佛教哲学理论家，为中印文化的交流作出了极其卓越的贡献。玄奘历尽艰险到达印度后，曾长期住在印度的学术文化中心那烂陀寺进行学术研究，并且声名远播。一天，那烂陀寺的门口，高悬着四十条教义，原来这是相信顺世论的一名外道写的。他来那烂陀寺与人辩论，声称“若有破难一条者，我则斩首相谢”。无人敢应战，唯有玄奘挺身而出，侃侃而谈与其辩论。最后该外道理屈词穷，缄口认输，甘愿按约被杀，玄奘宽宏大量饶过了他。后来戒日王专门为玄奘在曲女城召开了一次学术辩论大会，大会以玄奘为论主。会场门口照例高挂一牌，上面写着“如有一字不通，能被驳倒，愿斩首相谢”。连续 18 天，无一人敢出来辩难，玄奘取得了完胜。

先生，只是我所不太明白的是在古印度，何以如此有这样强烈的哲学思辨情结？并且另一方面有如此强烈的苦行意识，这也同样是在世界历史上所绝无仅有的。

清风：我在你身上看到了我童年时的影子，这也是我如此欣赏你的原因。我童年就是一个惹老师生气的问题迷。你说这个问题倒还一下子使我有点语噎，不过我想可以从气候与地理环境两方面来说。古印度地属南亚次大陆，主要是属于热带地区，一年只有冷、热、雨三季。在印度即使是冷季其气温也相当高，更何况热季了。当风季到来时又极度的干燥，而雨季到来时又极度的多雨。极度的炎热、极度的多雨以及极度的干燥，使得人们面临的大自然的挑战显得十分严峻。于是，有的人以纵情享受这种极端来应对，而有的人则以禁欲甚至是带有自虐性质的苦行这种极端来应对。

最应当与气候、地理有密不可分关系的也许是古印度人善于思索的性格，这是因为雨季的时间相当长，连绵不断的雨水将人的足迹限制在一个小范围内，使得人们自动地去思考这个世界的本质、本原，以及人与自然的关系，人如何掌控自身的命运等。而终年炎热尤其是热季的时间也很长，因而人们也只好减少外面的活动，也使得有许多时间适合人们去沉思默想，某种意义上说这也是被逼出来的，因为“心静自然凉”嘛。从地理上来说，古印度北部正是喜马拉雅山，它一方面有着屏障作用，使得从地理上和气候上都自成体系。另一方面，居住在山脚下的古印度居民终日看着雪白的雪山，使得人们自然联想到雪山的意义。此雪山向世人昭示着永恒不变的法则，人们也就希望也能与自然的永恒和圣洁融为一体。

新知：我好像在什么书上看过，古印度人是从欧洲迁徙过来的一支，且印度的语言也与欧洲比较接近，同属于印欧语系的范畴，因而我想古印度人在讲究推理逻辑方面与西方人有近似之处是不难理解的。而中国的古汉语全是由一个个的单音节的字（同时又是词）所构成，这在一些汉学家看来此种语言结构阻碍了逻辑思维的形成。

总括起来说吧，西方人具有善于分析、区别，偏向于抽象化、条理化、层次化的思维方式与习惯于将精神与物质，人与自然对立起来考察的哲学观，它清晰准确，但也不免机械刻板。西方人的文明起源于古代希腊，而希腊人受到希腊的驳杂地形如海湾、贫瘠的多石山地等的制约与影响，他们对于大自然感到恐惧、崇拜，同时也会有愤怒与反抗。这样逐渐地形成了站在自然界对面冷静地观察辨析客观物质世界，习惯于把精神与物质对立开来的思维方式。这种原因，促使自然科学如航海技术、几何学、物理学、化学等的迅速发展，也促使了人们的逻辑思维能力日益完善。

清风：整个西方民族总的说来最初是游牧民族，这也就养成了其追求人与自然之间的独立、人与人之间的独立倾向。而中国与印度民族都具有将自然与人统合起来看待的整体观念，但区别就在于印度民族仍然喜欢将直觉顿悟出的宇宙观、人生观概括成逻辑严密的庞大体系，而中国人则是一直沿承《易经》的思维方式，以比类取象的原则，将天道、地道、人道层层重叠起来进行直观外推式的思考与运用。归根到底因为中华民族自古以肥沃的黄河流域为主要栖息地，属于以稳定的农业生产为主的农业民族，所以建立起来的思维方式也是亲近自然与追求和谐的方式，同时也使得中华文化里追求现实实用的倾向是非常明显的。当然这些问题一旦展开而论的话，又可以写成洋洋大观的一大本专著了，限于本人才疏学浅不再深论下去。

新知：点到为止即可，因为在接下去各章的具体介绍中读者诸君自可加深认识。不过老师倒是难得的谦虚起来了，说什么才疏学浅之类的话来，好像不大符合你的风格吧，哈哈。不过就此打住的话，实在让我太过扫兴了，还是让我再发挥一二吧。农耕文化追求人与自然的和谐，造就了道家对天人合一的追求。追求人与人的和睦，但也造就了儒家文化的流行和对个人人性的扼杀，个人意志完全湮没在家族意志中，湮没在皇权之中，因为在家国同构的模式下，国家就是一个大家族，而君王就是一个大家长也。在这方面，我倒是觉得先生可以好好看看当代国学大师钱穆先生的著作，我在这里姑且摘录《晚学盲言·群与孤》中的一小段以启发你的思维——

人生有群与孤之两面，不能偏无，但亦不能无偏向。为求平衡，于是尚群居者转重孤，尚孤住者转重群。姑举农业社会与工商社会，或乡下人与城里人为例说之。

农业社会以乡下人为主，工商社会以城里人为主。似乎乡下人常见为孤，而城里人必群居聚处。其实不然。农村人都以家庭为本，又安土重迁，生于斯，长于斯，老于斯，死而葬于斯。又有宗族乡党，户宅与坟墓相毗连。又仅与生人为群，亦复与死人为群。故农业社会实是一群居社会，而城市工商社会则不然。

工业人各操一艺，如梓匠轮舆，皆封闭在各自之工作场所，可以互不相关。农业人，同此田野，同此耕耘。在双方心理上，农业是和合的，群而不孤。工业则分散的，孤而不群。商人更甚。各是一店铺，同卖一种货品，如药材等，可以一条街尽是药材铺，而相互孤立，有竞争，非合作，不成为一群。

清风：小子真狂妄也，教训起为师来了，不过为师也肯定是有盲点的，不可能无所不知，我会抽空去看钱穆的书的。从内心里我为你感到高兴，你能开始与我叫板起来，正是我所希望看到的结果呀。当然游牧民族因为对个人的意志特别张扬，自然地容易发展起工商业来，而群居的农业社会注定容易湮没掉个人的意志。这一点我还在中学学英文的时候，就已经注意到了。西方人写信，信封上必然是先收信人名字，然后住处，然后街区，然后城市，然后州，然后国家，而中国人则顺序是完全地反过来，最后才落脚到个人。另外，英文中所有的单词中只有“I”是大写的，它的含义正是“我”。

新知：很好，像老师这样个性鲜明的人真的如生活在西方可能才如鱼得水呢，虽然老师却又对东方文明推崇备至。当我们探讨至此后，突然发觉也许这一节的标题如改为“近代东方为什么会‘落后’”，也许才更为妥当的了。而实际上所谓落后是就其对显态层面上事物研究的落后，其对潜态层面上事物研究的先进之处正等着我们去一步步地发掘呢。以下我们将开始对东西方主要思想流派进行展开介绍，相信读者诸君研读后自然会对以上论点有更加深刻的体会。

第二章　佛　家

佛家以超越尘世的痛苦为旨趣，对在红尘中奔波的人来说无疑有清心降火之功。有意思的是，在佛家意欲否定的世俗社会中，它却得到了长足的发展。

第一节　小乘佛教

1. 佛教的创立

新知：说起佛教，先生祖上从无一人信仰之，并非有任何家学渊源，又怎么会对其感兴趣的呢？

清风：我最初对佛教并无好感，对它仅有的一点肤浅理解完全来源于正统的教育，那就是——其一，此为迷信，因为大凡宗教都是迷信的；其二，此为唯心主义，大凡宗教都是唯心主义的。而在学历史的书上，则是如下的论调，佛教以风、火、水、地为构成物质的四大元素，四大元素又都是属于空的，所以称为四大皆空，充分说明其唯心主义特色。直到后来经过许多磨练，在深入研究了东方哲学特别是佛教经典后，方领悟世间万物如果一概以唯物、唯心而立论，其思维方法之粗糙、幼稚与小时候看的那些公式化的国产电影，片中人一概非好人即坏人一样的可笑到极点。

新知：相比先生的艰辛探索，我辈从一开始便跟着先生从全息论入手来研究古典哲学，自然就少走许多弯路而直接登堂入室了，真正是羡煞旁人。其实真空非空也，而空又生万有，万有又将归于空。这些在常人看来的玄机，用全息论来看，也就是一个潜态世界与显态世界的相互关系问题。潜态世界已包含了显态世界的全部信息，所以真空非空也，而所有显态的信息既由潜态而来，所以即使是变幻无常，但其背后的潜信息又是不变的，所以万有又将归于空。

清风：这就是《金刚经》中的一句经典语言“色不异空，空不异色”

呀。弟子呀，你固然是跟着为师长进了不少，但是要考虑读者诸君的接受能力呀，我们还是从头开讲吧。

新知：好的。佛教是在 2500 年前，由古印度的释迦牟尼所创立的。公元前 565 年间，佛祖降生人间了。他本姓乔答摩，名悉达多，后世尊称释迦牟尼。释迦，在汉语里意译作“能仁”，即我们通常说的大慈大悲心。牟尼，意译为“寂默”，意指佛祖修行达此抛弃一切烦恼而智慧圆满的境界。释迦牟尼，综合起来意即大慈大悲且智慧圆满的释迦族圣人之意。

释迦牟尼在成佛前是古印度迦毗罗王国的王子，与我国春秋时的圣人孔子是同时代人，在他成道后被尊称为佛陀，略称为佛，也有许多人爱称其为释尊。佛陀是古印度梵文的音译，其意思是“觉者”，就是觉悟了的人的意思。在汉语中，佛这个字由“人”与“弗”所构成，弗的意思是不的意思，合起来解释就是非常人之人的意思也。

清风：我们这里限于篇幅，不能如同传记一样去描述佛陀的成长历程，只能择其精要而简述之。话说王太子自幼聪明过人，且受到很好的教育，遍学了当时的所有知识，且好静思冥想，加之武艺超群。

新知：如此优裕的生活一直持续到 19 岁，有些时日太子坚持要驾车从东、南、西、北四门出游，先后见到老、病、死、僧人而领悟人生皆要经历生老病死之苦，而立志如同僧人一样求得解脱，从而萌发了出家修道的念头。

清风：话说太子矢志不渝，不顾一切阻拦，毅然舍妻别子，出家修道。头五年，他到处参访，却未得究竟，想到求人不如求己，只有靠自己修持才能获得最终解脱。后六年，他是过的一种苦行的生活，发展到最后每天只吃一粒米的地步，全身瘦得几乎透明。这时候，尼连禅河边上的一个善良的牧羊女拿牛奶来喂养太子，使得太子慢慢地恢复了体力。身体渐渐恢复的太子于是来到一棵毕波罗树下，连续参禅打坐七天七夜，并且发誓不证得无上正觉就绝不离此座。

新知：师傅我来替你说吧，在这七天中（另有一说为四十九天），太子顶住了一切心魔的干扰，进入了一个无比澄明的境界，彻底了误人生烦恼的根源，并且进入了一个脱离生死苦海，不生不灭的极乐彼岸。那棵树以后就被称为菩提树，因为菩提是开悟的代名词。

清风：三十岁的太子变成了佛，自此开始了长达五十年的传道教化生涯，并且成了佛教的创始人。另有一说太子二十九岁从宫中出走，三十五岁成道，传法四十余年。

新知：我知道师傅下一节就将开讲佛教的主要教义，但我这里想先要搞清楚的是释尊何以要抛弃苦行，而取苦乐之间的“中道”呢？

清风：要讲清这个问题，要从当时的印度地理人文环境谈起。我们前面曾经讨论过，印度那独特的地理和气候环境，造就了古印度人极其富于思辨的性格。另一方面，这种环境，也造成了两种极端的生活方式。

一则以顺世论为代表，它在印度各派哲学中是以反对禁欲主义著称的。此派肯定人在现实世界中追求幸福生活的合理性，主张放纵人的欲望，尤其是情欲，一天到晚都应陷溺于享乐的生活中。耆那教被认为是另一极端的代表，此教提倡苦行，有些苦行甚至是非常残酷的折磨自己肉体的行为，希望以此来获得彻底的解脱。比如，有的人翘起一脚，只用另一只脚站立；有的就睡眠在尘土里，有的甚至睡倒在荆棘之上，还有的成天睡卧在水火之侧，使身体经受水深火热的考验。释尊以前贵为王太子，自然对世间享乐的生活并不陌生。但他后来认识到享乐是不能长久（无常）的，并对人世的种种痛苦有了深切感受，因而毅然出家修道。不过他在尼连禅河附近的林中修炼苦行达六年之久，并未修成正果，因而这一种极端也就被他坚决地放弃了。

新知：比较极端的环境，所以造就极端的行为。就好像现代的许多去过泰国的人，非常惊叹这个气候地理等与印度有些类似的国家，至今仍是这样的融合两个极端为一体。比如一方面遍布各地的色情红灯区，并且像“人妖”这种畸形产物也处处招摇过市；而另一方面，到处寺庙林立，且和尚在泰国倍受尊敬，并且成年男子都有出家两月当和尚的习俗（这种情形在我国云南西双版纳地区的傣族内也存在）。所以，禁欲与纵欲的混合并行不悖，也堪称一道独特的风景，令人叹为观止。

清风：我们讲过古印度人是耽于思考的民族，产生了许多哲学家及宗教家，并且留下了《奥义书》《薄伽梵歌》《心经》《金刚经》等数不胜数的经典文献。其实，任何一个宗教所涉及的最本质的东西，就是追求生命永恒的意义。顺世论一派所实行的纵欲方式，表面看是不去思索人生的意义，实际是对永恒的疑问无从排解，而做出的一种借放纵行为而消愁及消除恐惧的举动罢了；至于说耆那教所倡导的苦行，则是通过折磨肉体而希望得到精神上的安宁，或希望死后升天，以此来实现永恒。

新知：我悟也，释尊舍弃这两种极端方式，而取中道，通过参禅入定，证得那不生不灭的涅槃之境，从而证得生命永恒的意义，从而获得一切解脱。对了，师傅，何以把最初创立的原始佛教称作小乘佛教呢？

清风：原无此说法，后来在大乘佛教兴起后，为便于区别而将原始佛教称作小乘。乘者，运载工具之义也，即指借此工具而脱离充满痛苦、迷惑、生死的现世的此岸达幸福极乐之彼岸也。因大乘采取较为灵活的态度，认为教义的精神实质是比原初的陈述更重要的，强调入世修行，自利利他，心量显其大也，故有大乘之谓。小乘属正统的流派，强调出世，偏于寻求自身解脱，且拘泥于佛陀教诲的每字每句，故有小乘之谓。

新知：我观先生所准备的书稿，除了第一章“东西方文化比较总论”之外，就以佛家及道家这两章最为浩繁，其中又以对小乘的论述着墨最多，是因为先生特别推崇抑或是虔诚信仰小乘佛教吗？

清风：非也，非也。为师既无任何宗教信仰，也不对任何一家学问持偏爱的态度。我对任何一家之言都持批判之态度，客观公正地剖析，一心想使有缘诸君能择善而从之，择其不善者而修正之。在东西方文化比较总论上花费较多笔墨，是因为起一个提纲挈领的作用，以便能使读者对于令人望而生畏的古典哲学思想，理解起来变得容易耳。而在佛家尤其是小乘佛教上花较多精力来阐述，原因有三——

一则因为本身佛家小乘思想极其博大精深，若只言片语实难窥其究竟；二则小乘思想已几乎涵盖人生的所有重大问题，通过对它的剖析，则可一通百通，对后来在此基础上发展起来的大乘等流派的佛家思想，以及本质相同而侧重点不同的中国道家等的理解也就迎刃而解也；三则通过学习小乘进而理解了出世哲学的精髓后，对与东方哲学相对立的西方思想流派理解起来也可事半功倍，驾轻就熟也。

2. 佛性、三法印与四圣谛

新知：先生前面讲了这许多，想必读者诸君一定想知道释尊究竟领悟了什么呢？

清风：释尊在成道以后，他观察到一切众生都具有智慧种子，只是由于妄想、执着将这些种子的本来面目遮蔽住了，因此而堕入世间烦恼爱欲的漩涡中，饱尝种种痛苦而不能自拔，所以不能成佛，不能抵达智慧的彼岸。

新知：所以释尊说，“奇哉，奇哉，一切众生，个个具有如来智慧德相，只因妄想执着，不能证得。若离妄想，则无师智、自然智，一切显现。”

清风：此说明众生是未觉悟的佛，佛是觉悟了的众生。一切众生皆有佛性，关键是要发大菩提道心，努力修行，把心中的妄想执着的烦恼消除净尽，那人人所具的佛性也就显现出来了。此人人皆能成佛之观念在后来中国禅宗中由惠能一派发扬广大，对中国佛教产生了极其深远的影响。

新知：此正如中国古人所说："佛在灵山莫远求，灵山只在汝心头。人人有个灵山塔，好向灵山塔下修。"从另一方面说，佛教是世上惟一一个无神的平等的宗教，它宣传的是众生皆是平等的道理。佛所要做的不是自己高高在上，而是普度众生，脱离苦海，到达极乐彼岸，使人人皆能成佛。

清风：人人皆能成佛，这是提供了一种可能性，但如何成佛，需要提供一种可操作性。佛说"八正道"，具体内容为正见、正思、正语、正业、正命、正精进、正念、正定。前两道正见与正思可看作正确的见解与想法，也就是以明确地洞察人的境遇作为必要的起点。正语、正业、正命、正精进论述正确的行为，是正确的起点之后必然的正确的行为准则。最后的两道正念与正定涉及正确的智慧和收获定境，这是必然的结果，获得了智慧，进行了直接的直觉体验，达到了涅槃的境界。

新知：那么这些正见，便是佛教的基本教义和核心思想了，在我看来最重要的便是"三法印"与"四圣谛"了，老师以为然否？

清风：说得很正确，让我们先从三法印谈起。一谓诸行无常，二谓诸法无我，三谓涅槃寂静。而无常无我的道理，就是佛教对于宇宙人生万事万物的解释，也可以说是世界一切诸法的总则。无常就是生灭相续的道理，它不但包括一刹那一刹那生灭不停的意思，而且也包括因果相续的道理。佛教说世界有成住坏空，众生有生老病死，万物有生住异灭，而且是时时刻刻在那里新陈代谢，刹那刹那的在那里变化迁移，这就叫无常。

什么是无我呢？无我也就是人生、宇宙、心身世界，乃至一切诸法之中，没有一个我能够主宰一切，也找不到一个我可得，这就叫诸法本无我。我是由"色、受、想、行、识"这五蕴假合而成，色代表身的方面，其他代表心的方面，时时刻刻都在发生着变化，并无一个确定的我呀。在佛家看来，众生因有妄想执着的心，于诸法无常，执为真常，于诸法无我，妄执有我，因此就生出种种妄心，所以就造业受报，因果相续不断，轮回六道之中，且滋生痛苦，不得解脱。

欲解脱痛苦，就要用无常无我的观点，发心修道，断苦恼因，勤修戒、定、慧三学，息灭贪、嗔、痴三毒，到了功行圆满，就能够摆脱生死轮回，证得不生不灭寂静安乐的涅槃境界。

新知：够了，够了，一下子灌多了，读者们肯定消化不了。老师呀，佛的观点就是世间的一切都不具有恒常性，而对它们产生执着就是烦恼的根源呀。但是，如果绝对地认为“无我”，那就会使人产生疑问，既然我都不存在，那去寻求涅槃境界的又是谁呢?

清风：问得非常好，许多西方学者都认为在这个问题上存在一个根本的悖论。佛是伟人，但也不必迷信他的所有观点，他的无我无常观点在一定程度上是无比正确的，在一定程度上又走向了极端，这是无需讳言的。此问题为师自有自己的见解，先作为一个悬念放起来，我们在以后的“贡献与局限”那一节中再来讨论它，好吗?

新知：我非常欣赏老师的治学态度，崇敬伟人但不迷信伟人，从不人云亦云，也从不拾人牙慧。接下来讲授四圣谛，为免得老师过分的辛苦，就由我来代劳吧。我想换一个方式，直接让读者读下表吧——

- 四圣谛
  - 迷界
    - 果—苦谛（苦当知）
      - 生 苦—初出母胎，冷风割体，烦恼业力，众苦交集。
      - 老 苦—颜衰色变，体力减退，举止言行，皆不如意。
      - 病 苦—四大不调，精神欠和，身心受病，苦痛无安。
      - 死 苦—五蕴分散，神识相离，茫然自失，业境现前。
      - 爱别离苦—亲族朋友，名位权利，一切爱乐，离失之时。
      - 求不得苦—一切荣乐，可爱诸事，心生欲望，求之不得。
      - 怨憎会苦—怨家仇人，及诸事物，相遇会见，心生不安。
      - 五蕴炽盛苦—身(色)心(受想行识)无常，变易炽盛。
    - 因—集谛（无明—我）（集当断）
      - 贪—名利财色，一切贪欲。
      - 嗔—嗔恚忿恨，嫉忌不平。
      - 痴—事理不明，迷暗愚昧。
  - 悟界
    - 果—灭谛（灭当正）
      - 无明烦恼，集谛业断，我法执除，贪嗔痴尽。
      - 生死解脱，众苦云消，得寂灭境，安住涅槃。
    - 因—道谛（道当修）
      - 正 见—正解佛法，远离唯神唯我唯物等迷谬妄见。
      - 正 思—远离邪贪欲，希望慧命增上，道业早成。
      - 正 语—远离虚言暴语，诽谤戏论要能非礼勿言。
      - 正 业—遵守法，严持律仪，实行高尚善良生活。
      - 正 命—常存道德观念，谋求正当职业，以维生命。
      - 正精进—自信自尊，勇猛精进，修学戒定慧。
      - 正 念—正心诚意，远离妄想颠倒不失正念。
      - 正 定—磨练身心，发出真正智，养成完满人格。

清风：很好，让人一目了然也。释尊对最初皈依他的乔陈如等五个比丘说——

乔陈如！你们现在再听我说："此是苦，逼迫性；此是集，招感性；此是灭，可证性；此是道，可修性"；所以你们要记好："此是苦，应当知；此是集，应当断；此是灭，应当证；此是道，应当修"；因为："此是苦，我已知，不复更知；此是集，我已断，不复更断；此是灭，我已证，不复更证；此是道，我已修，不复更修"。这个苦、集、灭、道，名为四圣谛，不能研究了知这四圣谛，就不能解脱。你们懂得我说的法吗？乔陈如等五个比丘心怀敬畏地答道："我们现在已经知道您是成就三觉（自觉、觉他、觉行）圆满，万德俱备的佛陀。佛陀！我们听得懂你说的真理。"

新知：在古印度佛陀那个时代，正是婆罗门种姓制度盛行的时代。佛祖虽出身于王宫，也属于刹帝利贵族阶层，但他对人生的变幻无常和烦恼痛苦，有着无比深刻的体验。这种痛苦，由一个出身名门望族的人来体验揭示，这或许是冥冥之中注定了的。也许佛陀降世是具有宇宙学意义的，是因为宇宙发展到一定阶段，宇宙自身也有一个反省的需要，因此这样一位超越千古的智者也就应运而生了。

佛对苦谛的强调，是因为他深切地体会到执着于有我、有常观念的无明众生，必然随时随地置身于苦海之中。正如他对无常、无我的过分强调一样，他对苦的论断也有极端之嫌。但这种片面的深刻，在今天也是越发地有着巨大的启迪意义的。特别是在今天这个快节奏的，整个一个快餐式文化充斥的社会，物欲横流，到处充满了追名逐利的喧嚣与浮躁。人们在沉浸于物质享乐中时，也时刻体会到竞争的压力，攀比的诱惑等带来的欲壑难填的巨大痛苦。所以佛说"苦海无边，回头是岸"，也不乏其警世的意义啊。

回头是岸，何解？苦海为何无边，是因为欲海无涯也。回头，就是说我们要从自身内心中去寻找幸福，而不是在外界。当我们收摄精神，与天地融为一体时，我们难道不正是到达了真正持久幸福祥和的彼岸了吗？

清风：啊，辩才无碍，我看你干脆去佛学院进修进修，然后开法会一心说法算了，哈哈。在为师看来，佛陀把人生的本质看作一个苦字，并不为过，为什么呢？这是有生物学根据的，你看人的长相分明是一个"苦"相嘛。人的眼睛眉毛就是那个"廾"字头，而鼻子嘴巴不就是下面那个"古"字吗，充分说明古人造字时就是按照人之面相来造这个苦字的呀。

新知：老师说得太对了，真是一语惊醒梦中人。不过，我怎么都觉得有些牵强附会吧，权当老师的一句戏言吧。我还是单来说说苦中之病苦吧，古人云“病来方知身是苦，健时却被五欲迷”。诚然一个人生病的因素可能有许多，但很多则主要是由于人之嗜欲过度所导致的，这是一点不假的。尤其是在现今的社会，医学界早已达成共识，放纵欲望，生活没有规律等不健康的生活方式是导致疾病尤其是一些文明病、富贵病发生的主要因素。现在的生活水平是大大地提高了，但许多古时候没有的疑难杂症也开始接踵而来了，除了气候异常、环境破坏等因素外，最主要就是人心受到污染，人欲膨胀，因而许多疾病也不请自到了。

清风：很好，我来谈谈集谛，佛陀将苦之根本原因归纳为贪欲、嗔愤及痴愚三方面，并称之为三毒。这几个原因不难理解，而如我们前面强调过的其中又以贪欲为一切苦之根本，如同俗话常说的“祸莫大于不知足也”。再来看看道谛，我们前面已讲述过此八正道，以后佛教中人又将其归纳为戒定慧三学。徒儿，此戒定慧从字面上来讲很简明易懂，关键是其对修行的意义该作何理解呢，你来回答一下？

新知：此难不倒我也，戒是保证，定是手段，慧是目的。所谓“戒”是指戒律，它是佛教约束信众，特别是出家信徒的基本规则，最基本的也是大众所耳熟能详的“杀、盗、淫、妄（语）”也。没有戒律的约束，就无法使心灵得以安静下来，就无法给自己创造一个有利于修行的外环境，这一点我想没有人会产生疑问吧。至于说修练禅定，将使人创造出一个身心和谐的内环境，然后定境现前，就能很好地体认佛法的真理，因此定是手段，是产生大智慧之途径。在佛教中，“慧”是使人获得根本解脱的途径，佛教的一些根本教义如三法印、四圣谛等都属于慧的范围。信徒获得了这样的智慧，就会自觉地摆脱对无常之物的追逐，而摆脱一切烦恼，直达涅槃极乐之最高境界。

清风：此三学之间有着密切的关联，你已经说得大致不差了，我再给你补充一二。戒是定的前提，不守戒就很难达到定，而不达到定，又很难真正体认佛法的真理，就难以真正的开慧。而从另一方面来讲，开慧之后，又能促进修道之人自觉自愿地去持戒，去不断提高禅定的层次。至于你说定是手段，慧是目的，这可以说是说对了一半。开慧之后，最终还要回到定，因为佛法所追求的涅槃境界就是一种极高层次的定境。从这个意义上来说，慧又是手段了，而定又是目的了。古人云，证悟双修，证是为了更好地悟，而悟又能促使更好地证。此二者一旦形成一种良性循环般的互动，那修道之人必然是功力与智慧比翼齐飞，直至达成最后的圆满境界也。

新知：唉，姜还是老的辣，先生到底是先生，弟子是自叹不如也。

清风：你已经做得很不错了，你我之间现在的差距仅仅就是一张纸的差距，很近了，你很快就会青出于蓝而胜于蓝了。

新知：先生实在是过奖了，不要小看一张纸的距离，要捅破那张纸也是极不容易的呀。因为，就知性之类而言，我与老师几无差距了，但若论因人生阅历而于思想中沉淀下来的悟性而言，其差距又是何等的巨大呀。你不是常说，“你吃的盐也比我吃的饭还多，过的桥比我走的路还多吗?”

清风：哈哈，一句用于逗乐的戏言何必当真呢？言归正传，最后来看灭谛，毫无疑问地，当通过持久地努力使得定与慧都达到了很高的层次时，此时寂灭现前，众苦云消，解生脱死，可以安住涅槃了。

新知：这些道理应该说是不难理解，只是我想知道的是佛家所言涅槃境界究竟与古印度宗教哲学中的梵我一如，中国古代文化中的天人合一之境界有什么区别呢?

清风：很好，问得正是时候。梵我一如的思想出自于古印度最重要也是最负盛名和影响最深远的《奥义书》中。梵的概念我在这里不作过多解释，读者诸君先想想我们以前如何论述道的概念就可以了，或者简单点说，它就相当于老子所说的道。梵我一如的境界是需要去证悟的，或者说在禅定中，我们的原性显现了，我们与宇宙的能量彻底沟通了，就达到了人生的最高境界。为什么人与宇宙能达此沟通呢，因为人是一个小宇宙呀，而宇宙又是一个大“我”呀。很显然的，梵我一如的境界与中国文化自古以来就追求的天人合一的境界完全是一回事，只是换了一种说法而已。古印度与中国的文化，我感觉就像是一对孪生兄弟一样，实在是有着太多的相似性呀。

新知：我要帮老师纠正一点就是，这对双胞胎非是同性，而是龙凤胎，古印度文化为凤，古中国为龙。何也？老师在以前不是早就概括过了吗，同为东方文化的代表，重视思辨的古印度文化还要显得更加阴柔一些，正如老师在开篇人类思想文化之树中所介绍的道理，佛家为阴中之阴，而中国的道家为阴中之阳。

清风：还是回到最初的问题上来吧，我可以根据自己的研究心得明确无误地告诉你，佛家所言的涅槃与梵我一如或天人合一的境界是一致的。

涅槃一词在梵文中原意为熄灭的意思，佛家由此引申来形容消除了一切烦恼的圆满境界，即获得了最高觉悟的境界。可以这样说，涅槃一词重在形容个人定境现前的一种主观的极乐感受，而梵我一如或者天人合一则重在描述个人定境现前时个人与环境之间关系的一种客观状态而已。

新知：这种状态是怎样的一种状态呢？很显然是一种全息共振的状态呀。哦，对了，老师在第一章即东西方文化比较总论中已反复引用全息论的思想，我在这里正可用全息思想再来描述一下涅槃之境也。当修道之人放下后天的一切欲念之后，他静静地进入了禅定的境界。刚开始他也许变成了动物，只有一些本能的意识了。再后来他也许变成了植物，已没有任何一点意识可言。再后来他完全融入了自然之中，他已从一个显态世界返回到了潜态世界之中。

清风：我要补充一句，与一般的动植物不同的是，唯有人这个最高级生物在返回潜态之后，虽然后天之所有意识都已泯灭，完全进入一种无知无欲的状态，但却能够体认这样一种身心俱融的难以言说的极乐状态。

新知：这时候，他这个小宇宙便和宇宙接通了，如同电视机的频道接通了一样。能量在自由地出入，清气源源不断地呼吸进来，浊气源源不断地开始排出去了。这时候生命开始进入一个最和谐有序的状态，因为这是一个全息共振的状态，不是有一种说法叫生命在于振动吗？这时候一切似乎都已经停止了，没有任何生灭幻化可言，虽然后天的意识已经停止，但先天的原性显现，大脑呈现一种高度的抑制状态，得到了最充分的休息。但同时大脑又处于一种高度兴奋的状态，但这种兴奋不同于平常的感官刺激所带来的兴奋，这是一种发自内心的因大脑细胞得到高度活化和有序化而带来的祥和喜悦。

清风：看来前段时间我让你试着参禅打坐还是有一定成效的，果真有点进入状态了呀，弟子该摆一台谢师宴了吧？

3. 缘起与因果

新知：先生，是否可以将佛教教义的因果递进关系梳理如下——释尊在菩提树下，彻悟世间皆是无常的，我也不例外，因而引申出无我的概念。而世人执着于有我，有常，所以生出苦来，只有学习四圣谛方能获得解脱。而释尊之所以能彻悟世间无常的道理，是因他首先体察到缘起与因果的道理，而这正是佛教的核心之所在，先生以为然否？

清风：然也。佛教认为，世界上的一切事物和现象的存在都是依赖于某种条件和关系（因缘），没有了条件就无所谓存在，因此都是不断生灭变化的，此意即为因缘生果。由此而生彼谓之因，依此而生彼谓之缘。因和缘用我们日常通俗的话来讲，就是关系与条件的意思。一切宇宙现象莫不是由因缘和合而成的，即成了在显态上为人所见的“有”。

新知：还是那句老话，学习了全息论之后，理解起佛教教义来就容易了。正因为宇宙万物全依因缘为转移，是变幻生灭的，并无任何恒常性可言（即无常），所以其本质是空呀。但是，这本质的空，却反映了潜态的全息性呀，故佛教又有真空妙有之说。我再多扯一句，中国人可能有不少人不熟悉因缘一词，但却无人不知姻缘一词。这说明，至少我们在婚姻这个问题上是极其相信缘分的作用的呀。

清风：很好，很好，看来徒儿现在已是脱胎换骨，言必称全息了呀。缘起的概念是说明事物同时互相依存关系的道理，正如佛经上所说，“若此有则彼有，若此生则彼生，若此无则彼无，若此灭则彼灭。”除了同时互存的关系外，还有一种异时互存的关系。例如种子和芽的关系，因为过去有了种子，所以现在才能有芽的生起，而正因为现在有芽生起，过去的种子，才能叫做种子。

这种异时互存关系，其实也就是佛教所谓因果的关系。例如种子是因，芽就是果。但是就开花而言，芽又是因，开花又成了果。所以，没有一个绝对的因，也没有一个绝对的果。因此，世界上的万事万物，就好像是一个错综复杂的大网一样。从时间上来说，是由无数的异时因果连续的关系所组成；从空间上来说，是由无数的同时互存的因果关系所组成。这就是因因果果，果果因因，相续不断，流转不停，连绵不绝，终而复始，永无止歇。

新知：一切依（因）缘而生的东西，都属于有为法，处于生死轮回中的人生也属于有为法。而通过缘起因果的道理，认识到世间一切的无常，而趋于涅槃之境，此为无为法。缘起与因果的道理虽可用于解释整个宇宙万物，但释尊当时主要是把它限定在解释人生现象的范围之内。作为这一理论的具体表现形式，就是他所提出的著名的十二因缘学说。

清风：我最欣赏徒儿在业余时间的自学能力了，这使我们的配合越发地渐趋佳境了。早期释尊对“世界是否永恒存在的”之类问题是拒绝作答的，因为他认为相对于有限的人生而言，最迫切需要的是解决如何从痛苦中解脱出来的问题。由于因缘与因果的存在，一切众生所以有轮回流转的生生灭灭，这在十二因缘学说中体现得很清楚，请见下表——

十二因缘

- **过去二因**
  - 无明—无明为过去烦恼的总称，它的体是痴，以迷暗为性，由此无明妄动，众生就轮转世间，故为生死之本。
  - 行—行是造作之义，即依过去的无明烦恼，发动身语意的三业，而造成罪福，不动诸业，名之曰行。
- **现在五果**
  - 识—识为初入胎识，即由过去惑业动力，使感异熟报体的阿赖耶识，遇缘托胎，以完成现实之生命体。
  - 名色—名色为胎相之完成，名是精神，色是物质，即组织有情的要素，胎相初成，六入未圆，故称名色。
  - 六入—六入为六根完具位，亦名发毛爪齿位，谓于胎中，由名色渐次增广，因此诸根具足，故名六入。
  - 触—触是觉触，为认识之开始，谓出胎后与境相触，生起认识，然因未能识别境界苦乐，故名为触。
  - 受—受为领纳，即情绪作用，谓于触对境界时，而欲违顺境上，中庸生起苦乐爱舍之感觉，名之为受。
- **现在三因**
  - 爱—爱以染着为义，由受而来，即于相续之三有自体所取之三有境界，于乐爱合，于苦爱离，名爱。
  - 取—取是弛取追求，由爱而来，即由种种之执取，于是三业繁兴，而集成未来身心之苦，因名为取。
  - 有—有是存在之义，谓由爱著弛取之不已，发为纵我役物之行，而构成潜在业力，感后有报，名有。
- **未来二果**
  - 生—生是未来受生，即由能生身心之潜在业力，而于六趣及四生中受生，完成未来之新生命，名生。
  - 老死—老死为身心演变的必然结果，未来之世，既然受生，则必有老病死忧悲苦恼等，而与之俱来。

新知：此十二因缘，尚需解说一番。人之前世的二因即无明、行两支，使得投胎并产生了现世的五果，即识、名色、六入、触、受等五支。而现世的人在成长起来后又必产生爱、取、有三因，此又必产生来世的新生命，并经历生、老死两个果。上述两重因果关系延续横亘三世，所以称作“三世两重因果”，由此也可证明人为什么会在三界无休止地轮回不息。

清风：十二因缘环环相扣，可以从另一方面论证四谛学说。

一则按照上述“无明缘行—行缘识—识缘名色”这样的顺序观察下去，一直到最后的“生缘老死”，就可以知道人生最终的结果无非是老死，由此证明了人生是苦这一四谛中“苦谛”所要论述的道理。这种观察法，叫“顺观十二因缘生”，即顺序观察十二因缘的每一个环节是怎样产生的。

二则反过来，即将“老死”这个果一直追溯下去直到“无明”这个因，就可以知道四谛中“集谛”所论述的道理，即由贪、嗔、痴三毒所引起的无明是人生痛苦的根源，也就是产生轮回之本。这种观察法，对应地叫“逆观十二因缘生”。

三则按照消灭“无明”，就能够消灭“行”，如此这般地发挥，一直到最后消灭“老死”，这就是四谛中“灭谛”中所宣传的涅槃境界。同理，这种观察法，叫“顺观十二因缘灭”。

四则反过来，按照要消灭“老死”，必须消灭“生”，如此这般地发挥，一直到最终需消灭“无明”，正是四谛中“道谛”中所论述的八正道呀。这种观察法，相对应地可称作“逆观十二因缘灭”。

新知：师傅呀，我实在憋不住了，我有很多问题想要问你呀。

清风：没有问题才是怪事，快快请讲，本人正洗耳恭听呢。

新知：好吧，既然师傅不烦，我也就不客气了，一个接一个地来。首先，按照我对十二因缘及其他教义的理解，其精神实质就是说一个人要努力修道，以实现涅槃之境，则死后便永离生死，不再轮回于六道之中。师傅，我说得对吗？如果对，你又如何评价早期佛教的这一精神实质呢？

清风：轮回是印度各门宗教所共同具有的一个概念。在佛教十二因缘看来，前世未修道，则其“识”投胎转世，成长起来之后，依然故我，造业之后又造成来世的生死相续，如此则永无止尽也。这是从时间上，具体按三世即前、现、来世来说的。从空间上来说，最早有在三界即欲界、色界、无色界之间轮回的论点，后又有在六道即地狱、畜生、饿鬼、人间、天上、阿修罗之间轮回的观点。

在我看来，提出此轮回观点，可以吸引一般信众多做善事并得善报，这样才不会在来世堕入地狱、畜生、饿鬼中去。因为那些深奥的义理对于一般人而言无疑于哲人呓语，而轮回之说能满足常人最朴素的愿望，即希望有好的报应，或者来世有一个好的归宿。另外提出此轮回观点，可以鼓励出家之信徒一心修道，从而求得涅槃永离烦恼痛苦。佛教认为在世时进入的涅槃境界称作有余依涅槃（因有身体存在之故），而死后就进入了无余依涅槃（因色身消失了），不管怎么说就是永远摆脱了轮回了。

新知：看来轮回观念对促进和维持佛教的发展起到了极其重要的作用，这方面的思想在中国的很多地区影响较大。不过，师傅你别绕圈子呀，到底你对轮回观念是怎么认为的哟？

清风：你实在要逼我回答，我也只有“亮剑”了，哈哈。我认为人死后不存在一种具有主体性的轮回。每个人死后都要重新加入到自然界中去，而人的精神也加入了这个自然界。须注意，我这里所说的物质世界与通常的说法虽然一致，却有不同。这里所说的自然界既包括物质，也包括精神在内，只不过现在的精神是处于潜在状态的。

新知：老师既然承认人之精神并不会消灭，只不过重又加入到潜态中去了，那以后又会重新化为显态，那岂不是又承认轮回了？

清风：非也，非也，请注意，我前面说的是人死后不存在一种具有主体性的轮回！这是什么意思呢，这是说比如有人“张三”，在他死后他的精神元素归于潜态。也许将来他的部分精神元素对形成某种植物，某种动物或者某个人起了一定的作用，但不存在一个整体性的张三之精神轮回转世。唉，说起来实在是有点拗口，还需要你好好地意会一下。

新知：我知道了，就是说人死后其精神如同其肉身一样虽然仍存在但已散掉了，必将化为各种元素加入到物质世界中去，并且与其他的元素一起进行重新组合，在未来又以另外的面目出现。也许，不用元素而用信息一词更准确吧，那从广义上来讲，世间还是存在一种轮回的呀，那就是信息不断地在潜态世界与显态世界中进行着转换。其总量从来都不会增加也不会减少，只是形式在不断地变化而已。从这个意义上而言可以说是一个人他从来没有真正地生过，他也就从来不会真正地死去。

清风：正确，但这样意义上的轮回与宗教意义上的轮回已不是一个概念了呀。而且更有甚者，不少常人纵然不否定佛教的轮回学说，但也并不认为轮回到如“畜生”之类就有多么糟糕。比如，如果我此生不行善和修道，假使后世堕入轮回变成了一条鱼，但那鱼并无思想也不知道是我变的，所以对我而言也并不存在任何痛苦而言呀。或者，如果我后世堕入轮回而变成了人的话，那即使承受再多苦难，我重又在世上走了一遭，岂不是更好的吗？

新知：我现在更加透彻地了解先生了。先生虽然平常号称居士，并不说明先生虔诚信仰佛教，那只是因为先生的生活方式上比较重精神修养而少一些世俗的东西而已。先生与一些虔诚的信徒相比，是同中有异也。都曾经历涅槃之境是其同也，但先生对佛教教义采取的是一种扬弃的态度，肯定其精神实质中合理的部分，但也不讳言其瑕疵及局限之处，此为异也。先生与一些号称“客观性研究”佛学的现代学者相比，是异中有同也。先生亲证实修禅定进而深研佛学，而这类学者未有此体验而只能隔靴搔痒，此为异也。但先生与他们同样具有质疑精神，同样运用现代学术成果及方法来从各个层面上来解读佛学，此为同也。

清风：有时我觉得你比我自己还要了解自己，人生得你一知己足矣。

新知：既然先生否认宗教意义上的轮回的存在，那么先生也就认为佛教所言通过证得涅槃而脱离轮回也就无从谈起了，是这样的吗？

清风：唉，我才发现你实在是一个难缠之人呀，要当好你的师傅可真不容易呀，一般人恐还不敢来充当这个角色呢。你说的是，但是从另一个角度来说，佛教号召人们通过追求涅槃而让世间永离烦恼又确实是有道理的。这是因为修道之人在现世中证得了涅槃且坚持不懈，也就摆脱了烦恼。而一个坚持不懈地修道之人也必是一个出家之人，出家之人是摆脱了爱欲困扰的，也就没有男女交合之事，也就不存在新的生命诞生，也就不会将此人生之苦痛烦恼代代相传下去了。而如果所有的人同修此道，则岂不是社会自然消亡了吗，世间岂不是永离烦恼了吗？

新知：所有人都来修道虽然短期内会绝了人间之香火，难道以后不会再重新来个猴子变人的情形发生？

清风：你懂个啥呀，人之产生标明从潜信息向显信息转化的最高峰，是一件多不容易的事呀，需要多少因缘呀。如果真是所有人都出家修道，要想再有人产生，只能等到下一“劫”的到来。就是说，当此宇宙都消亡重又回到奇点之后，然后重新爆炸，重新开始产生生命的漫长之旅，直到最后“造人运动”完工，才会又有新的人类出现。

新知：那岂不是N年等一回了，需要多少多少亿年之后，才有这样一个新的轮回。看来，老师无疑是一个宇宙大爆炸学说的支持者。老师是坚信此宇宙起源于一个奇点，此奇点爆炸后逐渐形成万物，如同老子所言“道生一，一生二，二生三”一样。此宇宙的扩张不会永无休止，到一定时候必会自毁万物，然后又收缩为一个奇点，然后又开始新的循环。真的就是这么简单吗？

清风：这有什么奇怪的，这就是如同印度文化中凤凰涅槃后又重生的故事一样呀（凤凰从它自身燃烧的灰烬里复生），如此生生灭灭，永无止歇。

新知：第二个问题，如果人人都如此修道涅槃，岂不是再无人传宗接代了，固然是人皆消除了烦恼，那社会岂不都已不存在了吗？这种反社会之“反动”学说，又当作何评价呢？

清风：不是为师想说你，你是只知其一，不知其二也。人类的产生乃至社会的产生，是进化的产物，也是一种进步的产物，并且现在也还在天天进步着。但是，从另一种意义上来说，这种进步也是一种退步，这种退步体现在环境的污染与人心的日益污染上面。任何进步都是付出巨大的代价的，都是有着高昂的成本的。社会越发展，物欲越横流，利益越被人追逐，人自身积存的痛苦就越大，人想要超越社会回归自然的倾向也就越迫切。佛教的思想就是代表了一种超越社会的价值尺度，你不能用社会流行的价值尺度去评判它。

诚然，人们追求富贵、发达、享乐的理念是主流，但是有这些追求就会有无穷无尽的痛苦产生，因而人们自觉不自觉地又会有超越社会从而超越痛苦的支流理念产生，因而佛教等出世哲学便应运而生了。并且这种东西实际上即使不占主导地位，却又是不可或缺的。你说空气中能够没有负氧离子吗？你说人除了争强好斗，就不需要养精蓄锐吗？人难道不需要“负熵”来延缓生命衰老的进程吗？社会不需要“负熵”来中和一些浮躁吗？社会只需要阳性的东西，不需要阴性的东西吗？

新知：够了，够了，我知道老师是以雄辩著称的，弟子甘拜下风。之所以要提出一些尖锐的问题，非是有意刁难师傅，主要是想将问题引向深入，从而才能说清说透也。所以，第三个问题还是要问的。那就是佛说缘起论来解释世间一切现象的产生，此点为后人尤其是马克思主义者所诟病，认为此乃麻痹人的斗争意志也，因为社会的不平等（在当时就是体现在婆罗门等特权阶级对下层人民的压迫中）都是有具体的社会原因的，而不能因为一切缘起就不要去执着它。唉，我那个意思实在是用言语有点形容不清楚。

清风：你的问题提得好，伟大的马克思有一句至理名言，“一切宗教都是苦难的避难所”。我觉得佛祖的缘起论之优点同时又是其缺点，那就是无所不包但又失之于太粗放，当然了，“笼而统之”不仅是古印度也是所有东方古文化的一个共同特点。马克思以生产力与生产关系之间的矛盾来解释社会不平等现实的真正原因，并为人们指出了斗争的方向，这就是他的伟大之处，这一点我们以后在评论马克思主义时还要反复强调。但是如果说佛祖失之于太粗略的话，那或许马克思又失之于太局限在经济原因中，这里暂不多言。从另一个角度来说一切宗教又都不是一句简单的“精神鸦片”所能定论的，因为即使是到了共产主义，人之烦恼也不会真正消除，这是由于世间之无常尤其是人之思想之无常所决定了的，并且每个人都会有宗教性的需要，这是因为某种意义上人面对广袤无垠的宇宙总是显得那么无助。

新知：哦，我似懂非懂的，我想随着以后讨论的深入进行，自能彻底领悟各门各派的精髓所在。跟着老师这样的博学之人确实是长见识呀，我可以说是三生有幸呀。

4. **业力与解脱生死**

新知：前面的文章中我曾与老师探讨过这个问题，如果所有人都同修佛法，同达涅槃之境，则社会也就到此为止了，因为没有人再去传宗接代了。当然这是不可能发生的事情，因为大多数人都不可能摆脱业力的控制，都会去创造新的业力，从而又导致新的果报，从而又产生新的业，如此因果相续永无止境也。此“业力”一词由梵文意译而来，业即是作业或行为的意思，而力则表示一种力量。此业力者，从最根本上来说，是一种控制一切自然界和道德界现象之因果律也。

清风：按照已故的旅居美国之著名佛学大师张澄基之说法，可以从六个角度来研讨业力论之思想，即“业力是一种力量，业力是一种神秘，业力意味着命运，业力是一种关系，业力为道德公正律，业力是形成人之气质及品格的一种培养力量”。我感到张先生对此的研究是相当深入的，有兴趣的读者可以参阅相关书籍。我们在这里只能捡一些简单地说，比如说青年男女在爱欲这种业力的支配下结婚了，这个结婚又是一个新的业，它又将产生一种力量推动他们受到家庭的约束，同时去生儿育女等等。当儿女在他们之教育下长大，又开始了新的对各种欲望的追逐。儿女们既是受到业力的支配，又在制造新的业力。

新知：从狭义上来说，业力是人们在生活中体现出来的一种行为力量。按佛家的观点是善业有善报而恶业有恶报，这是非常正确也是符合人之常识的。中国人对人所做的恶业另有一个说法叫做“作孽”，比如有的老人遇到家中出了一个不肖子孙时，他（她）会哀叹道，“真是前世作孽啊，今天遇到这样的儿孙，报应啊。”以前中国还曾拍过一部电视剧叫《孽债》，反映以前一些知识青年在上山下乡的艰苦岁月中，与当地人结合留下了一些私生子，后来这些人来城里寻父寻母的故事。

清风：很好，但是佛教修炼的最终目的不是停留在世俗意义的行善上，而是要彻底地摆脱业力的束缚，从而也就彻底地告别生死流转，从而彻底地摆脱六道轮回。按照我们前述的对十二因缘的分析，一切业力的根本动因在于人受“无明”的蒙蔽，从而产生“行”的力量，从而要继续作

"业"，且又产生新的"力"，如此因果相续，永不得解脱。中国近代著名的新儒家代表人物之一，著名学者梁漱溟在《佛法大意》一文中说，在佛家看人生不外是起惑、造业、受苦三句话可以尽之。梁先生的见解我觉得是极为精辟的，因无明而起惑，进而追逐外在的东西以满足种种欲望而造业。然而欲望是永远无法真正得到满足的，进而又受苦，如此则永不得解脱也。

新知：所以，在佛家看来，需要勤修戒、定、慧三学，从而彻底地断惑、斩业、离苦，安住涅槃而得证极乐也。此戒、定、慧三学，佛家又称三无漏学，以有别于世俗间的学问也。在佛家看来世间一切学问都是有漏（破绽）的学问，因为世间一切学问，都难免驱使人去造种种业，而最终致人们流转生死，在六道中轮回也。

清风：我给你补充一点吧，就是佛家从精神方面立论，倡导通过修行通达无漏之境界。无漏，即圆满无破绽，故而无烦恼也。以后我们将要讲到的道家则是从身体方面立论，倡导修行，练精化气，还精补脑，而不走漏任何精气，以达长生成仙之目的。

新知：其实绝对地无漏是不可能的，那样的话人就可以永生了。但从中我们可以体会到佛家及道家都堪称一种无漏之学，一则偏重于精神立论，一则偏重身体立论而已，并且都是人类在追求永恒（佛家偏重于精神而道家偏重于身体）的道路上发展起来的两株文化奇葩也。

清风：每人所做之业，皆产生一种力量，百千人之业就产生百千人之力量，万亿人之业力汇聚起来，就成为一股巨大无匹的力量，即所谓"共业"是也。所以个人之业力名为别业（个别的业力），群众的业力则名为共业（共同的业力）。共业是指许多众生所作之集体行为所汇聚之业力大流，它是推动人生、推动历史和推动宇宙流行之大力。

我在张澄基先生以上所说的基础上作一点补充就是，实际上佛教的业力论完全可以进一步推而广之，就是整个宇宙包括自然界在内的一切运动变化都是受着业力的支配。就是说业力不仅代表着人的行为的力量，否则如果说产生了人类之后，才有业力的产生的话是不能完全解释得通的。

新知：先生能从广义上来理解业力的概念是非常正确的，但是如此追根溯源下去的话，就会探究到宇宙之最初的奇点去。我不由自主就会产生一个疑问，那就是推动此奇点之爆炸，然后不断膨胀，其间产生所有生物直至人类，然后再收缩，然后毁灭所有生物直至又回到奇点去，然后又开始永无休止的循环的最初业力究竟来自于哪里呢？

这使我不禁想到这样一件事情，牛顿在晚年未曾在科学上作出重大的建树，因为他把二十年的精力都用于研究神学去了，此常被人指责为堕入了唯心主义的泥潭中去了。但实际上之所以研究神学，有值得同情的原因。因为他认为尽管解决了物理学的许多重大问题，但是无法解决一个最根本的问题即“宇宙的第一推动力从何而来”，因而只能是在神学那里去寻求寄托了。

清风：讲得好，物理学在西方又被称之为自然哲学，牛顿最初出版的大作就叫《自然哲学的数学原理》。按牛顿力学第一定律，一个物体要么就永远静止，要么就永远（匀速）惯性运动下去（如果没有其他外力干扰的话）。问题是，如果将宇宙看作一个物体，那么这个最初的速度来自于第一业力，而它又来自于何方神圣呢？我们讲的第一业力实际上概念更加广泛与确切，因为它涵盖了所有导致后来宇宙的物质及精神运动的一切最初原动力。那么这一最初业力来自于哪里呢？你问我，我实话告诉你，我也不知道。

新知：我在想这个问题又确实是无法回避，因而无神论与有神论各家各派都有了自己的结论。在道家看来一切由“道”来推动，印度教则是“梵”，印度瑜伽那里则是“原始动因”，而在基督教那里则变成了上帝，在伊斯兰教那里是真主“安拉”，在黑格尔那里则成了“绝对精神”。其实无神论与有神论的区别也并不如常人想象的那样大，无非是有神论将宇宙之神秘力量人格化了而已。而在佛教可说是彻底的无神论，它是闭口不谈此第一业力的问题，而是以缘起说来论证一切现象的产生，也包括宇宙的起源在内。

清风：太棒了，我不由得不为你击节叫好啊。佛家由缘起说来论证世间一切之无常，然后要人去追求那永恒之涅槃，而在大乘佛教也就指明那实际上就是另一种“常”也，我们后面会谈到的即一法印“诸法实相”（又有称“真如”的）也。因而实际上既然存在着一种永恒之常，那么仍然间接承认了存在着这样一种神秘力量之存在。以现代全息论来观之，则实际上可看作显态世界由其背后之永恒之潜态世界来支配与展开，而道与梵、实相、真如等古代圣贤口中之概念实际上既代表一种全息元又代表了此全息元递次外显的力量也。

当然从东西方不同文化背景的视野来考察各种宇宙本体论还是有相当的差异的，西方黑格尔之“绝对精神”等概念是从逻辑推理的角度得出的，“上帝”与“安拉”来自于信仰，而东方的道、梵等概念则是古代圣贤在修炼中的直觉顿悟也。前不久大名鼎鼎的霍金来华还来作过一次讲学，我印象中其对宇宙起源是这样描述的，“好像是一盆水，冒着泡泡的样子。你不能去追问那之前又是那样，因为好比你到了南极就不能再往南一样，任何再往南的努力都是往北了。同样，再去对宇宙起源之前进行追问是没有意义的事情。”

新知：实际上，这样的讨论实在是让人感到异常的艰深，但也不乏有趣。我必须指出的是，在老师你的指导下我仔细研读了霍金的《时间简史》一书。我相信他的一些伟大论点将为我们此书的讨论增色不少——

在经典广义相对论的框架里，霍金和彭罗斯证明了，在很一般的条件下，时空一定存在奇点，最著名的奇点即是黑洞里的奇点以及宇宙大爆炸处的奇点。在奇点处，所有定律以及可预见性都失效，这是因为这样的奇点是具有无限密度和无限时空曲率的一点。

清风：奇点可以看成是空间及时间的边缘或边界。只有给定了奇点处的边界条件，才能由爱因斯坦方程得到宇宙的演化。由于边界条件只能由宇宙外的造物主所给定，所以宇宙的命运就操纵在造物主的手中。这就是从牛顿时代起就一直困扰人类智慧的第一推动问题。

新知：如果时空没有边界，则就不必劳驾上帝进行第一推动了。霍金创立的量子引力论认为，宇宙的量子态是处于一种基态，可把时空看成一个有限无界的四维面，正如地球的表面一样，只不过多了两维而已。宇宙中的所有结构都可将起源归结于量子力学的不确定性原理所允许的最小起伏。

清风：还是有些太过艰深了吧。总括起来说，量子引力论想要论证的就是宇宙是完全自恰自足的，没有边界或边缘，它就既没有开端也没有终结，它不需要外在的第一推动力，它就那样永恒地存在着了。像上帝这样的造物主是不存在的，也就不存在第一推动力、第一业力之类的概念了。而古代圣贤直觉顿悟下的道、梵、原始动因等概念，既是全息元，又代表一种无始无终的潜态世界固有的内在推动力，这与现代的量子引力论和宇宙全息论是相吻合的。

新知：实际上我感到人类也许能破解所有的困惑——人类的自然的和精神之迷，但是对于这一个迷是永远无法解答的。如果这样的内在业力不存在，那么人类也将不存在，这实在是一件不可思议的事情；但是这个内在业力的存在，包括人类的存在，同样也是不可思议的事情呀。据研究如果宇宙大爆炸时有些因素如有丝毫的误差，都将无法产生任何生物，也就不可能有人的产生了。俗语说万劫不复，实际上是万劫要复，万劫永复也。

清风：20世纪初，由罗素、哥德尔等数理逻辑学家已论证了人类知识的不完全性这一经典结论。哥德尔定理说，任何一组定理系统中，至少有一个定理只能是无法论证的公理。其实宇宙的存在本身，这就是一个最大的公理。实际上人只能通过事物之间的关系来把握事物本质，并无可能对事物进行终极理解。宇宙好比一本字典，其中每个字都是通过其他字来定义与认识的，而每个字又参与定义与认识了其他所有字，但这部字典本身为什么存在却是不可言喻的。

新知：你说得很对，世界是关系之网，宇宙是业力之网也。著名的“蝴蝶论”认为，墨西哥的一只蝴蝶抖动一下翅膀，将导致美国飓风的产生。比如在经济学上也有诸如“美国打个喷嚏，加拿大就要感冒”这样形象的说法。这样的连锁反应即多米诺骨牌效应，无论在自然界还是社会上都是随时随地地发生着的。无疑地个人从一生下来就处在一个业力之网中，任何个人的行为都加入了决定与制约他人和自然的网中，而个人本身也受其他所有人及自然的业力所决定与制约。

清风：个人的生完全是不由个人所控制的，是父母的业力所成。但是个人在成年后的生活在一定的程度上，可以说是可以由个人的选择所支配的，而不是完全由其他业力所支配。常人喜用命运一词来表达业力对于个人的一种强制性力量，我则相信有句名言所说，“人的命运一半在上帝那里，一半在自己手上。个人通过奋斗，将有可能从上帝那里将另一半夺过来。”

新知：老师所言豪情满怀，令我辈青年后生都深感汗颜也。但是，客观而论，在既往的年代越是古老，个人命运就越发受制于自然及人类的共业所左右。比如，以往人类对地震、洪水等等许多自然灾害缺乏预报及对付之能力，因而许多人常常是在旦夕之中就已经命丧黄泉了。在古代及近代频繁的战争，比如两次世界大战令多少人身首异处，而充当炮灰的士兵可说是根本无法掌握自己的命运。又如在中国现代史上的“文革”期间，同样的几乎所有人都卷入那场浩劫之中，绝大多数人几乎都不能主宰自己的命运。

当然，在当今这样一个和平与民主成为主流的年代，个人的命运能够由自己所决定的程度开始大大地提升了，但是不包括那些战火纷飞的如伊拉克及巴勒斯坦等地。即使在当今中国这样一个开始迎来开明盛世的国家，有时候个人的命运仍可能被一些飞来横祸所左右。比如说，像那个震惊全国的送奶司机将油门当做刹车踩，冲上人行道导致几十人死亡的事件，仍然让人感到生命的脆弱与命运的无情。从受害的个人来讲是偶然，从社会来讲又带着某种程度上的必然性。因为在利益驱动下，近来许多驾校见利忘义，速成了不少这样的“马路杀手”，使得各种“离奇”的车祸便应运而生了。

清风：你说得很对，个人在现代民主社会里有更多的选择自由来决定自己的命运。他即使不容易如古代人那样下定决心一心修道以斩断业力之流的话，也至少可选择多做善业而不做恶业。这里倒用得上三国刘备对儿子即那扶不起的刘阿斗（刘禅）所说，“不以善小而不为，不以恶小而为之。”

历史上的伟人，他们是各种业力汇聚的产物，可以说是“积天地之灵气”应时而生，并且带有某种宇宙学的意义。比如，像佛祖这样的人便是这样，在一定程度上可以说是改变了古印度及整个东亚、南亚历史的走向，在一定程度上也可说是开了世俗历史的“倒车”。但是，尽管如此，佛祖也还是清楚地意识到佛法难以同世俗的业力相抗衡，并且在印度正法也必将最后衰亡的命运。即使在他在世时，在一定程度上能够按照自己的理想普度众生，但面对强大的共业之力时，最终也只能选择放弃。

最著名的例子便是，当自己的祖国迦毗罗王国面临流离王统治的舍卫国入侵的灭顶之灾时，佛祖三次在道路上打坐，以其巨大的人格力量迫使流离王退兵。但当流离王率兵第四次来犯时，佛祖也只能感叹命中有此一劫，个人已无力回天了，他对亲信弟子目犍连说道，“宿缘已经成熟，不是人力所能挽救的，现在该当接受报应了。”

新知：业力的力量有时候真的是无法抗拒呢。相传顺治皇帝一生都在躲避天花，甚至为此几次远离京都而去，而最后还是死于天花之手。在俗世生活中，业力的传递就如同火炬接力一样，永远地毫不停歇地一个接一个，一代接一代地传下去了。同理，因果的链条也就是这样一环扣一环地永远发展延伸下去了。佛祖与若提子（耆那教的创始人）都认为生命不得解脱是由于业的无明和束缚，要想求得解脱，就必须消灭业。所不同的是，若提子认为业报太重，必须通过苦行来让它加快结束，而佛祖是主张通过修炼禅定这样的“中道”来求得涅槃也就求得解脱。

清风：我们在本书讲述基督教教义的那一章时，会提到其人有“原罪”，因而需要向上帝祈祷忏悔以求得心灵之宁静并能往生天国之说法，在我看来与佛教教义实有共通之处呀。

新知：是呀，说法不同，但目标是一致的，殊途同归呀。对西方人而言因为要克服“原罪”所以要修道。对东方人而言，每个人都既是前人无明的产物又自降生开始便处于无明之状态，因此要断惑、斩业、得乐所以也要修道。简言至此，读者读完全书自能有深刻之体会。哦，对了，按照我们前面分析“十二因缘”时所言之道理，业力也是导致人类生生死死之轮回原因。而斩断业力之流，也就斩断了生死之流，所以佛教又常有解脱生死之说，并被称为修炼的最高境界，师傅又是如何来看待这个问题的呢？

清风：我们前面已论述过这样的观点，从广阔的整个生物界的意义上来讲，修道并不能真正彻底地摆脱轮回，因而也就不能彻底地解脱生死，即佛教所谓的从生死的此岸到达涅槃的彼岸。但是从个人的局部的短暂的意义上来讲，修道能够解脱生死又有一定的道理。印度人自古以来都以追求永恒为志趣，而修道入定境时确能体会到那种仿佛一切都凝固不动的永恒。在这种特定状态下，新陈代谢降到最低限度，负熵增长将正熵抵消到了最低限度，生命的时钟被拨到极慢的程度，但是仍然是还在缓缓地走着的。即便是一些印度的圣僧经常将自己如冬眠般活埋于地下数日之久，也还是不能阻止生命之钟的脚步。从显态上来讲宇宙尚有生有死，又况于人乎。

但是，那种仿佛已没有了生死流变的永恒宁静境界，确也是无数高僧大德所无数次体验到了的。这种对真正的永恒真实的体验，以我们今天的话说就是对那无差别的潜态全息世界的体验，使得他们能够认定生死是无常之表象也。同时，这些高僧大德在世之时获身心健康、延年益寿之效，并且由于排除了思想上的一切执着，也就能够如佛祖一样面对死亡降临时而“超然自得”了。不知道我以上所说的对解脱生死的理解是否正确，欢迎你多提宝贵意见呀。

新知：在我看来老师已讲得非常透彻了，有些术语可能读者不熟悉，如正熵、负熵等等，但不要紧，书中会有一章“生命在于运动吗”会进一步地探讨人类抗拒生死流变的努力的。

5. 贡献与局限

新知：佛教是世界主要宗教之一，产生于古印度，对其他东方国家，尤其是中国文化影响极大，为古代东方文明的发展作出了巨大的贡献。近代以来，佛教更是传遍世界，其博大精深的思想是人类文化宝库中极为珍贵的遗产，历久弥新，尤其是在现代对人类精神文明的发展将起到更为深远的影响。

清风：你所说虽为一大堆套话，不过这仍然是必需的，哈。它虽然是一种宗教，但佛教的特色是思辨性极强，文化含量极高。连马克思都说，“辩证法在佛教中已经达到了非常精细的程度。”我还看过一篇文章，毛泽东曾同其卫士长一同去看一个寺庙。卫士长不解地问，“主席还信迷信?”毛泽东答曰，“那不是迷信，是文化。”

新知：我觉得佛祖创立佛教有一个非常大的贡献就是，与其他宗教不同的是，它是无神论的。它的教义明确指出人人都有佛性，人人都能成佛，因而不需要人们将自己的意志去交付那个神来主宰。

清风：嗯。我接着说，佛教宣传的是众生平等，这对当时婆罗门教统治下的印度起了巨大的冲击作用。西方学者评论说现代社会的民主制度，在佛教的僧团集体开会议事决策的程序中已经是表露无遗了。

新知：提到平等观念的确立与推动，佛教是功不可没。因为史载，最初佛教的僧团中并无女性存在，后来在大批女性的要求下，佛祖虽然说“正法因此将缩短五百年”，还是允许了女性的加入，因而有了尼姑的产生。这在当时是很了不起的举动，因为妇女在古印度的地位非常低下，直至今日在印度一些偏远的山区都还有寡妇自焚殉夫的陋习存在。

清风：我印象中佛教是一个男女平等的宗教，在其他宗教里或多或少都有对女性的歧视。比如基督教的圣经中记载，夏娃是神取下亚当的一根肋骨所变的，并且夏娃唆使亚当偷吃了智慧果，从而被逐出伊甸园。从此亚当夏娃开始繁衍后代，因而有了人类的诞生。另据一篇文章的报道，在古罗马的一次教会会议上，经过长时间的讨论才仅以一票的多数通过一项决议，尽管女性属于低等的动物，但还是勉强可以归为人类。至于说实行一夫多妻制的伊斯兰教就更不用提了，看看那些整日裹着面纱的女人吧，其妇女地位就更可见一斑了。

新知：我觉得佛祖创立佛教，另一个伟大之处在于他的包容和忍辱精神。中国有句话叫做“有容乃大，无欲则刚”。佛祖便是这方面的楷模。

在佛教经文中处处可以体现佛祖的宽和与忍辱精神，这种精神使他克服了来自外部、内部的种种矛盾困难和争执。比如婆罗门教徒见佛教的影响日益深入人心而大为恐慌，千方百计殚精竭虑地去诽谤佛门的名声。但在异常镇定冷静的佛祖面前，这些阴谋到最后都不攻自破，无一不以流产告终。

清风：成道之后先不说，本身佛祖成道之前也是靠坚韧卓绝的毅力，忍辱精进的精神最后修成正果的。实际上所有印度的宗教派别都提倡宽容，因而才有近代“圣雄”甘地领导印度人民开展“非暴力不合作运动”，最后迫使英国殖民者同意印度独立这样的绝无仅有的奇事发生。当然佛教创立最主要的贡献在于深刻揭示了人生之无常性，人生痛苦与烦恼之根源在于人对“无常”欲望的执着，要获得解脱就要修道证得涅槃之境。

新知：尽管有一些学者对于涅槃之境是雾里看花，不得究竟，并且认为所谓的涅槃只是佛教在要求人们泯灭对现实世界一切事物的欲望的同时，对人们所许诺的一个空想的美好境界而已。但即使是这样的学者，他们也毫不讳言人的生命是一个充满矛盾运动的过程，佛教代表了生命运动消极的阴柔的一面，能够起到抚平心灵创伤、消解心灵痛苦的作用。

清风：所有宗教都根源于人的本性，人是一个具有强烈自我意识的高等动物，人对自己自身的认识会伴随一生的始终。世上也许最困难的事就是认识自己了，而宗教对于人生的根本问题如“我从何处来”“我往何处去”“我该怎样度过此生”等等能给人以终极的关怀。即使宗教的解答未必那么严密完美且具有一些超验性，但有解答总比没有好。这是佛教也是所有宗教都得以绵延不绝、永葆生命活力的根本原因。

新知：在现代社会，在物质高度发达的同时，人在精神领域的痛苦与困惑也与日俱增，因而佛教的教理也就更加凸显其“清心降火”之意义了。随着瑜伽、气功等东方修炼术在社会上的流传开展，有相当多的人或多或少，或深或浅地对于涅槃境界有那么些许认识了，因而也就不再认为佛教对涅槃的渲染是空穴来风了。老师，使我感兴趣的是，佛教尤其是小乘佛教这个极端否定现实世界的宗教却在它所要否定的世界受到了广泛的传播和关注，这是否又是一个绝妙的讽刺呢？

清风：人有一种矛盾性，既追乐又要避苦。有些人特别是一些知识分子既有入世之倾向，又有强烈的出世之倾向，所以有强烈的研究佛教等出世哲学之需要，因为这能带来心灵上的慰藉。

新知：就如同先生一样，对精神宁静有着与生俱来的渴求，只是人在江湖，身不由己，所以难免仍被许多俗事纠缠不清而已。师傅，接下来是否该谈谈小乘佛教的局限性了？

清风：很显然的，小乘佛教在我看来是有一定局限的，但这些局限与其巨大的人文光辉相比，只能说是白璧微瑕，而瑕不掩瑜也。

新知：前面我们就已预留了一个悬念，不是说其“无常”“无我”之说，有极端之嫌，要留到现在来讲吗？

清风：对，就从这里讲起。佛祖说“诸行无常”“诸法无我”，这主要是为了突出事物的变化性和运动性，另一方面也是为了针对当时婆罗门教“永恒至上”的观点对人们思想的统治。

新知：婆罗门教宣传“永恒至上”的观念，是为了证明婆罗门作为特权阶层也是应当永恒存在的，这种观念是为他们的特权服务的一个工具。但佛祖似又有矫枉过正之嫌，因为纯粹的无常、无我，也就是说无主体性，那么就产生一个悖论，那追求涅磐的人又该是谁呢？

清风：绝对的无常、无我论易导致虚无主义，并且在佛学体系造成了固有的矛盾，以至于佛教在后来的发展中又加以不少修正，以使能自圆其说，但都未从根本上动摇其无常、无我的理论根基。我认为从绝对的运动性、变化性来说无常、无我是对的。但从变化过程中的相对稳定性来讲，又是“有我”“有常”的。比如一座房子，虽然每天都在经历风吹雨蚀，且这房子也许管上 70 年甚至 100 年仍然会垮掉，但他作为房子的基本特征在这 70 年中也是不变的。这就是有常的一面，正因为有常在一定阶段上是能够成立的，因此人们在现实生活中追求有“常”的物质享受是具有一定合理性的。

新知：是的，就一般人而论，住在一栋新房里甚或是别墅里绝对要比住在茅草屋甚至露宿街头，感觉要爽得多嘛。当然，如果这个住在茅草屋里的人修道日久，安住涅槃之境，外界的物质条件早已对他构不成任何束缚，那又另当别论。或者他像伟大诗人杜甫那样具有宽广的胸襟则又可将此困苦减低到最低限度。杜甫在困境中并未丧失其青云之志，反倒是推己及人而发出这样的感慨，“安得广厦千万间，大庇天下寒士俱欢颜。”

清风：“我”作为一个主体是确定存在的，这是理所当然的。尽管每时每刻人的身体都在发生着新陈代谢，发生着变化，但在人的生命结束之前，作为区别于他物、他人的基本特征是不会变的，是具有相对稳定性的。当然佛说无我之论，特别是想要强调相对于人身体的变化性而言，人心更是随时随地心猿意马、变幻无穷的。佛因而立无我之论，以图让人们破除执着，解除烦恼。

新知：印度哲学自来倾向于追求最高的、最完美的、最永恒的存在，鄙弃一切变动的、短暂的事物。而“识”是最具有无常变动性质的，因此是最需要破除对它的执着的。对此，在佛经《杂阿含》中有淋漓尽致的表达——

宁于四大色身系我、我所，不可于识系我、我所。所以者何？四大色身，或见十年住、二十、三十，乃至百年。若善将息，或复少过。彼心意识日夜时刻，须臾不定，种种转灭，异生异灭。譬如猕猴，游树林间，须臾处处，攀捉枝条，放一取一。彼心意识，亦复如是，种种变易，异生异灭。

人心确实是最易变且最无定性的，我去年谈过一次恋爱，经常情绪大起大落，算是对此体会太深了。经常是头天晚上才下定决心分手然后顿觉轻松了，一夜醒来到第二天早上又变得难舍难分，愁肠百结了。

清风：所以，尽管我们不能完全苟同佛教中的无我论，但对其合理的精神实质进行吸收还是有益的。但是思想还是在一定程度上是有常有我的，它虽然极其善变，毕竟还是有连续性的。因为人是有记忆的，思想是一环紧扣一环层层递进演变的。至于说人心为何如此多变，特别是人心为何如此不能满足实有深究之必要。比如说我们刚才所举例子，一个住别墅的人肯定比一般居民感觉爽得多，但很快这种快乐对他而言就会钝化了，即使对居住而言他也会有新的欲望产生，以至于有“人心不足蛇吞象”之说，对于此类现象该作何解释，师傅我已有自己独到的观点了。

新知：那么说是成竹在胸了，还不快快“如实招来”，我已洗耳只等恭听了。

清风：我自认为该“清风理论”可以作为古典哲学的一个有益补充，当然它更具心理学价值。弟子少安毋躁，在本书最后一章“人生的困惑与抉择”中为师自会全盘托出，不会有一丝保留。我们还是接着谈无我之论所带来的一些弊端，其中之一便是导致一些信徒对生命的忽视，甚至动辄走上自杀的道路。在小乘佛教教义中，人都是无我的，只是色、受、想、行、识五蕴化合而成，且每时每刻都在发生着变化。后来更发展到认为身体只是一个臭皮囊而已，个人关键是要摆脱身体的束缚求得无余依涅槃，因而重生、求长生之类都成为被信徒们蔑视的思想。

新知：对于生死持超脱的态度本是对的，但不能步入极端。一个人身体长期处于疾病之中的话，他就难以真正地定下心来，若说还能证得涅槃必将是一句空话。并且生命一旦结束，那么求证涅槃的物质基础更是丧失了呀。在这方面，中国的道家就要务实得多，非常重视对养生、长生的研究，甚至可以说到了登峰造极的地步。生命的长度是起码应追求的，在此基础上再来追求宽度，否则人生所得是相当有限的。生命对人来说只有一次，因而需要倍加呵护，有首歌真是唱得好，“我真的好想再活五百年。”

清风：我在这里再给你归纳一下一些为师的独到见解，也许你暂时还领会不深刻，在你以后与我合作写完全书之后，你就会恍然大悟了。佛教说缘起、无常、无我等等，说到底就是为了强调任何事物都没有永恒不变的本质，一切事物都是虚幻的，也就是一种“空”观。但过分地强调空观，就会产生不少悖论，如我们前面所说过的“无我，那谁又在修行?”“一切都无常，那修行时不需要具备一定的环境与条件吗?”“一切皆空，那涅槃是否为空呢？如果是的话，追求它又有何用呢?”小乘佛教后来不断地分裂，有一个派别叫“一切有部”就曾离经叛道，认为一切事物都是实有的。大乘佛教虽坚持空观，但是提出了性空妙有的理论。佛教的发展史，很大程度上就是不断地调和空与有矛盾的历史。

再简明扼要地概括一下——如果放弃空观也就放弃了涅槃之境界，则佛教也就丧失了超越性（对世俗的超越）与殊胜性（涅槃之境是无与伦比的），与其他有神论的宗教甚至世俗的种种学说没什么本质的区别了。但若因空而否定有，就会对佛教修行的可能性造成实践上及解释上的困难。实际上要这样来理解，空与有即事物之潜态与显态也，是事物的一体二面也。须超越有而达到空，最终证得涅槃，又必须从有，从有我开始。只是我们不能执着于有执着于我，然后当我们真正回归潜态时，即返璞归真时，此时一切皆空（身体也空了感到气化了）了，任何有都归于了空，此时的状态当然又可称为一种特殊的有，一种不变的永恒，其特性是我们下面要讲的常、乐、我、净也。

空与有之争与道家修炼中“有为”与“无为”之间的争论几乎是如出一辙的。无为是修道之人所要追求的境界，但又不可能直接到达，又必须通过有为法的努力，只是不能执着于有为法，要得鱼忘荃也。当我们通达无为之时，此时又可以说是一种特殊的有为出现了，因为此时无为无不为且这是唯一的永恒存在的一种有为了。

新知：天呀，我听老师一气讲来，我自己感觉连呼吸都停止了。老师完全是一语道破了佛家与道家修炼的本质及过程，并且解决了长期困扰它们的理论矛盾。我虽然只懂一点皮毛，但我能意会老师思想之深邃严密，这实在是需要同时精通东方古典哲学和西方辩证法及现代全息理论方能达到的境界也。再讲形象一点吧，老师就是那庄子笔下的庖丁，因为既掌握了精深的理论又有长期的修行实践，总之修炼到家了，因此解剖起东方古典哲学这头特殊的“牛”来，实在是已达庄子所言“游刃有余”之至高境界也。

清风：天上的牛在飞呀，地上的人在吹呀，我哪有你说的那样厉害呀。本来有些东西是准备留到讲完道家之后再来一并总结的，今日谈兴正浓，就再为你开示一下吧。通过有为而达无为，但又不能执着，于是古人说“有心守则着相，无意求则落空”及“似守非守”之类让常人感到有点模棱两可而不得要领的话（修炼之时要集中精神即意守，即一念代万念）。其实，虽然很多事情需要意会，但按现代语言讲来还是可以说得较为清楚的。正确地理解就是应当不断地降低意守的兴奋度，最后归于无念，即达无为之境也。如果意守得越来越兴奋了，那就是陷入执着了呀，严重者甚至会走火入魔。

新知：啊，我太高兴了，老师在总论论气功那一节所言的如何“得鱼忘荃”的秘中之秘已不经意间天机泄露也。有为法是手段，不可误当目的也。

清风：比如佛家也有一些“不可偏执于空有两端”之类的语言，其实也可按以上思维方式来进行诠释。涅槃之境是无欲无念的，而追求涅槃是不是又是一种欲呢？我们虽然追求涅槃，但要以此一欲代万欲也，到最后这一欲也要化掉，那才能契合佛法，否则即落入顽空也。

新知：所以老子说欲无欲，为无为也，而其施行之奥妙，老师已透彻讲明也。追求正面，须从反面入手，但要将此反面逐渐降低其程度，而直达正面也，老师是将狭义的和广义的气功原理都一一彻悟了呀。这是怎样的一种辩证呀，这是天才的思维也，老师这个非宗教人士已彻底解决了困扰宗教理论界的悖论，弟子钦佩得唯有六体投地了。我现在彻底明白老师为何写作本书时在小乘佛教上用心最多了，因为此乃打牢地基也，将小乘的思想及其功过理解透彻，何愁不能矗立起思想之摩天之楼呢？

清风：吹捧得太肉麻了吧，拉回正题吧。听好了，小乘佛教另一个局限就是对于人生“苦”旅的过分强调，当然这种思想是由缘起—无常—无我—苦—涅槃寂静，一脉相承而得出的自然结论。相传，有一次佛祖开讲佛法时，首先讲到“苦”谛时，在场的听众闻“苦”而色变，顿时走掉许多人。佛祖说，“这些人要走就让他们走吧，求道的机缘未成熟，又何苦勉强呢?”在佛教看来，“三界之中，犹如火宅”（法华经），因而人生是极苦的。如我前面所说，人生在一定程度上其实又是有常有我的，所以常人的生活是不停地在苦乐之间反复的转换地，没有佛祖所言的那么糟糕的程度。并且大多数人也许这一生都不可能去找到自己的原性，而是顺其自然地去张扬与满足自己的本性，求得世俗的快乐而已。

新知：佛经上说，早期教徒中有人想到身体是虚幻的，人生又如此之苦而选择自杀，佛祖因而开示众人此种行为不会导致真正的解脱，方才刹住此风。因而在西方学者看来，佛祖乃悲观主义的泰山北斗也，他的思想与其当时的社会环境及他本人乃至可以说是整个古印度民族所特具的一种忧郁气质有关。总的说来虽说是一种片面的深刻，但老师不是常说宁要片面的深刻而不要肤浅的全面吗？至少世俗的乐具有短暂性、无常性、一过性的特点，所以比起涅槃境界的极乐来是差之甚远也，当然世俗之乐具有简易、随处可得、符合人之本性的优点。

清风：在小乘佛教的教义中对世间的无常、无乐（苦）、无我、无净进行了反复的渲染，目的是要世人能厌弃世间这个梵语所谓的婆娑世界(意即众生受苦之处)。而常人却将世间视为常、乐、我、净，而产生种种执着，这被称作凡夫四倒（意即俗人的四种颠倒虚妄之见）也。但是光有厌世是不够的呀，必须要有美好的目标才有厌世的动力呀，所以后来的大乘佛教弥补了这一点，反复渲染了涅槃的常、乐、我、净的特性。

新知：看来任何宗教的学说都不是一开始就字字珠玑、完美无缺的，都有一个逐渐完善的过程。在后世佛门的典籍中，对佛祖进行了神化，比如说他一生下来就端坐莲花上，一手指天，一手指地，然后严肃地说“天上地下，唯我独尊”等等。其实，佛祖如同所有历史上的伟人一样都是人而不是神呀，这一点我们应该有清晰的认识才对呀。今日我有幸同老师来做这样一个对东西方文化“算总账”式的批判工作，运用了当代最新的学术成果来重新审视伟人的思想，也可以说是对于时代精神的总结，也真的算得上是与时俱进呀。

清风：这种神化伟人的情况其实在《圣经》里最突出，以后我们还会谈到的。小乘佛教其他局限主要是在于对身体修炼细节的忽略，将涅槃与世间对立起来因而过分强调出世，以及只是强调个人的苦修和解脱等等。

新知：这几点还是由我来解说一下吧。小乘佛教主要是讲心性的超脱，这是它的优点，一开始就站在很高的高度，但其缺点是对于常人来说不是那么容易一下子就能进入状态的，总的说来这是佛教几乎所有流派的共同问题。这一点，老师在总论中对佛教道教的对比时已经讲过，现在我体会得更加真切了。近代的道家大师、第一届中国道教协会会长陈樱宁先生的经历就很能说明问题。陈先生幼时体弱多病，寻师访友，参学佛教，但感到收获甚微。于是改按道家功法进行锻炼，身体得以康复后反而很容易就参透了那些高深的佛门及道家义理，后来成为一代道学大家也。

清风：近现代有许多学者认为，对于有志于修道之人而言，比较好的办法是先从道家入手，然后再修佛家，此为一大方便法门也。因气脉畅通之后，再来明心见性就非难事了。如此这般，最后达到性命同修之境，则超凡入圣也非虚言也。不过必须加以指出的是，在印度佛教发展的最后阶段密教阶段，其在具体的身体修炼的操作上有了极大的进步，完全能与中国道家相媲美。只是在后来随着印度教（由婆罗门教发展而来）的日益壮大乃至一统天下及伊斯兰教的入侵，密教彻底衰落了，而佛教也在佛祖灭度一千六百年之后淡出了印度的历史舞台。19 世纪末期，斯里兰卡一位居士又将佛教带回印度，但影响很小。直到 1956 年由一位安贝德尔卡博士发起了大规模的改宗佛教运动，佛教才又开始在印度复兴起来。

新知：正所谓墙内开花墙外香呀，大乘佛教（又称北传佛教，主要传入东南亚的小乘佛教又称南传佛教）在异乡中国却一步步生根发芽，并且超过了本土之道教而成为了最有影响力的宗教。正因为这样，许多著名的佛经在印度早已失传，而在中国却保存完好，这才为后世的研究提供了极大的方便。

清风：密教在传入中国后被称为密宗，而主要的传播地区又在世界屋脊西藏，这更为其增添了神秘色彩，不过本人自认已破解其中之奥秘且对其推崇备至，在“佛教在中国的发展”那一节再来讨论它吧。

新知：小乘佛教提倡的是出家修道方能寻得涅槃，但对于很多人来讲完全出世又显得不那么实际，毕竟人人都面临生存之压力，不可能每个人都去化缘乞食吧。另外小乘佛教主要提倡的是个人的苦修，然而个人又很大程度上受制于环境呀，若没有一个良好的修行环境，其实也将对个人的修炼造成不利的影响。以上问题种种，在大乘佛教中都得到了相当大程度上的修正。

近来我在帮老师整理资料时，偶然看见一篇报道挺有趣，让你也开开眼界——

2006年11月英国环境署专家日前评选出了世界历史上的100名“绿色英雄”，包括当代科学家、学者、政治家，古代思想家、文学家，甚至是电视中的虚拟人物，他们都被认为对地球生态的保护作出了卓越贡献。以著作《小的是美好的》闻名于世的德国经济学家舒马赫位居第二，他在书中提倡一种佛教经济，以最小的消费获得最大的幸福，对欧美无节制的奢侈消费模式提出了反思。

生活在2500多年前的佛教创始人释迦牟尼也榜上有名，位居第92位。虽然在他那个时候还没有所谓的环保概念，但佛教提倡克制世俗欲望，这种思想对保护地球物质资源、维持生态平衡也具有积极意义。

清风：很好很好，听君一席话，“学生”我实在是受益匪浅也，但是凡事有利就有弊，大乘佛教在对传统也就是正统的佛学进行了一些改良之后，它又衍生一些相应的弊端，这些我们都留在下节来讲吧。

第二节　大乘佛教

1. 对小乘思想的发展

新知：大乘佛法是对小乘佛法的一大翻案文章也，但是以小乘为基础，实则是翻而不翻也。

清风：按我们前面的约定，讲这一节由弟子代劳，为师当一次学生。你以上所说，我是似懂非懂，请问你一阵说翻案文章，一阵又说翻而不翻，何以见得呢？

新知：大约在公元前1世纪左右，大乘佛教开始在印度兴起。大乘佛教一个根本的思想，就是彻底消除“色”与“空”的对立，因而有著名的色即是空、空即是色、色不异空、空不异色的经典理论出现。我们前面已反复用全息论的思想来对此进行了解说，此不再赘述。在消除色空对立的基础上，大乘佛教提出了一法印即诸法实相的道理。这与小乘佛教所讲的三法印相比，是翻也，但本质是一回事，所以说是翻而不翻也。我现在是茶壶装汤圆，有嘴倒不出了，还只得烦请老师出马了。

清风：你怎么不说“老将出马，一个顶俩”呢，哈哈。小乘讲“无常、无我、涅槃寂静”为三法印，主要是着重看到了世间与涅槃的区别一面，世间是无常无我的，所以要追求那永恒的涅槃之境。以全息论观之，就是着重看到了显态与潜态的区别一面。而大乘的一法印是着重谈到了世间与涅槃的联系的等同的一面。所谓“真空非空”也，空随缘而生万物，因而实相无相又无不相。就是说，我们在显态之中就要看到它背后的潜态一面，潜态没有一切虚妄幻化之象，但又能够化生万象，如前面说过的“性空妙有”的道理也。

新知：我能够领会老师的意思了，但我想读者诸君可能还有一些疑惑，这是自然的，这不仅是因为在本书中因篇幅所限而无法充分展开来详论此道理，另一个主要因素在于佛法义理本身的玄妙高深。本书重在启蒙作用，读者诸君将本书多读几遍，再找全息论及佛教概论之类的书参读一下，自然就豁然开朗了。老师，大乘佛教的核心基础思想即是这“一法印”之理论，其他重要的与小乘有所区别的思想全是以此为基础，是吗?

清风：正是，中国有句成语叫“纲举目张”，我们就是要抓住这个纲。上一节我们谈到小乘佛教的思想递进是按缘起—无常—无我—苦—涅槃寂静这样一个顺序的，也可以说是因为有了缘起的核心思想进而有三法印的思想。而缘起作为佛教的一个核心思想，同样也是大乘的一个基本出发点，只是说在大乘那里，由缘起直接产生了一法印的思想。何也？如我前面所说，小乘认识到世间万物（即显态）皆是缘起的，而领悟到世间皆是无常的，如此推演下去。而大乘直接从“妙有”看到了“性空”（直接看到了显态后面的潜态），所以产生了一法印的思想。正因为有了一法印的思想，所以有了中道理论，所以有了不离世间求证涅槃的思想，所以就有了自利利他、普度众生的思想。

新知：还是与前面一样来说吧，缘起—一法印（诸法实相）—中道—在世出世—普度众生。为了避免不熟悉中道观念的读者诸君感觉一头雾水，有必要请老师简介一下龙树其人，权当是作一点铺垫吧。

清风：龙树菩萨是大乘佛教的最著名的代表人物，有“释迦第二”之称，大致相当于儒家之孟子，道家之庄子那样在各自门派中“一人之下，万人之上”的地位。龙树（约150~250），精通当时一切经典，统一诸经思想，是大乘佛学之集大成之最者。又因为他对于后来各宗派影响甚大，故被列为八宗之祖。龙树提出了著名的“八不中道”之说，即不生、不灭、不常、不断、不一、不异、不来和不去。证此八不，即能明一切不，即能达毕竟空，达毕竟空就能知宛然有之中道，这是八不中道的功用。

新知：八不里面包括四组对立的概念，即生与灭、常与断、一与异、来与去。龙树在这些对立的概念前全部加上不字，意即偏执于这些对立的两端都是不对的，须取其中道。实际上龙树是直接抹杀掉显态世界与潜态世界的差别而已，这种理论在后来中国的发展，就是那句令禅宗六祖慧能名声大噪的偈语“本来无一物，何处染尘埃”。

清风：太具有创造性思维了，生子当如新知你也。在此中道的基础上，大乘佛教进而认为涅槃与世间没有实际的分别，反对小乘佛教那种把涅槃与世间完全“分别”的做法，反对离开世间去追求超世间的涅槃。它认为这样去追涅槃不仅追不上，而且越追越远。哼，别以为只有你能记得慧能的名言，为师也引用一句来作为大乘佛学的注脚，“佛法在世间，不离世间觉。离世觅菩提，恰如求兔角。”

新知：进而大乘佛教不像小乘那样要求信徒一定要出家，相对而言重视入世，重视与世俗生活的密切联系，强调不离世间证得涅槃，此正如龙树所言“一切资生事业悉是佛道”。进而的，它一改小乘只重视个人解脱之风，提倡普度众生，并将此作为最高的目标。于是小乘佛教原有的戒、定、慧三学在大乘那里就转变成了“六度”（布施、持戒、忍、精进、定、智慧）。另一个重要的变化是更加强调涅槃之“常、乐、我、净”之特性，而指出低层次修道者（只修小乘者）却仍如同看世间般地执为“无常、无乐（苦）、无我、无净”，是为“二乘四倒”也。二乘是指修道之人中的声闻乘与缘觉乘两类人，此两类人比我们前面所说的凡夫要高明一些，能够认识到世间之无常、无乐、无我、无净之特性，但对涅槃之常、乐、我、净之特性却认识不清。

2. 贡献与局限

清风：可以这样说，若没有大乘佛法，佛教将是不圆满的。大乘佛教在相当程度上发展与丰富了小乘的学说，将佛法推进到一个新的高度，大大地推动了佛教在社会上的广为流传。大乘佛教打破了色与空、世间与涅槃之间的对立，从而为佛教深入世俗社会进行宗教活动提供了理论依据。大乘佛教强调“即世间即涅槃”，强调菩萨或佛不是存在于世间之外，而是在世间中救度众生。而为了普度众生，就必须要慈悲利他，把个人的真正解脱与世间的大环境的改变（别人的脱苦）结合起来，如此才能形成自利与利他之间的有机结合和良性互动循环。

新知：因为大乘佛教这种“利乐有情，造福众生”思想的大力提倡，对一个社会的精神文明在一定程度上起了一定的净化作用，对社会上的极端享乐主义、利己主义等等起到了一定的抑制作用。由大乘教义所派生出的伦理思想，不仅起着规范教徒行为的作用，而且对公众也能产生巨大的感召力。你可看看新华社2006年4月10日电——

中国国家宗教事务局局长、中华宗教文化交流协会会长叶小文接受新华社记者专访时表示，在中国构建和谐社会的进程中，佛教作为有着深刻和谐思想与和平理念的宗教，可以在缓和因快速发展引起的人与自然、人与人之间的紧张关系，促进社会和谐等方面发挥独特作用。

有些人虽未出家，但信仰或欣赏佛教，可称作居士，他们也自觉地会按佛教的一些行为规范去为人处事。一般群众虽然谈不上对佛教的深奥教义有多少领悟，但善有善报及慈悲利他等朴素思想会对其行为有一种良性的引导作用，一般人不是常爱说“救人一命，胜造七级浮屠”吗？即使一些完全看低宗教的人，在其潜意识里也难免会掺有一些佛教的伦理思想，从而对其行为有一定的约束。哦，对了，老师你属于那一类呢？我猜你应当算是介于居士与出家人之间吧。

清风：错了，我是介于居士与一般群众之间，比之一般群众我较为通达佛学真谛，比之居士我没有他们那样的虔诚信仰。大乘佛教传入中国后产生巨大影响，中国的禅宗等各大流派无一例外地传承其衣钵。积极融入世俗之思想更被欧阳竟无、太虚等近代高僧发展为所谓“人间佛教”，并且盛极一时。但是凡事有利就有弊，优点本身就是缺点，大乘佛教也概莫能外。正因为其主张积极地介入世俗生活，它本身就在改变世俗的同时又受到世俗生活的改变，一句话，越来越世俗化了。

新知：是这样的，前不久央视不是还报道说上海一批寺庙的年轻方丈及住持集体去某大学学习MBA课程吗？看着这一批玩转手提电脑的“新佛家弟子”，我不由得感慨“与时俱进”的伟大力量呀。有首歌唱到“不是我们改变了世界，而是世界改变了我们”。一个对于开车、上网等等现代时尚无所不通的和尚，他也许能将寺庙办得很红火，财源滚滚而来，但他又能修炼出几分佛性来呢？

清风：话还是不能说绝对了，也许他们能做到真俗圆融呢，不信请听我下面给你举的例子。1977年出生的盛噶仁波切于1994年被认证为转世活佛。此后，他先后到尼泊尔、印度等国修行佛法。1999年，开始以解脱众生的慈悲心先后去往世界各国弘法。他开跑车，穿西装、牛仔，还谈过轰轰烈烈的恋爱。他也进入演艺圈，俨然明星。他被誉为“时尚活佛”。

新知：我上大学时常与同学去寺庙玩，每次都会去“抽签”。每次抽下来，都不会是上签，反正是中签或者下签，然后就有人来劝说捐多少功德钱请菩萨帮忙消灾转运了。类似的收费项目还有不少，总之是吸引一大批红男绿女去烧香、磕头、许愿等等。据载有些贪官在疯狂敛财之后，也不忘想到去寺庙求得菩萨保佑，以免东窗事发，最好还能平步青云，官运亨通。

清风：我老是从你身上能看到我当年的影子，何必这样愤世嫉俗呢？我老家的邻居张大妈老两口时不时地就要去寺庙中住上十天半载的，参加一些诸如“开光”之类的仪式，还不忘带回一些香米回来。有不少慕名来沾佛气之人，每次来要一小撮香米，付费两元钱。区区两元钱，以换佛祖保平安，何乐而不为呢？2006 年春节，据媒体报道，许多寺庙的新年第一声钟声都拿来拍卖给企业了，从而为寺庙增加了一大笔财源。寺庙虽算一个清静之地，但是毕竟人总是要生活的，所以也无法摆脱掉那些俗事，甚至有时候可能事情更多，如古人所言，“一着袈裟事更多”。

新知：这种日益社会化的进程对于佛门而言，到底是千载难逢的契机呢，还是千年未遇的灾难呢？或者其实不必看得这么重，因为自古以来就是如此。建寺庙，做佛事，吃斋饭，修功德（捐钱）之类就是历代信佛的统治阶级及一般民众所做的善事。佛教的世俗化，一方面容易使反对它的人更坚信其纯属迷信，另一方面又容易诱导一般民众产生其无非就是烧香、磕头、许愿等庸俗玩意儿之感觉。我不由得想起一个哲人的至理名言，“宗教从一开始就有不可阻挡的穿透力，作为观念，它为芸芸众生所接受，但作为智慧，只有极少数人才可以领悟。”实不相瞒，在遇到老师之前我从未见过一个真正领悟佛门真谛的人。

清风：过奖了，那实在不是由于为师水平有多高，而是由于你太孤陋寡闻了，少有遇见真人而已。当然遇见真人也是相当不易的，因为“真人不露面，露面非真人”也，露面的都是一些如我这样的才疏学浅而又好为人师之人也。

新知：你越是这样说，我越是更加敬重先生了。我再来为大乘佛教归纳一下吧，完全抹平涅槃与世间的鸿沟，就产生新的流弊。其实客观而论，一个真正在出世的环境中所求证的涅槃境界与所取得的功力岂是在红尘滚滚中求证与获得的能够相提并论的呢？当然，对一般人而论，在世间践行一下佛门教理，虽有诸多干扰，所得大打一些折扣，但毕竟是一最方便之法门。另外在历史上曾发生几次大规模的灭佛（大量拆寺与强迫僧尼还俗）运动，其主要原因也在于佛教在中国过分地世俗化之后，到处都是寺院，许多人对入寺求生趋之如鹜，因而给地方经济造成了沉重负担，以至于怨声四起，引发统治阶层的暴力干涉。

第三节　佛教在中国的发展

1. 禅宗之起源

新知：众所周知的，佛教后来在印度曾经消亡了很长时间，而在中国却得到了长足的发展，因而中国堪称是佛教的第二故乡。佛教传入中国后与中国本土的文化相融合，最后形成了若干宗派，最著名的就有八宗。

清风：佛教文化在中国有一个适应中国的水土而逐渐融入演变的过程。举个最简单的例子，在印度观世音菩萨本是男的，而到了中国却逐渐演变成了一个慈眉善目的女菩萨了。由此，民间还有“男戴观音女戴佛”的说法。看来，异性效应即使在神圣的宗教信仰中也在发挥作用。

新知：老师，你以前说过佛教在中国以八宗为主，其中七宗都堪称显宗，独有一宗号称密宗也。请问，此显字何解也，是显明之意还是显耀之意呢?

清风：在我看来应该是两种意思都有吧。比方说儒学就被称为显学，这是相对于佛家、道家而言的，因儒学既入世且又被作为封建社会的正统主流之学之故也。在显宗中，本书因受篇幅所限，我们将只介绍影响最大的禅、净二宗，又特别地对禅宗进行仔细的评判，因其在中国的思想史上占有重要的一席之地也。

新知：毫无疑问地，先从这个禅字讲起。禅来源于梵语的音译，全译应为禅那，意义为静虑、冥想等等。禅定是佛教各宗派最基本的修行方式，且是引发智慧的必由之路。由于禅定是如此的重要，特别是后来在中国兴起的禅宗的影响最为巨大且广为人知，有时在汉语中禅又成了整个佛法的代名词。接下来有请师傅讲讲禅宗起源的故事吧。

清风：相传当年佛祖在灵山聚众说法，曾拈花示众，听者都不解其中之奥妙，唯有迦叶尊者心有灵犀，微微一笑。佛祖马上开口说，“吾有正法眼藏，涅槃妙心，实相无相，微妙法门，付嘱与摩诃迦叶。”正法就是根本法，眼藏指含藏万法，普照一切。摩诃迦叶在领受了禅宗宗旨后，也就成了禅宗的开山祖师。于是禅宗宗旨开始了代代相传，一直传到第二十八代达摩大师名下。而达摩大师接受了师傅般若多罗尊者的遗命，即要到中国来宣传禅旨，以普度众生。当达摩来到中国后，受到了中国历史上最信佛法的南朝梁武帝的隆重接见。

新知：我插一句，这梁武帝笃信佛法，在全国大造寺庙，自己还四次欲放下江山不要而去寺庙当和尚，每次都由众臣花钱将其从寺庙中赎了回来。有首诗就是讽刺建寺过多，耗费大量人力物力给人民增加了沉重负担的，诗曰，“南朝四百八十寺，多少楼台烟雨中。”那佛祖拈花一笑之类的故事应是后人所杜撰无疑，但禅宗由达摩自印度传来，且其被尊为中国禅宗之祖则是不争的事实。我突然间想起来，那达摩与梁武帝之对答，是非常耐人寻味的，老师快重新给读者讲一遍吧。

清风：梁武帝问曰，“朕一生所有造寺、度僧、写经，弘扬佛法，到底有没有功德？”答曰，“没有功德，只是人天之果，有漏之因，如影随形，看来虽有，实在没有。”

“如何是真实功德呢？”答，“清净智慧是微妙圆融，本体空寂，无法可得，如是功德，绝对不是世间上有为之法所能求到的。”

“如何是圣人所求的第一义谛呢？”答，“廓然浩荡，本无圣贤。”

“对朕者谁？”答，“我不认识。”

话不投机半句多，达摩于是渡江北去，到了佛门少林寺，面壁九年，深入禅定。

新知：看来这梁武帝学佛尚欠那么一点火候，只晓得做表面文章礼佛，尚未懂得佛门真谛也。以后的故事是这样的，达摩将其正法眼藏代代相传，直至传到六祖慧能那里时，方才得以发扬光大，并且逐步成为了中国最主流的佛教门派。禅宗在中国佛教的八宗之中处于一枝独秀的地步，且还传到日本朝鲜等地，对当地文化的发展产生了深远的影响。说到六祖慧能，其得法之故事实属于一段千古传奇，不由得不让人惊叹不已。

慧能，也称惠能（638~713），本姓卢，是广东南海新兴人，其24岁时丧父，只得以砍柴为生，奉养老母。忽一日，他在广东南海路过一间旅店，听到有人正读着《金刚经》。当听到其中的“应无所住，而生其心”时，当下大悟曰，“真想不到自性是本来清净无染，不生不灭，人人本具，不动不摇，能够生出一切万法的呀。”慧能向诵经人打听到此书是从黄梅县东禅寺五祖弘忍那里得来的，马上就跑到东禅寺参礼五祖。五祖问曰，“哪里来？”答曰，“岭南来。”问曰，“南蛮也来闻佛法？”答曰，“和尚，人有南北，难道佛性还有南北么？”五祖大吃一惊，看出此樵夫根性大利，为免其被别人妒忌，就安排他去米房做舂米的工作。

话说慧能虽天天做的是舂米这样的乏味工作，但却时刻静虑修禅，内绝妄念，外息诸缘，用功修行，历时八月之久。五祖决定用呈偈的方式来选择衣钵传人的时候，慧能这个已经大彻大悟的舂米僧终于有机会脱颖而出了。

清风：讲得好，这就叫工夫不负有心人，天道酬勤嘛。才智卓绝之人就如同那锋芒毕露的宝剑一样，即使用布袋将其裹上，它最终也会刺袋而出的。

新知：是金子就要闪光呀，先生难道不正是这样一个人吗？接着说，五祖大弟子神秀，本来是公认的衣钵传人，他胸有成竹地挥笔写下一首偈语道，“身是菩提树，心如明镜台。时时勤拂拭，莫使染尘埃。”正当众人为之击掌叫好而神秀也自鸣得意之时，这个初生牛犊不怕虎的慧能却不以为然，写下另一首后来流芳百世、脍炙人口的偈语，“菩提本无树，明镜亦非台。本来无一物，何处染尘埃。”

人说“千里马常有而伯乐不常有”，这五祖乃是特别能包容新生事物的开明高僧，堪称伯乐也。他夜半唤慧能到堂内，说大乘《金刚经》的妙旨给他听，并将衣钵传给他，并嘱他速速离去，以免被人陷害。于是慧能南下大庾岭，在韶州曹溪开始了禅宗“顿悟”一派的传法活动，逐渐建立起后来风靡千年、席卷中国及东亚的南宗禅（又称南顿）。而留在北方以“渐悟”为特点的神秀一派（又称北渐），则自此大势已去，每况愈下，直至彻底衰落。

2. 禅宗的主要思想及评判

清风：我感觉你在讲故事方面确实是一个人才，连我也自叹不如也。自慧能始，禅宗之名称方正式确立，其影响也日益扩大，在文学艺术方面也尤为突出。以至于古人常说“诗贵有禅思，画贵有禅趣”。禅宗在传到日本之后，禅风一直很盛且被发扬光大，尤其是深入到日常生活中，如茶道、书道、武士道、空手道，其间皆能闪烁出浓浓的禅意来。20 世纪 50 年代后，铃木大拙、池田大作等大师级人物积极与一些西方学者合作，试图以禅风西渐来解决西方社会所面临的精神危机，一度也确曾迷倒一大批大洋彼岸的人们。

闲话少说，拉回到正题上来吧。慧能之思想主要体现在《坛经》一书中，这是唯一一本虽是中国僧人的著作但却以“经”命名的。我们知道佛教对中国而言是泊来品，起源于古印度（古代称其为天竺）。在佛学文献中，凡以“经”命名皆是或至少是被称之为佛祖所讲，其他菩萨包括龙树等人所著皆称之为“论”，由此可以看出《坛经》具有何等之地位以及其受追捧的程度。以下我们对其思想的介绍采用边归纳边评价的方式来进行。

新知：我先从那两首意趣迥然不同的两首偈语来说起吧。神秀的偈语，继承了小乘佛教将世间与涅槃对立起来的传统，强调人心时常会受到外界污染，因而需要持之以恒地进行禅定的修炼（即“时时勤拂拭”），最后方才能达到清净之境。而慧能的偈语则是延续了自大乘佛教开始的将涅槃与世间统一起来的观念，强调的是自心本是清净的，只要不为外界虚妄所蒙蔽，当下便可顿悟成佛呀，何须再“时时勤拂拭”呢？

清风：所以，禅学宗旨后来被概括为四句，“教外别传，不立文字，直指人心，见性成佛。”“教外别传”，意指当初佛祖在其所讲佛学之外单传的一大法门。“不立文字”，指师徒之间以心传心的点化方式，虽说是不立文字，但实际上还是留下了不少文献的。至于说“直指人心，见性成佛”，则才是由慧能所开创的禅学之宗旨，而当然也是其最初所做偈语的中心思想。只要是顿悟了心性本清净，就抓住修道的根本，一下子就达到成佛之境界了。

应该说慧能强调顿悟，是有相当的道理的，因为修炼的关键在于抓住实质，是要在思想上产生飞跃。如果一味苦修，不求顿悟，则如只事耕耘，不问收获一样，又有何益。但凡事不能走极端，须知质变须自量变始，顿修顿悟若没有渐修渐悟作基础，则又可能成为无源之水也。

新知：我觉得此问题应当这样来理解，那就是渐修渐悟是能产生顿悟的一个基础，但一段时间的强化训练也即顿修也对于产生顿悟是必需的。这就好比烧开水一样，需要一鼓作气，否则烧烧停停则永无水开之日。佛祖在菩提树下，持续打坐七天七夜终于目睹天上的夜明星而大彻大悟而成佛，这就是顿修产生了顿悟。但是，如果佛祖没有从小就嗜好冥思苦想的习惯，没有出家后六年的苦行探索等作为基础，那思想的闪电又如何能够骤然而至呢？

清风：所以“理可顿悟，事须渐修”也。据说牛顿是在一棵苹果树下，目睹苹果掉下来，然后一下子顿悟，苹果因为地球对它的引力而落地，月亮也因为地球对它的引力作用而围绕地球运动。推而广之，这种力也存在于太阳之于地球以及整个宇宙，由此及彼，牛顿发现了著名的万有引力定律。什么时候我也去找一颗什么树下坐坐，看看能不能顿悟一个什么“引力万有”之定律，或者至少要解决一个诸如“先有鸡还是先有蛋”之类的问题。

新知：我欣赏老师寓教于乐之风格，这也是读者们的一大福音呀，他们在轻松愉快之中就能受到启迪并引发顿悟。即使是强调顿悟的重要，在修行实践中不可忽视的一个问题在于，顿悟之后也不能说是一了百了，也需要渐进的修炼以保住顿悟之果实并且以后还能迎来更高层次上的顿悟。

清风：经过弟子的如此评说，我们对顿悟之理解方是达到全面而客观的地步了。顿悟观念的兴起有助于佛教的平民化，使人不再把修行看成是一种必须在佛门中守着多少清规戒律才能完成的任务，同时也迎合了当时士代夫阶层附庸风雅把玩禅趣但又不想费时费力地去深入修炼的思潮。当然这样带来的弊病也就是某种程度上说在方便化的同时又带来一些庸俗化的东西，同时也使得所真正能达到的境界是相当的有限了。

新知：慧能的一大功绩就是将佛祖开创的人人皆具佛性的思想发扬光大，他将佛学与中国传统的心性学说结合起来，直接指出佛就在每人心中，明心即能见性，即心就能成佛。人人都能成佛，成佛并非遥不可及，只要经过自己的主观努力在心性上下足工夫就行了，这对佛学在世间的普及起到了不可估量的作用。

清风：人皆能成佛实际上是中国传统儒学思想人皆能成圣（或称人皆能成尧舜）的一个翻版，就每个人都具有成佛之可能性这个意义上来说无疑是对的，但莫说成佛就是能够证得定境也绝非唾手可得的事情。可能性要变成现实性必然受制于不少主客观的条件，比如人本身的天赋（在佛学中叫做慧根）情况，周围环境的制约程度等等。古人有句话是这样说的，“古之欲求长生者，闻道难也；非闻道难也，悟之难也；非悟之难也，行之难也；非行之难，终也难也。”这句话大概出自于道家师傅之口，因道家更加偏重于养生之道也，但我想对佛学及其他任何领域也适用也。

新知：历史上与这种“一性皆成”说相对的还有“五姓各别”说，意即如来种性、独觉定性、声闻定性、不定种性和无性有情等，在具体修行实践中将证得的果位是不一致的。此“五姓各别”说最早由著名的唐玄奘译传自中国，与“一性皆成”说在佛教历史上曾发生长期而激烈的争论。中唐的天台宗高僧湛然又提出“无情有性”说，使这场争论达到了高峰。师傅对这几种说法又是如何看的呢？

清风：这些问题对于常人来讲还是显得过于专业了，现在通常都是一些宗教学博士之类学者所要研究的对象。不过为了满足你的好奇心，我还是简述一二。“一性皆成”从潜态意义上讲来是对的，因为每人都有这样的原性也。“五种性”说从显态意义上讲也对，因为人有贤愚之别及种种条件限制，要返璞归真证得涅槃已属于不易，更何况达到佛之境界，历史上能够达到佛祖之境界之人可谓是寥寥无几。

为何“一性皆成”说在中国较具有现实性，而“五姓各别”说一经传入，便受到群起而攻之呢？因为中国不像印度那样具有“种性”论之传统，佛教最初不就是反对那坚持“种姓制”，将人分为四等的婆罗门教而建立的吗？并且中国古人一向有“取法乎上，仅得其中；取法乎中，仅得其下”的说法，因此修行也应当取法最好的，因而这种反映理想性之“一性皆成”说能够风行，而“五姓各别”说就显得水土不服了。至于“无情有性”说从广义来看也对，草木、瓦石等等其实也具有一种原性，只是这种原性是精神的潜态罢了。以后我们还会讲到中国道家代表人物庄子早已阐述了类似的观点，在他看来“道，无所不在，甚至在蚂蚁、杂草、瓦砾及屎尿中”。

新知：古人著书立说有“六经注我，我注六经”之谓，而在博古通今的先生这里可谓是发挥到极致也，令后生我佩服之致也。我之能有些佛缘，全仗认识了师傅也，否则如何能有机会闻道呢？我知道先生是因为幼年体质孱弱而有幸深研佛法及一切古典哲学的，这可算作以疾病为助缘了。先生之境界我辈实难企及也，是“高山仰止，影行行止，虽不能至，心向往之”也。

清风：谢谢你停止了夸奖，要我长时间地保持谦虚是一件痛苦的事情。我认为本人可以算是“已闻道，已悟道，已行之”也，但在“终之”上做得不好，非唯其他，概因毅力缺乏以及尘缘未尽也，故而修炼之路时断时续也。如以上我们所说，慧能真“能”也，是名副其实也，他将佛教所信仰的佛从遥远的彼岸世界移居到了每个人的内心，他也把依靠佛教的经、律、论三藏之学而成佛的常规途径转为完全依靠个人内心的信仰及觉悟这样的“高速公路”，可说是将心性的作用发挥到了无以复加的地步。这里有一个经典的故事，几乎是所有赞扬与反对禅宗的文章，详论或者是简介禅宗的文章都必然要引用的。

新知：弟子虽不才，但这样经典的故事还是能倒背如流的——

值印宗法师讲《涅磐经》。时有风吹幡动，一僧曰风动，一僧曰幡动，议论不已。慧能进曰："非风动，非幡动，仁者心动。"一众骇然。

以上文章引自《坛经》，反对者谓之主观唯心主义，赞扬者大赞其抓住修炼之要害，因为生命是走向堕落还是超越，也就是说在人之一念之中。老师，又对此有何高论呢？

清风：风在动，幡也在动，而心也在动也。赞扬者也对，反对者也对也，既赞扬又反对者也对也。

新知：禅的故事中也有这样类似的回答呀，有几个弟子在那里争论，其师傅就是如此回答他们的询问的。师傅如何也像佛家尤其是禅宗一样的用起这样的语句来了，莫不是有意来迷惑弟子也？

清风：岂敢岂敢，只是为了生动活泼一点而已。我说风在动，幡也在动，是从客观存在的事实而言也，此是不同于慧能之万法唯心（万法皆为内心体现）之观点也。但我说心也在动，是赞成慧能强调主观能动性之观点也，事实上外界之客观存在是否作用于人或者作用的程度，个体的差异是很大的。

新知：那么说慧能的学说，其功过都很像主观唯心论，以及近代由其演变而成的认知心理学了？

清风：慧能的学说与主观唯心论及认知疗法是同中有异也。同者，都是过分强调了个人心理反映的作用，抹杀了客观的实在性。异也，主观唯心论及认知心理强调不是客观存在决定人之行为而是人之对客观存在的态度决定人之行为。认知心理学的应用就是要人们抛弃消极态度，选择积极态度。而慧能之学说是强调根本上不要因外界实在而干扰人之内心平静，是不要对外界进行反映，这一点是继承了佛教的一贯精神，即超越所有常人固有的二元思维及情感反映模式，如非爱即恨，非悲即喜，非积极即消极等等。

新知：在俗世中认知疗法确有它的作用，比如说人们常说的一句话"凡事想通了就是天堂，想不通就是地狱"等等就是对认知疗法的一个论证。但是佛教及禅宗的的精神是根本要超越世俗的一切，不去做任何价值取向，因为一切价值取向也是无常虚妄的，唯有个人的原性即佛性才是永恒如常的。当然我现在明白老师说的那句"赞扬也对，反对也对，既赞扬又反对也对"的含义了，因为老师是按中道的精神来评判这些人类的宝贵精神遗产的。

清风：实际上我们以后还要讲到宋明新儒家的代表人物之一，明代心学大师王阳明的主要观点，它同样是强调个人的主观能动性，不过它是为实现“致良知”的目的而服务的。

新知：很好，儒家讲究修身养性也，不过它所提倡的是要修出仁义道德来也，而不是如同佛家、道家那样修出超越一切的原性来也。

清风：传统的小乘佛教与禅宗的精神也可看作是同中有异的，同者就是你在前面所说的禅宗继承了小乘追求涅槃，继而成佛的思想；异者就是小乘是强调出世修行的，而禅宗是发扬大乘的精神要不离世间求得觉悟的。这其中的奥妙还是在于小乘某种意义上讲是重视修行环境对修行的影响的，而慧能将心性的作用发挥到了极端，就是说在自我的心性上下工夫，其他一切外在条件都是可有可无的。因而慧能说“若欲修行，在家亦得，不由在寺。在家能行，如东方人心善；在寺不修，如西方人心恶。但心清净，即是自性西方”。在一些佛教经文中有成佛之人将往生西方极乐世界的说法，那里所有人都是彻底解脱之佛。慧能此言是要表明环境对修行并不重要，“在寺不修，如西方人心恶。”

新知：老师，这里慧能之思想其实可以用四个字来概括，那就是“境由心生”。关于这一点，在明朝洪应明所著的修身养性名著《菜根谭》中有一段话，可称得上是极其贴切的注解。此段话标题是“执著是苦海，解脱是仙乡”。正文是“山林是胜地，一贪恋变成市朝；书画是雅事，一贪痴便成商贾。盖心无染著，欲界是仙都；心有系恋，乐境成苦海矣”。

清风：我认为此言是又对又不对，有些时候是境由心生，但不能因此而抹杀心由境生的一面，要不然那些寺庙道观就不会建立在风景秀丽的名山之间了。这些地方是集中了天地之灵气，莫说是修炼，一般人就是到此旅游一下并且散散心，都感神清气爽也。概因几无污染，则空气中负氧离子含量极高，且避开了喧嚣之尘世，则人心也就未被污染也。

新知：是的，是的，这些地方铜臭味少有闻到，那么人心也就自然地要纯朴许多吧。目前的中国也是这样，经济越落后的地方人心就越有纯真之一面，反之则人情淡漠，一切关系都成了一种利益关系。总而言之，尘世的自然环境乃至精神环境都受到严重的污染，所以必然对修道有很大的影响，这也是总体上说来论境界与功力，修道者一代不如一代的原因。以全息论看来，越是原始的地方，则越具有潜态的性质，全息性及全能性都越强，其能量场也就越大，在其间修行也就越具有超凡入圣的可能。

但另一方面，若在红尘滚滚的尘世中都能定下心来之人其毅力则极为了得，此等人一般再不会有任何世俗之物能够对其产生诱惑。若一个人从小在山林中修道，突然来到尘世还有可能一下子凡心大动而功力尽失的可能发生呢。若是一个在尘世中磨练了许久的人，有一天能够由俗返真，则其功力必然突飞猛进也。老师是否待机缘成熟之后带徒儿隐于山林，寄怀于天地之间呢？

清风：为师尚有自知之明也，此等境界实在是达不到，还是混同于尘世，亦真亦俗吧，借用古人的一句名言来自我解嘲吧，“大隐隐于世，小隐隐于林”也。

新知：那功力高深却在尘世中装疯卖傻的济公和尚说过一句类似的话，“小修在山林，大修在人间。”既然慧能认为“境由心生”，因此顺理成章地修行完全是靠个人内心的觉悟，他极力反对依靠任何外力的加持，在以下一段讽刺净土宗的话中便是显露无疑了——

东方人造罪，念佛求生西方；西方人造罪，念佛求生何国？凡愚不了自性，不识身中净土，愿东愿西，悟人在处一般。所以佛言，随所住处恒安乐。使君心地但无不善，西方去此不遥。……菩提只向心觅，何劳向外求玄？听说移此修行，天堂只在目前。

对此，老师又是作何感想的呢？

清风：禅宗的此种思想后来发展到极端地蔑视一切权威的地步，出现“呵佛骂祖”之现象，比如德山宣鉴禅师上堂对弟子讲道，“我这里没有祖师爷，没有佛圣。达摩是老臊胡，释迦老头子是干屎橛，文殊、普贤是担屎的汉子……”净土宗是中国佛教中到最后唯一能够与禅宗分庭抗礼的一大派别，它主张依靠佛力加持死后往生西方净土，我们下节再来详述。我本人对慧能所认为的净土就在人心中的主张是极其赞同的，据说慧能还是个文盲（《坛经》由其门徒所记录），所以为师认为有这样悟性的人实是旷古罕见，千载难逢也。但笔者认为不能完全否定外力的加持作用，无论是净土宗中的持名念佛还是密宗中的观想及上师灌顶等都还是有一定的作用的。并且不受权威的束缚也是对的，但走向另一个极端否定一切圣贤及流传之经典，也即否定了一切既往受人尊崇的戒律、价值观念，恐怕对修行并无益处。

新知：俗话说“师傅领进门，修行靠自身”，这无疑是绝对正确的，但身边的修炼环境还是很重要的。我们上面说了心由境生的道理，这个道理也可用于这里。只是上面说的是自然环境，这里主要说的是周围人际环境。周围有一个练功的圈子，特别是有了师傅的关照，自然有助于深入禅定。

同样的，正因为禅宗强调内心觉悟，强调顿悟，因此在禅宗看来所有的修持方式都不重要了，将修持生活化的思想发展到了极端。比如说禅的故事中有慧海禅师答问时说，“饥来吃饭，困来睡觉。”“他们（常人）吃饭的时候不肯吃饭，百种思虑；睡觉的时候不肯睡觉，千般计较。所以是不同的。”

清风：综合前面所讲，到后期禅宗打破了一切权威、一切外在形式、一切修持手段（包括戒律），自然而然地就演变成了迎合士代夫及一般市民趣味的“野禅”“狂禅”之风。戒律一开，实际上就好比打开了欲望之“潘多拉魔盒”，一发而不可收拾，以至于其演变成仅仅是挂着佛教的羊头而卖其“纵欲”思想之狗肉了。比如宋代一位禅学大师真净克文就如是宣称，只要顿悟本心，便可以达到“情与无情，同一无异”。达到“同一无异”，就可以出入“四五百条花柳巷”，逛逛“二三千座管弦楼”。《宗镜录》卷二十一还把这种行为叫做“以欲止欲，如以楔出楔，以声止声”。

新知：俗话说“苍蝇不盯无缝的蛋”。同理，心灵之窗只要有一丝缝隙，欲望尤其是情欲这只无孔不入的“苍蝇”就要钻进来闹得你心神不安。既然禅宗已能在理论上自圆其说了，那就为纵欲主义大开方便之门了。南宋诗人、公子兼学者张镃更将禅宗“光明藏中，孰非游戏”之说，展开为一番惊人高论，“若心常清净，离诸取著，于有差别境中能常入无差别定，则酒肆淫房，遍历道场，鼓乐音声，皆谈般若。”老师如何来看这些狂禅之风呢？

清风：这里涉及一个手段与目的、形式与内容的辩证关系问题。任何修炼方式无论是参禅打坐也好，还是诵经礼佛也好，还是遵守戒律也好，都是一种手段，归根到底要达到那明心见性的目的也。如果仅仅执着于手段，却不能在日常生活中保持一种平常心，则这些手段又有什么用呢？但是，不能因此走向另一个极端，即全盘否定手段的作用。在日常生活中能够时时保持一颗平常心固然对于修炼非常有利，但是毕竟每天如有一些专门的参禅打坐等等的时间，更有利于深入定境并将此清净心境扩散到日常生活中去，使修持生活化，这一点是毋庸置疑的。

新知：我们常说参禅打坐，这就是禅宗的特色了，这参禅是如何进行的呢？

清风：参禅一说是如此流行，以至于后来一切佛家的修炼方式都可纳入广义的参禅范畴了。就禅宗而论最著名的参禅方式是“参话头”也，其提倡者是两宋之际杨岐派禅僧大慧宗杲。欲讲清楚参话头，须先从“公案”讲起。公案原指官府判决是非的案例，禅宗借用它来专指前辈祖师的言行范例，从中领会禅的意义。广义上说，凡禅宗祖师的“上堂”或“小参”所发表的看法都是公案，师资之间，弟子之间的“机锋”（机缘语句），现成的全部禅师“语录”或“偈颂”也都是公案。

从五代宋初后，“公案”开始被大量应用于禅僧活动中，公案中某些典型语句作为“话头”（即题目）加以参究，所以称“参话头”。依宗杲之观点，参话头的关键又在于起疑情，然后才能“大死一番”，然后再“绝后复苏”，获得大彻大悟……

新知：最常见的话头有如下一些，“父母未生之前，如何是本来面目?”“念佛者是谁?”“狗子有无佛性?”等等。现以“狗子有无佛性”一则予以说明，此最早见于希运的《传心法要》一书中的公案——

僧问赵州：“狗子还有佛性也无?”州云：“无。”但去二六时中看个“无”字！昼参也参，行住坐卧、着衣吃饭处，屙屎放尿处；心心相顾，猛著精彩，守个“无”字。日久月深，打成一片，忽然心华顿发，悟佛祖之机，便不被天下老和尚舌头瞒，便会开大口。

此公案又简称赵州无字公案，对此无字生疑情而后参透得此个无字，被历代禅门高僧极为看重，认为可以由此获得神秘的不可言说的境界，脱离生死，获大自在。

在我看来，禅宗是通过参话头特别是参此无字来获得对禅宗乃至佛教根本教义的直观顿悟。在禅宗看来，世界的本质是无，绝对的无（既非有，也非通常的无）。无既超越一切，也便包含了一切，所以它又是禅的穷极，等同于心、佛、真如。根据禅的立场，宇宙万物作为虚幻之相而以对立的表象存在，生死也是如此。世人以生死为对立，所以就无法得到解脱。而在无的境地上看，就不会有种种差别对立。只有进入这种无客观世界、无主体意识、无矛盾对立、无生死差别的绝对统一的无意识中，才能得大自在。老师，以为然否?

清风：你讲得很好，我们前面已反复用全息论来阐述了东方哲学的精髓，所以不再详加解释。但如何能通过参话头，起疑情就达到此等境界，我在想对于初学者而言还需要从操作层面上来加以一番解说为好。在我看来，参此话头关键在那个疑字上，此疑情一起，也就以一念而代万念了。

所以一般流传下来供禅僧参究的话头普遍也都是具有可疑性的，如此方能牢牢地使禅僧排除杂念，并集中精神和注意力。但是，如前面所揭示的气功之谜告诉我们的，此一念到最后也不能执着，是手段而非目的，要归于无念也。

新知：很对，老师所言，使我想到现代西方曾经流行过的一种超觉静思法。习练者想一些轻松场景，比如白云、草地、大海等等，最后使自己仿佛身临其境，然后达到那使人非常愉悦的安定状态。与禅宗参话头相比，其实此超觉静思有异曲同工之妙，只不过其起的不是疑情，而是起的是“悦情”而已，但仍然是为了达到集中精神的同样目的也。

清风：必须指出的是，历史上记录的许多公案以及对其话头的参究，固然有启迪禅僧破除执着，顿悟那超越对立的定境的积极作用，但也带来一些故弄玄虚、流于形式等消极作用。简单点说吧，到后来禅僧之间的对答完全成了耍嘴皮子的东西，其到底能有多大的开悟作用，实在是令人生疑呀。

新知：我同意老师的观点，禅宗对于身体修炼非常忽略，而过分热衷于所谓的机锋妙语，不能不说是其失误之处也。试举著名的“问指答月”一例，为方便理解，已翻译成现代文——

僧人问禅师：“手指的意义暂且不问，月亮是什么意义呢？”文益禅师反问道：“哪个手指是你不同的手指？”僧人有问道：“暂不问月亮，手指的意义是什么呢？”文益禅师回答说：“月亮。”僧人说：“弟子问的是手指，和尚为什么答月亮呢？”文益禅师说道：“因为你问的是手指。”

试问依一般人的悟性又能从中悟出些什么呢？

清风：我来给你举一个《红楼梦》的例子，看你能从中悟到些那样东东。《红楼梦》中贾宝玉和林黛玉之间有一段精彩的禅锋对白——

宝玉：“任凭弱水三千，我只取一瓢饮。”黛玉：“瓢之漂水奈何？”“非瓢漂水，水自流，瓢自漂耳！”黛玉：“水止珠沉，奈何？”宝玉：“禅心已作沾泥絮，莫向春风舞鹧鸪。”黛玉：“禅门第一戒是不打逛语的。”宝玉：“有如三宝。”

新知：我只悟到那一句“任凭弱水三千，我只取一瓢饮”，表明了宝玉只爱黛玉一人的心意。好了，言归正传，以前我们几乎每一节总是这样的顺序，由我开头，由老师来收尾总结，今天觉得我足可越俎代庖，来简单总结一下替老师省省心吧。那就是禅宗继承了大乘佛教的精神，并且将其发挥到了极致，即将其可行化、生活化、简便化，还涅槃于世间，大大丰富了佛教的思想且促进了佛教的普及，使得佛教的一些精神及通常所说的禅意渗透到了我们日常生活的方方面面。凡事都如同双刃剑，有利就有弊，佛教生活化的同时，也就在某种程度上被庸俗化了。禅宗将大乘佛教的精神发挥到了极致，其弊端也就发展到了顶峰，就是说导致佛教其固有的精神即超越性的逐渐丧失，到后期狂禅之风兴起时更是丧失殆尽，就是说越到后来，离大道反而越远了。

3. 净土宗之起源

新知：净土宗，中国佛教中最容易使人接受和信仰的一个宗派，它的最主要特征就是持名念佛，求生西方极乐世界（即净土，与被称为秽土的尘世相对应）。尽此一生持名念佛，就一定能离苦得乐，了生脱死，横超三界。此乃是一般佛教书中对净土法门之评价，先生以为然否？

清风：在我看来持名念佛，能够帮助收摄心性，对现实的修炼大有裨益是千真万确的。至于说往生极乐世界之类，属于一种宗教信仰，我并不以为然也，道理我在下一节自会与你缓缓道来。有一点是可以肯定的，它通常被称为易行道，意即相比其他法门而言，特别简易方便。佛教中有“有禅无净，十人九错路”之说，意指按净土之外的其他法门修行不是一件容易的事，稍不注意就会堕入魔境。至简至易的净土宗一经产生便广受欢迎，因此也就不足为怪了。

新知：所以“是男是女总堪修，若智若愚皆有份”。据说净土宗的依据来自于号称净土三经的《观无量寿佛经》《无量寿经》《阿弥陀经》。老师给我简单地介绍一下其中的内容吧，以让我长长见识。

清风：先来说说《观无量寿经》。相传佛祖为摩陀国王舍城的王后韦希提夫人在王宫说法，应其所请，为其开示十六种观想的念佛法门。后来在耆阇崛山，侍者阿难又将此王宫说法的内容对在此学法的人重新诉说了一遍。此经的主要内容就是十六观——

（1）日观：专心谛观西方日落如悬鼓。

（2）水观：澄心观想西方水结成冰，清净光洁，犹如琉璃。

（3）地观：一心谛观极乐国土琉璃宝地，内外明彻，清净庄严。

……

(8) 像观：一心观想阿弥陀佛坐宝华台，观音、势至二大菩萨侍立左右，放大光明遍照十方。水鸟树木，皆说妙法。

(9) 佛身观：遍观一切相。一心谛观无量寿佛身相光明，白毫宛转五须弥，绀目澄清四大海。于身相中，遍见十方无量诸佛。

……

新知：哦，好一个极乐世界呀。那《阿弥陀经》又说的是什么呢？

清风：此是佛祖在舍卫城说与诸多弟子的，描绘了一番极乐世界的庄严殊胜，然后让众人生起信心，一心念佛。大意如下——

西方极乐世界，有七重栏盾、七重罗网、七重行树、七宝池等等，都是七宝所做。微风吹动，行树罗网，出微妙音，比如百千种乐，同时俱作，闻是音者，自然皆生念佛、念法、念僧之心。阿弥陀佛（梵语音译，意为无量光明）在此说法，其寿命是无量无边的，其光明无量且能照十方国土。十方世界念佛众生，往生到那里，个个都能得到三种不退，即位不退，行不退，念不退。众生念佛要念到一心不乱，到临命终时，即能够得到阿弥陀佛的接引往生极乐世界。

新知：怪不得，依净土宗修炼之人要口诵“南无阿弥陀佛”了，“南无”乃由梵语音译，意思是“敬礼”。那净土之阿弥陀佛究竟是何方大圣呢，真有这么大的能量吗？

清风：这就是《无量寿经》要告诉你的。大意如下——

世自在王如来住世时，有国王因闻佛法，发无上正真道意，弃国捐王，出家修道，号曰法藏。法藏比丘在世自在王佛前发下了四十八条度生大原，普度有情。其中的第十八、十九、二十愿都是与建立净土有关的：“设我得佛，十方众生，至心信乐，欲生我国，乃至十念，若不生者，不取正觉。”“设我得佛，十方众生，发菩提心，修诸功德，至心发愿，欲生我国，临寿终时，假令不与大众围绕，现其人前者，不取正觉。”“设我得佛，十方众生，闻我名号，系念我国，植众德本，至心回向，欲生我国，不果遂者，不取正觉。”最后法藏比丘，请世自在王佛，为其广说二百一十亿诸佛国土的情状作为蓝本，经五劫之后，以大愿力创造了这个极乐世界，法藏比丘成佛后号称阿弥陀佛，就是这极乐世界的总教主了。

新知：听上去倒是挺吸引人的，那中国据此建立的净土宗又是怎样产生的呢？

清风：佛法传入中国后，此净土法门即有流布，然大弘此宗者首推东晋慧远大师。慧远在庐山东林寺，与大德居士刘遗民等一百二十三人，共结莲社（因凿池种莲而得名，莲有高洁之意为修道之人所喜爱），六时念佛，专倡净土法门。慧远居庐山三十年，足不出山，一心提倡净土法门，后世尊为莲宗（即净土宗）初祖。

4. 主要思想及评判

新知：在评判之前一个很关键的问题在于是否真有这样的净土存在？

清风：那你先说说吧。

新知：我感觉应该是没有吧，如果有的话，佛祖临终前众人就不该悲伤呀，因为佛祖自己就可以去净土了呀，然后众弟子们只要坚持不懈地修行，日后步其后尘即可了。

清风：于我心有戚戚焉，真正的西方净土无非是佛祖想象出来之理想境界而已。尽管它并不真实存在，如若人们弄假成真的话，一心念佛，可对现世的修行起很大的助益。我们来看一下下面的一个故事，对此就可以有较为清晰的认识了——

相传佛祖有个小弟名难陀，是佛祖强行给他剃度出家的，他本人并不情愿，以至于他非常想念俗世的生活。佛祖知道后，就将他找来，询问他究竟是什么原因使他打消了出家的念头。难陀回答说："我出家时，释迦族有位美女名叫迦利耶尼的，和我相好。我一合上眼睛，就看见她眼巴巴地望着我，说：'赶快回来啊，我的王子。'我一想起这个情景，就觉得一刻也不能忍受这样刻苦的修行了。"

佛祖听到这里，当即就挽住难陀的手臂，一起升到天上。难陀看到那里有五百如花似玉的天女正在侍奉着帝释天。佛祖问道："难陀，迦利耶尼和这五百天女，哪一个更美丽可爱呢？"难陀回答说："与这五百天女相比，她简直就是秃顶塌鼻的母猴。"于是，佛祖劝慰道："你只要认真修习，我保证你将来能够获得五百天女。"以后，难陀定下心来，勤修浅行，到最后修成了阿罗汉的果位。此时，他反而主动向佛祖放弃了以前的要求。

新知：这就叫以毒攻毒也，好比中医治疗癌症的许多药物本身就有很大的毒性，但用以攻毒却能建立奇功。此故事虽然搀杂了不少神话般夸张的成分，但大体是可信的，即佛祖深切了解常人之欲尤其是色欲实难根除，因而用了这样一个善巧方便之法，来对治难陀的烦恼。而当他真正达到了那无念无欲的宁静境界时，反而会觉得满足以前那贪欲实在是没有任何意义的事了。我明白老师讲这个故事的意义了，老师是想说佛祖宣传净土也是对众生所设的一种方便法门，是善意地制造了这一个最最精致的美丽谎言。其实此种情况在基督教、伊斯兰教里也是一样的存在呀，它们的教义不是也一样地虚构了一个天堂的存在吗，以此来促使人在现世能趋善弃恶，以便死后能升入天堂，而不是堕入地狱。

清风：佛经上说众生有八万四千种烦恼，佛祖就开创了八万四千种法门，即因人而对治之意也。早期佛教中要人们灭绝贪欲的一种常见的观想方法叫做“不净观”，第一步是“分别自观身中三十六物，发、毛、爪、齿、涕、泪、涎……屎尿诸虫，臭秽不净，聚以为身。往来五道，炽然众苦，犹如浮尸，随流东西”。经过这样的观想，是要让人相信人的肉体是由一些肮脏的东西堆积起来的，因而没有必要对其产生执着。

新知：因此美女实际上也是污秽不堪的，有什么必要去贪爱呢？或许对有些人而言，这一招又不能管用，因而佛祖针对难陀时采用了另一招，给他一个希望，先让他专心修行再说，修行到家自然就觉悟了。或许佛祖由此及彼，想到光给众生讲苦啊、苦啊还不行，给他们讲乐啊乐啊，但需现世的念佛修行方能迎来以后往生净土之乐。如此这般方能坚定众生的决心，等到他们进入状态，离苦得乐时西方有无净土也就不重要了。总之是可以这样认为的，以一念代万念，以一欲制万欲，此不失其为一高招也。

清风：讲得好，我才发现你舌头的魅力还真是大啊，不服不行呀。净土法门，是以信、愿、行三者为修持的条件。信者，信心也；愿者，决心也；行，行持也，其方法有种种的不同，如持名、观想、实相等，但最广为采用的就是持名念佛也，被认为是三根普被，利钝全收。

新知：就是说不可小看此持名念佛，它虽然简易，被有些人认为只不过是一些愚夫、愚妇所修的法门，而其实是适合上、中、下三根之人的。俗话说“心诚则灵”，此言正契合持名念佛也。心诚则灵绝非迷信，因为心不诚如“小和尚念经，有口无心”，则必然进入不了那种虚静的状态也。

清风：心诚是第一条件，任何事都是如此。心诚尚且可能不灵，更何况心不诚呢。具体念法，有定课念、散念、高声念、默念等等许多种，此不一一尽述。据认为念到最后，是为念不念皆念，即是所谓的念而不念，不念而念的境界是为最高之境界也。

新知：那种境界其实就是念佛已经深入到所有生活中去了，成为一种本能之事了，行住坐卧都在用心挂着佛，但又不是很兴奋地刻意地在念，此是以前老师所讲的时时刻刻保持一种气功态呀。

清风：接下来要对几个重要的理论问题进行探讨。赞扬净土宗的人通常认为“一句弥陀统摄一切法门”，意即净土修法简则简矣，但其功效不可小觑也，一念三昧（梵语音译，意为定境，又有“三摩地”等等译法），则禅净不分，净即是律（指戒律，中国佛教门派中有偏重于戒律的律宗），净即是教，净即是密了。你来说说为何有这样的认识呢？

新知：禅定的境界都是一样的，佛教与道教的所有法门修到最后的境界并无二致也。正如人们常说的罗马只有一个，但道路却有千万条也。念佛念到明心见性，此与禅境无异也，故说禅净不分也；修净土法时，身礼佛，口念佛，意想佛，此自然六根都摄，是为不戒而戒也，故说净即是律也；念佛的作用在于息妄心，得正念，实已超过信解而直达行证（佛教认为学佛有信、解、行、证四阶段），所以无需研教而具足一切教义，是为未教而得教也，故说净即是教也；而净土法门强调身口意集中，也就类同于密宗之身口意三密相应，所以可说净即是密也。

清风：从广义上来说，你说的都对，因为佛教、道教本身就是要证得一个无差别之潜态世界。至于说各法门在方法手段上虽有所差异，但最后目的乃是殊途同归也。但具体的差异有可能带来结果之不同，或者能到达的境界程度上有所差别又是不能否认的。在我看来，持名念佛，固有种种作用，但也与禅宗一样有疏于具体的身体修炼之通病。修法为最简所以能适应众人，但要达到极高深之定境仅靠此又是不够的。

新知：师傅，不是说“假传万卷书，真传一句话”吗，大道到最后不都是至简至易的吗？

清风：问题是那是到最后呀。一个人的修炼如同读书一样，从简单开始，逐渐学习复杂的东西，最后又要归于简单。但是，此时的身心已经发生了巨大的质变了，当然只需要简单之法就行了，并不能因此就认为一开始那些复杂的过程就不重要了呀。赞扬净土之人的又一个观点是此法门乃“自力与他力”的结合，他力就是指阿弥陀佛的加持与助力。如我前面所说，此只能理解为信仰的力量，实际上既然并无阿弥陀佛存在，当然也就并无加持之可能。当然如果在一个众人都在同时修炼的环境中，尚有可能说有一定的助力作用，因为众人的信仰形成了一个巨大的场。

新知：至于说到持名念佛，另外的讲究是一要死心念佛，二要用意根念佛。在我看来，用意根念佛，即主要体现在用心去念之意，这应该是对的，因为道家强调“调身、调息、调心”三调，其关键还不是就在于调心嘛。但是讲到死心念佛，我认为就要作客观分析了。因为按照师傅的理论，其意守本身也是一种疲劳，凡刚开始之时以及一些过分疲劳、伤心之类的时候，一定要强行来收摄心神对身体及修炼并无益处可言呀。

清风：总而言之，为师的观点已很明确了，那就是净土法门作为一种简易法门，修炼者更多地是因信仰而使得妄念得除，其能够达到的境界实在不宜想得过高。当然我等因为缺少此信仰而实践得也少，故或许只能算是一种谬见，权当是抛砖引玉吧。

5. 密宗概述及评判

新知：我一想到老师要开讲密宗了，我就有一种莫名的激动。我知道老师对密宗是极为推崇的。

清风：密宗的起源我们前面也讲过，印度佛教发展的最后阶段是为密教阶段，其思想传入中国后形成的佛教流派，是为密宗。相传早在龙树时，他开南天竺铁塔取出秘密经典开始流传出来，是为密教的开始。事实上，自龙树以来，流行的大乘经典中，就杂有密教的成分，但独立而成密教，则是远在龙树之后的事了。

至于说密教传入中国形成密宗，将要提到的是三个人，善无畏及金刚智、不空（金刚智之徒）。此三人者，来华后译出了大量的佛学经典，其中包括了密宗所依据的三部主要的经典即《大日经》《金刚顶经》《苏悉地经》，其中又以《大日经》为最重要。《大日经》是卢遮那佛在金刚法界宫的法会上，说示阿字本不生的真理和一切众生本有本觉的曼荼罗（梵文音译，意为坛场）的经典。《金刚顶经》和《苏悉地经》是说真言行者的庄严作法，行持律仪等的经典。

新知：但是，我所知道的是因为种种原因，主要是密宗的修行讲究大量的神秘仪式之类，自唐朝之后，内地的密宗就逐渐断了香火了呀。

清风：你说得对，但是密法自印度直接传入西藏后则发扬光大，且一直传持不绝，世人称之为藏密。藏密中又分格鲁派（又称黄教）、迦举派（白教）、宁玛派（红教）及萨迦派（花教）等等。需要指出的是藏译佛经内容极为浩繁甚至大大超过汉译佛经，并且藏文本身与梵文接近，所以受到现代佛学研究者的高度重视。

新知：老师你从未去过西藏且从未得过什么上师真传之类，何以又通晓藏密之密呢？

清风：只能说是粗通一二。20 世纪 80 时代有学者徐岱去西藏取经，得上师亲传宁玛派真谛，整理为“光功”向世人传授（因密法相比一般的气功更具有光效应而得名）。又有旅居香港的学者邱陵写过一系列的简介藏密的书籍，也使藏密重新在内地广为流传。我买过一些他们的书来读，后书虽散失，但大意尚能记得。

新知：我以前看过先生一本笔记，上说“若有慢性疑难顽症者，若西医不可救者，当施之以中药；若中药不济者，可以气功调养之；若再不能断根，可冀望于密法也”。由此可见，先生一定是亲身修炼而领会到了密法之巨大功力，方有此洞见也，弟子热望开示一二。

清风：需先搞清楚本尊法与三密瑜伽法。本尊是学者选择自己最敬爱最尊崇的一尊佛，一位菩萨或者一位明王，作为学习成就的对象或榜样，就叫本尊法。三密就是身、口、意三业，瑜伽为梵语音译，意为相应。三密瑜伽就是三业相应，就是修行者自己的身、口、意与本尊的身、口、意三业相应。修法时，修行者要身作本尊的姿态，手结印契，口诵本尊真言，意作本尊观想或种子字（诸尊用梵文表示的记号，如阿字表示大日如来），一旦修成，可达即身成佛之效。

新知：据我所知，瑜伽这种修行方式早在佛教产生以前就已流行于印度了，早期还带有一些苦行的元素在里面。印度各家都曾从瑜伽中借鉴了许多来充实自己的修持方式，而佛教在发展到密教后特别强化了修行方式的讲究，应该是瑜伽成分含得最多的时候。因此在我们今天谈到中国的密宗时能够感觉到同下节我们要讲的瑜伽具有许多相通的成分，此言应属不虚吧？

清风：对，我早就说过密宗的最大特色就是一改早期佛教只偏重于超脱心性的局限，既继承了佛教的主要思想，又带有鲜明的瑜伽特色，是修心与强身两者并行不悖也。

新知：用中国道家的说法就是广义的性命双修吧。我近来在先生处研究气功学颇有一些心得，我想此三密瑜伽法与道家之三调（调身、调息、调心）旨趣乃大同小异也。道家比较注重调呼息之研究，而密宗注重结手印。道家之调心主要是意守丹田之类，而密宗之调心主要是观想。结手印者，是充分调动十指连心之“手”的“天线”作用也，此手如同脚一样，穴位很多，有人认为是连通自然能量场之通道也。密宗另一大特色，是注重口诵真言故又称真言宗，最出名的是六字真言也，即“嗡、嘛、呢、叭、咪、吽”也。据说，进入西藏后到处都刻着此六字也。此真言是借助了声波的作用来帮助修炼者入定也，类似于中国道家著名的六字诀“嘘、呵、呼、泗、吹、嘻”也，此六字分别对应人身体之五脏及三焦。现代的音乐疗法我想从广义上来说也是一样的道理。当然，密宗之最主要的特色，即其“密”也，切望稍事点拨，在下不胜感激也。

清风：依密法而修，起效甚捷，原因是其练气走中脉（又译中经）也。道家练气，使气走任督两脉。此两脉总领全身气脉，一旦气足而通，名为通了小周天。小周天一通，则百脉俱通，此时即沉疴顿起，无病不消也。但任督两脉相比中脉而言则又属小道也，其上有尾间（尾椎骨处）、夹脊（后背处）、玉枕（后颈处）三处穴位，较难通过，古人称其为三关也。

新知：中脉，顾名思义就是指从头顶百会穴到尾椎会阴穴之间的一条经络，位于人体正中吧，其笔直顺畅堪称高速公路了，其一通则小周天自通，进而百脉俱通，最起码收强身健体之效也。有兼修密法的物理学博士认为，修此笔直宽广之中脉，犹如以巨大的粒子加速器对源于生殖系统的精微物质进行冲击也，故能激发巨大的能量也。凡是练功得法的人都知道，随着能量的积聚，人的小腹丹田处会发热，继而全身呈现一种非常舒服的温热状态。而这在修密法者中间表现得更加明显。修藏密的年轻和尚喜爱的一个游戏，就是在雪地里赤裸上身，看谁先将周围的雪融化，以此也可检验修行所达到的功力程度。

清风：聪明。依密法而修，起效甚捷，另一方面还能引起其它的身心效应。六字真言，又有简为三字真言之念法，即嗡、阿、吽也，其阿字可看作“嘛”等四字的代表也。修藏密达高深境界之人谓之，念嗡时，白光入身体也，念阿字时在身体内变红光也，念吽字时变蓝光从体内出也。当然，这些现象有待于现代科学认可并作出令人信服的解释。

新知：说到这“嗡阿吽”也，还有个有趣的故事，让我来讲给老师听听。话说古代，有个小和尚有次听见一个老者将“嗡阿吽”念成“嗡阿牛”，就去指正他。老者以后改念“嗡阿吽”，可是由于违背了几十年的习惯，老者觉得非常别扭，更谈不上定心绝虑了。庙中老和尚得知此事，斥责小和尚陷入执着，好心办了坏事。小和尚连忙叫老者重新改回原来念“嗡阿牛”的习惯去也。

清风：这说明手段不算什么，目的才是一切，哈哈。

新知：老师快破例讲一点密宗具体的练法吧，相信大家的胃口都已吊上天了。

清风：在下一章讲述瑜伽的提升生命之气的方法时可以略谈一二，不能多言也。实不相瞒，为师的所有东西方哲学及修持之造诣全系自学所成也，其个中之艰辛实非语言所能道也。正因为此，于本书中讲得太深，则篇幅不许。太浅，又怕误导初学者走许多之弯路也。自古学密法者必等寺庙结坛且由上师灌顶加持之后方得传授，是为“密”字之来历也。此种仪轨虽不乏神秘色彩但也可用现代语言解释之，实际上是为学者提供了一个好的外部环境，由上师灌顶是借助外力帮助调理学者体内的气脉，是塑造一个有利于修行的内环境也。密宗之繁杂仪轨虽影响了密法的对外普及，但也就很大程度上避免了学者盲修而发生种种偏差的情况出现。

新知：我听老师的一个朋友说，老师曾将密法简化并引入导引术中，如此既不失密法之精髓，又不至于使常人望密却步，既然如此老师还有什么顾忌呢？

清风：常人的运动对健康有一定益处，若过度则有损健康，但你听说过有人因运动而出偏差的吗？

新知：没有。气功也好，还是密法这种最上乘的气功也罢，虽然对增进身心健康远胜于一般之运动，但却有出偏差甚至走火入魔的情况发生。

清风：那还用我再说更多吗？

新知：哎，弟子愚钝实在是愧对师傅也。老师，在我们即将告别“佛教在中国的发展”这一节时，老师能否最后对禅、净、密三宗作一个对比总结呢？

清风：这正是在下的想法也，号称“即心是佛”的禅宗最为睿智明快也，号称“念佛成佛”的净土宗最为简便易行也，号称“即身成佛”的密宗最为殊胜卓效也。

第三章 瑜 伽

瑜伽已风靡全球，但是人们不要遗忘它源于古印度哲学的基础“梵我同一”，类似于中国文化中的“天人合一”。瑜伽锻炼，不只是为了获得一个性感的身材，而是要达到那摆脱一切欲望控制的祥和精神境界。

第一节 瑜伽简介

新知：当下在中国的许多大城市，传授瑜伽的各种会馆越来越多了，且成为许多白领女性的一种时髦锻炼方式。放眼当今世界，总的说来是“西风压倒东风”，即西式的科技、文明及其生活方式在全球都成为一种主流。此等背景下，东方印度之国粹瑜伽能够在东西方都能站稳脚跟，修习者甚为众多，不能不说是一种奇迹。就连大名鼎鼎的英超豪门曼联球星吉格斯都热衷于练习瑜伽，并坦言自己能迅速恢复伤病并长期保持高水平竞技状态都得益于此。

清风：还在我读中学时便在央视上看见张惠兰传授瑜伽的片子了，但当时并未引起太多人的注意。二十年后的今天，或许是快节奏生活导致人们减压的需求大增，使得许多人对修炼瑜伽趋之如鹜了。我们前面讲过瑜伽是梵文音译，意为相应。具体而言，就是自我与原始动因的结合及一致。所以，我们可以认定修炼瑜伽的最高境界与我们以前所说的梵我一如、天人合一、涅槃等境界是一致不二的，并且如我们用现代语言所说的是实现了显态与潜态世界的结合与一致。

新知：用现在的语言就叫“气功态”。许多人都认为瑜伽与中国的气功实在是大同小异呀，所以有人将气功称之为中国式的瑜伽，将瑜伽称作是印度式的气功。作为最常见流行的也是一般会馆所能教授的瑜伽姿势练习大致于就相当于气功中的动功练习，而瑜伽冥想练习就大致相当于气功练习中的静功练习。

清风：确切地讲瑜伽姿势练习与中国流行的动功还是有一些区别的，

动功的动作通常具有连续性，柔缓舒展，连绵不绝。太极拳也可看作是一种动功，并且达到了中国动功的极致了。而瑜伽姿势通常由若干组组成，每一组的几个姿势共同强化人体某一部分的气机运行，并增强其生理功能。每一个姿势通常具有一定的静力性的特点且每个姿势重复做若干次，不像中国动功那样动感十足。

新知：瑜伽冥想练习与中国静功的区别我也能说清楚了，如同老师在介绍密宗时所说的，中国静功主要是练气通任督二脉即小周天，而瑜伽冥想练习主要是通中脉。老师你快兑现你的诺言吧，讲讲有关打通中脉的内容吧。

清风：这方面在瑜伽修炼中，首先是进行气轮的观想。比如说，按一种舒适的瑜伽姿势静坐。待气息调匀后，开始意守脐轮（约相当于道家的下丹田），设想随着每次吸气，空气就进入脐轮，然后脐轮就膨胀。相反，每次呼气，它就收缩。同时可以在心里默念瑜伽语音。约两周后，可以开始同样的意守心轮（约相当于道家的中丹田）及其他气轮。

最重要是观想中脉，观想中脉的管道从脊根气轮（道家及中医所说的会阴穴）直通你颅顶的梵穴轮（道家及中医所说的百会穴），依此想象中脉是笔直的、空畅的，是明亮异常的。然后想象中脉在扩大，体会到它增大到一根棒的大小，然后又增大到你全身那么大。想象它继续扩大如一根柱子，如一座大厦，如一座大山，到最后它就是全宇宙……

新知：以后呢？

清风：你可别得寸进尺呀，我已经破例给你讲了这么多了，并且再次提醒你，此只是为了提高你的兴趣而言，切莫仓促上阵去练，日后为师定会亲自辅导你的。你现在还不是修炼它的时机，因为年轻人生活环境尚未稳定下来，因而造成性格的不稳定，当然性格的不稳定又造成了生活环境的不稳定，此二者是互为因果的。所以勉强去求入定，恐反生弊端。由于现代人修炼瑜伽几乎不会是出世清修，因而教练瑜伽的师傅通常都不会以传授此种提升生命之气的方法为主，也是出于同样的考虑。现代瑜伽的精神就如同大乘佛教一样，提倡在世出世，称之为实践瑜伽、爱心瑜伽等等，用一句时髦的话讲就是“以出世的思想做入世的事业”。

新知：师傅嘱咐，弟子牢记在心就是了。师傅的良苦用心，弟子不胜感激也。

第二节　瑜伽修炼的目的及禁忌

清风：我们有必要来审视一下瑜伽修炼的目的。瑜伽冥想的目的与我们以前曾多次强调的东方修炼术的实质是一样的，概言之，就是要做欲望的主人而不是奴隶，要在内心中寻求幸福而不是在外界中去寻求。我们以前已经提到了一本古印度的经典著作《奥义书》，我们这里再介绍一本类似于神话诗的文献《薄伽梵歌》，可以说修习瑜伽的整个哲学基础在其中是一览无余了。

新知：此《奥义书》及《薄伽梵歌》是印度各文化流派的共同之源头活水，可以说相当于《易经》在中国文化中的地位。我帮老师整理笔记时选择了一些精彩段落，摘要如下——

当一个人由于修炼瑜伽而使其心灵完全脱离物质性的心理活动时，这么一种瑜伽修炼的至善阶段就叫做入定或三昧境界。在这种欢乐状态中，人就处身在无限的超然幸福里，并通过各种超然的感官而自得其乐。确定这种状态之后，人就再也不会离开真理，而一旦获得这种成就，他就会认为：没有什么能够比这收益更大的了。

……

当一个人内心幸福，内心积极活跃，内心欢欣鼓舞，一片光明，那么实际上他就是完美至善的神异术士了。

……

当习瑜伽者通过修炼瑜伽来制约自己的内心活动，并进入了超然存在的境界即彻底清除了一切物质欲念，就可以说他已达到了瑜伽的境界。

……

一个有智慧的人不去参与那痛苦的源泉，这痛苦之源是由于与物质感知接触而形成的。这样的欢乐有始也有终，因此智者并不以此为乐。

……

如果一个人在放弃目前这具躯体以前，就能够按捺得住种种物质感官的怂恿，并且能遏制住欲望与愤怒的力量的话，他就成为一名瑜伽师，而且在现世中也得到幸福。

……

一个人能够把自己的感官从感官对象事物那里撤回来，就像龟把四肢收到甲壳里一样，应该明白，这样的人就是真正处身在智慧之中。

……

清风：这就是欲望，得不到满足会受挫，会沮丧会愤怒。得到了满足，又会空虚，会无聊，因此“这样的欢乐有始也有终，因此智者并不以此为乐”。

新知：常人之快乐即使经历许多苦痛后得到，也具有一过性的特点(来之不易而去之甚速也)，而在追求永恒的印度人那里当然要另辟蹊径，从控制欲望，修持瑜伽而取天人相应之真乐了。那种境界是这样的一种境界，当定境现前时，脑中应是分泌出了一种类吗啡样的激素，使人产生周身酥绵如醉、忘我销魂的快感。

清风：这种物质叫内啡肽，我前面都已经说过了。不做自己感官的奴隶，不从外界去寻找快乐，这种思想在后来佛家根据无常、无我理论表述为破除“法执”与“我执”。关于这一点为瑜伽在中国普及作出了最卓越贡献的张蕙兰有一段非常通俗易懂的表述——

他从自己的瑜伽修炼中获得的幸福是深刻、令人满足而且持久的，而他在社会生活中通常碰上的瞬息消逝的感官经验给他的幸福是非常浅薄和不能令人感到满足的。习瑜伽者通过自己生活中这两种幸福的体验，即分别是从感官经验中获得的幸福和从瑜伽修习中获得的幸福，就能摆脱对感官对象事物等等的眷恋执著。换言之，他凭着对一种较高尚的幸福和一种较低级的幸福作比较，就真正摆脱了低级形式的幸福。这样获得解脱之后，尽管他可能生活在拥有巨大财富的世界里，他也绝不会成为自己感官和感官对象事物的奴仆。

新知：古代圣贤很早就认识到常人的快乐难以持久因而倡瑜伽修持，只是常人对快乐不能持久地应对办法是不断地追求新的目标，也可谓是“生命不止，奋斗不息”吧。此也是一种生活方式，与修瑜伽者相比无所谓好坏之别。我所感兴趣的是老师在本书最后一章将对快乐难以持久之问题将有高论问世，或可使世人茅塞顿开也。如同佛教中有一定的戒律一样，瑜伽修炼同样有一定的禁忌讲究，主要是以下几点——一、不服用任何致醉物；二、不赌博；三、不搞不正当的性关系；四、不吃肉类。

清风：这里的致醉物是一种广义的称谓，包括所有含酒精的饮品、香烟、鸦片及海洛因等任何毒品、利眠宁之类抗忧郁或安定药物、咖啡及咖啡因含量很高的商品茶。所有东方的修炼术其实都是反对这些东西的，因为修炼的目的是为了达成与保持一种内在的宁静与幸福，而不是为求快乐而产生这种外源性的依赖。而且此类东西都具有成瘾性且是在牺牲身体健康的基础上所取得的一时麻醉与快乐而已。但是按照中国的传统，虽然也反对酗酒，而稍有区别的是，一般认为酒尤其是低度的啤酒果酒之类适量少饮有活血行气，畅神怡志，驱风散寒之功。另外中国是茶的故乡，一般认为茶具有多种保健作用，提倡每日以少量多次地饮一些淡茶为宜。

新知：至于说赌博，不仅是修炼之人是绝对禁忌，就是世俗之人也公认其危害不仅限于个人甚至是波及家庭乃至社会的稳定。至于说性方面的禁忌，于佛教道教是类似的，对出家人要求绝对地禁欲，对居士则要求节欲，即不发生婚外的性关系，且婚内的性生活也是非常节制的。所有的东方修炼术在这一点上都是共同的，即非常看重对性能量的积累与保存和转化。

我想起老师在总论中，早就说过了，东方修炼术的根本核心就在于对性能量的向内的升华。但是有这样一个问题，有一位国外学者这样说过，想不到在古代作为一些禁欲的苦行的独身男性所修炼的瑜伽，今天却成为众多女子用来增进性感身材和性活力的手段。此言无疑有一种反讽意味，老师又如何看待这个问题呢？

清风：瑜伽哲学中对性能量极为重视，认为它是一种比金子还要宝贵的东西。在瑜伽修炼术中专门还有一些较为直接的“性能量运行契合法”，这在中国道家中也有一些类似的修炼方法，一般名之“回春功，回元功，铁裆功”之类。但是，正如我们原来所论证，大乘佛教及禅宗等在世俗化的过程中，难免沾染上一些媚俗的东西，瑜伽在普及的过程中也同样如此，因为少了一些媚俗的宣传往往就会影响其商业利益的实现。

不过，另一点是不可否认的，那就是一切东方修炼术均有这样一种效力，就是可以重塑身材、增进美感和性活力且可以防治许多性功能方面的疾病。当然如果一个人只是为了达到增进性功能的目的来练瑜伽，同瑜伽修炼的真正目的就背道而驰了，并且也绝对不可能取得高深的成就。人体的能量就那些，一旦过量的外放就难以在体内大量地储存，鱼与熊掌实在是不能兼得也。但本身这种做法也无可厚非，因为本身出入世之间就具有一种通融性，此不过是拿出世之道来为入世之技而服务也。

新知：是的，是的，正如我还在拼命研究赚钱之道一样，只是我将以赚钱为手段，以为了保证日后能一心一意地来行修炼之道。这是另一种形式的通融，是拿入世之技为出世之道服务耳。至于说强调禁肉食，对此是否有较大的争议呢？

清风：肉类摄入量过多，是许多疾病尤其是所谓的文明病的病根所在，这在肉类消费量最大的西方世界也得到公认，所以在西方也有为数不少的人坚持吃素食。对于瑜伽修炼者来说，吃素不仅是对生命的敬重，也是因为在他们看来，吃素可以保持一种较为恬淡的性情，从而有利于修炼的进行。这一点我们前面都曾说过了，那是因为动物界中食草类动物远比食肉类动物温顺。此外，动物在面临屠宰时因为一种绝望惊恐的情绪而使体内产生一定量的毒素，从而作为人类的食物时也可能会对人之健康产生不利影响。

新知：中国自古以来是以素食为主，但并不完全排斥肉食。比如著名的《黄帝内经》中就有这样的经典语言，“五谷为养，五畜为助，五果为充。”先生又是如何看待这个问题呢？

清风：我个人觉得可以以素食为主，适当进食一些肉类，关键是适量。因为固然肉食有种种弊端，但毕竟是能提供一些优质蛋白质，所以利害权衡，还是不应完全排斥。当然，如果一定要完全素食的话，要注意多进食一些豆类及坚果类食物，以补充植物蛋白及一些素食中缺乏的维生素。另一种情况是当修炼到了一定的气足不思食阶段时，此时人体功能高度优化，则吃素也就对身体不会造成什么影响了。

新知：据报道，太平洋上一个小岛的居民每日完全以素食野果为主，以通常的营养标准来衡量是严重缺乏蛋白质的。但是其居民却个个健康长寿，经科学家研究他们肠道内具有一种常人没有的固氮菌，能够大量地将人体内的含氮废物重新转化为蛋白质。有点生物学常识的人应该知道，豆类植物是唯一不需要施放氮肥的作物，因为它们也是具有大量的固氮菌，能够充分利用空气中的氮气。我猜想老师所说的“气足不思食”阶段时，人体肠道内会不会也是有了大量的固氮菌了？当然很多营养学的东西，我们有机会还可以作进一步的探讨，整个瑜伽方面的内容我们就暂告一段落吧。

第四章　道　家

与佛家同为出世思想代表的中国本土文化道家，具有中国文化明显的实用性特点，并且在很大程度上弥补了佛家在身体修炼方面语焉不详的不足。

第一节　无为之道

1. 道家及道教的产生

新知：在进入正题之前，我还是先来给老师作个承前启后般的归纳吧。前面老师也说过，虽然东方修炼术的最高目的，即是最后通达那顺其自然之无为之境，然而着手仍须从有为入手。这里说的有为是相对于常人的生活方式而言，如果听其自然的话是无论如何也不可能实现修炼之目的的。

清风：道家的最高理想不就是要顺应自然吗，如何又说听其自然不对了？

新知：一个社会中的人，他越是长大，他离其具备原性状态的婴儿期越远，他就离真正的自然状态越远了。正因为如此，需要通过返还之术去找回那种状态。常人在俗世生活中的自然，在道家看来恰好是欲火中烧的一种不自然状态。正如先生原来所说，常人在俗世生活中的本性，恰好又是出世哲学所要否定的本性，它要追求的是一种先天之本性，先生不是还将其称为原性吗？

接着往下说，但在各家内部，着手的有为之程度却有不同。以佛家同道家相比，显然道家之有为程度更大，因为道家有着中国人思维的特点，具体形象以及结合现实追求实用等等。佛家以修心为主，几无具体的修炼技术之归纳，但形成了非常严密的思辨体系，以及一种超越宇宙的精神高度。以早期道家同后来之道教相比，则道教之有为程度大得多，早期道家除了修心之外，对于具体的修炼技术只有轻描淡写地寥寥几笔，而不像道教那样有非常完备的体系。所以，老师在本书第一节中将佛教判为阴中之阴，道家为阴中之阳，早期道家又定为无为之道，后期道教定为有为之术是相当贴切的。

清风：总体上来说，不管着手的有为程度如何，随着修行的深入，当气功态已成为修行者的自然本能之时，此时有为的程度就越来越小而趋近于无了，此所谓“人不练功功练人”也。

老子、庄子之学奠定了整个道家思想的基础，这种情况类似于佛祖之学奠定了整个佛家思想的基础一样。相比之下，老庄之学虽为无为之道，比之佛祖之学又稍多一点有为之成分，这是由于我们以前多次说过的原因，就是古代中国文化比之印度文化总体上具有一种经世致用之特点，即使是出世哲学也概莫能外也。这也就是老子之著作要命名为《道德经》的原因，因为如果说道是世界观的话，那么德就是在道指引下的方法论。

新知：正因为这样的原因，《道德经》一书实际上是由道篇与德篇两部分所组成。道篇可以说包括哲学、生命科学、宇宙生成学、修炼学等，而德篇涉及的领域就多了，如伦理、军事、政治、谋略等等许多方面。当然道家同佛家还有一个区别就是，佛祖首创佛家思想之时，即开始建立僧团组织了，就是说作为一种宗教便同时诞生了。而老子首创道家思想之后直到汉代，才有人开始建立道教。并且道教是逐渐规范化起来的，比如说开设道观容留道士道姑住庵修炼等，如同佛教一般的形式，此乃佛教传入中国后迅猛发展的推动使然也。

清风：说得非常对，我们来说说老子其人吧。老子约出生于公元前580年，本姓李，名耳，字伯阳，谥聃，春秋时期楚国苦县（今河南鹿邑县）人。老子出身于史官世家，其本人也曾长期在周王室担任守藏室之史官，就是相当于现在的国家图书馆馆长一职。比他年轻约三十岁的孔子曾向他请教过关于礼的学问，由此可见老子在当时是颇有声望的学者及智者。相传老子眼见得周朝日益衰败以至于病如膏肓，于是弃官而去，决心退隐于世。当他骑着青牛行至函谷关时，关令尹喜劝他在隐居之前为后人留一点精神财富下来。于是，老子就写下了这本千古绝唱《老子》，又称《道德经》，然后乘牛而去，不知所终。相传享年160余岁或说二百余岁的，总之非常长寿是肯定无疑的。

新知：此书虽然只有短短的五千言，却堪称包罗万象，引得无数后来的学者对其进行注释与研究。此外，此书也是有史以来在西方受到关注与研究最多的中国经典，光是英译本就有几十种之多，美国《纽约时报》曾将它列为全世界古今十大名著之首。著名哲学家尼采曾评价说，“它像一个永不枯竭的井泉，满载宝藏，放下汲桶，唾手可得。”

清风：说得很对。我自从二十岁时开始读《道德经》一书，至今实在是不知读过多少遍了，但从未有任何厌倦，每一次读它都会有一番别样的感受。这种情形也发生在读《庄子》《金刚经》《心经》等经典著作时，由此可见流行与经典的区别。当前流行的许多书籍，完全经不起时间的考验，很快就将被人所遗忘，以至于扔进垃圾堆里去。而经典的魅力则是永恒的，如那陈年老酒一样，时间越久，则其香气就越加浓郁，越能沁人心脾。庄子曾经在《庄子》一书中写完老子之死的一段文字后，紧接着写下一句令人回味无穷的话，“蜡烛和柴薪的燃烧是有穷尽的，火却传承下来，永远没有穷尽的时候。”

新知：那今天我们就成了最新一代的火炬手了，此火将在我们手上发扬光大。老师，我很小的时候就知道老子其人了，那是因为在道教的神话中他是以太上老君的身份出现的，那道教何以产生且要尊老子为教祖呢？

清风：道家和道教有着源流关系，即道家是道教的源，道教是道家的流。道家从广义上讲也包含道教，道教可看作后期的道家，以区别于“作为理论初创期的老庄所建立的春秋百家争鸣中的，一个以道为中心的学术派别”。进入西汉，社会上出现了一些追求成仙的神仙家，这些人逐渐融合道家思想而尊崇老子，并且引用老子的理论来作为自己修炼的理论依据。

老子的思想中有着较多的神秘主义内容，且本身也提倡“长生久视”之道，其本人神龙见首不见尾，又兼长寿，因而以老子为教祖是再自然不过的了。以老子为教祖的另一个原因，是受到佛、儒两家的影响推动使然。我们前面提到过佛教于东汉初传入了中国，而当时儒学也有宗教化的倾向，因此这些神仙家们开始创立教团来与儒、佛两家相对抗，而能与孔子、佛祖相提并论的也就剩下一个老子了。

新知：以后在东汉时期正式有了道教的组织，并且一步步发展到有固定的道观作为出家修炼的场所，且又如同佛教一般制定了许多戒律。以后道教在历代历朝都得到了长足发展，直到清代后开始日渐衰微，所以我们今天很容易看到佛寺，但却不容易看到一个道观了。

清风：虽然难得见到道观了，但整个道家文化却深深地扎根于整个中国大地了，如鲁讯所说，中国文化的根柢就在道家。道家文化一向号称杂而多端，它给中国留下了极为丰富而宝贵的精神财富，直到今天也还发生着深远的影响。

新知：我要插一句，其影响尤其是对于像先生这样的知识分子而言，也许是深入到了先生的血液中去了吧。先生不是有一次说过，大凡有点品味的读书人，在成功时是信儒学也，而在失意时是信道学也，历史上的李白、苏东坡等人都是如此呀。

清风：唉，真是拿你没有办法，总是揭为师的老底，将为师弄得一点神秘感都没有，对你有什么好处呀，哈哈。我感到从总体上说，有位资深的道学专家将道学概括为八个方面是比较全面和贴切的。道学就是说包括人行道（人实践之道）哲学、政治管理学、文化艺术学、医药养生学、宗教民俗学、社会伦理学、丹道性命学、方技术数学等等，为师将择其中之最最精要之处与你一并剖析，以飨读者诸君。

2. 《道德经》中的道论

新知：众所周知，《道德经》由道篇与德篇所组成，而按老师的理解，道为世界观，德为方法论也，是这样的吧？

清风：我们以前就讲过文字总是与真实隔着一层的，因此这样去理解是相当粗糙的，但是对现代人而言仍不失为一种方便的说法。另外需要指出的是在我的理解中，关于论道的内容与论德的内容不是截然分开的，而是相互交错的。而一般学者通常简单地将书的前一半定为道篇，后一半定为德篇，我认为是不太恰当的。这是因为老子写此书时是在一个特定的状态下，是兴之所至，思如泉涌，一挥而就，因而并不是严格按一种逻辑程序来构思的。我今天想以佛教中戒、定、慧三学的层面，来对比论述老子关于道的思想。

新知：甚好，因为前段时间我们在论述佛教时所涉及的面甚广，可说是已打下了一个很好的基础。只是老师，此《道德经》言简意赅，并未提出任何戒条呀，如何来论述其“戒”学呢？

清风：但是老子反复论述了人之欲望的危害，虽未如佛学那样具体来制定戒条，但从广义上讲已是打下了戒学的基础呀。

新知：唉，思维短路了，羞得恨不能找个地洞钻进去。这方面的论述我来引几段吧——

五色令人目盲，五音令人耳聋，五味令人口爽，驰骋畋猎令人心发狂。难得之货令人行妨，是以圣人为腹不为目，故去彼取此。

此段我们在第一章总论中就引用过了，此说明人之声色犬马之欲给人带来的危害，所以圣人不求感官享受，只求平静温饱。

清风：你所说都对，但是对“圣人为腹不为目”的解释不应理解为只求温饱也。此可以理解为圣人求丹田（位于下腹部）之气充实，而非向外寻求享乐。练静功之人都知道，眼要闭上或半闭上（此称“垂帘”），然后意守丹田，如此则精神自然内守，能量开始积聚。

新知：很对，同老师这样有深厚禅定造诣的人谈论经典，就是与那些只能照本宣科的人不一样。一个人只要拿段时间天天去迪吧泡泡，就知道目盲和耳聋的感受了，视力与听力都会急剧下降的。哦，对了，最新报道，英国科学家发现看色情图像会导致人的暂时性失明，此可谓是最新的证明。

清风：很好，做学问就是要当这样的有心人。

新知：天下有始，可以为天下母。既得其母，以知其子；既知其子，复守其母，没身不殆。塞其兑，闭其门，终身不勤；开其兑，济其事，终身不棘。见常曰明，守柔曰强。用其光，复归其明，无遗身殃，是谓袭常。

此段就是说要守住万物的根本，才终身不会受到危险。进而引申出个人要以封闭知欲的门户为本，反之，一味由着自己的感官欲望向外奔逐，终身都会陷入麻烦与混乱之中。

名与身孰亲？身与货孰多？得与亡孰病？是故甚爱必大费，多藏必厚亡。知足不辱，知止不殆，可以长久。

此段要人们淡泊名利，因为它们毕竟是身外之物呀，此有点接近于佛家劝人不要执着于“法执”的思想。

无独有偶，老子在其书中同样提出了类似于佛教中“无我”之论，同样劝人不要陷入“我执”。

宠辱若惊，贵大患若身。何谓宠辱若惊？宠之为下也，得之若惊，失之若惊，是谓宠辱若惊。何谓贵大患若身？吾所以有大患者，为吾有身也，及吾无身，有何患？故贵为身于天下，若可以托天下矣；爱以身为天下，汝何以寄天下？

罪莫大于可欲足，祸莫大于不知足，咎莫大于欲得，故知足之足，常足矣。

总之一点，老子如同佛祖一样认为人的灾难苦痛在于人之贪欲。佛祖将其概括为贪、嗔、痴三毒也。而中文之“罪”为“四”与“非”组成，应该是指酒、色、财、气（愤怒）等，此“四非”即获“罪”之源也。

清风：天哪你竟然什么都懂呀，给你打120分，你可继续发扬来谈谈其“定”学吧。

新知：戴营魄抱一，能无离乎？专气致柔，能婴儿乎？涤除玄览，能无疵乎？

第一句讲身心与自然融为一体；第二句讲呼吸吐纳，重回婴儿般的平和状态；第三句讲清除杂念而一尘不染。师傅，弟子讲得如何？

清风：瞧你那神气劲，真是“半罐水响叮当”呀。此三句者，分别讲述调身、调息、调心嘛，虽然简略，但为后来的道家修炼之三调法门奠定了基础。

新知：弟子惭愧，但就是要在师傅门前弄斧，才提高得快呀。

致虚极，守静笃，万物并作，吾以观其复。夫物芸芸，各复归其根。归根曰静，静曰复命。复命曰常，知常曰明。

此讲述的是修炼者达到那静极之定境，就能观察到万物返还即“复归其根”的过程。回到永恒不变的生命的起点，知道这一点才叫明智呀。师傅，你在总论中第九节都已讲过这个道理了，此是通过返还之气功修炼，认识到了潜态世界的全息性和全能性。

清风：很好，继续发扬。此实际上已经兼容了定学与慧学了，这些话正是老子在定中所生的慧呀。

新知：不出于户可以知天下；不窥于牖，可以知天道。其出也弥远，其知弥少。是以圣人不行而知，不见而明，不为而成。

不出门不朝窗外看，便可以知道天下的事理。为什么呢，因为圣人通过修定而拥有了相应的智慧，其实也就是说通过与自然融为一体，来了解自然规律。而将主客观对立起来，其实对本质的了解就越少也。

清风：此说明了理性的局限，这也是我们以前所讲过的现代建立量子力学的大师们对东方哲学如此推崇的原因。

新知：为学者日益，为道者日损。损之有损，以至于无为。无为而无不为。

追求后天之各种学问只会增加各种杂念和巧伪，而修道之人却是要将自己的后天染着一天天地减少。如此下去，最后到达了完全回归与顺应自然的无为之境，那么修道之人就会激发出无限的潜能了。确实是这样的，功力高深的人在无为状态下，不仅得大智慧，还出现了许多神通呢。我虽然才稍稍练了两天动功，但也自觉神清气爽了不少呀。原来一天几个英语单词都背不下来，现在一天背几十个都不成为问题了。

清风：很好，看来你小子已渐入佳境了，一鼓作气将“慧”学讲完吧。

新知：老子入定之后，所醒悟的就是对道的认识，这种道，其实老师在前面用全息论的思想已反复讲过多次了。对了，它在婆罗门教义中被称之为梵，在瑜伽中被称之为原始动因，总之是潜态世界的最高实在和本原也，修道就是要与它相应也。我来引用几段经典的话来让读者加深其对我们以前所述的理解吧。

道，可道，非常道也；名，可名，非常名也。无，名万物之始；有，名万物之母。故常无欲也，以观其妙；常有欲也，以观其所徼。此两者，同出而异名，同谓之玄。玄之又玄，众妙之门。

此是《道德经》开篇第一章的话，实际上就是老子关于宇宙观的宣言书。

我实在不想再将此段话作任何翻译，我直接就想到了龙树所言“性空妙有”的意蕴。道就是这样一个潜态的全能全息的世界呀，它能从无中产生有，有中又生万物。老子既观察无的微妙，又常观察有的端倪。此二者的全息的统一，就是一切奥妙的所在呀。老师，我现在意识到为什么当年老师在学了全息论之后，一经和修行实践相结合，便觉得理解几乎所有的东方经典都不在话下了。

清风：以下我们在引用原文之后，作更加简明的评论，读者诸君应能理解起来不成问题了。

道冲，而用之又不盈。渊兮，似万物之宗。湛兮，似或存。吾不知谁之子，像帝之先。

虚不见形的道呀，却是无限博大，是万物的根本，是宇宙间至高无上的主宰。

谷神不死，是谓玄牝。玄牝之门，是谓天地之根。绵绵若存，用之不尽。

道就是生养之神呀，就好像母体的产门一样，连绵不绝，用之不尽。

新知：故道大，天大，地大，人也大。域中有四大，而人居其一焉。人法地，地法天，天法道，道法自然。

这是最精华的思想，人就是一个小宇宙。宇宙万物都是这样一层一层地全息缠绕着的，那最终极的道，就是那化生万物的潜态世界呀。

返者，道之动，弱者，道之用。天下之物生于有，有生于无。

返还，是说显态世界也在不停地归于潜态，因为有了白天就有黑夜，白天各种活动后晚上就要睡觉休息，这正是背后的道在起作用啊。人的修炼就是一种主动的逆向返还运动，因而才能最大限度地延缓衰老这一正向运动呀。

清风：视之不见名曰夷，听之不见名曰希，搏之不得名曰微，此三者不可致诘，故混而为一。其上不皦，其下不昧，寻寻不可名，复归于无物。是谓无状之状，是谓无象之象，是谓恍惚。迎之不见其首，随之不见其尾。执古之道，以御今之有，能知古始，是谓道纪。

本段可谓老子对道的最完备之总结，读者诸君以全息论思想一参照，很容易就入道之门了。我将此段全文翻译如下——

道视而无见因为无迹，听而不闻因为无声，摸而不着因为无形，此三者是浑然一体的，不可分辨清楚的。以形而上来观之它是最澄明的，以形而下来观之它又是最昏暗的，怎么去追溯它都不可名状，最后归于虚无无物的状态。恍惚中只知道它是没有形状的形状，没有表象的表象。它既无开始，又无结尾。掌握远古就存在的道，就能驾驭今天的显态事物，这就是道的规律。

新知：太精彩了，我要醉了。

道生一，一生二，二生三，三生万物。万物负阴而抱阳，中气以为和。

宇宙产生的模式就是从整体中产生出阴阳，阴阳交合而生万物。哦，对了前面在总论中已经讲过了，此是从潜态到显态的化生过程，而修道之人则要重新进行逆向的活动以与道相应。当然对这句话要深入探讨下去的话，恐怕写半本书都成，但我们只是想若能对读者有一点启发作用，并增进些许思考之兴趣，则功莫大焉了。就此打住，老师，你说对吗？

清风：你难道还会有错吗？

新知：又让老师见笑了，哈。我们还是先来看看老子对得道之人其风范的描述吧——

古之善为道者，微妙玄达，深不可识。夫唯不可识，故强为之容。豫兮若冬涉川，涣兮若冰之释，混兮其若浊，犹兮若畏四邻，敦兮其若朴，严兮其若客，旷兮其若谷。孰能浊以止，静之徐清？孰能安以久，动之徐生？善保此道者不欲盈，夫唯不盈，故能不蔽而新成。

此段描述那得道之人其幽微精妙，深远通达的种种风范。比如，他小心谨慎呀如同冬天涉水过河一样，总之得道之人是那种没有一丝一毫浮躁的人。

唯之与阿，相去几何？美之与恶，相去何若？人之所趋，不可不趋；人之所畏，亦不可不畏。荒兮其未央哉！众人熙熙，如享太牢，如登春台；我独泊兮其未兆，如婴儿之未孩，累累兮若无所归。众人皆有余，而我独若遗。我愚人之心也哉！沌沌兮！众人昭昭，我独昏昏；众人察察，我独闷闷；众人皆有以，而我独顽似鄙。澹兮其若海，飘兮其若止。我独异于人，而贵食母。

此段是描述得道之人比如老子自己与世俗之众人的巨大区别，主要是在精神境界这个层面上来说的。众人因为一点世俗的快乐就高兴得像赴宴或春天去望远一样，而他却非常淡泊且显得很愚笨的样子，因为他一心所要追求的是那万物之母的道呀。

清风：啊，听了你的解说，连我都陶醉了。这当然主要是由于老子的语言魅力，《道德经》既是哲学诗，又是格言诗，又是散文诗呀。

新知：我发现老子是运用反讽这一技巧的高手，明明众人皆醉，唯他独醒，他偏要反过来说是“众人昭昭，我独昏昏”。明明自己才是真正的智者，他偏要说自己是“我愚人之心也哉！”。我想起来了，虽然其后继者庄子采用的文体不同于老子的格言体而是散文的形式，但他不但继承了这种反讽的风格，并且将其发挥到了无以复加的地步。

清风：在常人看来是愚蠢的超越世俗的人，其实是大智若愚也。你说得确实不错，在我看来庄子简直是中国最杰出的讽刺文学大师，其文章虽然嬉笑怒骂率性而为，但其中之思想性无人能敌也。不过，在以上你所引用的老子这段话中，固然有反讽的意味，但也确实反映了现实中的一种世态。他实际上是说的世俗之人给他这样的超级智者贴的标签就是“糊涂与愚昧”，其实在今天这种类似的情况则越演越烈也。

新知：我明白老师的意思了，即使在古代人们思想普遍比较质朴的情况下，修道之人也是不容易被理解的，何况是现在这种享乐主义、功利主义极端盛行的情况下。在现代这种物欲横流的社会，常人就更不容易有机会体验到那天人相应的真乐了，当然更会觉得修道者都是一些不食人间烟火的糊涂愚昧的苦行僧了。

清风：更严重的问题在于这里，比如你们这批大学生，人文精神极度缺乏，许多人满脑子就是求名求利，读书纯粹被当作一种手段，很少有什么严肃的思维与追求可言。我曾经陪同友人去一个大学与一些大学生座谈青年人的心理困惑这样一个问题。闲聊中，有人便说心理学家都是疯子，还有人说诗人是疯子，哲学家是疯子等等。一个国家的天之骄子都是这种级别，所以我们这个文化大国面临文化沦丧的危险，此也绝非危言耸听。

新知：我虽然是现代大学生，但我也为现在那些只从功利出发的大学感到惭愧。有些学生只知追求感官刺激，研究人文的东西在他们看来都是浪费时间，甚至反以讥讽文化人为荣。在从教授到学生都有抄论文的现象存在的情形下，在学校在疯狂扩招后大批量生产“人才”的情形下，甚至出现了一篇标题为“大学死了”的文章，其内容可说是一针见血！在一个垃圾食品与垃圾文化充斥的社会，即使是高学历的人之精神沙漠化也非常的严重，这也是没有办法的事情了。

清风：好了，不平之气留着以后再来鸣吧。我们最后用老子的几句仿佛是类似寻知音启事的话，来作为我们道论的结束语吧。

吾言甚易知也，甚易行也，而人莫之能知也，而莫之能行也。言有君，事有宗。其唯无知也，是以不我知。知者希，则我贵矣，是以圣人被褐而怀玉。

老子在感叹，理解他的人非常少，效法他的人就更珍贵了。圣人就是那种外面穿着简陋，但却怀揣美玉的人呀。

新知：不显山不露水的方为真人也。

上士闻道，勤而习之；中士闻道，若存若亡；下士闻道，大笑之。不笑不足以为道。

老师，若是老子等圣人地下有知，一定会为现代有你这样的知音而欣喜若狂的。以前先生常对我言“予人越多己越多”，现在才知道此思想也是受老子影响呀，老子有言“圣人不积，既以为己越有，既以与人己越多”。我知道先生不管是在怎么样艰苦的情况下，都不忘精研古代经典，因为你知道此乃与圣人对话也，圣人之光辉将伴你同行，从而能够克服一切烦恼，战胜一切困难。

清风：谢谢，不敢苛求圣人以我为知音，但求不失去你这个知音我也就很知足了。

3. 《道德经》中的德论

新知：从什么地方着手来讨论德论合适呢？我看从后人所谓的朴素辩证法着手为佳也。实际上，《道德经》中的辩证法思想已经是相当精致的了，并且它是老子运用他独有的智慧所顿悟的，而西方的辩证法思想（在黑格尔时代达到顶峰）则是哲人们在理性思维下所悟得也，所谓殊途同归也。

清风：我以前不是说过吗，从人类思维的两极出发最后达到同一个目的地也。但是需要注意的是，老子为什么能意识到这些对立统一的思想呢？因为它不但看到了潜态世界的“道”，他也看到了作为道所支配的显态世界是由对立统一的两极所相互联系、运动、发展而成的。而为什么事物之间能够这样运动、转化呢，按全息论看来就潜态世界来言，对立的两极由同样的道演变而来，它们内在的信息量是一致的，所谓对立只是在显态世界上的表现而已。算了，讲下去有点晦涩了，我们还是来看老子是如何说的吧。

“返者，道之动也。”这是一个极其光辉的命题，它包含三层意思——返（否定）是运动的动力；返归是运动的方向；向对立面转化是运动的形式。神奇的太极图实际上就是后来的道学大师根据老子的思想所发挥而成，简直是妙不可言，从中可以体悟到实际上辩证法三大原理（对立统一、量变质变、辩证否定）均包含其中了（如图4－1）。

新知：此太极双鱼图博大精深也，怪不得深受中国文化影响的韩国国旗图案就是选用它，四周再配上八卦之卦象而成也。顺便插一句，最近国

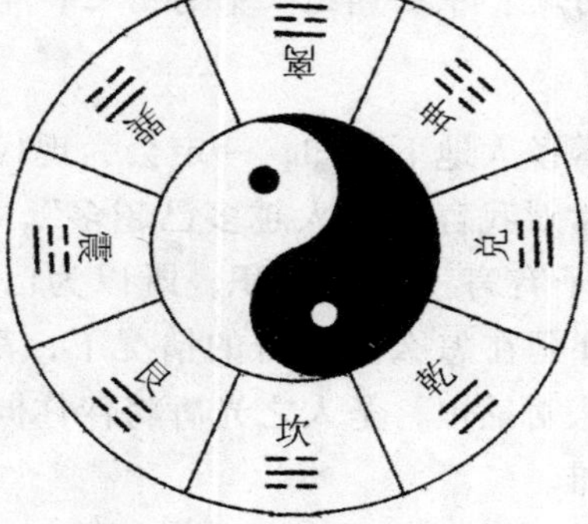

图4－1　太极八卦图

内是“韩”流浩荡，尤其是一些带有儒家伦理思想的韩剧连续在内地热播，文化也如此地出口转内销，令人感慨颇多呀。

有无相生，难易相成，长短相形，高下相倾，音声相合，前后相随。……曲则全，枉则直，洼则盈，敝则新，少则得，多则惑。……多易必多难，轻诺必寡信。……必贵而以贱为本，必高矣而以下为基。……大成若缺，大盈若冲，大直若屈，大巧若拙，大辩若讷。……合抱之木，生与毫末；九层之台，起于累土；千里之行，始于足下。……图难于其易，为大于其细。……将欲弱之，必固强之。……将欲夺之，必固与之。

清风：哇噻，听你这么一说，老子书中的辩证法简直就是一部辩证处理人生各种矛盾的宝典呀。

新知：是以圣人后其身而身先，外其身而身存。非以其无私耶，故能成其私。……上善若水，水善利万物而不争，处众人之所恶，故几于道。……持而盈之，不如其已；揣而锐之，不可长保；金玉满堂，莫之能守；富贵而骄，自遗其咎。功成身退，天之道。……企者不立，跨者不行；自见者不明，自是者不彰；自伐者无功，自矜者不长。其在道也，曰：余食赘行。物或恶之，故有道者不处。……重为轻根，静为躁君。是以圣人终日行，不离辎重。……故善人者，不善人之师；不善人者，善人之资。不贵其师，不爱其资，虽智大迷，是谓要妙。……以其不争，故天下莫能与之争。……我有三宝，持而保之：一曰慈，二曰俭，三曰不敢为天下先。……是以圣人为而不恃，功成而不处，其不欲见贤。……生而不有，为而不恃，长而不宰，是谓玄德。

从以上几个方面的话中，可以体会到老子的处世哲学中的一个最大特点就是，他总是提倡“柔弱、不争、谦让、隐退、平和、宽容、谨慎、无私”等等常人看来消极的思想及行为方式。自古注解与评论《道德经》这本五千言薄书的著作却汗牛充栋，数不胜数，虽然各家评说的侧重点各有不同，但对于老子思想的这一点却是完全达成共识了的。

清风：对这个问题要这样理解，老子开创的道家思想，与佛家思想一样代表人生这个矛盾运动中消极的阴柔的一面。越是积极入世，越是追名逐利，个人的痛苦也就越大，即使得到满足也是暂时的，离道也就越远。老子主张柔弱、不争、谦让等等思想与佛家强调的宽和忍让有异曲同工之妙，主要目的是为了保全自身，同时让自己的心性处于平和宁静之中，如此才能为修行中进入那天人合一或涅槃境界创造一个外部（因为不争不会与别人冲突）及内部（心情宁静才能进入状态）的环境。你不是最喜好谈论气功吗，用现代气功学的思想来论，老子这样的处世哲学就是广义的气功所要求的，或者说气功生活化所必然要持的态度。

新知：就完了吗？

清风：你还想说什么？

新知：不好意思我要抢一下老师的风头，就此问题我还要以全息论的观点作进一步的发挥。

人之生也柔弱，其死也坚强。万物草木之生也柔脆，其死也枯槁。故坚强者死之徒，柔弱者生之徒。……知其雄，守其雌，为天下溪。为天下溪，常德不离，复归于婴儿。……含德之厚，比于赤子。毒虫不螫，猛兽不据，攫鸟不搏。骨弱筋柔而握固，未知牝牡之合而朘作，精之至也。终日号而不嗄，和之至也。知和曰常，知常曰明。益生曰祥，心使气曰强。物壮则老，谓之不道，不道早已。

这几段话都提到婴儿，前两段话好理解，后一段较难理解，比如“祥”字通“殃”，这里要全文翻译一番。含德深厚的人，好比初生的婴儿。各种毒虫，猛兽，凶鸟都伤害不了他。他筋骨柔弱而握物紧牢，未懂男女交合之事但其小生殖器却自然勃起，是由于精气旺盛到极点呀。他终日号哭不止，却不气逆，是由于身体机能和谐到了极点呀。精气旺和是自然的常道，掌握了常道，就是明智。贪求生活享受就会埋下祸殃，任性耗损精气就是逞强。万物壮盛之时离衰老就不远了，因而就背离了以正体和谐为特点的道，就会早亡了。

清风：你讲这些又同全息论有什么关系呢？

新知：老师是明知故问呀，我知道你是在考我呀。

一方面，事物在总体上的发展过程或显现过程是越来越有序，如无机物—有机物—低等植物—低等动物—高等动物—人这一发展过程，由种子到植物的生长过程等等，都是事物在显态上的复杂性越来越高，功能越来越强，在各个局部的有序性也越高；但是若从潜在与显在的统一那一方面来看，恰好相反，越是原始的低层次的东西整体的有序度越高，将要显现出的信息量越大，系统的稳定性越强，生命力也越强；越是高层次、高阶段的东西则越来越无序，将要显化出的信息越来越少，系统的稳定性越来越低低，生命力越来越弱，结果就是死亡。如小孩将要经过的寿命比成人将要经过的寿命长，生命力强，有序度高；非生命物质比生命物质及低等生命比之高等生命寿命长得多，稳定得多，它潜在着发展出一系列生物的可能性。在这个意义上可以说进化即是退化，即显态有序度的减少。但从总体上看，信息量并未减少，因为事物的衰亡并不是信息的消失，而只是信息由显态转入潜态的过程，即潜化过程。

老师，这段你在总论中就曾引用过的对全息思想的精彩论述，我感到实在是有必要再引用一遍。相信读者诸君，此时已完全能领悟老子关于柔弱胜刚强的精妙思想了。为什么要修炼，要复归于婴儿一般，是为了像婴儿那样具有“纯阳之体”，元气极为充盛，且具有人之本真之性，具有最高度的和谐性，因而就有了无穷的生命力，就在一定程度上能返老还童。但是有必要加以区别的一点是，婴儿的纯真状态是处于一种自发性的，而圣人之纯真是通过后天修行而来的，具有一种自觉性，因而能得以长久保持与增长。

清风：很好，勤学好思，博闻强记，你是我此生所收的第一个也是最后一个也必是最好的学生也。所以在旧社会出现过好多次练中国内家拳如太极拳、八卦掌的名家，将西洋拳师打出一丈开外的奇事，所以当今“中国功夫”在国外也是妇孺皆知、家喻户晓。就单块肌肉的发达和单部位的力量而言，中国拳师比之外国拳师差之甚远，但中国拳师内气充盛，贯于全身，意到则全身之气到，从整体有序和谐的角度看非外国拳师能相比的，所以能以柔克刚就不足为奇了。另外，我又想到的是为什么讲新生事物能战胜旧有事物，就是因为就显态而论新弱而旧强，就潜态而论则是相反，缘由就在于此呀。

新知：昔之得一者：天得一以清，地得一以宁，神得一以灵，谷得一以盈，万物得一以生，侯王得一以为天下贞。其致之也，天无以清将恐裂，地无以宁将恐发，神无以灵将恐歇，谷无以盈将恐竭，万物无以生将恐灭，侯王无以贞而贵将恐蹶。

"一"者，道之别称也，意在强调道之浑然一体的整体和谐性。"神"者，人之精神也。"其致之也"，反过来推论也。

我在经过与先生的讨论后，对以上的话认识得更加清楚了。老子非常怀念以前那种天、地、人、治国者各守其道的时代，也就是说整个自然和社会都未丧失整体和谐性的时代。老子所处春秋时代，社会已开始动荡，人心已开始混乱，孔子希望复"礼"来解决问题，而老子希望人们返璞守真即得道守德来解决问题。而今天的社会比之以前更复杂多变，自然环境也不知被破坏到哪里去了。在物质文明高度发达的同时，各种各样的生态及精神危机都已经在急剧地爆发了，远的不说就拿最近的美国所受的飓风袭击被认为就是因为温室效应所致。老子所预言的即"其致之也……"那一段所描述的景象，似乎对我们而言已是近在咫尺了。

清风：你今天的状态很好，再接再厉来分析一下以下段落中所蕴含的老子思想——

大道废，有仁义；智慧出，有大伪；六亲不和，有孝慈；国家昏乱，有忠臣。……绝圣弃智，民利百倍；绝仁弃义，民复孝慈；绝巧弃利，盗贼无有；此三者，以为文不足。故令有所属，见素抱朴，少私寡欲。……故失道而后德，失德而后义，失义而后礼。夫礼者忠信之薄而乱之首；前识者，道之华而愚之始。是以大丈夫处其厚，不居其薄；处其实，不居其华。故去彼取此。……为学日益，为道日损。损之又损，以至于无为，无为无不为……

新知：此乃是老子劝告人们弃智弃仁、见素抱朴守真也。老子这样的大智者还要反对智慧，此难道不是笑话？非也，老子反对的是世俗的智慧，因为他们扰乱了人心，虽然带来了文明，却又种下了许多苦果，现今许多富有忧患意识的学者已深刻地看到这一点。其实佛祖也好，老子也好，他们推崇的大智慧是怎样的呢？著名近代学者梁漱溟先生有一段精彩绝伦的话可以作为注解，"人类的智慧虽高，但此智慧确恒在生命所役使之下向外活动。只有东方古人却把它收回来还用诸其身，使生命成为智慧的，而非智慧为役于生命。"

至于说老子对仁义之类的轻视，这是因为在他看来推行仁义、孝慈之类实在是因为大道废了之后不得已之举，并且这样做根本就是治标不治本。同时，此等仁义之类还使得许多人更加地虚伪巧诈，沽名钓誉，为社会带来更大的混乱。所以，可以这样说以孔子为代表的儒学为治标之策易滋生种种流弊，而以老子为代表的道学实为治本之策但与世俗之人之思维有所相悖也。

清风：这就是作为治标之策的儒学长期居于中国社会的正统显学地位的原因呀，这个道理正如大凡人生病，首先想到的还是吃药而非修炼身体一样的道理。由于庄子特别对孔子之学说进行了无情的抨击，所以我们在下一节还会有更精彩的讨论，此处暂时按下不提。

新知：你干脆来句广告语“稍等片刻，精彩不容错过”吧，哈。

清风：接下来还有点时间，爱徒最后把老子思想在治国方略中的运用简述一下，以作为你在此节的谢幕表演吧。

新知：那我就恭敬不如从命了。中国文化有一种经世致用的传统，即使是一心要避世的老子，他也将无为养生之理推及治国也。如他所说——

故以身观身，以家观家，以乡观乡，以邦观邦，以天下观天下。吾何以知天下然哉？以此。

清风：且慢，我还有话要补充一下。实际上这样的话反映了一种类推法，这是中国人最擅长的，表明中国圣贤特别具有朴素的全息递进的思想。老子此言与儒家所说的“修身、齐家、治国、平天下”是一样的类比推理，只不过老子贯穿的是无为二字，而儒家贯穿的是仁义二字。

新知：唉，我怎么就缺这点联想细胞呢。古人常说天道、地道、人道相统一也，就是全息思想的萌芽呀。我们说个人的养生也好，修行也好，某种程度某种意义上仍然有制于环境。基于此，大乘佛教一改小乘强调自利而强调利他，提出普度众生之思想，其目的就是想为个人的修行创造一个好的社会环境。老子也看到了这一点，只不过他是将希望寄托在了统治者身上，希望他们实行无为而治，使人民无知无欲，见朴守真，如此天下太平，人皆安居乐业也。

“不尚贤，使民不争。不贵难得之货，使民不为盗。不见可欲，使民心不乱。是以圣人之治，虚其心，实其腹，弱其志，强其骨；常使民无知、无欲，使夫智者不敢为也。为无为，则无不治。”

“道常无名。朴虽小，天下莫能臣也。侯王若能守之，万物将自宾。

天地相合，以降甘露，民莫之令而自均。始制有名，名亦既有，夫亦讲知之，知止所以不殆。譬道之在天下，犹川谷之于江海。”

“道常无为，而无不为。侯王若能守之，万物将自化。化而欲作，吾将镇之以无名之朴。无名之朴，夫亦将不欲。不欲以静，天下将自定。”

“以正治国，以奇用兵，以无事取天下。吾何以知其然哉？以此。天下多忌讳，而民弥贫；民多利器，国家滋昏；人多智能，奇物滋起；法令滋彰，盗贼多有。故圣人云：我无为而民自化，我好静而民自正，我无事而民自富，我无欲而民自朴。”

“治国若烹小鲜。”

“古之善为道者，非以明民，将以愚之。民之难治，以其智多。故以智治国，国之贼；不以智治国，国之福。知此两者，亦楷式也。常知楷式，是谓玄德。玄德深远，与物反矣，乃至大顺。”

清风：治人事天，莫若啬。夫唯啬，是谓早服。早服谓之重积德，重积德则无不克，无不克则莫知其极。莫知其极，可以有国，有国之母，可以长久。是谓深根固柢，长生久视之道。

啬者，吝惜之意也，此指爱惜与蓄藏精力。就是说无论治理国家还是养护身心，都要爱惜精力，才能积德顺道，才能长久维持，长久生存。其中的“深根固蒂，长生久视之道”对道家的养生学影响极其深远，可以说没有那一种养生的具体技术不是以此为宗旨的。

新知：如果不能很好地理解这句话，就去看看那些百年、千年古树，就知道它们长生久视之道了。反之，如果一棵树根基不牢而只是一味地虚长的话，那它就很快就会夭折了。

清风：太上，不知有之；其次亲之誉之；其次畏之；其次侮之。信不足焉，有不信焉。犹兮其贵言，功成事遂，百姓皆谓我自然。

就是说最好的君主，百姓甚至都不知道他的存在；次一等的，百姓亲近与赞誉他；再次，百姓畏惧他；最次，百姓蔑视他。君主自己诚信不足，当然也就得不到百姓的信任。明君总是非常小心谨慎，从不妄说一句话。等到事情成功，百姓并不认为是明君的功劳，而是说事情原本就该是这样呀。

新知：人心淳朴时，自然就依道而行，那里要统治者来操心呀。当统治者开始鼓吹仁义礼乐，并开始制定奖惩法则之时，大道就开始荒废了。

清风：实际上要统治者完全无为而治又是不可能的，因为社会不断向前发展，巨大的文明进步给人类带来巨大的便利也就带来巨大的忧患，所谓人心不古这是没有办法的事。这就是所谓的有大进必有大退也，但这是无法避免的，此乃历史车轮滚滚向前无法阻挡也。

新知：所以，老子所描述的小国寡民的社会注定是乌托邦的空想了——

小国寡民，使有什佰之器而不用，使民重死而不远徙，虽有舟舆，无所乘之；虽有甲兵，无所陈之。使民复结绳而用之，甘其食，美其服，安其居，乐其俗，邻国相望，鸡犬之声相闻，民至老死不相往来。

清风：但那样的社会在远古时确实是存在过的，并且在以后社会发展进程中的一些局部地区还短暂地存在过，比如说陶渊明还曾写过《桃花源记》来对它进行描述呢。即使在现在的中国，不是还有像广西巴马县、云南泸沽湖这样的“路不拾遗，夜不闭户”的极端古朴的地区吗？

新知：可见老子那段有关小国寡民社会的描述并非空穴来风呀，但是，这两个地区还能抵抗住现代文明的侵袭多久实在是不好说呀。巴马这个地方山清水秀，经济上尚属贫困县，但因为环境秀美，空气清新，人心淳朴，因而是中国著名的长寿之乡也。一个县仅20多万人口，就有60多位百岁老人也，此有点类似前苏联高家索地区的情况。然而，据称许多国内外的企业想从一种当地人爱吃的树上的果实（据认为这是巴马人长寿的原因之一）中提取精华来制成长寿之药。我恐一旦如此开发之后，将来这一地区又将变成一个污秽不堪的地方。真是滑稽可笑啊，你可以提取果实精华而制药，但你能复制出当地的古朴环境，你能像当地人那样安于恬静吗？

至于说泸沽湖是现在仍流行“走婚制”的反映母系氏族文化的活化石般的地区也，但是随着游人的大量涌入，现在其当地的商业化气氛已开始浓郁起来了，并且摩梭族的走婚之俗也有可能被现代社会的观念所冲击动摇。所以，也许不久的将来此地也会被现代文明所同化掉呀。哦，我悟也，婴儿所代表的和谐纯真的形象是老子所赞赏并且修炼所要达到的目标，而小国寡民那样淳朴的社会正是人类社会的婴儿阶段呀，但是它如婴儿一样仅停留在一种自发的层面，因而最后避免不了发育成长而变得欲望充斥的情形出现。不行，我要立即出发去泸沽湖等地区好好领略一下风土人情，不然它们也很快就长大了就悔之晚矣。

清风：当人类在地球上繁衍开来后，就开始了文明的进程，但这是以无数生物物种的消失作为代价的。现在各国都意识到生物多样性对人类自身的重要性，所以建立了许多保护区来保护这些珍稀的动植物。在我看来，人类有必要认识到文化多样性对人类自身的重要性，要像保护珍稀动植物一样来设立保护区，来保护这些原始古朴的文化的继续存在，而不是去试图影响与改造它们。

新知：先生高论乃卓见也，令人深思也。“欲无欲，为无为”此乃老子至理名言也，我将牢记在心，并亲力实践之。我也有欲，我也有为，但我之欲是通过返还之术而达无欲无为之境，与常人深陷于欲望的苦海中的情形自有天壤之别也。

4. 庄子与《南华经》简介

新知：我遵师嘱，近来又反复读了《庄子》一书，禁不住啧啧称奇也，此书乃是散文名作，也是寓言集锦之名作，更是反讽文学之翘楚也。道教兴起后，敬奉老子为太上老君，后来又尊崇庄子为南华真人，故《庄子》一书又称作《南华经》也。每看此书顿觉奇异风光上下四方重重叠叠扑面而来，顿有八面来风、目不暇接、变幻无穷、气象万千之感，仿佛是在聆听一位天外飞仙的教诲一般。

清风：我的感情可没有你那么丰富，哈哈。我最初听说庄子其人是在中学历史课堂上，年轻的历史老师绘声绘色地讲述，庄子当其妻子死时鼓盆而歌的趣事。我们在哄堂大笑之后，并未留下更深的印象，只知道古时候有一个怪人名庄子，文章写得比较出色，仅此而已。现在回想起来庄子对挚友惠施所解释的那番话是何等的达观豁达，并且是真正地参透了生死的本质呀——

是人有生就会有死，但生死都在宇宙之内，这就叫无所逃于天地之间呀。人死之后，归于大地，归于尘埃物质，此等物质又构成了人类赖以生存的世界，又将产生新的生命。所以，生生死死循环往复，不过是像春夏秋冬四时更替一样自然罢了。我的妻子死后无非是化为尘埃物质，纷纷扬扬地飘落于世界，犹如小溪之水归于江河湖海，好比是婴儿躺在宇宙这个大摇篮里暂时悠闲得睡着了一样。我却像一个小孩子一样哇哇地哭，这就算是通情达理了吗，此实是对于天地万物是怎样形成的不解之故呀。

注意，由于现代人普遍地望古文而生畏，我们在解读庄子思想时对原文不再一一引用，许多都直接以白话文出现。

新知：对的，老师以前说过类似的观点，即从某种意义上来说，一个人从来也没有生过，所以也就不会真正地死去。

清风：我在读大学时看了《道德经》，在毕业后才又看了《南华经》，其时方对庄子之思想有所感悟，当然比起你这样的“可畏后生”来还是差之甚远呀。

新知：老师别逗了，你是学了庄子的反讽技巧来对付我来了。

清风：我那时对《南华经》中的两个故事留下了很深的印象。其一是——

庄子在濮水钓鱼，楚王派两个大夫去传达他的旨意，希望将国家的政务托付给庄子管理。庄子只管钓鱼，头也不回地对这两个大夫说：“我听说楚国有只神龟，死去三千年了，国王把它用布包上，藏进竹箱，放在庙堂之上。你们说说这只乌龟是宁可死去留下骨头被人供奉呢，还是拖着尾巴在烂泥里爬呢？”“当然是宁愿在烂泥里爬了。”“你们回去吧，我也宁愿拖着尾巴在烂泥里爬了。”

对功名利碌极度地鄙视，而一心追求那怡情适性的自由，达登峰造极者实非庄子莫属也。

其二——

庄子快要死了，弟子想厚葬他。庄子说：“天地是我的棺椁，日月是棺上的美玉，星辰如同上面的珠宝，万物都来陪葬，还有什么不齐备，还有什么比这更好的呢。”弟子说：“我怕乌鸦、老鹰吃了先生。”庄子说：“在地上会让乌鸦、老鹰吃，在地下还不是让蝼蛄、蚂蚁吃，夺走乌鸦嘴里的东西而喂蚂蚁，太偏心了吧。”

对生死之超脱到了极点，古往今来未曾再有出其右者。

新知：庄子奇人也，一生安贫乐道也。庄子（前369～284）姓庄名周，宋国蒙城（今河南商丘县）人，曾在蒙城做过管理漆园的官吏，没多久就弃官隐居，靠织草鞋维持生活。庄子之散文艺术以“诡奇”二字为特点，构思奇幻莫测，行文汪洋恣肆，具有浓郁的浪漫主义风格。他在思想上继承了老子的衣钵，但个性与老子何止相差十万八千里呀，用国学大师林语堂的评论来概括，我认为应是很贴切的，“老子以箴言表达，庄子以散文描述；老子凭直觉感受，庄子靠聪慧领悟；老子微笑待人，庄子狂笑处世；老子教人，庄子嘲人；老子说给心听，庄子直指心灵。”

清风：在我看来庄子是中国历史上唯一的兼具诗人与艺术家气质的大思想家，比之老成持重归隐山林的老子其实更容易为常人所接受。虽然其文章有时似乎显得有些过于锋芒毕露毫不留情，但这正是一向以内敛含蓄而著称的中国人所缺乏的风格，因而庄子堪称一个中国人的另类精灵。从这一点上来说，我又突然想到了安徒生童话《皇帝的新装》，庄子难道不正是那个敢于第一个直言不讳地讲出真相的小孩吗？

总的来说，庄学本于老学，而对其在深度、广度上进行了发挥。老学的特点是简明扼要，言简意赅。而庄学的特点是生动形象，说理透彻，引人入胜。所以，将老庄之学互参，则得道家之神韵也。正所谓“老无庄则无以扬其波，庄无老则无以溯其源”。所以，后人将二者合称老庄，如同儒家之孔孟合称一般。一般认为，内七篇为庄子本人所做，外篇杂篇等为其后学在庄学思想上发挥而假庄子之名而传世。我考虑在此先引用《南华经》“天下篇”中评论老子且庄子又自评的一段话，以使读者对其思想有个大概的眉目，然后在下一小节中再就庄子对老学发展之精要进行一番总结。

新知：我知道单靠本书中的一点篇幅对庄子的评介肯定是意犹未尽的，我期待着日后能再与老师合作一本对其进行专门研究的专著，以一“醉”方休。

清风：古代的道术有这么一派，将万物之本的道看作精微，以外物为粗略，认为有积蓄反而为不满足，甘愿淡然地与自然相处。关尹、老聃听说了这种风尚而欢喜，他们建立起常无、常有的学说，把统一的道作为主宰。对外示之以柔弱谦让，以保持内心虚旷而不损万物。

关尹说：“不要存任何知见，让有形之物各自彰显。行动如流水般自然，安静如镜子般澄明，反应如回声般迅捷。恍惚啊若一无所有，寂静啊无比的清彻。混同万物就和谐，求得则必有所失。不为他人先，而甘愿为他人后。”

老聃说：“知道怎样刚强，却要以柔弱示人，如同溪谷一样包容万物。知道怎样荣光，却要以晦暗示人，依然是如同溪谷一样。”别人都喜欢争先出头，他自己却甘愿落后，说：“这是代天下人受辱。”别人追求实有，他却喜欢虚无，说：“不去收藏什么就不会不知足，反而是一种富足有余。”这是巍然的有余富足。

他的立身行事，从容而不迫。主张无为，而嘲笑智巧。别人力求多福，他却能委曲求全，说："但求免除祸患。"他以精深的道为立身之本，以简朴为行为之准则，说"坚强的遭致毁坏，尖锐的反会被挫折"。宽容万物也不侵害任何人。关尹，老聃啊，古时的伟大真人呀，就快到顶点了。

新知：古代的道术有这么一派，恍惚寂静，没有形迹，变化无常，不知生死，只知与天地共存，与自然合一。茫然恍惚啊，不知要奔向何方。宇宙中已包罗万象，但不知自己的归宿是在哪里。庄周听到此风尚，大为喜欢，便以虚无缥缈的荒唐无稽的狂放恣意的言辞来表达自己对此道术的理解。

他认为天下之人心已变得污浊不堪，严肃地与他们交谈已无可能。他用无心流露之言来随时敷衍，用使人敬重的话来说服常人，再以虚构的寓言来阐明他的观点。他已与天地的精神合而为一，既不鄙视万物，也不问是非，混同于世人之间。他的书虽旨意高远，但表达方式却又婉转流畅不伤文理。文辞变化多端，但又妙趣横生。他的内心之充实根本没有止境可言。他在上随道而游，在下与那些参破生死不分始终的同道者为友。他对道的本原和宗旨进行的阐述博大精深且繁简适中，已达极致也。虽然他既顺应事物的变化又不会对事物产生执着，但他从不离开道也。道太深远了，实在是言有尽而意无穷也。

清风：且慢，我还有话说，真是难为你了。现代人读古文会觉得是一件令人头疼的苦差事，而你竟然能将它表达得这么好，实在是难能可贵呀，为师因你的用功态度高兴得睡着了都会笑醒啊。

5. 心斋坐忘与弃智弃仁

新知：我们说老庄就如同佛祖、龙树及印度其他先哲一样，他们能够认识那神秘的终极实在，是因为他们坚持修炼而进入了新境界也，是在直觉顿悟下的体验，此与西方的理性思维有区别，同是人类思维的两个层面也。庄子对老子的"玄览""致虚极，守静笃"等返还方式进行了充实，其最著名的就是他在文中几次提到的"身如槁木，心如死灰"的状态。而如何才能达到这种入定的状态呢，庄子向我们提供了他称之为"心斋"与"坐忘"的手段。

"堕肢体，黜聪明，离形去知，同于大道，此谓坐忘。"此为庄子借孔子得意门生颜回之口而言，意为肢体不再活动，耳目不再听闻了，感觉不到身体与思维的存在了，与大道混而为一了，这就叫静坐而忘掉一切的境界。

清风：身体与思维都感觉不到了，这在佛家称之为“灰身灭智”也。那你再说说何为心斋呢?

新知：“若一志，无听之以耳而听之以心；无听之以心而听之以气。听止于耳，心止于符。气也者，虚而待物者也。唯道集虚。虚者，心斋也。”此是庄子借孔子之口而言，意为专心致志，不用耳听而用心听最后只感到气的振荡。耳只能听声，心只能感觉到现象。到最后自身之气与自然之气相融，此已达无欲无智的虚静的心理状态。虚静的状态就是合道的状态，也就是对心的斋戒。

清风：此故事一开头是颜回对孔子说，他因为家贫而几月都戒酒戒肉了。但孔子说，这只能算是在祭祀前吃素的那种斋戒，不是真正的心的斋戒，于是孔子就将心斋之秘告诉了颜回。这种修炼方法又被称之为听息法，对后世影响很大，后来的许多静功修炼都以此为基础。实不相瞒，为师以前参禅打坐时也是将精神集中于听息，到最后神气合一而定境现前也。

新知：此种意守法比较简易自然，人人可学，对初学者尤为适宜。值得指出的是庄子所言的“心如槁木，身如死灰”，易被常人误解为此与死人何异，如此发呆何益之有？我在过去也不能明白，现在练功也常入定境，境界虽然不算高，但也体认了东方哲学的真正奥妙。此时与常人的发呆不一样，虽然仿佛思维停止了，但原性却显现了。内心极其平静，其真正的发自内心之极乐实在是无法言说。总之，有句话叫“悟道的人头头是道，未悟的人处处迷惑”。所以，关键是常人要有机会进入那境界，然后就什么都在不言之中了。

清风：进入定境，其实可以称之为“活死人”的状态。至于说常人不解此是自然的，因为除非经过专门的修炼，心情完全平静，头脑里什么也没有想的状态几乎不会发生的。对常人而言，偶尔会出现一些什么也未想的瞬间，但他们还未意识到很快就过去了。比如说一个人在登高望远的一刹那，在泡桑拿时彻底放松，万念俱消的一刹那等等，如果常人能够就此进行深究的话，他就有缘走上修炼之路了。

新知：我还注意到老师经常引用的“得鱼忘荃”，就是出自庄子之口呀。“荃者所以在鱼，得鱼而忘荃；蹄者所以在兔，得兔而忘蹄；言者所以在意，得意而忘言。吾安得夫忘言之人而与之言哉!”一个人悟清了得鱼忘荃的奥妙，他的修炼就可以登堂入室了。一个人悟清了得意忘言的奥妙，就是佛家说的不着文字相了，他也就能真正体认东方哲学的精髓了。

清风：很好，我恨不得一连说上十八个“好”字。庄子进一步发挥了老子的弃智弃仁的思想，并且正由于他的生花妙笔，可以使我们更加深刻地体会到道家思想的惊世骇俗与不同凡响，请看故事——

子贡在返回晋国途中，经过汉水之南，见一老人正在整理菜园。他挖了一条隧道到井底，抱着瓦罐取水浇园，累得不停喘气而功效很低。子贡劝他说：“有种机械，一天可浇百畦地，用力很少而功效很高，先生不想用它吗？”老人问：“怎么做？”用木头做成个抽水机名槔，后重前轻，提水像抽的一样，快得好像沸水喷涌。”老人脸色顿变大怒，继而又笑着说：“我老师告诫我，有机巧的机械必有机巧的事务，有机巧的事务必有机巧的心思。一旦弄巧之心藏于胸中，心灵就不会纯净，进而精神就难以安定，就守不住道了。我不是不知机械的好处，只是羞而用它。”子贡羞愧得脸红且低下了头。老人问他是何许人也，他答道是孔子的弟子。老人说：“你就是自比为圣人，炫耀于众人面前，自吹自擂以求博得名声于天下的那一类人呀。你要先将你的形体神气都忘掉才行。现在你连自身的修为都还未做好，如何能去治理天下？快走不要耽误我做事。”

子贡垂头丧气直到走了三十里路后方才缓过劲来。其弟子不解问：“那人是做什么的，为什么先生见了他就失魂落魄，一整天都不能复原？”子贡说：“原先我以为天下只有一个圣人，现在发现错了。原以为做事只求可行，用功只求成效，事半功倍就是圣人之道，今天不再是这样认为了。坚守自然之道的人德性完备，德性完备的人形体完备，形体完备的人精神完备，此就是圣人之道也。他生在人世混同于众人，但人们并不了解他的真正归宿，因为他淳朴和顺，道德圆满。求功利，弄机巧，这些是他不屑一顾的，不是自己想去的地方他是不往的，不是自己愿做的事情他是不为的。即使普天下的人都称赞他，他也傲然不动；反之都反对他，他也超然如初。天下人的毁誉对他而言是既无得也无所失，这就是道德完美的人呀，而我则是一个容易被外界左右摇摆的人。”子贡回到鲁国，将此奇遇告知孔子。孔子说：“他是修炼混沌之道的人，只知和谐如一的大道，而不去分辨任何对立的东西。向内修养心性，而不假外求。他的心灵纯净素朴，恬淡无为，身心和谐，却又翱游于世俗尘世之中，你见了当然会吃惊了。那混沌之道，你与我又怎么能够真正领悟呢。”

新知：小而言之，凡是智巧在为人带来便利的同时，也就对人之心性产生一些不良的影响和干扰。推而广之，现代文明，在为人们创造巨大的物质与精神财富的同时，对人之淳朴天性之破坏又是怵目惊心的。而通常意义上的“历史进步”，恰恰指的是“机械”“机事”“机心”的日益“提高档次”。更令人遗憾的是，眼下人类的行为取向和文化取向仍是单一的加速“机械”“机事”“机心”的“现代化”和“高效化”，并以此推导出21世纪的美妙景观，而不肯花精力来观察和感受一下“机械”“机事”“机心”的负价值和负效应。如果这样说尚令人感到空泛的话，那么举一点具体的例子，比如现在的手机、电视、网络、短信等等给人带来的各种综合症，难道不是最好的注解吗？

清风：我们以后将谈到马克思的一个重要观点，那就是异化。比如说人类创造了机器，但是在资本主义的生产流水线上，人却异化为了机器的奴隶，被机器所驱使，因而就谈不上个人的全面发展了。其实，就整个东方哲学而言，是一种更高层次上更广意义上的对异化的反对。因为不仅机器是为人所创造的，人之智巧也是人之精神外化之反映。人一旦被智巧所驱使，就如同被欲望所驱使一样，将使得心灵永不得安宁与解脱。在东方哲学看来，惟有将精神收摄于内，通达那天人合一之境界，方才是真正的成为自己精神的主人，真正地战胜了异化也。关于这一点庄子也曾讲过一个精彩的故事，请看故事二——

鲁国国君听说颜回是个有道之人，便派人带着重金去颜回家想要礼聘他出山。颜回居住在一个非常简陋的小巷里，生活得非常清贫。颜回使用缓兵之计，要使者回去问清楚，等到使者再来时，颜回已经离家跑掉了。庄子评论道：“道的真谛是养身，它的残余才用来治理国家，它的糟粕才用来治理天下。帝王之功业，乃是圣人之余事也。现在这些世俗的君子，不知把养生全真作为立身之本，而每每为外物所累，真是可悲。如果有人用隋侯珠这样的宝物作为弹弓之弹丸去弹击那天上的小麻雀，世人一定当他是个疯子，竟然浪费如此贵重的东西去追逐如此轻贱的东西。可是隋侯珠又怎能与生命相比呢，世人难道不是在浪费生命去追求那非常轻贱之外物吗？”

新知：呀，不得不服呀，我与老师实在是不在一个档次上呀。不知道读者读了这些语言有何感觉，我想应该是有重活一次的冲动吧。我这个人一向不喜欢重复，但这一次要破一次例，我觉得有必要再次引用梁漱溟先生的话来作为注脚，“人类的智慧虽高，但此智慧确恒在生命所役使之下向外活动。只有东方古人却把它收回来还用诸其身，使生命成为智慧的，而非智慧为役于生命。”

清风：我是感同身受呀，有些经典语言如同经典著作一样，需要反复含英咀华呀。每次都会感到余香缭绕，令人回味无穷也，也许这就叫做“书读百遍，其义自现”吧。

新知：你怎么不像孔子那样三月不知肉味呢，哈。暂停插科打诨了，老师还是将讲故事进行到底吧，太令我着迷了，实在是一种最高层次的享受。

清风：故事三——

古时有大盗名叫盗跖，孔子慕其名去拜访他。万万没有想到的是，孔子在盗跖那里碰了一鼻子的灰，盗跖将其骂得是狗血喷头，孔子只得狼狈不堪地匆匆离开。盗跖是如何酣畅淋漓地骂的呢，在此摘其精华录于此与弟子你共品。

你是鲁国那个投机取巧的伪君子孔丘吗？你花言巧语、虚伪地提倡文武之道，戴着树枝一样的帽子，腰系牛皮带，到处乱说，不劳而食，不织而衣，摇唇鼓舌，拨弄是非，迷惑天下的君主，使天下的读书人都失去了做人的根本，虚伪地奉行孝道，企图能侥幸被封为诸侯而享富贵。你是罪大恶极，立即滚开……

现在你修行文武之道，掌握着天下的舆论，来教导后世。你穿系着宽大的衣服和腰带，用耸人听闻的言论、虚伪的行为，来迷惑天下的君主，为的还不是荣华富贵。要说到盗的话，谁都没有你这个盗大，我奇怪天下人为什么不把你叫做盗丘而偏要把我叫做盗跖呢？……

现在我告诉你人之真情：眼要能看清美丽的色彩，耳要能听清悦耳的声音，口要能品出香甜的美味，精神要能保持充沛，这些之于常人都是最重要的呀。一个人如果很长寿也不过活到百岁，中等寿命也就八十左右，下等寿命也就六十左右。而在人生几十年中，除去害病、瘦弱、死丧、忧郁的时间，能够开口欢笑的时间，平均一个月可能也不过才四五天光景。天地没有穷尽而人之生死却是有时限的。将这有限的生命寄托于无穷尽的天地之间，那种短暂的感觉就好像那飞奔的骏马飞过缝隙那么忽悠一下而已。不能让自己快快乐乐地享其天年的人，就不能算是通达大道的。你所说的都是我所鄙薄的，快滚吧不要多言。你所说的道，钻营奔逐的疯狂样子，都是些欺诈弄巧的虚伪勾当，对于保全人的真性并无任何帮助，还有什么值得一说的呢……

新知：啊，读了庄子此文在忍俊不禁的同时，对可怜的孔子难免生起一丝恻隐之心来。中国历史上最受世人敬重的圣人，在庄子笔下却总是被冷嘲热讽的对象。当然庄子本人与先他二百年出生的孔子绝无私人之恩怨，只是谁让孔子成为了儒家的创始人呢，因而也就不幸成为庄子荒诞文学中的笔下冤魂了。我读过一些孔子的传记，我感到孔子本人确实品行高洁，绝非浪得虚名也。只是其学说被统治阶级也好，还是世人也好，歪曲利用得太多，以至于孔子为这些不孝之徒背负了太多的骂名，实在是可叹可惜也哉。我也仿老师之风范，来讲一个故事给大家听听——

话说古时候汉代以孝治天下，有举孝廉而入仕的制度。时有名许武之人，为家中三兄弟之长也，曾因孝被举。一日，许武对两个弟弟提出分家。他将财产分为了三份，肥田广宅及强壮的奴仆都归于自己名下，余则分给两个弟弟，而这两个弟弟并无丝毫的抱怨。

此事一旦传开，众乡亲都称赞其弟弟克让有礼，堪称“悌”的典范，此两弟弟也因此被举为孝廉。被指责为贪婪的许武于心不甘，就召集族人说他之所以这样做，只是为了助弟弟们出名耳，现在就将财产和大大增值的土地还给他们。于是许武声名鹊起，并且连升三级官至少府。

清风：所以老子说“大道废，有仁义”。淳朴的大道被废弃了，只得推行仁义，然此仁义却往往被丧失了本真的人们当作利用的工具，于是天下便越治越乱了。庄子对此的讽刺是极为辛辣露骨的，我再给你补充一点庄子的相关评论——

为了防备那开箱子、掏袋子、撬柜子的小偷，就扎紧绳索，加固插闩和锁，这就是平常大家所谓的聪明人了。但是当大盗来时，扛起柜子，提起箱子，挑起袋子就跑，他还惟恐你捆得不紧，锁得不牢呢。这样看起来先前那点小聪明岂不成了给大盗所作的准备了吗？让我们来讨论一下，世人所说的最大的智慧，有哪一条不是在为大盗作准备呢？世上所说的圣人，有哪一个不是在为大盗在看守财物呢？……

盗跖的部下问他：“有盗贼也要遵循的道吗？”盗跖说：“怎么会没有呢？能猜出屋里有什么东西是圣，带头进去是勇，出来时断后是义，断定能否下手是智，分赃公平是仁。不遵循这五条道而要成为大盗，这是绝无可能的。”由此看来，好人不懂圣人之道不能立身，盗跖不得圣人之道就不能横行天下。天下好人少而坏人多，所以圣人给天下造成的好处少而害处多。……圣人出世便大盗兴起，打倒圣人，释放盗贼，天下就太平了。……

圣人不死，大盗不止。虽然器重圣人并让他来治理天下，却使得盗跖从中渔利也。制造了斗斛来量度，他连斗斛也偷走；制造了衡器来称量，他连衡器也偷走；做成印章来作信物，他连印章也偷走；提倡仁义来矫正人的行为，他连仁义也偷走；怎么知道是这样的呢？那些窃钩者被诛，那些窃国者却被封了诸侯，并且他们的仁义之名还到处传播，这不就是偷走了仁义和智慧吗？所以那些追随大盗要做诸侯，一心想盗窃仁义和斗斛、衡器、印章的人，就是用高官厚禄来赏赐他也不能使他行善，用刀砍斧劈的极刑也不能禁止他作恶多端。造成使盗跖获取重利并且无法禁止的情况，乃是圣人的罪过……

新知：感觉真是太爽了，批判得入木三分也。庄子狂放也，同时又可看出虽然是一个得道之人，但仍不改其性情中人之本性也。老师你得答应我私下给我开开小灶，再畅谈一番吧。

6. 齐物论与逍遥游

新知：以上我们所讲的庄子思想，可以说是对老子思想的一些精彩发挥。岂止于此，庄子有一些对老子思想尚有重大之发展，其集中体现在《南华经》内七篇中的“齐物论”与“逍遥游”两篇经典文章之中。如果说《南华经》一书是一顶皇冠的话，那此二者也就是那皇冠上的明珠了呀。

清风：说得很好，庄子全书的精华都在此两篇文章中，堪称其独门利器也。当然就“齐物论”与“逍遥游”中所集中完整表达的思想而言，在其他篇中也有零散的体现也。齐物论者，顾名思义是看到万物的统一性的一面也，而不执着于其差别之一面也。逍遥游者，顾名思义是精神上摆脱一切桎梏获得最高自由的状态也。齐物论是逍遥游的基础，正由于通过心斋坐忘等修炼之术，方才有了齐物论这样的认识，所以才会摆脱世间的因其差别而带来的是是非非，各种欲望执着等等，从而才能达到摆脱一切束缚，摆脱一切异化的逍遥游之境也。

新知：我们在第一章总论中很早就说过了东方哲学本质上是研究无差

别的潜态世界的学问，并且修炼也是为了返回到这一永恒的潜态世界从而达到天人合一、全息共振的最高境界也。可以这么说，庄子的齐物论说明他同样在坐忘（也即定境）而生的慧中意识到了世界万物的全息性，这与古印度哲学（包括佛教）的根本思想是完全一致的。庄子的逍遥游说明他同样在坐忘而生的慧中意识到了一种真正的永恒的自由的极乐的境界，这与佛教所追求的常、乐、我、净的涅槃，印度教的梵我一如等境界就本质而言实在是一回事呀。

清风：说得很好，中印古代圣人所达之境界都是一致的，只是庄子用无以伦比的艺术表现力来向我们展示了这一境界。我们以前反复比较过中印文化传统的差别，印度人特别好思辨而中国人则注重具体的比类取象的思维方式。不过，我们将看到庄子在这两篇文章中却表现出了中国文化史上少有的哲学高度，具有极强的思辨性和论证性。同时，他仍然保持了一贯的用寓言隐喻等来增强其表达之生动性的风格，因此可以说是将艺术性与思想性进行了完美的结合，因而成为传诵千古的名篇。

新知：庄子何以有“万物齐一，物我同一”的观点呢，那是因为他站在了“道”的高度来观察，则万物相通为一，是非难分，彼此无别。大小多少，远近高低，美丑贵贱，生死存毁，这些都无所谓不同。我们在前面反复讲述过全息论的观点，因而理解起来应该不算是很困难了，从潜态的信息的角度来看万物确实是齐一的呀。

清风：具体而论，万物统一于道，而庄子对老子道的思想有所发展，从而更有利于我们去把握它。老子阐述了道的无限性，解答了道在时间上的无限存在。但是，老子忽视了道的空间存在状况。庄子说，“在太极之先而不为高，在六极之下而不为深。”此即阐明了道在空间上的无限存在。而更加有趣的说明请看下面的故事——

东郭子问庄子：“你说的道，存在与何处?”庄子说：“无处不在。”“请指明它的所在，人们才能认可。”“在蚂蚁那里。”“怎么这样卑下?”“它还在杂草那里。”“怎么更加卑下?”

“在瓦砾砖头那里。”“越说越不像话了。”“在屎尿里头。”东郭子不再应答了。庄子说：“你的问题，本来就没有问到点子上呀。就像市场管理人问屠夫怎样去鉴别猪的肥瘦，屠夫当然回答他，猪踩的地方越往下，说明此猪越肥。你不该将道的问题绝对化，道是不能脱离物的。道的问题如此，表现道的高论也是这样。周及、普遍、全有，这三者名虽不同，但实质是一样的，其都是指的是道的整体遍在性。

让我们到一无所有的王国里去遨游吧，那里一切都只能统合而论，一切都是没有穷尽始终的。试着让我们进入无为的状态吧，让我们恬淡而安静吧，冷漠而清净吧，调和而悠闲吧。我的心志是多么的空寂呀，如同前往却不知去向，去了又来也不知该到那里休止。我总是来来往往而不知何时是终结。在虚无辽阔的境地里漫游，大智入了心也不知那里有尽头。塑造万物的天道作用于物而自己没有界限，万物是有界限的。这就是所说的物与物之间的分界。物与物之间的界限也为无界的道所充盈，因而物与物之间实质上也是无界的。说到盈虚衰杀的问题：道使万物满盈和空虚，自己却并无满盈与空虚；道使万物衰败和灭亡，自己却并不衰败和灭亡；道使万物有始有终，自己却并不有始有终；道使万物有聚有散，自己却并不有聚有散。

新知：妙呀，妙呀！道寓于万物之中，无逃于物又自非一物，所以物物有际而道也物物无际，它同时又推动着万物的盈虚衰杀（类似于佛教谓之的成住坏空），而自己却无始终、聚散、盈虚、衰杀。庄子除了没有用全息二字（因为那时还没有信息的概念），其实完全讲述的是全息思想。庄子对老子道的思想的发展就是，道既是宇宙之本原，又是万物之本体，又是宇宙万物生成的机制和规律。

清风：老子通篇都在讲道，但主要是在强调道的本原性，给人的感觉就是道似乎外于物，而庄子解决了这个问题。其实在佛教思想的发展也有类似的情况，早先小乘提出四大皆空，看到了空生万物，万物又会归于空的一面，但也忽略了空同时又寓于万物的一面，所以，后来才有大乘性空妙有，色即是空、空即是色之类说法的应运而生。

新知：用全息论来解释就是，潜态世界与显态世界既互为转化又相互蕴含。正如我们在总论中谈到的“量子场论是用以描写微观物质的存在形式及其运动状态的理论。量子场有波动，量子场的激发和退激，就是粒子的产生和消失。量子场系统既然有各种激发状态（它们代表处于不同运动状态的实粒子），那么它必然也就有其对立面——未激发的状态，即能量最低的状态（基态）。这个基态不是别的东西，正是自然界的真空”。所以，可以这样说由真空中产生万物，万物最后又复归于真空。但是另一方面，即使在万物中，也存在真空的因素，也存在能量最低的基态，存在着所有的潜信息，并且正是这些潜信息在支配着显态物象的盈虚衰杀。

而令人吃惊的是在两千多年前的庄子于其《至乐》篇中，就以其非凡的想象力以文学艺术的形式来表达了与当今量子场论和全息论类似的观点——

万物的种类，都萌发于极微小的物质“几”。这极微小的物质得到水的滋养，就化生为断续如源的水草；水草得到水土的滋养，化生为水面的苔藓。苔藓蔓衍而生长在高地，就化生为车前草。车前草得到粪便的滋养，就化生为乌足。乌足的根，化生为土蚕，它的叶子化生为蝴蝶。蝴蝶很快地化生为一种小虫，生长在灶台下面，形状好像是脱了皮似的，名叫鸲掇。鸲掇在一千余天之后，就化为一种鸟，名叫干余骨。干余骨吐出来的唾沫，化生为斯弥，斯弥化生为蠛蠓，蠛蠓又化生为颐辂。羊奚草接近不长笋的竹子，就化为青宁。青宁生豹子。豹子生马，马生人。人又返回到极微小的质体。万物都产生于大自然极微小的质体，又进入了大自然极微小的质体。

清风：还真是说得有板有眼呀，我感觉是你跟我这半年来，确实是提高许多了呀，你已不再仅仅是一个扮演提问角色的小学生了，你完全能独当一面地进行学术研究了。万物中有真空的因素，而真空中又有万物之信息，因为万物与真空是相互渗透，合为一体的呀。所以，庄子的伟大之处就在于解决了道与万物的统一问题，如同大乘佛教解决了色与空的统一问题一样。此道作为一种终极实在存在于万物之中，包括庄子所说的蚂蚁、杂草、瓦砾及屎尿中，这种终极实在在全息学上被称之为全息元，接近于我们当今说的那种最基本的粒子之类。

为了方便读者的理解，我们可以再稍微展开一点来讨论这个问题。以前在我小时候听人说“人是由水做的”，感到大惑不解。长大后学了生理学才知道人体中水分就占了约70%，方才知道别人不是在骗我。如果我现在告诉读者，人的绝大部分仍然是由虚空构成的，你能相信吗？事实上这是确凿无疑的，即使是地球这个庞然大物，它在本质上也是由虚空构成的。有报道称，如果除去那些构成地球的分子与原子的空隙，它的直径其实是只有微不足道的100米，而不是我们通常所知道的1300万米。

新知：说句逗笑的话，正因为人主要由虚空所构成，因而在人死后被火化后才有可能被装在一个盒子里呀。在古代没有信息的概念，因而就无全息一说，但是天才的庄子用“气”的概念来表达老师所说的全息元，从而将人们眼中无限玄妙的道的概念具体化了。虽然中国之气的概念就常人的思维而言仍然具有一些神秘主义色彩，但毕竟修炼之人是很容易体会到自身元气运行及同自然界的气机交换情况，即使是常人也时能肤浅地体会到气血运行的情况。庄子对气的论述，可谓对后世影响深远。因为中医及道教的整个理论就建立在气的运行之上，人之生老病死完全是由元气的盛衰来体现与操控。可以说，庄子将中国的道文化演绎为了气文化，这是一个永载史册的不朽功绩。

清风：中国文化很重视气，此一点不假也，只要看看汉语中有多少带气字的词就不难想象了。庄子是这样来论述气之寓于天地万物人的——

"游乎天地一气。""其始而本无生，非徒无生也，而本无形；非徒无形也，而本无气。杂乎芒芴之间，变而有气，气变而有形，形变而有生。"(芒芴在气之上，指阴阳未分的元气)"大块噫气，其名为风。""绝云气负青天"，"乘天地之正，而御六气之辩"。"通天下一气耳。""人之生，气之聚也。聚则为生，散则为死。"……

新知：万物从潜态上而言具有全息统一的一面，在佛教中的表述是为"色不异空，空不异色。色即是空，空即是色""一即一切，一切即一"等等。而在万物都统一于道与气基础上的庄子齐物论那里，则有堪称中国特色的表述——

事物没有不是"彼"的，也没有不是"此"的。从他的角度来看就看不到这方面，从自己的角度看就会明白。所以说"彼"产生于"此"，"此"也依存于"彼"，因而可知彼与此是同时产生与互存的。虽然这样，任何事物出生的时候就伴随着死亡，死亡的同时也伴随着出生；正确的同时就出现错误，错误的同时就出现正确；遵循"是"也就是遵循"非"，遵循"非"也就遵循"是"。因此圣人不根据是非作判断，而是根据事物的本性来认识事物，就是这个道理。"此"就是"彼"，"彼"就是"此"。"彼"也有它的是非标准，"此"也有它的是非标准。果真有"彼""此"的区别？果真没有"彼""此"的区别？在认识上消除掉"彼""此"间的对立，这是"道"的关键。把握了关键，就像抓住了环的中心，可以无穷地变化。"是"的变化是无穷的，"非"的变化也是无穷的，关键在于要保持明镜一般的心境，就不会迷失于这些无穷变化的表象中。

用人的大拇指来说明大拇指不是手指，不如用非大拇指来说明大拇指不是手指；用白马来说明白马不是马，不如用非白马来说明白马不是马。其实，天地就是一指也，万物就是一马也。

清风：完了吗？

新知：还早呢，这只是说明是非的相对性，为以后的齐万物、齐物我打下基础。

清风：为了使读者易于消化，我们先在这里暂停片刻。请问，你读了庄子上面的话，难道没有更多的想法吗，比如说与佛教教义进行一下比较。

新知：啊，此处庄子所说彼与此之间的相互对立与依存的关系难道不正是佛教缘起思想的体现吗？佛教思想由缘起开端而引申出无常之论，因而要人们超越世间的无常去追求那涅槃之境的常、乐、我、净呀。庄子的表述被人称为相对主义，其实质还是为了说明世间的一切万物及是非的分别是依条件而生的，是缘起的，也是无常的，因而只有去追求那齐万物及物我的与道合一的境界，才是真正实现永恒自由的境界呀。所以说，佛道两家虽侧重点及表述方式有别，但实质是一致的，就是说答案只有一个，但找到它的方式并不是唯一的。

清风：这还不明白吗，既然你学了全息论，就应该明白全息思想也包括精神的全息、理论的全息呀。从潜态而论，其实所有哲学理论都带有高度的同一性。就好像查字典一样，每个字都需有其他字来定义，每个字其实又参与了其他字的定义。其实，庄子早就说了这样的道理呀，你再看看他那段关于大拇指与白马的言论，不就什么都明白了。

新知：其实就潜态而论，每个字都含有了所有字的信息了。那么岂不是可以说，宇宙万物就好比是一本巨型的超级字典，每一物如同每一字一样已含有了这本字典的所有信息了。

清风：很好，先点到为止吧。接着说庄子的齐物论吧——

对的就是对的，不对的就是不对的，道路是走出来的，物的名称是人叫出来的。为什么肯定？肯定就是肯定。为什么不肯定？不肯定就是不肯定。事物本来就有该肯定之处，该可取之处。没有什么事物是一无是处，一无可取。所以一切小草和大柱，丑女与美女，还有其他稀奇古怪之物，都可以以道一以贯之。其有分离，就有生成；有生成，就有消亡。其实无所谓成亡，它们是相通为一的。只有通达之人才明白相通为一之道，看待平常之事物但不带常人那样的成见。平常的事物是无用而有用。认识其无用之用就是通达，通达之人才是真正洞察事物本质之人，才是得道之人。

顺应事物相通的本来面貌吧，就这样无视其表面的差别这就叫得道。

耗费心思也不解事物为什么相通，因为认识不到事物本质上具有同一性，这就需要学习朝三暮四的故事。有个养猴的老人给猴子分发橡子，说“早晨发三个，黄昏发四个”。这群猴子都很愤恼。老人改口说：“那么早晨发四个，黄昏发三个。”猴子们一下转怒为喜。名称和实质都没有改变而猴子的喜怒却大不一样，这是因为猴子思维之肤浅也。所以，圣人不会执着于表面的是非之争，他只是顺应天道，但这并不妨碍他在世俗生活中像那养猴老人一样来一些善巧方便来顺应人情。

新知：注意这里的圣人是指得道之人，有些时候庄子又会用真人、至人等称呼，与前面我们讲过的“圣人不死，大盗不止”的圣人含义不同，那里的圣人指的是庄子所鄙视的宣传仁义学说的世俗圣人。还是让我们接着来看庄子的齐物论吧——

天下没有什么比秋毫的末梢更大，而泰山却是微小的；没有什么比夭折的幼童更长寿，而彭祖是短命的。天地和我共存，万物和我合而为一。既然是合而为一，还会有什么可说的呢？……道是未曾有界限的，言论也没有标准，为了争一个“是”才产生了许多分界。请让我说出那些分界：有左，有右，有次序，有评判，有分别，有辩论，有攀比，有竞争，这就是八种分界。天地之外的事，圣人总是存而不论；天地之内的事，圣人总是论而不议。对记载先王治世的史书，圣人总是议而不辩。有人问：“为什么呢?”“圣人的心胸包容万物，众人却辩论不休地来显示自己的正确。所以说参与争辩的人其实是没有真正高明的见解的。”……

清风：拿秋毫与那些细菌相比，则秋毫也算大的了。拿泰山与天地相比，则泰山也算小的了。拿夭折的幼童与那些转瞬即逝的事物相比则算长寿的了。拿活了八百岁的彭祖与天地相比，则彭祖又是短命的。在这里，庄子是想说明万物的相对性，以及因比较而产生的分别。另外，从潜态的角度上来说，信息在空间上与时间上实际是全息的，因而可以相通为一的，比较就失去意义了。关于这一点，庄子在另一篇文章中也论述过，“自其异者视之，肝胆楚越也；自其同者视之，万物皆一也。”就是说，从差别性的角度去看，连在一起的肝胆之间其微小的距离也像楚国与越国之间那样遥远。从同一性的角度去看，万事万物皆是一致无二的。

新知：“齐物论”一文若仔细研读的话将令人如痴如醉，你甚至会进入一个也真也幻的境界中去。对这样的境界，庄子本人在文章的结尾写下了一个著名的庄周梦蝶的故事——

从前庄周做梦梦见自己变成了蝴蝶，活生生的蝴蝶，自己感觉很是得意的样子，不知道自己本是庄周了。忽然间醒来，发现直直地躺在床上的是庄周本人。不知道是庄周梦中化为了蝴蝶，还是蝴蝶梦中化为了庄周？庄周与蝴蝶本是有区别的，这种合而为一的境界是一种物我融化为一的特殊境界。

清风：由此我们也可体会庄子是一个特别的人，是思想家中的艺术家，是艺术家中的思想家。我们还是看看庄子对逍遥游的描述吧——

北方的大海里有一种名叫鲲的鱼，其体积巨大得不知究竟能占方圆几千里；鲲变成鸟名叫鹏，其巨大的背部也不知究竟能覆盖方圆几千里。当此鸟奋起而飞的时候，那张开的翅膀如同天边的云一般。此鸟在海波动荡时就迁飞到南方的大海即一个天然形成的大池去。

《齐谐》这本书，是以记载怪异事物而著称的。书中说：“当大鹏迁往南方的时候，翅膀拍击水面而起了三千里的波浪，鸟儿凭借旋风回环升至九万里的高空，离开北方的大海一直飞了六个月的时间才停下来。”像野马奔腾的游气，还有到处飞扬的尘埃，都是大自然里各种生物的气息相互吹拂所致。人们只见天空是呈深蓝色的，这难道是它真正的颜色吗？还是因为天空高远而不能看到它的尽头呢？鹏鸟从高空往下看，景象也是这个样子罢了。而且假如积水不深，那么就无力托起大船。在房子堂中的低凹地上倒一杯水，那么小草就可以当船；把杯子放在上面，就会被粘住不动，因为水浅而“船”太大了。如果风积蓄得不够厚实，那么它就没有力量托住大鹏的翅膀。所以大鹏能高飞九万里，是因为风在它的翅膀下面，它可以凭借风力翱翔长空；背负着青天而没有任何障碍了，它就开始向南的征程了。

蝉和小鸟讥笑大鹏说：“我可以一下子迅捷起飞，猛窜到榆树和檀树上就停下来，有时飞不上去就落在地上，为什么要飞到九万里高空才南飞大海呢?”到郊野去的，只需带一天的食物，当天返回来肚子还是饱的；到百里之外去的，头天夜里就得舂好食粮，以作好准备。到千里之外的，头三个月就开始准备食粮了。这种小鸟怎么会懂得其中的道理呀。小智之人不能理解大智之人，短寿之人不能理解长寿之人。何以见得？朝生暮死的朝菌不知有早晚之分，夏生秋死的寒蝉不知四季之别，因为它们的短寿也。楚国的南面有一种冥灵树，以五百年为一个春季，五百年为一个秋季；上古有一种大椿树，以八千年为一个春季，八千年为一个秋季。而享寿八百年的彭祖至今在人世仍是长寿之冠，众人与他相比，不就也显得可悲了吗?

商朝汤王曾向大夫夏棘请教，夏棘讲了这样的故事：在不毛之地的北方，有苍茫无际的大海，那就是天池。海里有一种鱼，宽度有几千里，没有人知道它的长度，它的名字叫鲲。有一种鸟，它的名字叫鹏，背像泰山，翅膀像天边的云，凭借旋风回旋上升达九万里，超越云层，背负青天，然后打算向南飞，而且是要飞向南边的大海。小沼泽中的小雀讥笑它说："你要飞到哪里去呢？我腾跃起来向上飞，不过数十尺就落下来，在草野间飞来飞去，这也就是我飞翔的最高境界了，你究竟要飞到哪里去呢?"这就是小与大的区别呀。

新知：我插一句，后世所言的"燕雀安知鸿鹄之志哉"应该是出自于庄子上文所述的典故了吧。

清风：所以那些智慧能胜任一官之职，品行能团结一乡之人，德性能合一国之君并且才能可以取信于一国之人的贤士，他们看待自己就像小雀那样自鸣得意。宋荣子就耻笑这种人。宋荣子能够做到面对全社会赞誉也不特别兴奋，全社会非议也不特别沮丧，这是因为他能够认定自我与外物的区别，能分清光荣与耻辱的界限，但是也仅此而已。像他这样的人在当今世上也是不多见的，但仍未达到最高境界也。列子乘风而行，轻快飘然，连续飞行十五天后才返回。他这类能得到驾风之福的人，世上也是不多见的。这虽然避免了步行，但还是对风有所依赖。若能顺着天地自然的本性，驾驭六气的变化，遨游于无边无际的宇宙，他还需要依赖什么呢？所以说，至人能够顺其自然而忘我无为，神人能不求有功，圣人能不求有名。

新知：庄子全篇先是反复形容了大鹏展翅高飞而小雀不解的情景，然后归结到至人、圣人、神人的顺其自然、尽情遨游的情形。读者到最后自然就恍然大悟，原来庄子是以小雀嘲笑大鹏而比喻世人对至人的不解。

清风：有一点错了，大鹏不是象征至人，因为大鹏都还未完全挣脱束缚，因为它需要风力，而至人是完全"无待"的（类似于佛家的无余依的概念），即达到了至高境界的人。虽然篇幅有限，但如果不再介绍一点庄子对至人的描述，我实在是有点于心不甘——

至人在精神上是完美无缺的，即便连海洋也枯竭了，他也不会觉得热，即使是天河也结了冰，他也不会感到冷。如果高山被雷电击塌，海洋遭风暴肆虐，他也高枕无忧。他的精神可以腾云驾雾，飞过天涯海角以至于无限之远。既然生死都无法主宰他，有益还是有害的想法对他都失去了意义。

新知：但这一境界人有可能达到吗？关于这一点，从庄子如下的描述中可以得到启示——

我传给他收心之法，三天后，在他眼里尘世已不见了。七天之后，外部的一切他已经忘却了。九天之后，他已进入忘我无为的状态，那种无生无死、似死而生的状态。这种生与一般地充满了躁动的生完全不一样。在那种状态中他与自然达到了完全的合一，他达到了寂静中的得道的完美状态。

清风：很好。自古以来无数追求自由的人们会问，“无穷开放的精神空间是否可能？人的精神之旅能否超越世俗的种种羁绊而获得自由？”庄子的回答是可以，而且可以做到。其途径是佛家说的禅定，庄子所说的心斋坐忘，现代说的气功，即西方人所说的神秘主义体验，而不是通过一般的学习的途径。正如庄子所言，“吾生也有涯，而知也无涯。以有涯随无涯，殆已！”就是说生命有个尽头，而知识却没有个边际，用有限的生命去追求那无限的知识，会疲惫不堪的。

新知：可以说庄子跟老子一样看到了知性的局限性，因而强调要通过修炼得道而自在逍遥。得道的境界佛家称之为涅槃，有时又称之为解脱，而在庄子这里被描绘为逍遥。而为什么要追求这样的境界，在佛家看来人生是“苦”的，苦谛是佛法核心四圣谛中的第一谛，而庄子也提出了类似的观点——

人一旦秉受天地之气而形成各自的形体，就不能忘了自己的本性而直到生命耗尽。与外界事物的相互争斗与折磨，其激烈程度犹如奔驰的快马无人能使得它停下来，岂不是很可悲的吗？终身忙忙碌碌却没有满足了自己的愿望，疲惫不堪还不知道究竟为什么，这不是很哀伤吗？即使活的时间长，这样的受折磨的生活又有什么意思呢？人的心灵与形体一起精疲力尽，能不说是莫大的悲哀吗？

清风：讲得好。人在驱使机器的同时又在被机器驱使，在征服自然的同时又在被自然报复，在争斗中伤及他人自己也在受伤，追求名利又被名利所摧残等等，不一而足。很好。你的灵光闪现为本节划上了一个圆满的句号。

7. 贡献与局限

新知：由老庄开创的道家学派对中国文化产生了极为深远的影响，可以说在几乎所有的领域比如政治、艺术、军事、养生、中医、性学、文学等等方面都能清楚地体察到道家思想的神韵。我在这里尤其是要提到的一点就是道家思想比之儒家具有真正的哲学性，尤其是在中国古代的士大夫阶层（通常这些人具有较高文化相当于今天所言的知识分子）中更具有广泛的号召力，他们是成功时事儒，失意时奉道也。

清风：口说无凭，你举个例子看看。

新知：像李白、苏东坡等人就是典型的例子，既不能免俗，时时想到建功立业，又不时地寻仙访道以求超越世俗。拿苏东坡为例，一心要建功立业，可是其在官场上却显得迂腐，以至于屡遭贬诋。当王安石变法时，与王安石亦师亦友的苏东坡，却不赞成新法，以至于被贬到黄州为官。而当王安石下课，政治上保守的司马光走马上任之时，苏东坡却又认为不应尽废新法，以至于被贬到更为偏远的广东为官。当然了，在此他留下了“日啖荔枝三百颗，不辞长作岭南人”的名句。仕途上虽接连失意，好在苏东坡对禅学与道家都造诣颇深，以此作为精神上的慰藉，也使得他具有一种非常豁达的胸怀来看待人生的起落。而春秋时代的伟大诗人屈原却少有受到道家超脱思想的熏陶，陷入“举世皆浊，唯我独清，举世皆醉，唯我独醒”的忧郁情结中而不能自拔，最后投江自杀而造成千古悲剧。

清风：这也就是今天端午节时要“赛龙舟”和“吃粽子”风俗之由来。如果东坡兄是见风使舵、阿谀奉承之人，那他很可能就官运亨通了，我们今天也许就无缘读到那些千古名篇了。好在他深得道家思想之精髓，因而能以平和之心而善终一生。他对道家思想造诣极深，从其中的《超然台记》一文中就可一见端倪——

凡物皆有可观之处，也就有可乐之处，并非一定要奇异雄伟之类。吃一点薄酒也能令人陶醉，果蔬草木也能令人饱。如此想来，我们何处不能感到快乐呢？人们都喜福厌祸，可是人欲无穷而能满足的东西有限呀。如果分辨好恶之心争斗不停，拿起与放下难以取舍，那么可以快乐的东西很少，而可悲的东西却很多，这就叫惹祸而远福也，这岂不又违背了人的初衷了。这是因为为身外之物所累呀。常人钻进事物之内去了因为利欲熏心，而不能超然于物外。凡事其实没有大小之别，从它的内部来看，没有不是高大的。那些高大之物闪现在我面前，让我眼花缭乱，感觉好像是在缝隙中观看决斗，又怎能知道胜负到底在哪一方呢？于是乎好恶之观念交错产生，心情也随着时喜时忧，这种不得安宁的情形难道不是最大的悲哀吗？

新知：文人常被世人讥为自命清高，但也不乏其超俗可敬之处。苏东坡实得庄子之真传也，在其《前赤壁赋》中可谓是显露无疑也——

你们也知道江水与月亮的道理吗？江水这样日夜奔流，却没有流走。月亮老是那样圆缺转换，却没有增减。如果从它们无常的变化来看，天地万物就连一瞬间都没有存在过。从它们无变有常的一面来看，那么万物与我们都会是无穷无尽的，那对江水与明月又有什么好羡慕的？况且天地万物各有其主，不属于我的，我连一根毫毛也不能去索取。只有江上的清风，山间的明月，耳听为声，目遇成色，取之不禁，用之不竭，这是大自然的无尽宝藏也，是我与你能共同享用的。

清风：很好，东坡的思想与庄子一脉相承，如同你也得了我的真传一样。在我看来，道家思想正如佛家一样，是一种阴柔的哲学，它同儒家这样的世俗福音同样是社会所需要的。

儒家与道家就好像是鸟之双翼一样，尤其对于集中了一个社会精英的士代夫阶层而言尤为重要，缺少任何一翼都将失去平衡。如同有白天就需要有黑夜，有进取就需要退让，有在外的冲锋，就需要在家的疗伤一样的道理。

新知：由于士代夫阶层的思维左右着一个国家的思维取向，因而可以说儒家与道家的长期共存与并行实际上也使得社会之发展具备了一种制衡机制。因此也可以说中国之所以成为世界上唯一的古文明史从未中断过的国家，恐怕在思想领域上的阴阳调和与刚柔并济也是一个重要的原因了。历史上虽然儒家多数时候是占主导地位，但道家思想也从来都受到统治阶级的青睐，在汉初及唐初时也曾长期实行过“无为而治，休养生息”的治国方针，使得国力得到迅速恢复，因而在汉朝迎来了汉武帝时的国泰民安，而在唐朝则带来了开元盛世这一中国历史上最繁荣的时期。

清风：总体上来讲道家具有一种超越性，而儒家具有一种世俗性，德国著名哲学家黑格尔对此有这样的评述——

孔子和他的弟子们的谈话，里面所讲的是一种常识道德。……孔子只是一个实际的世间智者，在他那里思辨的哲学是一点也没有的，只有一些善良的老练的道德的教训，从里面我们不能获得什么特殊的东西。……但《老子》书中说到了某种普遍的东西，也有点像我们在西方哲学开始时的情形。……

黑格尔还曾受到老子“三生万物”的思想影响，他的文章总是分成三部分，每部分均包括正题（肯定）、反题（否定）、合题（否定之否定即辩证肯定）三段。

老庄的贡献还在于为后世的道教修炼学的完善打下了基础，老子“深根固蒂，长生久视之道”“致虚极，守静笃”及庄子“心斋”“坐忘”等思想一直被修炼家奉为圭臬。当然了，他们的局限也在于对修炼之具体程序语焉不详，换言之其留下的只言片语难以让求道者入门，而后世道教发展起来的极为丰富完备的修炼学则是很好地弥补了此局限。得道之境界在佛家那里被称之为涅槃，老庄这里被称之为返璞归真，因而从另一方面启发了修道之人去追寻那种神秘与极乐的境界。

新知：老庄对知性在认识上的局限有非常深刻的领悟，老子“其出也弥远，其知弥少”。及庄子“以有涯随无涯，殆已！”等思想在现代尤其凸显其深远意义。西方的理性思维方式是以形式逻辑体系为基石的，随着数学、逻辑工具的日益完善，人们一度已经认为理性认识及其基础上建立起来的科学体系能够解决所有的问题。然而在20世纪自从哥德尔定理证明了在形式逻辑体系中完备性与一致性不可得兼，从而证明完美的逻辑体系并不存在。特别是由于量子力学中的测不准原理的出现，其“上帝也掷骰子”的事实使得科学家不得不正视人类理性是有极限的这一铁定事实。量子力学的许多大师级人物都推崇包括道家在内的东方哲学并且从中汲取灵感，就是因为它们打消了对科学万能和理性万能的迷信。

清风：当然或许老庄完全否定知性作用的见解有一些偏激之嫌，毕竟对大多数常人而言不可能都去修那超越知性的天人合一之道，因为通过知性的作用才能推动文明的发展。知性有局限性，但不等于说它完全无用，并且对一般常人而言它已足够有用了。就像我们通常只用得上牛顿力学一样，尽管爱因斯坦的相对论更高妙。另一方面在于，自古以来即使在超越知性的圣贤甚至一般的得道者中间，却普遍又是学问高深之人，当然老子庄子及佛祖等人就更不例外了。就是说要超越知性的束缚本身还需要借助知性这一工具，很少听说一个文盲就能修炼得道了。

新知：在远古时民风淳朴，人们普遍没有文化而人心自正也是不能否认的。但是，如同婴儿的纯真建立在自发状态一样的道理，远古之人也如此。真正的智者借助知性的工具、理性的力量才能将自发状态转化为自觉状态，并且进入一个真正超越高妙的境界。

清风：说得对，关键在于能够超越知性的局限，而不是像一些唯科学主义者那样将一切直感体验等非科学的东西视为迷信，殊不知这些人又犯了对科学的迷信的错误。

新知：除了反对通过知性来真正认识万物之外，他们对知性创造的文明成果也持否定态度，这从庄子那则著名的子贡与打水老人的对话就可以看得出来。因为老人认为使用这些机器，就是滋长了智巧的应用，也就扰乱了人之心性。我们在重述庄子所讲的这个故事时，老师还从整个反异化的高度对其中有益的思想进行了赞扬。但是也必须看到，对常人而言精神外化从创造工具开始，并且也确实使得人类社会逐渐进入了一个高度文明的社会。如果是一定要坚持越原始越淳朴越好的话，那么我们现在或许仍处在一个茹毛饮血的时代，因为照此看来即使是钻木取火也是不应该的，因为这也带有了智巧的性质。

清风：相对于老子对仁义学说的温和批评，庄子则对立极尽冷嘲热讽之能事，我们在《庄子》一书中众多戏弄孔子的故事中，仅仅选了一个盗跖教训孔子的故事就可一见端倪了。对仁义的倡导在很多时候确实是会带来被人利用来沽名钓誉的副作用，这一点我们在以后评论儒家时还会有更多介绍。但是，他们的局限也在于忽略了倡导仁义在世俗生活中还是有积极的一面的，应该说“大盗不止”的原因还不能完全说是因为“圣人不死”。

人不可能永远停留在纯真之婴儿状态，总是要长大的，也就必然要滋生许多贪欲。社会如同人一样，终究是要长大的，不可能一直停留在那淳朴之原始社会。所以其实先是大盗不止，因而呼唤圣人出世也。诚然，儒家学说也只能是治标之策，但它仍然是必需的，有总比没有好，就好像吃药固然不能从根本上解决人的健康问题，但对于常人而言吃药仍然是治病的首选。总之，孔子的学说对普通人乃至统治阶层具有强大的吸引力与可操作性，儒家学说的教化作用还是起到了一些延缓人类堕落之旅的作用。

新知：缘起、无常这些佛教教义，在庄子这里被表述为一种相对主义的见解，关于它的贡献与局限我们在这里就不再多言，读者可参阅在以前对小乘佛教之贡献与局限中作的相关评价。总之可以这样理解尽管人对显态世界的认识是一种相对真理，然而对常人而言仍然是最切实用的认识。并且如果常人一味地取消对事物的差别之见，对多数人而言，并不能够进入那永恒实在的境界，而只能是导致虚无主义。此外如同早期的小乘佛教一样，以老庄为代表的早期道家思想也是只注重个人的解脱，这种情况直到后来道教兴起方才有所改善。

清风：在《道德经》一书中充满许多提倡柔弱、不争、谦让、隐退、平和、宽容、谨慎、无私等的论述，这同佛家的思想是类似的，对整个社会的道德建设是非常有益的。并且老子这个人是爱好和平反对战争的人，对战争的危害有非常深刻的认识，在其书中有非常充分的反映，“师之所处，荆棘生焉；大军之后，必有凶年。”“兵者不祥之器，非君子之器，不得已而用之。恬淡为上，胜而不美，而美之者乐杀人。夫乐杀人者，则不可以得志于天下矣。”

新知：老庄的另外的一个重要贡献是强调人要与自然和谐相处，此与西方的征服自然的思想迥然不同，在今天生态危机频繁爆发的时代，就更彰显老庄思想的可贵性。与老子书中很多提倡柔弱、不争等等的描述不同，在庄子书中则绝少有这些描述。而在庄子书中对精神自由的追求却是浓墨重彩地进行了大力渲染，这又集中体现在“逍遥游”一文中。所以，庄子比之老子更加重视强调在求道过程中个人主体的感受与能动性。这种追求自由的精神常使后人将庄子认为是现代启蒙运动的先驱者。老师，该听你的高见了。

清风：你说得如此之好，我还能说什么呢？哈。我最后再补充一点吧，由于早期道家对理性的批判，以及对传统价值的否定，加之庄子对追求自由的狂热呐喊，这些都同近现代的意志主义及存在主义有许多共通之处。所以近来国内出版的一些著作中能够看到许多将道家思想同宣称“上帝死了”的尼采，以及存在主义创始人的海德格尔的思想进行比较的论述。严格地说，道家所追求的自由与尼采等人还是有区别的，道家所追求的自由是完全摆脱了一切后天之理性及本能的束缚的自由，比之尼采等人所强调的反对理性束缚从而充分张扬本能意志的自由，个人认为在境界上还是显得要略胜一筹的。

第二节　有为之术

1. 内丹术溯源

新知：本节开讲有为之术也，此有为之术就是在求道者与无为之大道之间的一座桥梁也。佛家在修炼技术上的成就主要体现在密宗里，而道家在修炼技术上的成就主要体现在道教中的内丹术里。在具体开讲内丹修炼术之前有必要对其基本的由来作一点简要的介绍，此为溯源之意也。

清风：我们前面介绍佛教的发展时提到过，佛教在印度最后发展为密教，相应地以前的流派总称为显教。在佛教东传中国后，在内地是禅宗、净土宗等显宗盛行，而在西藏则是独尊密宗。与显宗重心性了悟相对应，早期道家也主要是从守真悟道而论，因而可把早期道家看作道家的显宗。与密宗注重气脉等修持相对应，内丹各派注重精气神之修持，或可称作道家之密宗也。在注重师承这一点上，内丹派与密宗也类似，所谓“不遇真师，难明大道”“性（功）可自悟，命（功）待师传”。

新知：与老师在一起，研究再多之问题，我都不会感到特别累，何也？盖因老师特能触类旁通也，将古今中外之学问冶为一炉，一通而百通，故不觉得累也。哦，怎么忘了，说穿了，所有知识在老师这里，都是具有全息性的，从来都是一个整体，而不是如同常人那样散乱无序的。

清风：哈，又给我戴高帽了。简单点说就是这样的，内丹术之思想渊源出于老庄等圣贤是确凿无疑的，但它将修道之过程具体化与程序化了。而内丹术又是在借鉴外丹术的思想加以发展改造而趋于完善的，它将整个修道的过程比拟为一个练丹的过程，但是与外丹不同的是它以人体为丹炉，以人体自身的精气神为药物，以意念的运用为火候。

新知：所以思想源头在老庄，而操作源头在外丹术了，那赶快开讲外丹术吧。

清风：神仙思想在我国可谓源远流长。先秦古书《山海经》中就有关于“不死之山”“不死之国”“不死之药”“不死之民”等记载，表明古人对长生不死的热切向往。正由于此种原因，也就催生了一大批方士及神仙家的诞生，这些人号称掌握了不死仙方，能够炼不死丹药。这些人以后与信仰道家学说的人合流，最后促进了道教的产生，也使炼外丹在相当长的时期内于神州大地蔚然成风也。

新知：老师，我要给你补充一点的是，炼外丹这种民间行为后来成为一种社会之时尚，有一个重要的原因在于特别迎合了古代帝王将相追求长生不老的心理需要。比如秦始皇，几次亲至海上，冀遇仙人奇药而不得，后来又派徐福带领三千童男童女去寻找那海上仙山。相传徐福等人怕回去丢掉性命，因而度海至日本，成为日本人的祖先了。为什么河北省有个秦皇岛呢，就是因秦始皇寻仙药而得名的呀。历史上之帝王过惯了骄奢淫逸的生活，当然就更渴望长生以能永远享乐下去了，结果在他们中间因服食那丹药中毒而死于非命的也就最多。

清风：这就叫上行下效嘛。中国的炼丹术从汉代开始，到唐代达到极盛，以后逐渐衰落，但总体上是持续了几千年。炼丹家们的主观意图并不在于发展科学而是追求“不死成仙”，然而不曾想主观意图虽遥不可及，却歪打正着地推动了中国古代化学的发展。因为炼丹士在实践过程中观察到了许多化学变化，人工制造出了一些自然界原本不存在的化合物，提取出了一些化学制剂，特别是直接促成了四大发明之一的火药的发明，从而对社会科技的进步起到了巨大的推动作用。

新知：炼丹家最先青睐的用于炼丹的（令人不死）药物为黄金，因为黄金等具有强有力的抗蚀性质，具有入火不焦、入水不腐、入地不朽的特征。他们的推理是如果将黄金之类的物质的抗蚀性能植入人体之内，人体也就如同黄金一般不腐不朽了。但黄金价昂难得，且天然黄金服之有毒，于是他们将精力转向人工炼制各类黄色合金，而服食之法也改为服食药金之粉末或溶液。

在炼丹家眼中最为重要的是丹砂（因色红又名朱砂），它本为天然生成的鲜红色矿物硫化汞（HgS）也。之所以叫炼丹，一开始就是指的升练丹砂，以后推而广之将所有用来烧炼的原料统称为“丹药”。其炼制过程称为“炼丹”“还丹”，炼制的产物就被统称为“金丹”“神丹”了。丹砂的化学性能为丹家所看重，因为红色的丹砂可烧成汞（即水银），水银经进一步的氧化反应可得红色的氧化汞。此氧化汞与硫化汞（丹砂）并不完全相同也，但古人从外观上看来认为是一样的，因而认为又还原成了丹砂，故称还丹。古人何以就如此看重丹砂呢，弟子百思不得其解，还请老师作答也。

清风：这好解释呀，丹砂的明显特征就是有各种奇妙的变化，具有“灵异”的品质，丹家当然希望能把此种灵异的品质植入人体体内，使人能羽化飞升而成仙。另外，丹砂炼制之后具有“还”的性质，此正暗合丹家对返老还童之渴望也。

新知：丹家还非常重视对铅的炼制，此铅的概念包括铅银矿石和金属铅，但都统称为铅。从铅银矿石中炼制出银与从丹砂中炼出汞一样被看作炼丹中的神异变化。而铅与汞相互作用又可生成汞齐，汞齐经加热又可生成氧化汞和氧化铅，这一过程也被称为还丹，铅汞也因而成为炼丹术的主要药物。以后在此基础上建立起来的铅汞论成为炼丹术的基本理论，丹家多以铅汞的化学变化模拟天地宇宙之变化。而在内丹家中，又将铅汞的化学变化与宇宙元气生成等相联系起来，并且以真铅、真汞来喻指元精、元神。

哦，对了，老师，你在七八年前写就的一篇东西方文化之概论性短文，其中有一句“中国的道士虽津津乐道于龙虎铅汞之类周天搬运之‘术’，然而其开山鼻祖老子、庄子开篇却论齐生死，返璞归真之大道”。我早先一直不能理解其中的龙虎铅汞之含义，现在经老师耳提面命，终于搞懂了铅汞之借喻之义也，但对于龙虎一词还望老师开示一二。

清风：你这种“打破砂锅问到底”之精神虽然令人心烦，但转念一想也还令人欣慰。古代丹经认为汞为青色，居东方木位，为青龙。铅中所得之银，白色，居西方金位，为白虎。龙虎铅汞之类外丹术语后被内丹家广为引用，喻指人体内之元精元神等。

炼丹必须具备器鼎、原料，以及对温度的控制方能成功，就是说鼎炉、药物、火候为炼丹的三宝，缺一则不可也。如果就事论事而言，常人可以将其想象为好比是一种烹饪过程，还不是一样地需要锅、原料、火候三样东西。然而，我们以前多次讲过中国人之特点就在于凡事都要讲究天人感应也，因而在丹家的理论中，炼丹程序都是与广大的宇宙奥妙联系起来的。丹家认为宇宙中本来就存在天然的演化，可以出现天然的神丹大药。而炼丹则是人为地仿天地造化之理，主动地迅捷地（通过炼丹加快自然的演化进程）制成神丹大药。在丹家那里，鼎炉是与宇宙天地相联系的（它就是一个小宇宙），而丹药是与万物之精华相联系的，而火候是与天地自然之造化有序相联系起来的。

新知：中国人自古以来的朴素的全息思维表现在每一个领域也，由此也可见一斑也。不管外丹理论多么玄妙，但是最后必须落实到外丹服食的成效上来。成仙的人从来就没有出现过，但通过服食金丹中毒早死的现象倒是不绝如缕，所以炼丹术自唐代达到高峰以后就迅速衰落下去也就在情理之中了。当然，炼丹家追求长生的梦想虽然没有达到，但是对于许多科技领域都有重要影响，最著名的如火药的发明等等。此外，炼丹家在医药领域也作出了重要贡献，有许多丹药被用于医药目的，如红升丹（以 HgO 为主）和白降丹（$HgCl_2$），就为外科主要丹药，有拔毒、去腐、生肌、敛口、杀菌之功。现在许多中成药都被称作什么什么丹，就是因悠久的炼丹术而来的。

清风：服食金丹而成仙终成梦想，但炼丹家的不懈努力却启发了后来的内丹各派，他们开始认识到人之生命并非不能有意识地进行主动调控，从而提出了著名的“我命在我不在天”之论断。此外，炼丹术所尊奉的天人感应思想也在内丹术中得到了进一步的强化。人体自身是一个小鼎炉也，也就是一个小宇宙也，将此小宇宙与外在的大宇宙相连通，则大药可成，成仙有望也。

新知：但内丹术中的成仙其含义已发生了变化，不再是长生不死的概念，而是指炼出能出窍之阳神，达到与道合一的境界。此种境界与佛教中成佛的境界是类似的，都是修炼者所向往的最高的理想境界。

2. 内丹术基本理论简介

新知：既然要讲述内丹术的基本理论，就有必要介绍一下有万古丹经王之称的《周易参同契》。《参同契》之作者一般认为是东汉的魏伯阳，他在书中假借易卦爻象来论结丹之法，言坎离水火龙虎铅汞之法象，而配之以阴阳五行昏旦时刻为进退持行之符候。此书到底本意在于阐述外丹还是内丹术，学术界一直争论不休。但一个不争的事实是，自汉以来的所有内丹外丹经书都能从中找到其阐释的依据，因而为内外丹家所共尊，这反过来可以佐证中国的汉语具有世界上独一无二的一种全息性也。

清风：易卦本来就是一种比类取象的产物，所以从多维的角度去理解也并无不可，但我们这里作内丹之发挥。此书比之一般古文尚难读数倍，因为通篇都是一些隐晦之词，说它甚至比英文还要难学都一点不过分。但其中心可说就是一点，以坎离、水火、龙虎、铅汞之交媾来象征阴阳交媾，对于人体而言则是精与神之交媾。

新知：易经八卦中，乾与坤卦代表天地，坎与离卦则为乾坤之用，象征日月，一阴一阳且富于变化周行不止。水火之交来象征阴阳之交，则是太容易理解之事了。后世中医基本理论也是按此发挥，以肾水（按中医五行理论肾属水）当升，心火（心属火）当降为身心健康之态，称之为水火共济也。又按中医理论肾藏精，心藏神，故水火共济也就是精与神之交媾也，所以其与内丹理论也合也。

清风：易、道、医本也是一家也。天有三宝日月星，人有三宝精气神也，如果不加以特别说明，我们这里所指的精气神皆是指元精、元气、元神也。所谓心火当降，就是我们前面讲过的排除后天意识及情绪（丹道称之为识神）的干扰，则心肾相交，水火共济也。

新知：精气神三者相互依存又相互转化，气周行全身，而精与神分别藏于人体之两极，同时又是气之两极形态，阴之极为精也，阳之极为神也。精者，人体之能量库也。神者，人体之调控中心也。而常人之受识神之时时影响，故心火上冲，而元神的功能受到干扰（现代术语言之就是生理功能趋于紊乱），故肾水下泄（肾中精气走失）。老师，在道教的典籍中，常常将精与神之交媾，用男女之交媾来作比喻，有“自家夫妻自交媾”的说法，我想知道此二者之间究竟只是一种比喻还是另有可以深入探讨之玄机呢?

清风：在我看来，从全息论的角度即从最深层的角度而论，可以说男女之交媾与自身之阴阳之交媾实质是一回事。听起来有点玄是不是？当人在胎儿初期，实质上是阴阳不分的，到出生后方才有了第一性征。当人逐渐长大进入青春期之后，开始出现了第二性征，此时开始有了性的需求。从此，经过恋爱与谈婚论嫁之后就开始了漫长的夫妻共同生活，而性爱也就成其为夫妻生活中一项非常重要的内容也。

新知：老师是不是想说当人在修炼中返回到那天人相应的潜态世界中时，人自身的精气神合一，此时人同样进入了忘我的状态，并且确确实实地实现了阴阳交媾，只不过这种交媾是在自身中进行而已。

清风：很好，有悟性。所以，从这个意义上讲就是人的各种活动造成精气神对外消耗，但也才有了物质与精神文明的生产。人类自身的繁衍生产，是依靠男女之间的性行为而完成的，而在性行为中能量尤其是精神能量的消耗是极其巨大的。反之，通过修炼，是将精气神最大限度地保存于自身内部，将能量储存起来营养自身，当达到高能量的积聚状态时就被称之为形成了内丹了，其中最重要的又是能量在下丹田的积聚效应。

新知：在性行为中，精既消耗，神也大量消耗，因为排精必然伴随着大脑皮层的高度兴奋。美国科学家研究发现，无论男还是女在性行为达到高潮时，大脑里都会出现一种类似放电的现象。通常人们在性行为之后会感到疲劳，在短暂的快感之后会有一种昏昏欲睡的感觉，就是因为精神能量大量消耗之缘故呀。

清风：所以古人对节欲保精极为重视，我给你引用一段《食色坤言》中的精彩文章吧——

若欲身安寿永，唯当绝欲宝精。神之寿命主乎精气，犹灯之有油，如鱼之有水，油枯灯灭，水涸鱼亡，奈何愚人以苦为乐，见色弃生，岂知精竭命亦随逝。善摄生者，先除欲念。

新知：在生物界有这样的情况，有些小动物好像是昆虫之类的，在交配完成繁衍之后生命也就完结了。我觉得对人而言也如此，当一次性交之后确实有一种掏空死掉的感觉，实际上确实是每次性交后朝着死亡之路迈进了相对的一大步。

著名生化专家、百岁教授郑集先生在新近出版的《鉴证长寿》一书中，对此也有一些更为详细的说明——

鉴于生物中有种深海硬头鳟鱼在生殖期到江口上游淡水中产卵后即死亡，以及鳞翅目昆虫成虫大都是在交尾产卵后即死的事实，昆虫学家蒋松柏认为这两种生物的死亡，可能与在生殖活动中丢失了生殖细胞有关。他的论点是衰老实际上是生物的新陈代谢发生了不可逆转的衰减现象。代谢机能完善的个体是不发生衰老的，例如单细胞生物变形虫的代谢机能是全能的，它在适宜的条件下是不会衰老的；高等动物机体的组织细胞在分化中丢失了代谢的全能性，使整体代谢成为缺陷型，代谢全能的生殖细胞可以补偿机体组织细胞的缺失。当生殖细胞的丢失，组织细胞的代谢得不到补偿时即易衰老。动物的衰老都发生在性成熟后，生物丢失生殖细胞的行为也是在性成熟后开始，说明这两种现象可能有因果关系。布龙（Brown Biquard）认为睾丸分泌物的消耗会引起衰老。生殖细胞丢失论与中医的保精固本、益寿延年的养生观是十分吻合的。

新知：那生殖细胞又何以“代谢全能”呢？

清风：问得好，根据最新的基因方面的学说，在生殖细胞中具有端粒酶活性，而体细胞中则是不存在的，以后在“生命在于运动吗”那一节时再与你讨论了。

虽然男女交合与“保精固本”有所违背，但通过交合繁衍了后代，使得个人的生命又在后代中得到延续而成为永生了呀，因而在中国古代世俗社会的价值观是非常重视这个问题的，故有“不孝有三，无后为大”的说法。而对于修炼者而言，能量在自己体内聚集，是最大限度地延缓衰老也，如你所说养性延年也。与常人之交合相对应地，修炼者就不是一种大脑中放电的问题了，而是将性能量进行了升华之后，元神得到了巨大的补充，按现代语言而论就是大脑细胞得到高度活化，大脑皮层的有序性得到高度加强，实际上相当于是对其进行了持续地充电也，这在丹书上称为还精补脑。

新知：是这样的，每次打坐下来是如此地神清气爽，其感觉就是一种充电，并且还是一种充氧，因为大脑是人体耗氧量最大的用户，而在练功后会得到巨大的补充。我还想到的另一个问题就是，在丹书中不仅将丹道形容为自家夫妻的交媾，连描述那进入定境的快乐也喜用男女交合时那种快感来类比（此种情形在古印度宗教中也大量存在）。同样依据先生的教诲，在最本质层面来理解这两种快乐确实是一致的也。但是，男女交合之后的快感只能是一时，因为伴随着巨大的能量消耗，而修炼者的快乐却是持久的，并且对健康还有巨大的增进作用。所以，历史上之修道者尤其是那些圣贤能够克服情欲骚扰，其道理就不言而明了，并非如常人所想象的那样这些人纯属苦行僧也，圣人之乐岂是常人所能轻易体会的呀。

清风：很好，深得吾意也。再进一步展开而论，常人有与异性交合之需要，如此阴阳中和，方能实现其身心之平衡也。修道者则是欲从后天返先天，重回那自身阴阳不显或未分的婴儿或胎儿之境界，那是另一种形式的中和也。中和者，意味着得一也，即是具有整体性与全息性也，如我们前面曾介绍过的老子所说的“昔之得一者：天得一以清；地得一以宁；神得一以灵……”常人的中和方式，可以孕育新生命。修道者的中和方式，可以祛病延年，青春长驻。

新知：由此引发出这样的结论是，世界上万事万物中，中性的事物具有整体性与全息性，超越了阴阳两性的制约关系，因此比之单纯的阴阳二性而言，更算是真正的强者。宇宙间中性的物质最厉害，如中子可以打破坚硬的原子核，中微子可以穿越固体空间，皆说明中性的力量最强。道家讲中和、得一，具体到丹道上而论，就是要返本复初，与具有永恒中性色彩的虚空合一，而自身也重回中性之身。

清风：你得将此中性之身的概念解释一下，否则常人甚至会误解为那种病态的阴阳人（两性的生殖系统都具备）之身呢。

新知：丹道实质上为一种人体系统修炼工程，实际上也就是要最大限度地淡化显态性别特征，而凸显一种具有潜态特征的中性来。修炼有素的女子最后会月经自断，此被称为斩赤龙，更有甚者其生殖器等会萎缩，凸现返老还童之象。相应地，修炼有素的男子在未有性行为的情况下，也不会出现常人那样精满自溢的遗精现象，此称为斩白龙。而这些男子的生殖器则会有一定程度的萎缩并上提进腹部，称为“马阴藏相”。在我们引用了这么多次的全息论之后，读者们不难理解，单从生命力而论，必然是性征不明显的胎儿、婴儿胜过性征明显的青年、壮年与老年。

清风：讲得很好，我在这里就中和之义再稍与你发挥一下。中国之得名源于古代中国的重心在于中原一带，以前中国分为九州，而中原为中州也。中的概念在中国非常受人重视，古时皇帝何以被称为九五之尊呢，因为九为数之极（大），而五为数之中也。中国有句话叫做“三教九流”，由此可见中国文化之丰富多彩。但是，这些所有流派如果要概括一个共同点，一言以尽之，那就是一个“中”字也。

新知：此“中”之境界由“和”而得，且中与和也常并用而称“中和”也，所以也可说中国的文化用一个“和”字可以尽之也，中国人都知道的一句话就叫“和为贵”也。

清风：儒家谈伦理，畅导中庸之道，因为过犹不及也。道家论人与自然之和谐，强调“多闻数穷，不如守中”“中气以为和”等等，而道教丹道则专注于人体修炼之中和之术也。佛教以能超越尘世获得解脱为旨趣，其中道思想源远流长，而在融入中国文化之后更是被发扬光大。出家人被称之为和尚，而和尚的原意就是“和中最上”“以和为尚”的意思，因为按佛法的要求，其信徒要过一种“戒和同修，见和同解，利和同均，身和同住，口和无争，意和同说”的六合敬的僧团生活。

新知：讲到这里，我忍不住破戒赞美老师一句，老师此书是真正的打破东西方文化之壁垒之奇书，在本书的第十八章还会就此进行专门的讨论。话题拉回来，当我们又重新分析了丹道之原理之后，重新来审视老师在总论中就“储能与耗能”那一个专题中所引用的丹书中“顺则为人，逆则为仙”之言时，就会觉得实在是再精辟不过了。

清风：顺则为人的道理即顺着宇宙由潜到显的规律，如同万物一样从生到死的正向发展过程，这就是常人将必然走过的道路。然而炼（内）丹家要追求的是长生不死，或者至少能最大限度地享尽天年，因而他必须进行宇宙学时间反演的思考。宇宙间唯一永恒的东西，在道教看来就是道、虚、无等等，即现在所说的虚空、全息的潜态世界等等。炼丹家要从逆的方向进行宇宙学的反演，因而要从显到潜，要由死到生，要从后天返先天，要回到婴儿态甚至胎儿态。而这一切就需要通过丹道的修炼，让元神归位，返口鼻呼吸为胎息，断淫逸之精而葆元精，从而实现那与永恒的道、虚空合一的天人合一之境界，如此这般则逆则成仙也。顺者，生儿育女，生命向外延伸也。逆者，夺天地造化之功，于体内实现阴阳之交合，道家谓之结丹、育胎耳，使生命向内延伸也。

新知：先生所言，力透纸背，令人豁然开朗也。丹道以前长期被称为仙学，原因就在于这逆则成仙上，仙者如同佛教所言之佛也，即是达到最高理想境界的修炼者也。佛教论成佛之路为八正道也，丹道论成仙之路，为炼精化气（百日关），炼气化神（十月关），炼神还虚（九年关）之三关也。而从身体状况而论，最后与虚空合一，此时内丹炼成，飘然若仙也。对了，先生已在示意我该打住了，因为丹道博大精深，对其基本原理也只能是简介如此，以后必撰专著详尽发挥，方不以为憾也。

清风：你既已“画龙”，我不妨再来“点睛”一下。“顺则凡，逆则仙，只在其中颠倒颠。”此为丹经上之至理名言。丹道继承了老子从逆的方向返本归元的思想，不过它特别将此本旨用于人体之内丹修炼，其实质就是在人体内模拟宇宙反演的过程，使自己的原性与宇宙的原性相契合，将性命还归虚无以追求永生，此在丹道中称为炼虚合道也。我们以前讲过瑜伽的宗旨就是自我与（宇宙）原始动因的结合及一致，由此你可以领会到中印古典哲学的殊无二致也。马斯洛曾经写过一本书《人性所能达到的境界》，其中心思想在于宣传人人都应该追求自我实现的最高境界，但是这是入世的最高境界。而东方哲学所追求的最高境界也可看作是另一极的自我实现，此是出世的最高境界也。

3. 钟吕丹道与南宗北宗

新知：唐代服食外丹中毒之事屡有发生，更有帝王因之而死，炼丹家及其理论多遭质疑，此导致其衰落，也使内丹术能够兴盛起来，当然此也得益于唐末五代的“钟吕传道”也。当三次赶考皆名落孙山的吕洞宾一蹶不振时，道士钟离权劝其抛开功名，修仙学道。吕怦然心动，留下许多银两及书信一封与妻儿，义无反顾地离家修道，并且获得极高道行。钟吕二人著书立说，寻游四方，点化众人，在社会上影响极大。且二人皆仙风道骨，长命百岁以上，后世尊为神仙，并产生了诸如八仙过海这样的传说，其中最为人所津津乐道的当然是后人杜撰之吕洞宾与何仙姑的爱情纠葛了。仙字之构成，人在山中也，古往今来高僧老道那个不是在那名山古刹中修炼而成呢，故曰，“山不在高，有仙则灵”也。

清风：钟吕二人著有《钟吕传道集》《灵宝毕法》等，其中阐述的修炼丹道的基本思想为后来各家所宗，而影响最大的就是宋金时代以王重阳为创始人的北宗与以张伯端为创始人的南宗。及至宋代丹道趋于鼎盛，而钟吕二人则是作为奠基人而堪称功不可没也。

在钟吕二人的著作中，具体论述了如何顺应天时节气，以摄取先天一炁，性命双修，形神并练，最后练成纯阳之体，阳神出壳而成仙的原理与具体操作步骤。难能可贵的是比之《周易参同契》，钟吕之学少了一些玄虚而多实证，可谓是次第分明，步步有验（各层次之修真证验悉数提示），以至于吸引了众多的修道者趋之终生，以现代语言而论可以说是从事人体系统生命修炼工程也。

新知：若在这里要详论钟吕丹道之内容，恐怕非将读者搞晕不可。我主要来谈一下其性命双修之观点，可以说此观点是将道家核心之无为与有为之论在丹道上的具体运用与体现耳。性者，心也、神也、意也、德也；命者，息也、气也、形也、功也。概括之，性者偏重于人之精神的抽象一面，命者偏重于人之身体的具体的一面。性功者，练神也，排除后天之识神干扰，发挥元神之自动调控作用，可看作养气之功也，无为之功也（欲脱离常人之生活方式仍需一点有为之努力）。命功者，练气也，通过有意识地主动地运气与行气，从而收百脉疏通，精气神三宝旺盛之效也，可看作练气之功，有为之功也。性命是人之相辅相成的两方面，因而性功与命功也是修炼技术之两方面，不可偏执一端也，所谓“无为了性，有为了命”也。先生可有什么需要斧正的？

清风：我感到你名为向我请教，实际上骨子里开始有一丝狂妄了。不过话说回来，我其实还是挺欣赏你的，因为在一定的情况下，骄傲是必需的，是才子才会骄傲，是自信的表现。而谦虚在很多时候是那些庸人的护身符与挡箭牌而已，他们无骄傲的本钱只能是借谦虚来掩盖自己的无知。

性功与命功是相对的区别，并无截然的界限，如同性与命的关系一样。要减少后天意识对内气运行的不利影响，就要静心遣欲，气机得养不再耗损与紊乱，其实也就有了调控气机的成分，故是无为之中寓有为，养气之中含练气也，性中有命也。而在练气之中，必然也要排除其他杂念，也就暗合养性养气之理也，故是有为之中寓无为，命中有性也。需要指出的是随着功夫的日益加深，通常练命的成分就越是减少了，而练性的成分就越是多了，因为所有有为都是为了通达那无为之境也。当最后完全进入了人不练功功练人之无为之境时，也就达到了丹道所言之练虚合道之最高境界也。

新知：那时是不修而修，修而不修，似修非修了。但是如此说性命双修，我感到对于初学者而言还是稍感抽象。我再以一具体例子而论，比如修炼者，独居一室，盘膝而作。此时他只是听之以息，继而意守丹田，如此精神集中，让元神自动发挥作用，此当看作在修性功耳。如果他意守一段时间之后，继而以意行气配合腹式呼吸之推动（丹书谓之风火同用，以风喻呼吸，以火喻意念），将此气行小周天之循环，此毫无疑问在做命功也。

将丹道之性命双修之概念推而广之，那么导引、太极拳之类以及现代气功中的许多动功，毫无疑义是属于一种以练气为主的命功，它们不是以意引气而是以动作导气运行。而作为传统气功之精华的内丹丹道，则又可根据有为与无为的原则如我们前面所言的分为命功与性功两大类。所以，可以说气功包含性功与命功两大类，命功包括一部分静功与所有的动功，而性功则包含静功中纯以养性为旨趣的那一部分。

清风：讲得太精彩了，不过弟子确实中气功之"毒"太深了，我们还是立足于传统的丹道而论吧。丹道南宗以北宋道士张伯端（983～1082）为开山祖师，其号紫阳，后世尊为紫阳真人。张紫阳可以说是古今中外之大器晚成之翘楚，因为他在六十岁之前尚是碌碌无为而一事无成，尽管他自幼博学好问，终因未遇名师，不得真诀而延误致此。直到1069年，他已经76岁之时，才从真人那里得到金丹、药物、火候之诀，并且修炼得极深之造诣，开始著书立说而传其混元之道也。张紫阳之主要贡献及其丹道思想都集中体现在其不朽名著《悟真篇》中，此书继承魏伯阳及钟吕等人的思想详加发挥，成为丹道名篇，千百年来一直是最具实用与指导价值之经典。个人斗胆认为若有人未读《悟真篇》而称丹功告成，实无异于天方夜谭耳，委实将贻笑大方也。

新知：也许老师对其人有过誉之嫌，但以其晚年得道而享近百岁之寿命，确也令人陡生敬意也。张紫阳认为，儒释道三教虽各有分殊，然其宗旨可同归于"性命"二字。佛教以空寂为宗，主张顿悟圆通，直超彼岸，其教法"详言性而略言命"，未免有偏颇之处。早期之神仙道教以炼丹养生为务，欲图长生不死，飞升成仙，但其方术"详言命而略言性"，亦不足取。被儒家奉为五经之一的《易经》虽有"穷理尽性以至于命"之说，但其学说宗旨，在序正人伦，施行仁义教化，对性命修炼则语焉未详。因此唯有丹道所提倡之性命双修，形神俱妙，才是唯一得到三教真传的最上乘法门。

清风：张紫阳虽倡性命双修，但也明确提出应先修命而后修性。其丹法先筑基，即听息止念意守丹田，他认为此为命性合炼。此准备就绪之后，着手炼精化气，炼气化神而结成金丹，谓之命功。最后炼神还虚，又回到性功上来。紫阳认为，“始于有作人难见，及至无为众始知；但见无为为要妙，岂知有作是根基。”修命是有作，即首先按照命功功法的步骤进行修炼，以求延命；修性是无为，当练功达到由后天转入先天之境界时，则神气自然运行，此时重在入定之功夫，只要无为养性即可也。

紫阳之所以强调先命后性，主要是因为他认为，命是性的载体，首先要有一个完好的命体作为基础，方可进而求性，“命之不存，性将焉存?”此外，从修炼实践上而论，心性修炼较为无形玄虚，恐初学者难以很好之掌握，故从命功着手，待功夫到家之时，再来炼性，就较易证得澄明晶莹之本来真性，即人之原性也。

新知：先生自学多年，深知初学者求道之艰难，你对此又有何灼见呢?

清风：灼见谈不上，我对此有深切之体会倒是真的。在我看来张紫阳与王重阳之说即先命后性或先性后命之说各有千秋，在有明师（注意是明师而非名师）指点之情况下并无高下之别，修炼者只要对机都堪称得法也。为万全之见，除非万不得已，不要靠个人自学。若实在是明师难遇而求道心切，我个人主张也应先命后性，但这里说的命功只是那纯属动作导引之动功（包括太极拳等），这里所说的性功属于单一地意守丹田或者就是听息入静之类的静功。

新知：此种炼法相对说来是最安全之策了，至少也收强身健体定心安神之效，以后若有缘得高人点拨则达于化境也非难事也。但是对于老师所言之针对常人之修炼程序，弟子对其中的玄机尚有些许疑问，还望再稍加提示一二。

清风：丹道毕竟是一种异于常人生活方式之返还之术，其实任何传统的还是现代的修炼术又何尝不异于常人之生活方式呢？但是，相比之下纯粹的没有任何以意领气（现代有些动功仍杂有以意领气的招式）成分的动功，其柔缓舒长之动作固然与常人之运动方式仍有异，但毕竟比之静功而言较接近常人之运动方式，而且容易下手，易于为常人所接受。这一点对于现代人而言更为重要，因为现代人所处的环境决定了现代人比之古人要心浮气躁很多，一上来就修炼静功，恐怕是难以入静而反生种种流弊。而经过了动功的锻炼，先于动中求得静，然后再于静中求静，如此循序渐进正合道法自然之理也。

新知：很好，老师所言是从自身实践中来，故对初学者尤有裨益也。那又为何老师绝对反对初学者练习以意领气之术呢，殊不知那正是丹道之特色呀？

清风：在传统丹道中以意领气是其打通小周天之必需，又称河车搬运之术也，现代一些动功也借鉴来在其功法中也杂以以意领气之法也。我为何如此反对初学者运用该法，原因在于没有明师指点之情况下，初学者极不容易掌握分寸，容易产生执着反而干扰体内真气之运行，此在丹书中称为意过成火也。据我个人之研究，古往今来凡在修炼中出现之偏差（现代称之为气功偏差）绝大部分缘于此种原因，并且这样的偏差是诸多偏差中最严重的一类，世人称之为的走火入魔之类也多半是因这样的偏差发展而来。

新知：老师的一番苦心弟子深有体会。张紫阳的思想博大精深，我们在此也只能是只言片语点到即止。我再补充两点，其一是他提出“人人本有长生药，自是迷途枉摆抛”。此对坚定修道者信心至为重要，人人都能成仙关键在于掌握正确的调和阴阳返本归源之方法。此观点类似于佛教中人人皆能成佛之观点，只不过佛教是偏重于精神境界而立论，而道教是侧重于形体之长生而论。其二是他提出“须知大隐居廛市，何必深山守静孤?”“志士若能修炼，何妨在市居朝?”这些观点对于丹道之在社会上的普及至关重要，因为如他所言修道者不必避开闹市孤守空山。

清风：我们前面已对“小修在山林，大修在人间”之类进行了评论的呀，对于紫阳这类观点的利弊分析可以参照以前对于禅宗的一些评述，此不赘言，还是抓紧时间来谈谈北宗吧。北宗创自金代全真教祖王喆，号重阳（1112～1170），在其48岁时于甘河镇上遇异人授丹诀，乃于终南县南时村“活死人墓”中炼养三年丹成。后王重阳东游山东半岛传道，收马珏等七人开创名为全真道的道教组织，成为道教后期最重要的教派。全真的意思是“全其本真”，即保全作为人之性命根本的精气神三要素，使其不受污损。“全精、全气、全神”，是全真道修持的目标。

新知：老师我必须插一句，在王重阳的弟子中最著名的为丘处机（号长春子，开创龙门派），在金庸所写的著名武侠小说《射雕英雄传》中也曾粉墨登场过，为此书平添了几分历史的底蕴。丘处机声望日隆之时，蒙古成吉思汗特派使者往请。丘带十八弟子历尽三年多，终于到达蒙古境内而受到成吉思汗之盛情款待。丘对其所问治国之方，答曰“敬天爱民为本”。对其所问长生久视之道，答曰“清心寡欲为要”。“只识弯弓射大雕”的成吉思汗闻之大悦，命其掌管天下道教。据学者认为，后来在蒙古族灭金及南宋，统一中国建立元朝之过程中，因丘处机之言而少了许多的杀戮。

清风：看来你也是一个武侠迷呢。全真道在丹道思想上深受禅宗思想的影响，主张性命双修，但特别强调以“识心见性”为修仙正途。全真家认为人心固有的“本来真性”，不生不灭，超越生死，是成仙证真的唯一根据；而四大五蕴假合而生的肉体则有生有灭，不可能永存不死。人的真心真性本来清静无染，但世人皆被后天的物欲所迷惑，不识自心真性，因而流转生死苦海，不得解脱。修行者若能在心地上做工夫，对境忘缘，澄心遣欲，一念回光，识得自心真性，保持不乱，便可证得无形无相的“法身”，使精神超越生死之外。王重阳说，“是这真性不乱，万缘不挂，不去不来，此是长生不死也。”

新知：可以这样说，道教早期的修道（炼丹）成仙信仰在全真道这里得到较大的改变，从追求肉体长生不死，飞升上清，转变为精神超越长存而形体不离凡间，由此我们也可看出这种观念与佛教的解脱观念如出一辙。内丹各派总的说来相信炼功到极高阶段阳神可从百会穴自由出入随心所欲畅游四方为成仙，此即所谓的“阳神”出“天门”也。此种境界非常类似于密宗中称之为的“脱噶”，在瑜伽中称之为的“自我”出梵穴轮之解脱。

清风：很好，如此善于联想比较，则得比较文化学之精髓也。全真道在宣扬修真成仙的同时，还要求其信徒吸取佛教人生观，劝导人们看破人生之短促无常，从而抛开功名富贵、家财妻儿等精神枷锁，从而彻底脱离人间“火宅”。正由于此，全真道对道士规定有非常严格的出家住观制度，且必须遵守严格的清规戒律，即要彻底地断除酒色财气、攀援爱念、忧愁思虑等世俗之扰。全真道另一个重要特点在于继承了大乘佛教之普度众生之精神，它之教义强调成仙之路需要苦炼积功，苦行济世，此即是强调入世之道德实践在修行中的重要作用。

新知：总结起来说，全真道深受佛教及禅宗之影响，以至于被认为是“归禅之丹”。尽管全真道对心性修炼的强调非常着力，但毕竟还是具有道教的技术特色，而不能完全等同于禅宗之明心见性。因禅宗提倡之明心见性是以参话头通三关等而达，而全真道是通过性功修炼而得。比如丘处机之性功要诀是凝神寂照的回光之法，将人之心性灵光，寓于二目之中。回心性之灵光，须瞑目内视，一念不生，使神凝气聚，相守相化，阳长精生，全身温暖似醉，渐入佳境。

另一点必须强调的是北宗丹功特别重视性功，但并非排斥命功，只不过其认为三分命功，七分性功且要先性后命而已。修性即修心，修命即修身，以炼心炼性为始基，以清静无为作要旨，至明心见性之后，依此修炼仙术，自可达到还虚合道的仙人境界。仍以丘处机为例，他虽然把修性提到最高之层面，但对命功锻炼也研究极深，其《大丹直指》一书按循序渐进的方式详细论述了九种丹法的具体修炼秘旨。

清风：在南宗、北宗之后，丹道尚兴起有中、东、西、三丰、伍柳等等众多派别，虽各有分殊，但总体上来说均在钟吕及南北宗丹道之基础上发挥而成。在此不再一一列举，这里单就元代李道纯所开创之中派略论一二。李道纯以内丹学解儒书，特别对儒家典籍中“喜怒哀乐之未发谓之中，发而皆中节谓之和”“人心惟危，道心惟微，惟精惟一，允执厥中”。的思想心有灵犀，特著《中和集》一书来阐发其丹功要诀。此“中”者，乃炼内丹过程中所要体认的“玄关一窍”也，本是先天之有，但要通过后天的修炼才能得以成就，这便是守中之功法。

新知：老师前面已多次论述了丹道乃至所有东方修炼术的实质都是修此中和之气也，所有法门是名异而实同也。我研究道教史略的一个令我欣喜若狂的意外收获是，在清代中派代表黄元吉的书中，明确提出“中黄直透”之顿法，即是对守中一法之最上乘应用。黄兄认为不用后升前降，不用开合，只要能激活生命（性）能量，沿黄道直升直降亦可结丹也。

清风：那又有什么值得大惊小怪的呢?

新知：老师又在逗我了，其实你比我清楚多了。按丹家之观点，任脉在前，名为赤道。督脉在后，称为黑道。中脉在人体中央正位，不前不后，下以坤土（色黄）为中心，得中黄之气，故称黄道也。老师很早就讲过，瑜伽中的提升生命之气之法与密宗修炼都是以打通中脉为核心，而道家丹道则以打通任督二脉之小周天循环为核心，殊不知丹道中其实也有此打通中脉之一法也，只是未在丹道中占据主流地位也。唉，我现在是赞同老师之叹也，中印文化实在是如孪生兄弟一般，其伟大贡献只在伯仲之间，未有高下之别也。

清风：可我并不知道丹家尚有此等上乘法门呀，看来你比我还聪明呀。

新知：老师又在说反话了，你且放我一马吧，哈哈。

4. 道教的其他重要成就

新知：整个道家文化一向以杂而多端而著称，这又集中体现在道教建立之后。我们前面重点讲述了其作为道教核心的丹道，这里就道教在其他领域的重要成就再作一个非常扼要的介绍。

首先来看导引术，现代气功中的动功大都来源于或借鉴于道教中广为流传之导引术耳。在东汗时由名医华佗创编了著名的五禽戏，此乃模仿虎、鸟、熊、猿、鹿五种动物之动作而成也。以后的少林“易筋经”，道教“八段锦”等都具有非常显著的健身作用。道教导引术中的一些流派向技击之术转化，形成了众多的道教内家拳。著名道士张三丰创武当内家拳，以后在道教思想影响下一些武术家又先后创立了有三大内家拳之称的八卦掌、形意拳、太极拳等等。这其中远播海外，享誉世界的非太极拳莫属了，几乎就成了中国文化向外传播的一张名片耳。道教内家拳的一个共同点就是充分体现了道教以柔克刚，形神兼备，通脉炼气的特点，既可用之于技击收四两拨千斤之功，又可用于健身取沉疴顿起之效。

清风：以下来谈谈在古代道教中广为流行的辟谷、食气与采气之术也。古人心目中的神仙都是身轻如燕，体香肤洁，貌如处子，能腾云驾雾在名山大川自由遨游的人物。因而，选择一些珍奇清香之物服食，而尽可能少地食取五谷鱼肉蔬菜等物，以减少粪便等污秽在肠中的积存便是慕道者追求的目标。“食草者善走而愚，食肉者多力而悍，食谷者智而不寿，食气者神明不死。”以上是道书中的说法。屈原在《远游》中有对辟谷食气的描述，“餐六气而饮沆瀣兮，漱正阳而含朝霞；保神明之清澄兮，精气入而粗秽除。”

新知：辟谷食气，又称却谷食气，其成功者在道教中也有记载。姑举一例，唐代高道王远知享年九十八岁，其人“清净寡欲，居于嵩山之逍遥谷，积二十余年，但服松叶饮水而已”。通常辟谷多以减食法渐渐断谷，饥时可饮食少量由芝麻、黑豆、大枣、黄精等煮成的汤药，同时要咽津食气，逐渐适应休粮状态。古人提倡食气因为他们认为自然空气中包含着一些原始的生命能量即自然界的精华物质。现代医学的一种假设认为，人的消化道内的固氮菌一旦被激活，将能对吞纳进消化道内的空气中的氮气固氮，并转化成各种氨基酸继而合成蛋白质以供肌体利用。我们前面讲述瑜伽时曾谈到太平洋小岛居民的事例也说明此道理。古人提倡辟谷是因为他们认为，虽然食物能提供人们营养与能量，但是食物在消化吸收过程中，会产生大量的腐败产物，所以有“欲要长生，腹中常清；欲要不死，肠中无滓”之说。

清风：但是，古人所言之服气法，绝非随口一口气吞下去就行了，那样只是将气吸入了肺里而已。须有专门的技术，一口即吞进胃里，如此空腹进行多次以有饱觉为度，此新鲜之气在胃中充分鼓荡，而体内之浊气也随着打嗝或矢气而排出体外，从而收吐故纳新之效也。古人又在服气法的基础上发展而成所谓采气法，其法要领在于修炼者通过存想，直接以经脉、关窍穴位等直接吸入天地之气，日月之气，山川之气，以及松柏树木之气等等。

新知：这些技术恐非常人所轻易能掌握也，但对我们有相当的启示作用。尤其是在现代社会，由于人们普遍大量进食精米白面、肉类以及一些饼干点心等加工食品，此类食品由于食物纤维素的缺乏，极容易造成胃肠功能的一些失调，比如便秘等症就已非常普遍。这样一来，造成大肠中粪便积聚，因而产生腐败细菌形成有害物质，引起自身慢性中毒，于是发生疾病与衰老现象。在解释人类衰老的众多学说中，这一“自身中毒”学说一直都占有重要地位。

清风：对于现在大量文明病的发生，另一学说“酸碱平衡说”也备受瞩目。现代人大量进食精米、各种糖类及肉类等高酸性食物，造成人体血浆的 pH 值难以保持微碱性（7.35～7.45），此导致慢性酸中毒，使得心脑血管、恶性肿瘤、糖尿病等文明病（富贵病）在现代呈现高发状态，并且尚在逐年递增之中。以糖尿病为例可以看出其与生活水平提高的相关关系，在今天之中国，其发病率逐年上升，几乎与发达国家不相上下了。此病在古代中医学中称之为消渴病，在中国历史上最富足的唐代时也曾有过大幅上升，因其时国泰民安，人们原本作为主粮的糙米开始让位于精米白面了，而隐患也就埋下了。

新知：拉回来说吧，人的肠道中具有许多褶皱，这些地带正是藏污纳垢之处也。积聚的污垢在现代医学中被称之为宿便，不仅仅是在长期便秘的人中大量存在，在胃肠道紊乱、通风、肥胖、糖尿病、高血脂等几乎所有内科病患者中都大量存在。可以毫不夸张地说，宿便就是百病之源。在世界各国都曾兴起过专门的断食疗法，通过一段时间的集中断食，而充分调动人体自身的调节功能，从而将大量宿便排出体外，因此能够彻底恢复健康。有些病程长病情重的患者需要在一年或数年之中，反复多次进行断食，每次7～10天，以收彻底铲除病根之效果。

清风：需要在这里谈一下断食的基本理论根据——生物与非生物的一个显著区别就在于生物具有新陈代谢的特征，不断地吐故纳新，以维持机体的正常生活活动。在新陈代谢过程中，人体通过呼吸系统和消化系统，不断地吸收氧气和营养物质以供细胞生存。同时，细胞在新陈代谢过程中又不断地产生代谢废物，这些代谢废物则通过具有排泄功能的肾、肠胃、皮肤、肺等排出体外。

但是在进食尤其是终日饱食的情形下，要完全彻底地清除体内毒素是非常困难的。当在断食的情形下，由于肠胃得到休息，其实也带动了全身所有器官的休息。人体能够集中大量的能量来发挥自身的自净作用和排泄作用，最大限度地分解和排出体内积蓄的有害物质，从而达到治病健身的目的。另外，断食本身就是对细胞的一种刺激，它可刺激细胞恢复正常代谢，从而提高细胞的活力。

新知：断食的道理说复杂也复杂，要说简单也简单，人体就好像机器一样，每隔一段时间就需要彻底地停工大修一次。许多动物在生病时都会自动地停止进食，以减轻机体的负担，然后发挥机体的自愈力以恢复健康。对人而言，在身体不适时会自然地有食欲不振的现象，这其实如同发烧一样是人体的一种生物保护反应。有些人意识不到这一点，在不思饮食时勉强自己进食，实际上是反过来延缓了身体的恢复过程。其实自古以来，在各大宗教中都对断食有所提倡，比如最著名的就是伊斯兰教每年都有一次斋月的传统。最近一些年来，在西方国家也曾一度流行每周周末断食一两日，或其间只进极少量饮食，如一点苹果、蜂蜜、牛奶等等，以让机体获得彻底的休息。

在世界许多国家也曾建立有专门的断食疗养院，由专业医师对病人进行断食指导。最严格的断食只能喝一些水，稍微放松一些的是允许喝一些生菜汁及果汁等。日本在这方面的研究非常多，国内能看到不少译著。据相关著作中报道，有许多患者经过一段时间的断食后彻底恢复了健康，并且在断食结束后坚持以少量的生菜汁及生糙米粉调成的糊为主要饮食（甚至有个别人常年每日仅饮用一点生菜汁而已），结果尽管热量比常人摄取的少得多，但是其健康状况却要好得多。此说明，生食较之熟食，果蔬较之肉类等也有一定的营养上的优势，只是在通常情况下人们意识不到而已。

清风：所言极是也。大多数病患者在断食治疗其间，都会产生许多排病反应，最常见的为腹泻，体内长期积存的宿便也因此而得到大量的排除。其他反应多与患者以前所患过的病种有关，比如患过胃病的会胃痛，肝病会肝痛，眩晕病会重新出现晕象，肾病会腹痛和腰痛，抽烟过多的人会咳出污浊的痰，经常吃药的人会出现药疹在皮肤上等等，不再一一例举。单就患者的感觉而言，此类翻病现象似乎表示疾病更加严重了，但实际上经过这样彻底的屡次翻病之后，却能杜绝以往宿疾之再发，因而具有断根治本之奇效也。

新知：在练气功者中，此类现象出现得更加迅速而频繁，据认为是人体元气得以恢复之后，使得人体的自愈力得到大大加强，因而在原来患病处引发了激烈的正邪相争，而经过痛苦的气冲病灶之强烈反应后，却能起到“身体深处爆发革命”之效果，所以能彻底地驱邪外出。就是说常人经常规治疗后的病愈并非真正的痊愈，只是处在一种病邪暂时受到抑制而正气又不足以将其驱除的一种相对平衡状态而已。一旦有种种诱因产生，既往之病又开始兴风作浪甚至一次重过一次，这也就是许多病似乎当时能消除症状，但却反复发作迁延难愈之内在原因。除断食及气功疗法之外，在个别经过中医治疗而效果显著的患者中，在治疗期间也会出现一些翻病现象，而这些翻病现象却正是疾病能够彻底治愈的前兆。此种翻病现象在中医学中被称之为“瞑眩反应”。

清风：我观中医之治则虽多，但总括起来无外乎就是扶正与祛邪两大类而已，从广义上来说就是补与泻两大类（补与泻本身是中医治病八法之一）。而从更广义的角度来理解，则日常之饮食营养若看作补法的话，那么有意识地通过断食疗法来对人体进行彻底的大扫除，则可看作是一种泻法也。但是，由于断食总是有悖于常人的生活习惯和认知理念并且对于一些非常体虚的患者尚存有一些危险性，因而从来也没有成为一种主流，只是作为一种自然疗法在非常小的范围内得到一些应用。

新知：说了这么多，又该回到道教上来了。而作为道教中传承下来的各种导引、丹道却有断食之长处，而无断食之弊也。我跟着老师学练了一段时间了，身体日渐好转，而饭量却从练功初期的大增又演变为比之练功前还大减了，而自觉精神头还更加充足也。所以，古人有气足不思食之说，实非虚言哉。由此可见，传统之养生术实在是既能大大地改善习练者的营养状况，又能迅捷地通过排病反应而驱邪外出，实在是将补与泻完美地结合在了一起也。

清风：所言即是也，在道教中虽有有意识地进行的辟谷之术，但多数修炼者的辟谷现象却是在修到相当高深阶段而自然出现的。通常由于长期修炼得法，使得人体全身的生理功能高度有序化，因而反转来不需要过多地吸取能量，所以许多人到最后饭量通常从刚开始时的增加而变成减少，而在一部分人中会自然出现时间长短不一的辟谷现象，传说中最长者甚至持续多年以至终生。关于这方面的研究，希望寄托在下一代弟子你身上也，你日后可以出专著来详加探讨也。

新知：谢谢恩师鼓励，以下简要谈谈道教对中医药学所作出的杰出贡献。道教与中国传统医学关系极为密切，古之修道者莫不兼通医术，因此有“医道通仙道”“十道九医”等说法。何以“医道通仙道”呢？这是因为医、道两家有着共同的思想渊源，中国古代的易学思想、阴阳五行学说、老子的哲学思想等等都是传统医学和道教各自理论体系建立的活水源头。在《黄帝内经》这部中医最重要的经典中，明显看得出其所受早期道家哲学影响极深。

清风：那你再说说何以“十道九医”呢？

新知：一方面，道教出于宗教信仰和目的的需要，以医传道，借医弘道，不断地“援医入道”；另一方面，传统医学也在不断地汲取、借鉴道教医学中的养生思想和成就，许多医家也“援仙入道”。魏晋时期的著名医学家葛洪，却又甚好神仙之术，其专著《抱朴子内篇》一直是外丹炼制之经典。葛洪的医著甚多，现流传于世的有《肘后备急方》一书，其序言中提出医生用药力求“价廉、简便、灵验”，选择和实施医疗措施力求“救急、方便、实用”的临床治疗学思想，至今仍具有非常现实的指导意义。而唐代道教医学的集大成者当属孙思邈无疑，其幼年体弱多病，以后修仙学道，寿享百余岁。其所著之《千金要方》《千金翼方》二书，在医学史上占有重要地位，其也因此被后世尊为“药王”。他认为医生用药要十分谨慎，而且要优先考虑食疗，所谓，“夫为医者，当须先洞晓病源，知其所犯，以食治之。食疗不愈，然后命药。”简言至此，可见一斑，其他人之事迹不再赘述。

清风：以下再简论一下房中养生学的问题，此学在中国古代科技史上占据重要地位，曾使国际上一些性学家、医学家、优生学家给予很高的评价，而在这方面道教作出了非常重要的贡献。同佛教的完全禁欲相比，似乎以节欲来形容道教的主张较为妥贴。全真道因为深受佛教思想影响，因而是主张完全禁欲的，加入其中的道士都必须严守戒律，住观清修。而在南宗等道教流派中，则流传有同类阴阳双修之功夫。此类功夫，在于男女夫妻同修丹道，所谓采阴益阳，还精补脑，而达返老驻颜，修道成仙之目标。但是，此类方术多属于秘传，历来得其真诀者甚少。

新知：道教中流传的房中术主要为使常人交接有术，促发性高潮，得到性享受，同时又防止伤身损体而设。这其中又主要包括观察性欲反应法、交换交接姿势法、多交少泄法及房事禁忌等几大类。房事禁忌，古人认为在大寒大暑等节气以及个人大喜大悲、病后、虚弱、疲劳之时皆不宜同房，而酒醉入房则为房中之大忌。这些论述与现代性学及优生学理论几乎完全吻合。我不禁想起以“李白斗酒诗百篇”而闻名的一代诗仙却膝下数子不呆即傻，可为酒醉入房之忌之明证也。

再谈多交少泄法，古人认为男子在交合中应掌握所谓“弱入强出，闭精少泄”之法也。此是指男子在阴茎尚未十分坚硬时即插入，在女子阴道内感应阴精而坚硬起来，完成交合动作后趁阴茎坚硬时即要抽出，如此可节制泄精。而最好之法是性交时要闭精少泄，或数交一泄，直至闭固勿泄。孙思邈之《千金要方·房中补益》及著名的性学著作《素女经》《玉房秘诀》等都记载有利用上述原则交合之法也。不过孙还认为，凡房中术人到中年时方可学也，因青年人欲火炽烈，难以如法操作而反生种种流弊也。

清风：不难看出，古人在介绍房中术时多从男人之角度立论，这其中的原因是不言自明的。古代社会一直是一个以男人为中心的社会且古时修道之士也主要是男性，此种格局直到今天也可说是依然如故也。当然另一个原因在于似乎从生理上而言男人在性活动中消耗更大，比如通常男人在泄精后会进入一段不应期，年龄越大，持续时间越长。而女人似乎并不存在这样的问题，在短时间内女人就可以反复有多次性高潮。那么提倡弱入强出、闭精少泄总的说来，是对绝对禁欲的一种调和，或者也可看作对女人之性要求有所体贴，但又要不至于过度地走泄男人之精气，从而影响健康乃至丹道修炼了。

我们在这里引用一些房中术之内容，有利于我们重新对男女之情欲作一点反思也。儒家有“食色，性也”“饮食男女，人之大欲存焉”等说法，可见儒家对人之情欲持肯定之态度，只是要求人之欲望满足要在一定的礼仪规范之下。佛家宣传禁欲，对在家之居士则要求稍宽，要其不邪淫，即按我们今天的话说，不发生任何婚外之性关系，而婚内之性关系也要相当克制。道家及道教总的说来，认为要完全禁欲对常人而言还是不现实的，并且可能引致一些疾病的发生。比如，在道藏《三元延寿参赞书》一书中的论点非常具有代表性，“一阴一阳之谓道，偏阴偏阳谓之疾。两者不和，若春无秋，若冬无夏，因而和之，是谓圣度。圣人不绝和合之道。但贵于闭密以守天真也”“人年六十者，当闭精勿泄，若气力尚壮盛者，亦不可强忍，久而不泄，致生痈疾”。类似的论述还有很多，此不多言也。

新知：尽管如此，该书仍大谈纵欲的害处，极力主张节欲，使我记忆犹新的有这样一句话，“上士异床，中士异被，服药千裹，不如独卧。”此言就是说，夫妻平常应采取异床异被的方式，以减少情欲被刺激起来的机会，从而减少交合之次数。如此常年独卧的生活方式对防病治病极其关键，其功效胜过吃千副中药也。已婚之夫妻是否还需要分被甚至分床而卧，我不便多说，但至少对于体虚多病之人，在养病治病之阶段，节欲乃至完全之禁欲应是绝对必需的。另外，对于初习修炼之术者而言，在筑基之百日内应当杜绝性活动，此为古代之丹家及至今日之气功家所持之共识也。

清风：总的说来整个东方文化对人之性能量都是极为看重的，而西方文化中似乎对此是非常不以为然的。比如，按现代医学之理论，男人在每次性生活中所射出的精液并无特别的成分，无非是一些蛋白质与水而已，很快可以得到补充，不值得大惊小怪的。即使是年轻人之手淫，现代医学也认可其为缓解性冲动的一种合理方式，只要不背上心理负担，其对身体并不会造成什么危害。对于每次性生活所消耗的能量，也就是相当于一次百米赛跑之能量。更有甚者，一些性学家认为性爱是比体育运动更好之锻炼方式因而值得大力提倡。

新知：有些东西岂是凭化验结果能得出结论的，比如生菜汁其间蕴含的精微物质未必全部能用化验来测出，精与卵合，能孕育新生命，故精液中所含之蛋白质岂是一般之物？另一方面，性交是一种牵动全身的活动，尤其是整个神经中枢参与极深，其间所耗的能量岂是常规体育运动所能相比？一般人跑完百米，身体虽有点累但精神仍是饱满的，体力上稍事休息就不难恢复过来。而性交之后之昏昏欲睡即说明精神消耗极大也，不像跑完步那样很快可以恢复过来。故古人极重视保精惜精也，因一旦泄之无度，则导致髓海空虚，头晕目眩，百病蜂拥而来也。

清风：这方面若要阐发开去，恐又可洋洋洒洒写就几大卷了。近代仙学泰斗陈撄宁认为，各人节欲之程度须视自身之体质状况而定。比如穷人就得非常节省，而富人就可随意一些。身体虚弱之人如同是穷人，自当节欲非常也，因为其精力消耗非常难以补充，而身体强壮之人又可随意一些也。在古代色情小说《肉蒲团》中，有这样一段话堪称至理——

世上的人若晓得把女色当乐，不可太疏，亦不可太密，不可不好，亦不可酷好。未近女色之际，当心思曰此药也，非毒也，胡为惧之；既近女色，当思此药也，非饭也，胡为溺之。如此，则岂但阳不亢，阴不闭，世无夭折之成，亦可使内无怨女，外无旷夫，则如王者之政。

新知：近代名人、国民党元老吴稚晖曾著诗《论房事》，尽显其幽默率性之风格——

血气方刚，切忌连连；二十四五，不宜夭夭；三十以上，要像数钱；四十出头，教堂会面；五十之后，如进佛殿；六十在望，像付房钿；六十以上，好比拜年；七十左右，解甲归田。

反正我还是认为对于修道者而言，还是要非常注意的，要节之又节，慎之又慎的。老师前面不是引用郑集老寿星的话也论证过这个问题了呀。以下谈谈道教对中国术数学所作之贡献。中国术数学本是由周易象数学所发展起来的分枝，它最初奠基于战国时期驺衍为首的阴阳家学派，汉代兴盛一时，后流入道教，被道教占验派所宗。占验派道士皆精研易理，推崇象数易学，并将之用于社会、人事等未知事物的预测，创造出丰富多彩的占验术数。

清风：易经一书，堪称奇书，中外学者为之殚精竭虑，仍感其深不可测也。易经的主要内容可用象数义理来概括，而近现代对义理研究甚多，对象数研究甚少，甚至因其主要用于卜筮而经常被束之高阁甚至被封杀。这种局面在20世纪八九十年代有所突破，例如邵伟华的《周易预测学》更是一度风靡全国。道教中高人对易经研究甚深，有将其融入方技，作为内外丹之理论框架者（如魏伯阳著《周易参同契》），另有将其融入术数，以卜筮占验为其所长。宋代道士陈抟、邵雍等人创设太极图及后天八卦图等，对占卜之学影响极为深远。总之，中国术数学肇始于易经，由道教所发扬光大，以致种类繁多，包括谶书、梅花易数、奇门遁甲、六壬数、四柱推命术、星占术、测字、梦占、堪舆（现一般称风水）、相术等等。

清风：对这些术数之具体应用我们不作一一介绍，它们的核心总是不出由太极、阴阳、五行、四象、八卦、六亲、九宫、三才、天干、地支、二十四节气等符号按生克制化关系组成而成的象数形式化系统。这其中，无疑搀杂着大量的迷信和糟粕，但是对其中的一些合理内核还是有值得汲取与借鉴的地方。术数家把整个宇宙，乃至其中的万事万物都看作一个阴阳互补的模型。万事万物都有阴阳之分，阴阳二者又相互渗透，转化与制约。

新知：我认为中国的阴阳互补学说与哲学上之对立统一原理相近似，容易为常人包括西方人所接受与认可。但是作为对阴阳学说之补充之五行学说，其实也是国学之精华，但相对而言不易为常人及西方人所理解。在术数学看来，宇宙大系统与各个子系统之间，不同层次的主客体结构之间，都存在着一一对应的要素。这些要素都可以按金、木、水、火、土五行进行分类，并且形成相互间生、克、制、化的稳态体系。其实，人体有五脏，人之手脚有五指，自然界许多事物都与五有关，此五行之学说绝非虚言也，应有非常深邃之思想内涵，值得学者们进行深入之研究。

清风：就精微而论，万物皆可分阴阳，物物之间又以五行而相互制衡，从小至大，每一层次之系统都按同样的方式如同魔盒一样层层叠叠地套装而成也。就广大而论，天、地、人之间又相互感应也，在术数学看来，宇宙间之物质世界与精神世界都是相互作用与制约的，所有一切都在一个相互联系与感应的超级大网之中。绕了一个大圈子，其实又回到了本书通篇都强调的一个全息论上来了，其实古代术数家的思想可看作是全息思想的最初萌芽也。在道教中，术数学家所抱的最高信念便是“执一统众”“知一，万事毕”，这就是说知一则无所不知，不知一则无所能知。

新知：由此看来，在道教中内丹家与术数家的信念是一样的，只不过其方式不一而已，一则通过修道而实现，一则通过对象数等全息符号进行推演而实现。不管如何，此两种方式都是激发了人之先天具有的功能。我想在这里说明的一点是，谈到预测未来，就难免会落入宿命的论断中去。但是若从全息论的角度来理解，既然在空间层次上宇宙万物是全息统一的，那么在与空间密不可分的时间层次上，宇宙万物也是全息统一的。当然说到空间的全息及物质世界的全息，人们理解起来要容易许多，而时间之全息要常人很快能理解，委实有点勉为其难也。

清风：既是这样，那就点到为止吧。按全息论来理解，空间是时间的积淀，而时间是空间的流动，二者无法真正分开。可以说任何一个层次都包含了所有的层次，任何一个时刻都包含了所有的时刻。有的物理学家提出一个时空隧道的假设，即此隧道虽笔直向前，但却已是事先就以存在的了。我感到此可以帮助理解时间的全息性。再者，可以将宇宙万物包括这宇宙本身的生生灭灭之过程，看作就好像是电影之拷贝一样，实际上早已注定是那样了，其过程就如同放电影一样，一点一点将其拷贝上的内容展示出来而已。

5. **贡献与局限**

新知：道教作为中国的本土宗教，它有别于其他的三大世界宗教。其他宗教或者追求灵魂的解脱，重视来世利益，或者如佛教那样看重摆脱轮回往生净土，总之对现世人生有所否定。而道教早期追求肉身成仙，虽然后期这一目标有所弱化，但极其重视现实生命的特色则是始终如一的。所以，从道教创立之一开始，就对长生久视之道着力研究甚多，以至于将道教称之为养生教也并不为过。

清风：重视现实人生，此也是整个中国文化的特点。道教贵生，所以催生了炼丹术的兴起与发展。此炼丹术在化学上，医学上都有所贡献，但使人或中毒或毙命者也众多，也是不争的事实。通过服食外丹而求长生从根本上讲就是子虚乌有之事，但炼丹之理论依据及操作技术对内丹术（丹道）之兴起与完善起了至关重要的作用。丹道之性命双修思想及其非常完善的修炼体系，实属于一博大精深之人体生命系统修炼科学也。此在人类之身心健康日益受到威胁之今天，更加彰显其巨大价值也。

新知：当今在国内外的高等院校的宗教学系已公开教授道教，而对丹道的研究也日益引起各国学者的重视。其实，著名心理学家荣格晚年对道教极为推崇，还曾身穿道袍亲身实践道教的生活方式。丹道名著《太乙金华宗旨》在被汉学家维尔海姆译成德文后，荣格为其写了大约同等篇幅的心理学评论，并取名《金花的秘密》而出版，后来成了西方世界的畅销书。“金花”是对修炼内丹者在达到高层次时在体内所出现的一种神秘感觉的描述，其会导致一种精神的顿悟，一种智慧的升华。

清风：我插一句，密宗的修炼术，更容易出现这样的感觉。

新知：荣格受佛教、道教、印度教等东方哲学影响极深，其所创建的分析心理学中的许多概念如自性、集体无意识、原型、共时性等都能看到东方哲学思想的影子。英国著名汉学家李约瑟博士在其名著《中国古代科技思想史》中，也曾专门用一个分册来介绍中国古代的丹道，并认为对丹道之研究是通向破译人体生命奥秘的途径。

清风：很好，虽只寥寥数语但也足证弟子平日之用功良苦也。丹道乃中国文化之瑰宝也，值得大力发掘与弘扬。但是，我也必须指出古代丹经也有其历史的重大局限。众所周知，中国文化中最深刻的就是其天人感应之思想，我们在前面引用的《红楼梦》中制作冷香丸的一段描述也充分说明了这一点。但是，此若走向极端，就造成了极端的机械与繁琐，给后学带来极大的困难。比如在《周易参同契》中，魏伯阳借助八卦将周天功中的“火候”用数学模式表示出来，这是他的一个巨大功绩，但由八卦所提供的数学模式只能是极其粗糙的，完全不切实用。此外他还借助了天干地支、五行、方位、月相等来构建其数学模式，更使其显得繁琐而神秘，因而读此书简直如译密码。后人炼丹只能是得其意而忘其言，如果非要依照此书的细节来炼丹，恐怕只会着“有为”之相而难以自拔也。

新知：这样的情况在钟吕的著作中也是屡见不鲜，比如《灵宝毕法》论述具体的修炼方法时说——

在春季的三个月里肝气旺盛。肝气旺盛的原因是先天的真气随着天体的运动在肝中运化。如果遇见木日，则甲乙克土。在辰戌丑未的时辰里，依照天时起火炼脾气。在其余日期的兑卦时，损金气耗肺气，这个时辰是不能够练功的。坎卦时，依法起火炼肾气。震卦时入室，多入少出，呼吸停止了最好，能长时间闭气也不错，数呼吸达一千次为标准。此时应当内观真气运行，冥心闭目，自然能够看见青色，渐渐升身，真气入泥丸，从寅时至辰时，充满震卦。（呼吸一千次以上尤其好。每一次呼吸以渐慢细微为标准。如果呼吸停止了就不用记数了。）……

清风：在此书中，夏秋冬等季的修炼模式也基本上是按照上面的套路。过于机械繁琐几乎是所有丹书的通病，因而现代气功之静功在许多方面都对传统丹道进行了大幅度的革新。虽然有些因迎合现代人欲速成的需要而设之，实不可取，但也有许多方面所作的改进是非常必需的。依古代丹家的修炼模式，莫说对于快节奏的现代人难以效法，即使是在古之修道者中能成功者也少见。

古人有“华山之下，白骨茫茫”之说，即是指在多如牛毛的修道者中，能成功者如凤毛麟角之少见。传统丹道之难修，固然有世人超越世俗的固有困难，作为返还之术的固有玄奥等方面的原因，但必须承认古人囿于历史的局限对修炼之核心诀窍未能尽以言明，而对于细节又过于苛求，也是非常重要的原因。

新知：相对说来，从道教中流传下来的大量导引之术倒是更宜为一般大众所接受，而辟谷食气等法对现在的生命科学也有颇多的助益。比如现代由杨梅君女士教授的一种名为大雁功的动功，就是传自道教且以模仿大雁的动作为其特色，一度在全国影响很大，且具有很好的保健功效。

并且道教在发展的过程中，逐渐抛弃了早期道家那种囿于个人清修的弊病，而是积极入世行善传道，以泽被众生，此种情形如同大乘佛教对小乘佛教的扬弃类似。许多道士兼通医药，悬壶济世为中国医学的发展居功至伟。还有如钟吕等人既在修炼上取得非凡成就，又兼有惩恶扬善，行侠仗义等诸多壮举，使得他们与其他一些道士一起被民众塑造为具有传奇色彩的八仙，其各种神话故事在民间广为流传，产生了极大的社会反响。这种情形有点类似于人们对那扶贫济世、除暴安良、表面装疯卖傻而实际讽刺世态炎凉的济公和尚的推崇。

清风：我们可以体会到道家（道教）在其发展历程中与佛教的许多共通之处，同为出世之教，同样经历了从一味出世到在世出世之转变，许多贡献及因而产生的流弊都有近似之处。比如，禅宗发展到后来出现“狂禅”之风，而道教也如此，虽然没有“狂道”一词的说法。道观时常成了一些失意之男女的“借宿”之地也，他们并无可能摆脱世俗，真正身体力行地去实践道教的严格修炼，历史上便流传许多女道姑与一些文人骚客之间交往的风流韵事便是明证也。

新知：道教房中术有重要的性学及优生学研究价值，但也应看到在明清时代其得到了畸形的发展，助长了当时社会上的纵欲好淫之风。比如明世宗崇信道教，且喜用红铅与秋石来助房中秘戏之用。红铅是以少女的首次月经，以清水漂过，加以丹砂、没药、童便等炼制而成。秋石则是以童便制成的男子性激素结晶体。另外，道教内丹术亦和房中术结合，创造出一种采阴补阳，借少女为外鼎而结丹的闺丹，亦称泥水丹法。习之者希望既能助淫乐，又能助长寿。于是从帝王至大富家庭皆喜采道教方药及挑选处女来助阳行淫。

清风：任何一种宗教不管它本身是多么地超越世俗，但为求发展壮大，它本身又需要进行世俗化之进程，这就是一种深刻的悖论。常常是这样的情形出现，宗教在影响世俗的同时，很多时候它反而受到了世俗的感染与同化了，其后果就是造成其自身的衰落。不光是道教，佛教在印度的发展也遇到过这种情况。当佛教发展到密教阶段后就开始走上下坡路了，其后来在印度彻底地衰落有一个重要原因，就是密教在宗教实践方面不断受到印度教“左道”的影响。它在后来的发展中日趋堕落，如对生殖器进行崇拜，强调男女性爱和对爱的体验，把满足性欲视为追求的极乐境界等等。禅宗在中国的衰落还不是一样的，到后来狂禅之风兴起，和尚不像和尚，甚至比世人还要荒淫无度，当然难以保持长久的影响而要淹没在世俗的海洋中了。

新知：宗教在世俗化的进程之中，往往就难以脱俗，尤其是脱男女情欲之俗呀。前两年，巴勒斯坦激进组织经常组织一些针对以色列目标的自杀性攻击。而充当肉弹的许多年轻男子，除了被灌输以伊斯兰教义进而被要求为真主献身之外，还被许诺进入天堂后将有72名处女等着迎接他。

好了还是言归正传吧，就道教融入民间世俗生活的直观感受而言，我们所能想象出的便是这样的场景，那些穿着青衫的道士正在忙碌着为人占卜、推命、看相以“决吉凶”，书符箓以“驱鬼辟邪”，斋醮祈禳以“祛灾求福”，念咒以“去灾、退鬼、避猛兽”，做道场以“超度亡灵”。这些人与其说是伟大的老子、庄子、吕洞宾的传人，不如说是一些靠披着道袍谋生的伪道士而已，甚至有些完全是一些上欺帝王，下骗平民的大仙、二仙和半仙等江湖骗子而已。没有办法，所有宗教在世俗化的过程中都会遭到一些亵渎。

清风：总的来说，道教文化尽显其杂而多端之特点，其局限也自有历史的社会的原因可以总结，但仍可看作是白璧微瑕，瑕不掩瑜也。

第五章 生命在于运动吗

“生命在于运动”是人所共知的常识，但它不一定是真理。“生命在于在静止中提高机体有序状态”！

新知：“生命在于运动”是18世纪法国著名启蒙运动的代表人物之一，思想家、作家及哲学家伏尔泰的名言。这句话本意在于强调变革发展之于社会的重要性，后来则成为了一句流传极广的名言，尤其是用在体育、医疗、养生等方面。“生命在于运动”符合一般人的常识，因为长期坚持运动的人似乎比一般少运动的人要健康一些。现在肥胖者越来越多，且通常这些人又因此而滋生许多文明病、富贵病，并且这些人中很多是由于以车代步，缺乏运动锻炼所致，所以更使人坚定认为“生命在于运动”这句话的千真万确性。

清风：难道你不认为这句话是颠扑不破的真理吗？

新知：我认为就纯粹的养生角度而言，它是伪真理。在论证这个判断之前，我先讲一个伽利略在比萨斜塔扔铁球的故事。这个故事出现在许多中学的教材上，伽利略将两个大小重量不等的铁球一齐从斜塔上扔下来，结果它们同时落地，而不是像古罗马权威亚里士多德说的那样是越重的东西就越先落地。但是，为什么人们在此之前都认同亚里士多德的说法呢？因为亚氏理论符合人们的常识，比如羽毛很轻就落得很慢。殊不知羽毛落得慢的真正原因，不是因为它的重量轻，而是因为它的表面积大，而造成了空气中的浮力增大的原因所至啊。

清风：你想说明什么呢？你想说明运动量小并不是造成身体状况差的必然原因是吗？

新知：是的，师傅你很聪明，哈哈。通常认为通过运动促进了新陈代谢，因此可以增进人的健康状况。但是，这样的理论是站不住脚的。比如许多运动员到退役之后却伤病缠身，身体状况并不好，寿命也并不长。比如相对更好静的女人其基础代谢率低于男人，而众所周知女人在许多疾病上其发病率都显著低于男人。各国统计的人类平均寿命记录中，女人也比男人长六至十岁。有一个名为“难题”的笑话很能说明问题——

丈夫叹道：“唉，我的体质越来越差了。”

妻子教训道：“野象能活200年，而驯养的象只有80年寿命；牧羊犬能活27年，而家犬只有13年寿命。生命在于运动嘛，谁叫你一天到晚象乌龟一样缩着不动?”

不料丈夫说：“亲爱的，请问乌龟能活多少年?”

清风：想必文中的妻子一下子肯定哑口无言了，因为乌龟是最少运动的，却是动物中最长寿者。用活龟垫物及垫房基是我国的一个风俗，有报道数十甚至数百年后挖出的龟尚有活着的。其实在所有动物中，都是性情温和的动物寿命长过性情暴烈的动物，食草类动物长过食肉类动物。总之，运动量小新陈代谢率低的动物寿命长过运动量大新陈代谢率高的动物。比如说蝙蝠和老鼠大小相似，体重相近，蝙蝠的寿命却是老鼠的五倍。科学家认为，老鼠习性好动，能量消耗大，故寿命短；蝙蝠大部分时间生活在洞穴里，只在晚上出来飞几小时，白天则完全停止了活动，代谢率很低，故寿命明显增长。就人类而言，其实也是如此，那些性情温和且从事的工作属于较为安静性质的人普遍是长寿之人。比如说，僧尼、道士道姑、修道士修女及书法家、画家、医生等等。实际上，新陈代谢率理应减慢才是使人长寿之道，也就是说将生命时钟拨慢也。一些动植物因为种种原因长时间处于休眠的状态，其寿命更是被大大地延长到难以想象的地步。

新知：我知道老师对十多年前国内出版的《生命在于静止——中国传统气功养生真谛》一书极为欣赏，我最近在你那里读了此书，也倍觉茅塞顿开也。只是，如果说生命在于静止的话，人们也同样会举出许多反例来驳斥此论，如何来完善此论，还望先生明示也。

清风：确切地表达应是“生命在于在静止中提高机体有序状态”，如此则一切难题迎刃而解也。一个好吃懒动、大腹便便、一坐下来不是打麻将就是看电视的人，确实其生活方式也是以静为主，但是这能促进其生理机能的有序吗？而中国乃至印度的传统气功（无论是佛家的禅定、密宗功法还是道家的各种养生术以及印度的瑜伽），其实也包括各种门类的现代气功等虽然也是以静为主，但是其特有的调身、调息、调心等技术却能促进生理机能的有序，所以能够收祛病延年之效也。简单点说吧，常人如整天坐着带来的是身上赘肉的增多及随之而来的各种疾病，而气功则能带来真正的心平气和及随之而来的元气能量的积累和生理机能的巨大改善及精神上的无比愉悦。

新知：将“生命在于静止”进行重新的表述，即对静止加以限定，则问题得以破解也。《宇宙全息统一论》及《生命在于静止》这两书都是老师认为有着巨大价值的著作，可惜还未曾引起世人的足够重视。我相信在老师这本《经营生命》出版后，应该对此两书那“养在深闺人未识”的局面有所改变。《生命在于静止》此书其实从根本上讲明了传统气功的真谛，其美中不足之处在于作者张文江、常近师徒二人受道家影响很深，因而在论述佛家及瑜伽等思想时往往套用道家之思路。相近者采纳之，而有歧异者则驳斥之，并且还出现误将瑜伽中的中经当作道家中的督脉之类的笑话。尽管如此，此书之光辉仍异常夺目，我感觉到老师关于气功之本质方面的思想实受此书启发也。

清风：说得非常对，于我心有戚戚焉。为了让你确切地理解气功的本质，我们可以再换一个角度，用现代流行的“熵”的理论来说明问题。以下引用一段《生命在于静止》中的论述，来展开我们的讨论——

在恩格斯看来，新陈代谢是一切生命现象的本质特征。现代生物科学证实了这一点，而热力学第二定律，则从系统的角度，进一步证实了新陈代谢对于生命的重要意义。

众所周知，生命体是一个系统。任何系统的内部组织都有一定的秩序，这就是系统的有序性。有序的反面是无序，也就是混乱。系统的有序性越高，表示这个系统功能越健全；反之，有序性越低，则表示这个系统功能越衰退。任何系统的基本功能都是维持、提高自己的有序性，但这是以消耗内部的能量为代价的。物理学中用“熵”这个概念表示系统中能量转化已经完成的程度，其实也就是系统丧失能量转化能力的程度。因此，熵这个概念反映了系统的无序程度，熵越低，系统的有序性越高；熵越高，系统的有序性越低。一个系统如果不从周围环境吸收能量，必将造成系统内熵的不断增加。熵极大，表示系统内部不再有任何能量转化过程，达到了“平衡态”，即系统解体。这就是热力学第二定律。对于生命来说，解体当然意味着死亡。

奥地利著名物理学家薛定谔在著名的《生命是什么》的演讲中，为生命科学引入了“负熵”的概念。他指出：“一个生命有机体在不断地增加它的熵——你或者可以说是在增加正熵——并趋于接近最大值的熵的危险状态，那就是死亡。要摆脱死亡，就是说要活着，唯一的办法就是从环境里不断地汲取负熵，我们马上就会明白负熵是十分积极的东西。有机体就是赖负熵为生的，或者更确切地说，新陈代谢中的本质的东西，乃是使有机体成功地消除了当它自身活着的时候不得不产生的全部的熵。

新知：老师啊，以上这段文字读得我头晕脑胀啊。我觉得可以这样说，传统气功就是一种最大限度地增进负熵（即使机体有序性的能力），而最大限度地减少正熵（使机体无序的程度）的一种最优化的方式。为什么这样说呢，因为人的生命要消耗能量来维持，而任何的能量消耗都是对机体有序性的一种破坏。而气功以静为主，因而最大限度地减少了能量消耗，同时通过特有的调心等方式，又最大限度地增进了机体的有序。世界上可以说难以找出第二种方式能够实现“鱼与熊掌”的兼得，即同时实现两方面的效应，休息（能量储备）与强身并行不悖也。

清风：常人如果不能理解负熵、正熵之类，那么氧化反应、还原反应应该好理解了一些吧。任何维持生命的活动，都必然产生氧化反应，氧化反应的产物之一就是自由基，而自由基是让人衰老的东西。任何生命同时又在进行还原反应，就是为了最大限度地消除自由基，修复受损的机体。氧化反应到极端的地步，生命也就解体了。人每日的睡眠就是还原反应占优势的阶段，不如此机体得不到修复，能量无法积累。所以长期失眠的人会显得衰老甚至百病丛生。而进行东方修炼术的锻炼甚至是一种比睡眠还要好的休息，人体的还原反应可以达到极致。

新知：据研究茶中含有一种能大量消除自由基的成分，所以适度饮茶对健康大有益处。蔬菜、瓜果也有类似的成分，尤其是尽量生吃的话，效果就更显著。总的说来，越是接近自然越原生的东西，就越能增强人体的还原反应并顺利消除自由基对机体的破坏。而日常所说的垃圾食品，主要都是些氧化食物，油炸类、方便面、汉堡包等为其代表。这些食物能在人体内发生氧化反应，损害脑血管壁的正常分子结构，不仅有损健康，也易导致思维迟钝。虽然身处现代文明的氛围里，但我太想去如广西巴马那种长寿村里，过上那种一切都是无污染的，然后自给自足的生活。

清风：真是说得比唱得还好听，但恐怕只是叶公好龙吧。对于你这种六根不净的人嘛，刚去可能新鲜几天，但呆上十天半月，估计你就得哭着嚷着回到滚滚红尘中了。

任何一样西式运动在适量的情况下，虽然对增进机体的有序性有一定的作用，但是同时又造成大量的能量消耗，需要专门的休息来恢复体力。而如果一个人整天坐着躺着，虽然能量消耗是减少了，但是心不可能静下来，不可能对促进机体有序性起很大的作用，弄不好还会因气血不调生出许多病来，所以也不是最佳的方式。而任何病理反应都是机体有序性受到破坏的反应，也就是说正熵在增加。而如果患上癌症之类的重症，则更是对机体有序性的极大的破坏，正熵会增到极大的地步，甚至造成人的死亡。许多癌症病人到晚期“恶病质”阶段时常常会瘦得仅剩下“皮包骨”一般，就是因为自身元气能量受到极大消耗，因而呈现极度虚弱的状态。

新知：在西方过去几十年曾流行“库珀理论”，由美国军医库珀所提出。库珀认为，健康程度的标志是全身的耐力，而耐力又是全身所有器官和系统特别是心、肺系统的健康的反映。耐力的关键在于氧，因此吸氧能力的大小，可以表明人体最重要的内脏器官功能如何，可以看成一个人整个体质状况的最好标志。既然“有氧运动”是最佳健身方式，因此运动时间较长，运动时耗氧量大的项目如长跑、骑自行车、游泳、健身操等等就成了健身的首选项目。但是，这种理论一直受到相当的质疑，其中的原因之一就是库珀本人六十余岁时即告别了人世。而在中央电视台领跳健美操的健身明星马华，2001 年却因白血病年仅 40 岁就憾别人世，这也为反对库珀理论的人找到新的佐证。

清风：那你认为此种理论的主要缺陷在哪呢？

新知：依照此种理论锻炼，人的心肺功能得到提高是无疑的，问题在于作为整个机体的有序性能得到多大的提高是值得存疑的。生命要得以维持，需要持续地进行氧化作用，而氧化作用所产生的自由基又是危害身体健康并使人衰老直至死亡的因素。所以，这就是一种矛盾，氧化作用就是一种双刃剑。而气功则是破解这种难题的最佳途径，因为它在维持生命的同时，耗氧量降到极小的程度，产生的自由基可以达到最低水平。特别是练静功时，呼吸缓慢了许多，可以想见其基础代谢率能够降到何等的程度，因而岂不是真正实现了拨慢生命时钟的效应了吗？

清风：讲得还行。我在这里插一句关于高山地区的人平均寿命长的问题。人们普遍把这种现象归于高山地区的青山绿水，气候宜人，物产丰富，空气与水源未被污染等因素。但最新研究发现，山区的低氧环境是减缓人体衰老，促使人体健康的重要因素之一。

古往今来，通过气功锻炼而获得高寿的人是数不胜数的，比如著名的医学家、道士孙思邈就是一个典型的例子。有“药王”之称的孙思邈幼时体弱多病，后研究医学及丹道而重获健康，享年百余岁，且在九十多岁时还在撰写其医学著作。实际上，除了动功、静功之类，从广义上来讲，还有许多日常生活中的活动也带有气功的味道。比如，书法、绘画、钓鱼、织毛线等等，有这些爱好的人往往较之常人的身体更加健康。以书法为例，凡要写得一手好字，其实就必须集中精神，端正姿势，心平气和，这中间已完全包括了气功之三调的要素啊。故书法家普遍身体健康且高寿，即使是爱好书法的帝王也不例外。众所周知，由于纵欲过度的原因，古代帝王普遍短寿，但是却有几个酷爱书法的除外。

新知：老师，我在思考这样一个问题，那就是气功中有许多动功，像书法绘画这样的广义的气功，也还是有些运动在内，或许有人又会认为生命还是在于运动了，对此又该作何解释呢？

清风：在传统气功中，主要的都是以静功为主。佛家以坐功为主，所谓参禅打坐是也。道家在以卧功、坐功为主，以炼内丹为旨趣也。传统气功中也有一些导引之术，现在称之为动功，但其目的在于“导气令和，引体令柔”，其运动量是非常小的，并且在于疏通全身气血，增进机体作为一个整体的有序性也。这些动功可看作是对静功的一种补充，其效力是不能与静功相比的，要达到极高境界是非静功莫属的。所以，气功中的动功与西式体育是有本质的不同的，因而动功中虽需有一小点运动量，并不能因此否定“生命在于增进机体整体有序性下的静止”这一说法。

新知：师傅说得很对啊，在传统气功中从来都是以静功为主的。现代人因为入静困难且加之生活节奏又快，因而即使是练功普遍也以练动功为主，此并不说明动功比静功优越。气功锻炼中，集中精神即意守本身也是一种疲劳，也需要一种循序渐进的锻炼过程，因而对于初学者而言，一开始练静功的时间不能过长，或从动功入手也是一个较好的选择。佛祖打坐七天七夜而悟道，但他不可能一直打坐下去。像达摩面壁九年之类的故事只是一个美好的传说而已，因此再超凡的高人也只能是以静功为主，而要辅之以适当的动功或者其他一些日常的活动。这是因为任何一个姿势时间久了都会造成一种疲劳，只是程度上的不同而已。比如佛家提倡的双盘坐被认为是最能使人放松入定的一种姿势，但初学者必须经过一段时间的锻炼才能适应，而一些高僧大德则往往可以持续打坐数小时乃至数日之久，但也有一个限度。

清风：我给你补充一句，在埃及有许多的金字塔，这种金字塔充满了许多神奇色彩，吸引了众多学者的极大兴趣。据认为金字塔形状是最能蓄积能量的一种形状，所以在我看来佛道两家都以盘坐练功为主是有道理的，因为这种姿势也类似于金字塔形状，最能促使能量的汇集，最有助于达到天人合一的效果。

我觉得有一个世界伟人的故事，可以佐证老师的理论。这个人便是曾经带领英国人民赢得反法西斯及第二次世界大战彻底胜利的著名首相邱吉尔，他那一句“我无以奉献，唯有热血、眼泪、辛劳与汗水”不知震撼了多少人的心灵。但是我这里却要说的是邱吉尔的养生之道，他曾有一句名言，“能躺着就不坐着，能坐着就不站着。”这句话虽然不乏夸张，但他确实在生活中不自觉地运用了类似气功的养生之道却是事实。不管在怎样紧张的局面下，他每天都要用两个小时将自已泡在浴缸里放松心情享受宁静，此时任何人不能打扰他，即使是天塌下来也不行，这完全是一种另类的静功。他平常还爱像女人那样打毛线等，这是一种生活化的动功。所以尽管邱吉尔有一些不利于健康的习惯，比如从早到晚抽雪茄，脾气怪异，生活无规律等，但他懂得入静之道加之乐观豁达，因而享寿九十余岁方无疾而终。

清风：有篇文章就叫“毛病不少，寿命不小的邱吉尔”，专门论述此邱氏养生法也。邱吉尔确实是一个世上少有的奇人，在二十多岁时方发奋读书，后来著述甚丰，还曾获得诺贝尔文学奖。据说即使是像英国莎士比亚这样的世界文豪，文章中所用单词量也不过达到四万多的水平，但邱吉尔则达到创纪录的六万多的水平。

不过邱吉尔如果生活再规律一点的话，肯定还要多活好些年呢。人们都知道生活规律可以增进健康，然而知其然却未必知其所以然也。生活规律增进健康的原理同样在于我们所说的在尽可能减少能量消耗的情况下增进机体的有序性。机体各器官的运转都需要耗能量，当各器官运转熟练后，就形成了习惯成自然的条件反射，就可以节约大量的能量。同时，器官的磨损也较少，其代谢功能减退也少，衰老速度相应减慢。如果个体生活规律被打乱，各器官不适应，就会破坏机体各器官之间的协调共济，失去内在平衡，导致代谢紊乱，加快衰老。

新知：说到这里，我想起热带地方的人普遍比寒带地方的人短寿，就是因为那里的人新陈代谢快，生长发育也快，也就拨快了生命之钟呀。

清风：说到生命之钟，我想可以用最新的一些基因方面的理论来进行说明，让你也开阔一些眼界吧。一个基因组内的所有端粒，即一个细胞里不同染色体的端粒都由相同的重复序列组成。染色体每复制一次，也就是细胞每分裂一次，染色体的端粒重复序列就要丢失一些，长度也就要缩短一些。端粒重复序列的长度可能起着一种分子钟的作用。不同年龄的人的体细胞的寿命明显不同，其端粒的长度也不相同，是随着年龄的增长而缩短。来自新生儿的体细胞可在体外传代培养80~90代，来自70岁老人的体细胞在体外只能传代培养20~30代，而且端粒的重复序列长度也缩短很多。实验证明，体细胞里没有端粒酶的活性，所以体细胞每分裂一次，端粒也就缩短一些。随着细胞不断地进行分裂，端粒的长度将越来越短，当达到一个临界长度时，细胞染色体会失去稳定性，使细胞不能再进行分裂而进入凋亡。

新知：太枯燥了，还是我来讲点有趣的吧。发源于东方中国与印度的气功（包括瑜伽）就是一种汲取负熵从而最大限度地抵消正熵的最佳健身方式，从精神而论也是一种最大限度地获得真正持久快乐的方式。从生到死是一个正向的过程，而我们要延年益寿就要最大限度地减缓此正向过程。所以我们需要经常在山林胜地中去吸收那令人神清气爽的负氧离子，我们要学习老师的堪称文化负氧离子的理论，我们要逆向修炼，返本归初，汲取负熵，最大限度地留住青春的脚步也。

清风：讲得很好，尽管感觉你开始喊起口号来了。我们现在来回顾一下，以前我们将佛家道家都称为无漏之学，实际上还是有漏的。只是修炼的程度越深，则漏的程度就越浅，生命的时钟就拨得越慢也。我们在讲述佛祖的故事时说过，佛祖在青年时目睹了人之生老病死之痛苦，因而痛下决心出家修道以求最终的解脱。但是，摆脱生死之束缚只能是一种理想而已。佛祖本人在经历了五十年的奔波传道之辛劳之后，于八十岁时圆寂，在当时仍算是高寿了。其他如老子、吕洞宾等人寿享百余岁而无疾而终，世人誉为神仙，较之常人也可算是对生老病死的超越达到了一种颠峰之程度耳。

新知：其实世间万物，只要它从潜态中显化出来，就必然开始了生死之旅，这就是永恒的自然规律。又讲到潜态的问题，实际上又回到了全息论的问题上了，我准备用广义的熵的理论再来从另一方面论证一下全息论的思想。我们前面已多次讲到过，整个世界的演化过程，是一个从潜态宇宙向显态宇宙逐渐展开的过程。当经过多少亿年之后，那时不知人类都已灭亡多少年了，这个宇宙又开始收缩，不断地潜化，然后又回到奇点，重新大爆炸，重新开始新一轮轮回。当宇宙不断地显化的过程，其实就是从整体上不断地从有序走向无序的过程。而又同时在宇宙的局部形成了许多有序的运动。比如产生了银河系，银河系中又产生了太阳系，产生了地球绕太阳，月亮绕地球的周而复始的运动。就生物发展而言，从无机物到有机物，然后是植物、动物，直至最高等的动物人的出现，标志着生物个体的有序性达到了一个最高峰。但是，生物个体的有序性却是以牺牲整个宇宙的有序性为代价的。换言之，宇宙从潜到显展开的过程，就是整体有序性的丧失与整体的熵值不断增大的过程。

清风：美国学者里夫金在他的《熵：一种新的世界观》中称——

这个星球上的每一个生物体都仿佛是一个帝国主义者，都在掠夺能源和耗费能量。它让能量流过自身系统，至少使其中的一部分能量将来不再做功。而且毫无疑问，即使是最小的植物也要靠制造整个环境的大混乱来维持自身的秩序，生命体内熵的减少是很小的，而整个环境能量的损失是巨大的。

依以上论点来看，生命成了有罪过的一种存在，这未免有悲观主义之嫌，当然从自然界的立场而论，又有一定的合理性。

以前中学学生物学时，记得老师曾讲过，生物系统就好比是一个金字塔系统。越高级的生物，从数量上来讲就越少，只有这样低等生物才可能养活高等生物。当今人类社会，人口数目已经是惊人的数字，因而必然地对环境将造成巨大的破坏。尤其是最为有着最高智慧的人类，具有制造与运用工具的能力，因而在征服与改造自然的途中，必然对自然界的破坏达到一个前所未闻的程度。频繁的自然灾害已经让人类受到了许多惩罚，并且得到了世界各国政府及学者的高度关注。

值得欣慰的是，东方气功的精髓则是建立另一种人与自然的关系。在此种天人合一的关系中，不存在对自然界的任何破坏，而是与自然融为一体，进入一种自足的与宇宙混沌如一、圆融无碍的境界。这种境界，既减缓了对环境的无序破坏，又是对抗生命走向无序进程，从而最大限度地延缓衰老的最佳方式。

新知：很好，要建立和谐社会，首要进行环境保护，以建立与自然的和谐，然后再追求人与人的和谐才行啊。重新回到人自身而言，一个人必须心平气和，才能健康长寿。除了尽量少受情绪的干扰之外，尽量在生活中避免用脑过度，也是保持健康的要诀。

清风：在生活中，确有许多英才如文学家路遥、王小波，数学家张广厚、陈景润等人英年早逝，令人唏嘘不已。但是，实际上大多数科学家尤其是自然科学家普遍享有高寿，尽管他们长期处于辛苦的脑力劳动状态中。

新知：脑力劳动是一种复杂劳动，对身体健康有不利的影响是不能否认的。至于说许多科学家能够长寿，那时因为他们沉浸在自己的研究中，少了许多世俗的情绪欲望干扰，并且少有颓丧之情绪，因为乐在其中也。从广义上来说，这也符合一念代万念的气功原理，只要不是过度的无规律的生活，也就未对健康造成过分的影响。

清风：通常认为女人较之男人理性思考少一些，因而女人也就比男人长寿一些，可以这样认为吗？

新知：女人比男人长寿的因素有很多，比如女人在生活中所受压力小一点，且可以通过倾诉与哭泣来缓解，而男人相比之下似乎缺少一些有效的宣泄渠道。男人容易沾染有抽烟喝酒赌博等不良嗜好，因而对健康的影响也要大得多。从生物学角度来说，如我们前面所说的女人的基础代谢率较低就是一个重要的原因，生命的时钟因而要拨得稍慢一些。当然最主要的还有另一个原因，那就是男人的性染色体是 XY 组合，而女人是 XX 组合，这就是问题的根本所在呀。

清风：何也？

新知：老师别装了，你比我更懂呀。此表明就显态程度而言，男人的显化程度要稍高于女性一点，因而从局部的有序而论，男人强过女人，而从整体有序而论，女人要强过男人。男人能完成一些冲锋式的工作，这是因为男人肌肉发达，主要利用糖原作为能量的原因，因为糖的特点就是燃烧迅速，但是能量值不高。而女人工作的特点是马拉松式的，因为她们脂肪组织发达，而脂肪的特点就是燃烧缓慢，而能量值高。从能量利用的角度来说，女人比男人高效而经济。由于女人的性染色体是 XX 组合，还造成女人不容易受到一些基因变异性所致遗传疾病困扰。而男人的性染色体是 XY 组合，不像女人那样有两个 X，相互具有一种替代性，男人从抗病力来讲也比女人脆弱。

清风：你想要说的就是，男人从生物学角度来讲比女人稍强大一点，因而也为这一点付出了健康要次一点的代价，是吗？可我是赞成男女平等的呀，我在念高三时有一天时值三八妇女节，还在语文课前的例行三分钟演讲中作过“巾帼何须让须眉”的演讲啊。

新知：老师误解我的意思了，我没有任何男女不平等的意思。只是纯粹从全息论角度出发，不光是人类，任何阳性的生物，都更加显化一些，因而表现得更加好动且更能够胜任一些复杂的事情。但是，这本身就使得其潜态的整体有序性、和谐性就要丧失一些，生命就要显得脆弱一些。简单点说吧，就是阴性的东西更具有和谐性的特点，且生命力更强大。可资证明的报道如下——

先有男性还是先有女性？英国科学家乔尔等人找到明确答案，男人本来就是女人，是由女人“改造”过来的。当卵子受精而形成“合子”以后，带有染色体X的精子与卵子结合，得到XX合子，将发育成女性；而带有染色体Y的精子与卵子合成XY合子时，就发育成男性。

经研究发现，性染色体Y还存在一种特殊的蛋白质H－Y抗原，是性染色体X所没有的，它在胚胎发育中对生殖腺具有定向的作用。原来，胚胎未分化时的原始性别都是女性，在正常情况下，原始性腺与H－Y抗原接触而互起作用，使雄性化而发育成睾丸，从而分泌出雄性激素，促进雄性器官的成熟和雄性特征的发育，同时抑制雌性特征的出现，成为男性；相反，要是原始性腺没有H－Y抗原的作用，就会自然而然地发育成卵巢，分泌雌性激素，成为女性。

因此，从这个意义上可以说，女性先于男性而存在，男性是由女性“改造”过来的。

就文化领域而言就更是这样呀，比如老师这本书主旨是对东西方文化进行比较评介，又因为西方文化是阳性文化、主流文化较为人们熟悉，所以老师重点还是放在介绍在当今社会非常急需的具有和谐性特点的东方阴性文化呀。

清风：我不与你谈文化的事，我这等俗人只对男女差别之相关讨论感兴趣。似乎按照你的理论，男人是外强中干的动物，因而“男人更容易受伤”呀，哈哈。

第六章 儒家

儒家以它特有的亲切性与实用性，迎合了世俗社会的需要，因而顺理成章地成为中国古代社会的显学。但是，治标不治本是它的根本弊病。

1. 孔子与《论语》

新知：本书是一本对于古今中外之哲学流派进行通判的书，故着重讲述世俗伦理准则的孔子思想实非本书的重点也。但是，按现在西方学者的观点，孔子的思想似乎又可归纳为一种道德哲学的范畴，又特别是其对中国文明影响是如此深远，长期居于世俗文化的中心地位，所以还是不吝笔墨对其略述一二。

孔子（前551～前479），名丘，字仲尼，春秋时代山东曲阜（其时属鲁国）人。孔子3岁丧父，17岁丧母，其青年时曾做过管理仓库和管理牛羊的小吏。孔子非常博学，精通六艺，即礼（礼制）、乐（音乐）、射（射箭）、御（驾车）、书（书写）、数（计算）。孔子大约从30岁起开始做教师，收徒讲学，传有弟子3000人，而优秀者即得意门生也有72人之多。孔子是中国兴办私学的第一人，堪称一个大教育家。他非常重视因材施教，并且善于启发式的教育，且广收各阶层之学生，打破了贵族子弟对于受教育权利的垄断。

大约从50岁之后，孔子开始带着门徒周游列国，开始其长期的游说生活。尽管孔子所到之处均受到各国国君的敬重，但是在这样一个“礼崩乐坏”的时代，其复归周礼的政治主张却很少被真正采纳，他不禁叹息道，“吾未见好德如好色者也。”年满68岁时在政治上仍郁郁不得志的孔子回到家乡鲁国，集中精力收集与整理古代文献典籍，编订出《诗》《书》《礼》《易》《乐》《春秋》等六经，为中国留下了珍贵的文化遗产，然后在73岁时安然告别人世。

清风：有趣的是孔子在死后却极其荣光，这一点恐怕连孔子本人生前也是万万没有想到的。在汉朝时孔子被追封为“至圣先师”，唐朝时被封为“文宣王”，到了明清朝又被进一步加封为“千古圣人，大成至圣先师，万世师表”等等。后世还曾以这样的溢美之辞来赞扬他，“天不降仲尼，万古如长夜。”具有讽刺意义的是在整个20世纪孔子却又曾被批判得体无完肤，可以说历史上很难有一个人如同孔子这样将巨大的毁誉褒贬集于一身也。

新知：自称“述而不作”的孔子，其思想观点集中体现在由其门徒整理而成的对话集《论语》一书中。此书完全成为了中国人的一本道德《圣经》，宋代开国宰相赵普对它极力推崇，赞之为“半部《论语》治天下”也。孔子的思想经过后世之发展，逐渐形成一个居于封建社会思想界正统地位的儒家学派，孔子则成了当之无愧的创始者。而儒雅之气则成为一种道德修养甚高的标志，以至于对成功的商人和军人也有“儒商”“儒将”“儒帅”等等称谓。老师，如何用最精炼的语言来表达孔子的思想呢，此恐弟子力不能及也，所以还得请你出马也。

清风：孔子的思想核心就是一个“仁”字，而按孔子自己的说法，仁又包括两方面，一是“克己复礼”，一是“爱人”也。要克己复礼，首先要“正名”也，名正则言顺也。此正名也，实际上就是要强调名分，所谓“君君臣臣父父子子”“长幼有节，不可废也；君臣之义，如之何其废之”，要依等级制度而遵循礼制，如此则天下能够太平。这种东西，以后被发展为一套三纲五常的准则。所以，在家里形成一种家长制，在国家形成一种更高层次上的家长制。

新知：孔子的政治理想就是要复礼，这也是后来当诸侯割据的局面结束之后，他能逐代走红的原因。因为封建王朝的统治者要维持封建专制体制的稳定，就要营造严格的封建等级秩序，所谓的礼制就能大派用场了。秦王朝是一个短命的王朝，第一个大一统的朝代实际上自汉代开始。在汉武帝时，一向讨厌儒生的他后来却一反常态采纳群儒之首董仲舒“罢黜百家，独尊儒术”的建议，开创了儒家独尊的时代也就不足为怪了。

清风：很好。要复礼，个人就要克己。克己是一种道德修养的功夫，应该一分为二地看待它。重视道德修养是非常正确的，在今天对于精神文明的建设都有很重要的意义，比如说经常提到的克己奉公等等。但是，在孔子那里，很多对克己的要求却是对人性相当的压制的，这也是被后世中批判他的人所极为诟病的。比如说——

非礼勿视，非礼勿听，非礼勿言，非礼勿动……事君尽礼，人以为谄也……父母在，不远游，游必有方……三年无改于父之道，可谓孝矣……子生三年，然后免于父母之怀。夫三年之丧，天下之通丧也，予也有三年之爱于其父母乎！……君子欲讷于言而敏于行……

新知：我已推测老师对孔子思想的一个基本认识，那就是以仁为核心，其中的克己复礼这一面是糟粕比较多的一面，而“爱人”的那一面则是体现了人本主义的精神，属于有相当探讨价值的精华一面。

清风：很好，你真是一点就通，不得不服呀。体现孔子爱人思想的，最著名的两句话便是“己欲立而立人，己欲达而达人”和“己所不欲，勿施于人”也。此二者，可看作一个仁者行为准则的两方面，即对人积极有利的则帮助其立与达也，对人消极有害的，则勿施于人也。实际上从“己所不欲，勿施于人”中也可推出“己所欲之，也勿施于人”，总之是能站在别人的立场去考虑，体现了尊重人的思想。

新知：英语中有句谚语叫作“自己活，也让别人活”，说的应该是同样的意思也。在《论语》中孔子的弟子曾子将其师之思想精髓作了这样的精辟概括，“夫子之道，忠恕而已矣。”此“忠”也，即我们前面概括之对礼之绝对尊崇也，为后来统治阶级诸多利用，可批判之处甚多也。此“恕”也，反映了一种应该人人尊崇的社会性公德也，可资借鉴发扬之处甚多也。

清风：你从我这里学会辩证法了呀，准备付多少学费给我呢？哈哈。孔子其他重要的思想我觉得还有下面一些——强调道德礼制先于刑罚的作用，“道之以政，齐之以刑，民免而无耻；道之以德，齐之以礼，有耻且格。”对中庸之道的推崇，“过犹不及也。”“君子和而不同也，小人同而不和也。”“中庸之为德也，甚至矣乎！民鲜久矣。”等等。以上是我觉得对现代社会伦理及国家企业管理等都非常有启发意义的思想。

新知：《论语》一书中有许多是被中国人反复引用的脍炙人口的经典语句，兹择一些我简单地评点一下，以飨读者诸君。

“吾十有五而志于学，三十而立，四十而不惑，五十而知天命，六十而耳顺，七十而从心所欲，不逾矩。”（此是孔子对自己一生的回顾，被认为非常符合人生之成长规律，而立之年，不惑之年及知天命之年等已成为当今不同年龄段的人的口头禅了。）“发愤忘食，乐以忘忧，不知老之将至云尔。”（此是孔子晚年生活写照，于今天之老人也有许多启发性。）“君子有三戒：少之时，血气未定，戒之在色；及其壮也，血气方刚，戒之在斗；及其老也，血气既衰，戒之在得。”（此可谓是至理名言也，年少忌好色，年壮忌好斗，年老忌贪得无厌，依此三戒人生少忧患也。）

“学而时习之，不亦说乎？有朋自远方来，不亦乐乎？人不知而不愠，不亦君子乎？”“温故而知新”“学而不思则罔，思而不学则殆。”“敏而好学，不耻下问。”“三人行必有我师”“举一反三”“性相近也，习相远也。”“日知其所亡，月无忘其所能，可谓好学也已矣。”“博学而笃志，切问而近思，仁在其中矣。”（这些是论述如何求学问的经典语言。）

“攻乎异端，斯害也已。”“富与贵，是人之所欲也；不以其道得之，不处也。贫与贱，是人之所恶也；不以其道得之，不去也。君子去仁，恶乎成名？君子无终食之间违仁，造次必于是，颠沛必于是。”“见贤思齐焉，见不贤而内自省也。”“老者安之，朋友信之，少者怀之。”“质胜文则野，文胜质则史。文质彬彬，然后君子。”“知者乐水，仁者乐山。知者动，仁者静。知者乐，仁者寿。”“默而识之，学而不厌，诲人不倦，何有于我哉？”“饭蔬食饮水，曲肱而枕之，乐亦在其中矣。不义而富且贵，于我如浮云。”“吾日三省吾身：为人谋而不忠乎？与朋友交而不信乎？传不习乎？”“不在其位，不谋其政。”“逝者如斯夫！不舍昼夜。”“死生有命，富贵在天。君子敬而不失，与人恭而有礼。四海之内，皆兄弟也。”“三军可夺帅也，匹夫不可夺志也。”“知者不惑，仁者不忧，勇者不惧。”“君子成人之美，不成人之恶，小人反是。”“君子耻其言而过其行。”“志士仁人，无求生以害仁，有杀身以成仁。”“人无远虑，必有近忧。”“君子不以言举人，不以人废言。”“巧言乱德。小不忍，则乱大谋。”“道听而途说，德之弃也。”“饱食终日，无所用心，难矣哉！”“君子惠而不费，劳而不怨，欲而不贪，泰而不骄，威而不猛。”

以上可以说是关于道德修养的一些耳熟能详的准则，也是真正君子的行为标准。不难看出，孔子之思想虽难比老庄之高妙，但易被一般人所理解也。此在语言上也有充分地体现，《论语》可以说是古文中最易读的一本道德格言汇编，它的文风已非常接近白话文了。

清风：点评得很对，至于说道德修养达到至高境界的便是孔子最杰出的学生颜回了，其甚至被后世尊为复圣也。

“有颜回者好学，不迁怒，不贰过。不幸短命死矣，今也则亡，未闻好学者也。”“回也，其心三月不违仁，其余则日月至焉而已矣。”“贤哉，回也！一箪食，一瓢饮，在陋巷，人不堪其忧，回也不改其乐。贤哉，回也！”“惜乎！吾见其进也，未见其止也。”当颜回死后，孔子悲愤万分地说，“老天爷要毁灭我呀。”

新知：“君子周而不比，小人比而不周。”“君子坦荡荡，小人长戚戚。”“人而不信，不知其可也。”“朽木不可雕也，粪土之墙不可污也。”“听其言而观其行。”“后生可畏，焉知来者之不如今也？四十、五十而无闻焉，斯亦不足畏也已。”“可与言而不与之言，失人；不可与言而与之言，失言。知者不失人，亦不失言。”“君子不可小知而可大受也，小人不可大受而可小知也。”“道不同，不相为谋。”“益者三友，损者三友。友直，友谅，友多闻，益矣。友便辟，友善柔，友便佞，损矣。”“色厉而内荏，譬诸小人，其犹穿窬之盗也与？”“小人之过必文。”“君子之过也，如日月之食焉：过也，人皆见之；更也，人皆仰之。”

以上可以看作是孔子相人之术，对当今的管理学及用人学有诸多借鉴，对个人修养及如何交朋结友方面也有诸多可资借鉴之处。

清风：孔子还对统治者御民之术提出了自己的见解——

“民可使由之，不可使知之。”“上好礼，则民易使也。”“其身正，不令而行；其身不正，虽令不从。”“苟正其身矣，于从政乎何有？不能正其身，如正人何？”“无欲速，无见小利。欲速，则不达；见小利，则大事不成。”“工欲善其事，必先利其器。居是邦也，事其大夫之贤者，友其士之仁者。”

新知：现在来重点点评一下“道之以政，齐之以刑，民免而无耻；道之以德，齐之以礼，有耻且格”。这句话的意思是说，以法治国，顶多只能保证人们不敢犯罪（民免），却不能保证人们不想犯罪（无耻）。以德治国，以礼治国，才能保证人们不想犯罪（有耻），而且想做好人（格）。但是，这样的思想固然非常深刻，但又显得过于理想主义了，某种意义上讲这也许正是自古以来我们都不是一个法治社会的根源所在。当然今天党和政府特别注意到大力完善各类法律法规，并旗帜鲜明地提出了建立法治社会的目标。

清风：可是由战国韩非子所倡导的法家的思想也一直有其市场呀，并且历朝历代也都有刑律和法典，有些如凌迟、腰斩之类的峻刑恐怕在世界上也无出其右也。

新知：虽有各类法典，但从其制定到执行很大程度上都在于统治者尤其是皇帝的一句话而已，所以实际上一直是人治社会，与西方开始于古希腊的法治精神与民主制度是截然不同的。接着说，自然地孔子由于历史的局限是非常缺乏民主思想的，所以“民可使由之，不可使知之”。他对构建一个尊礼重德的社会的希望完全寄托在统治者的道德修养上，如“其身正，不令而行；其身不正，虽令不从”等等。另外的希望就在于要贤达之人出来做官拉关系，如“居是邦也，事其大夫之贤者，友其士之仁者”。

清风：我插一句，所以中国自古以来就产生了知识阶层与官宦阶层合一，即“士一大夫”阶层的现象也。这种官本位的倾向延续几千年至今天尚有很大的市场，其根子就在那句话上，“仕而优则学，学而优则仕。”

孔子虽然提出“学而优则仕”，但可能也没有想到在中国会演变成“仕则必富必贵”。不过这种情况的出现我想孔子还是难逃干系，因为以前中国的商品经济总是发展缓慢（间接强化了官本位观念），与孔子宣扬“君子喻于义，小人喻于利”“子罕言利，与命，与仁”“不患寡而患不均焉”等等重义轻利及平均主义思想的贻害实有莫大的关联也。

新知：“唯女子与小人为难养也，近之则不孙，远之则怨。”小人，意小孩子也。孙，通逊。这句话充分反映了孔子之男尊女卑，歧视妇女之思想也。相传，孔子曾休妻，并且曾制定休妻的七条理由等等。其还宣扬妇女要守妇道要绝对服从丈夫，而一旦守寡不可再嫁，更要少出门等等。

清风：你说得不错，孔子的思想也难免打上那个时代的落后烙印，因而不能不让广大妇女口诛笔伐了。但是凭心而论，单就上面这句话而言，却有一些为心理学所证实的实情存在，女性的性别特点决定了其性格中有一些乖张娇嗔的东西。对她亲密一点，她又容易任性耍横；而稍有疏远，又容易怨言连篇，不能自已。

好了，对孔子的评说就到此打住吧。我觉得他最可称赞的地方在于，虽然他几乎一生都是以一个失败者的形象出现，没有君王采纳他的主张，按他自己的话说，“惶惶如丧家之犬”也，但他对真理的探寻与追求从未动摇过，如他所说的“朝闻道，夕死可矣”。

新知：啊，单就痴心不改地求道这一点而论，老师身上倒是很具这种风范呀。

2. 孟子与《孟子》

新知：孔子去世一百多年后，孟子（约前372~前289），名轲，字子舆，战国时邹国（今山东邹县）人，这一伟大的思想家出现并且接过了孔子的衣钵。孟子很小时便丧父，由母亲一手抚养长大。其母亲非常贤惠，为让孟子有一个好的成长环境，曾留下了孟母三迁的千古佳话。

清风：何以要三迁，因为要择邻而居。有了理想之邻居，孟子才能够避免不良影响。日后孟子也果然争气，投到子思（孔子之孙）弟子门下精研儒学。孟子学成之后，将儒学发扬光大，而自己也被后世尊为仅次于“至圣”（孔子）的“亚圣”。孟母实在是一位不平凡的女性呀，他对小孩成长环境的极度看重，竟然不经意间与近代风靡一时的行为主义心理学派的核心思想相吻合，可谓是智慧超绝也。

新知：有趣的是孟子的命运与孔子有几分相似之处，所到之处都受人尊重，但是其“仁政”“王道”的政治主张却依然不被君主采用，只得在晚年召集弟子著书立说而成《孟子》一书。此书与《论语》《大学》《中庸》一起，后来被称为四书，而孔子编订过的六经因《乐》失传而称为五经。四书五经后来成为儒家文化最基本也是最具代表性的典籍，成为封建时代中国人从小接受教育时的标准教科书。

清风：孔孟在世时的遭遇如出一辙，都是不管在哪里都被待为上宾，但其政治主张却从未被真正接纳过。何也？对于桃李满天下且在社会上影响极大的圣贤，各诸侯国的君王自然还是不敢怠慢的。隆重地接待一番，不过是用他们来装点一下门面，以表示自己求贤若渴、从善如流的胸怀，但仅是摆一个姿态而已。这种情形颇有点类似于时下一些暴发户家里也会在客厅书架上放上好些世界名著，但却从来不曾看过一样。

新知：老师谈锋犀利，真个是讽刺地入木三分也。我试着来概括一下孟子的主要思想吧，当然这些思想是在孔子的基础上发展而来的。其思想核心一曰“仁政与王道”也，二曰“人性本善”也，三曰“天人合一，养浩然之气”也。

其一也，孟子与孔子一样将社会的长治久安寄托在统治者的身上，但是孟子提出了较为具体的主张，即仁政王道也。他的这一主张，是源于他深信历史上有名的明君贤相比如尧、舜、禹、汤、文、武、周公所实行的就是王道，他们是值得后人效法的楷模。他鼓吹王道的力量，认为一旦实行王道，国君与民同忧，同乐，同好，同恶，大国五年，小国七年，就能一统天下。具体措施是重新实行“井田制”，中间一块为公田，出产归国家。其余的为私田，出产归私家。这样一来，人民都有吃有穿，所谓“养生丧死无憾也”这还只是王道之始，进一步地让人人都能受到教育，懂得人伦之道，如此王道就能完全实现。此种王道是“得道多助”的，而那种依靠暴力统治且为争私利而战争连连的霸道则是“失道寡助”的。

清风：很好，我再给你归纳一下。孔子所讲的主要局限在修身的“内圣”之范畴，而孟子将其推广到了齐家治国平天下的“外王”范畴，因此孟子被有些学者称为“帝王之师”是非常有道理的。所谓内圣即以圣贤之标准内求于己也，外王以王道之标准外用于世也。孟子如孔子一样也是缺少民主精神的，仍然是主张维持封建等级秩序的。比如他坚决反对杨朱的自我主义与墨子的兼爱思想，认为“杨氏为我，是无君也；墨氏兼爱，是无父也。无父无君，是禽兽也。……杨墨之道不息，孔子之道不著，是邪说诬民，充塞仁义也”。他把人伦关系概括为五种即五伦，“父子有亲，君臣有义，夫妇有别，长幼有序，朋友有信。”孟子还认为，“劳心者治人，劳力者治于人；治于人者食人，治人者食于人。”

但是，我们又必须看到孟子毕竟向前跨进了一大步，他极力呼吁统治阶层要重视老百姓的疾苦，否则政权即有可能不保。他认为，“民为贵，社稷次之，君为轻。”并且他不赞成君位世袭，而提倡尊贤禅让，所谓“贤者在位，能者在职”。更有甚者，他说如果国君缺少领袖的道德品质，那么他就实际上变成了一个“独夫”，即使被百姓杀掉，也不能算是违背礼制的“弑君”重罪，只算是杀了一个不义之人而已。因为他持这种“暴君可诛”的观点，所以对于历史上“犯上作乱”，从而推翻夏桀、商纣残暴统治的商汤王与周武王，他能超越一般的君臣观念，肯定他们率众推翻暴政的正义性。

新知：很好，继续发扬，哈哈。如此来对老师说话，恕我无礼了。即使在道德修养的“内圣”方面，孟子也有其独到之处，那就是其二也，他的“性善论”。孔子只说“性相近也，习相远也”。但人性究竟是什么样的，并无一个结论。孟子认为人生下来都具有四种心，即恻隐之心、羞恶之心、辞让之心、是非之心。问题的关键在于人们必须发展这四种善端，就可以趋善远恶，且“人皆可以成尧舜”也。只要加强道德修养，人人皆可以成尧舜那样的圣人也。圣人不再是一个高不可攀的目标，此结论对于儒家思想的传播与普及有非常重要的意义，也为芸芸众生指明了一个追求的方向也。

清风：孟子将道德规范概括为四种“仁、义、礼、智”，他继承了孔子仁即爱人的思想，并据其推己及人的原则提出了千古流传的名言，“老吾老以及人之老，幼吾幼以及人之幼，四海之内皆兄弟也。”相对于孔子对仁的强调，孟子特别强调义，在他看来“舍生取义”是人的最高行为准则。何以体现义也，“贫贱不能移，富贵不能淫，威武不能屈”也。

新知：孔子曰“杀身成仁”，孟子曰“舍身取义”也，以后又有人提倡“大义灭亲”也。在全国各地因儒家文化影响而建的庙之中，除了纪念孔子的文庙之外，应该就是纪念关羽的关帝庙（武庙）为最多了。关羽乃三国时刘备手下一猛将也，因大意失荆州而败走麦城终被东吴孙权所杀。以后关羽的地位逐代提高，到后来完全被神化了，何也？此人与刘备失散后暂投曹操处，但一旦打听到刘备消息不顾曹操高官厚禄之挽留，而毅然千里走单骑回归旧主。虽然其人骄傲自大，但忠烈可佳，因而符合义的最高标准也，所以被历代统治者层层拔高成为一尊神，并成为他们用来激励世人尽忠报君的工具也。

清风：很好，我才发现你实在是懂得不少呀，不得不让为师刮目相看也。最后为师来给你总结那第三个核心思想吧，即“天人合一，养浩然之气”的思想。我们以前谈论道家时就多次提到中国人乃至东方人的基本思想特征便是天人感应也，即不会像西方人那样将人与自然对立起来，而从来都是将人与自然统一起来的。道家认为人是小宇宙，人通过修道能够达到那天人合一的境界，如此则能涵养元气，超凡脱俗而达真人、至人之境界也。

而在孟子看来，宇宙先天具有道德的属性，人是小宇宙当然也有同样的道德属性，所谓“诚者，天之道也；思诚者，人之道也”。而人性也本善，与天之性是相通的，关键在于人要充分发展人之本性，即“万物皆备与我矣，反身而诚，乐莫大焉。强恕而行，求仁莫近焉”。如此，就可以知天，也能与天合一，即“尽其心者，知其性也。知其性，则知天矣”。

新知：我实在是按捺不住了，他还说道，一个人懂得了宇宙的本性是由道德主宰，就是真正知天的人，即“天民”也。他还特别指出“天爵”与“人爵”之分，强调人要追求的是天爵，因为这是内在的东西，是有恒久价值的，而人爵是外在的若没有天爵支撑也是短命的。如他所说——

有天爵，有人爵。仁、义、忠、信、乐善不倦，这就是天爵也。公卿大夫这是国君定的爵位，人爵也。古代的人发自内心地按照天爵的指示行事，人爵也就自然而至了。今天的人则是抱着获得人爵的目的而修天爵，一旦到手，则将天爵丢掉了，实在是糊涂到极点呀，最终获得的人爵也是不能长久的呀。

清风：你说得这样精彩，我还能说什么呢？我补充一点吧，我们可以清楚地体会到同样是追求天人合一，而道家与儒家的立场是大相径庭的——道家是要人放下后天所有的意识包括价值观，而与宇宙的先天原性相吻合，同时也找到了自己的原性，超越了一切的世俗也。而儒家孟子所言的超越还是一种不彻底的，停留在道德即仁义的层次上的，还是不能免俗也，最终还是为了入世的功业服务的。正因为如此，道家修道以养元气（细分可分为精气神），而儒家修仁义之道德而“养吾浩然之气”也。虽然仅多“浩然”二字也，但也就充分说明孟子赋予了作为中国文化中万物本体的气之道德性。

新知：可以这样说呀，道家之气是纯粹潜态之物，而孟子所言之气是潜态但糅合了一点显态的道德属性之物。孟子对此神秘化的“浩然之气”的解释是，“难言也，其为气也，至大无刚，以直养而无害，则塞乎天地之间。其为气也，配义与道；无是，馁兮。”

清风：我来给你归纳一下吧。自孟子始，物质性的“气”已受到了道德的洗礼，已从一种物质实体性的存在升华为伦理性存在。后世儒家继承了这一思路，继续从伦理学上发展“气”的思想。有关“气”的伦理性词汇也不再只是一个浩然之气了，而是出现了志气、勇气、正气、豪气等等不一而足。

新知：仁与义的关系有点类似于老子所言之道与德之关系。仁偏重于指儒家道德观之内涵，义偏重于外在的表现也。孟子还说要养此浩然之气，就是要不断地持之以恒地“明道”（领悟）与“积仁”（实践善行）。著名的“揠苗助长”寓言出自孟子文中，以此来告诫人们仁义之修要日积月累，而不要想走捷径。

我还想说的一点就是在孔子思想里面几乎没有一点神秘主义的因素，孔子无非讲过几句如“五十而知天命”“死生有命，富贵在天”之类的话而已。而在孟子这里就将其道德范畴提到了一个存在于宇宙（天）的形而上学高度上来了，因而为后来儒家发展成为一种礼教奠定了基础。众所周知，儒家不同于道家佛家的是，它是为世俗服务的思想体系，并未继之而产生一种真正的带有超越性的宗教团体。但是在许多文章中，又时常看到“儒教”、“礼教”以及“儒释道三教合一”之类的提法，何也？因为自孟子始，儒家思想加入了许多神秘主义色彩，并开始提升到形而上学的高度，因而具有了类似于宗教教义的特征，所以会被冠以“教”的称号也。

清风：我都听入迷了，但必须打住，篇幅有限，不能收不了场呀，最后以孟子的一句脍炙人口的名言来收尾吧——

天将降大任于斯人也，必先苦其心志，劳其筋骨，饿其体肤，空乏其身，行拂乱其所为，所以动心忍性，曾益其所不能矣。

新知：我知道此乃老师的座右铭也。若没有它的日日激励，单凭老师一己之力且长期处于艰辛的生活中，想要完成这本巨著实在是不可能的哟。

清风：此乃“艰难困苦，玉汝于成”嘛。我求你别再说下去了，给我留一点面子吧。

3. 朱熹与理学

新知：在讲述宋明理学之前，先简介一下儒家的发展情况。儒家在汉代经过提出“罢黜百家，独尊儒术”这一著名口号的董仲舒的发挥，在理论上进一步将天命与人伦结合起来并加以神秘化的解释。董认为伦理纲常的规范是天的安排和阴阳五行的体现，所谓“道之大源出于天”“王道之三纲，可求于天”。董之论证虽不乏荒诞之处，但是在社会上造成了更广泛的影响，并为后来宋明理学的兴起打下了基础。

虽然汉武帝时开始独尊儒术，但在随后魏晋南北朝、五代十国及隋唐时期，佛家道家也曾各领风骚过相当长的时间，并为统治阶级所推崇与应用，因而当时社会上还有较大的思想自由。而儒家直到宋明时方才发展到了高峰，并且彻底一统天下，人民的思想也遭到彻底的禁锢，而整个社会也逐步步入了死水一潭的僵化状态之中也。

清风：我补充一点，董仲舒对后世影响最为巨大深远的是其完整地提出了“三纲五常”的概念。三纲者，即君为臣纲、父为子纲、夫为妻纲也。纲本指网的总绳，引申为中心要点之意，所以有成语叫做“纲举目张”“提纲挈领”等等。三纲，即指君对臣、父对子、夫对妻有支配、统治的地位与权利。而相反臣对君、子对父、妻对夫只有侍奉和顺从的义务。五常者，即仁、义、礼、智、信，五常之道。三纲五常的核心便是忠孝二字，忠孝观念也成为了中国人道德观念的核心内容。

宋明时代发展起来的理学，建立了一个庞大的思辨体系，也就是说将伦理准则提高到了哲学的高度，将“三纲五常”之类道德准则提升到了天理的高度，就是说它们是天理的具体体现。此种理论一出，自然大受统治阶层垂青，一跃而成为一种官方思想，对加强封建统治起到了推波助澜的作用。宋明理学又被后世称为新儒家，其中又细分为以南宋朱熹为集大成者的理学与以明代王守仁为集大成者的心学两大派别。

新知：朱熹（1130～1200），子元晦，号晦庵，南宋福建龙溪人。朱熹学问极其渊博且著述极丰，在中国学术史上占有重要地位，因而常被称为朱子。朱熹对四书进行了精心的评点，称为《四书集注》。公元1313年，元仁宗发布诏令，以《四书》为开科取士的标准，并以《四书集注》作为解释《四书》的依据。此制为明清所延续，所以欲中举的读书人都得熟读朱熹的经书注疏，由此可见朱子之思想对后人禁锢之深了。而由他集大成的理学更是摧残人性，有近代思想家戴震的名言为证也，“酷吏以法杀人，后儒以理杀人。人死于法犹有怜之者，死于理，其谁怜之？”

清风：历史人物的思想被统治阶级利用是常有的事，但不可因此而抹杀历史人物的功绩。朱熹曾被后人誉为“为天地立心，为生民立命，为去圣继绝学，为万世开太平”，肯定有过人之处也。我们前面讲过，东方人较之西方人缺少思辨逻辑的体系，而中国人即使与同为东方人的印度人相比也还要略逊一筹。而在朱熹精心建构的理学中，可说是结构完整，逻辑严密，不仅与印度就是与西方思想相比也毫不逊色。正因为如此，朱熹之思想于今天也引起了许多西方学者的关注，他晚年著书立说之福建武夷山也因此而名声大振，甚至引来不少海外崇拜者专程前往观光。

新知：师傅批评得对，毕竟姜还是老的辣呀，看事情不像我等那样片面。这样好呢，我将功补过，来概括一下朱熹的主要思想，老师来作点评好吗？朱熹理学的核心是天理论，注意我们现在都还爱说什么“天理不容，国法不依”之类的话就是来源于宋代理学。他用太极生万物的过程来阐述“理”生万物的过程，以“动静无端”来否定宇宙运动的所谓开端。在理与气的关系中，提出“理本气末”“理先气后”的观点，强化了理为本源的理论。

清风：朱子继承和发展了北宋周敦颐和张载等人的观点，即将道家中太极生万物，万物以气为本的思想，发展为理生万物，万物以理为本的思想。

新知：他提出“理一分殊”的观点，认为“天理”与万物之理只是一般与个别、抽象与具体的关系。这是借鉴了佛家的思辨哲学体系，来论证何以万物既统一于理而万物又从显态上看有种种区别。在人性论上，朱子还继承和发展了周敦颐的学生程颐和程颢两兄弟的观点，主张“心统性情”说，把“性”（人本性）看作是天理在人心中的体现。“性”的内涵即是仁、义、礼、智、信等道德品质，具有以上的人性才为“至善”，是为天地之性。然而因人的气禀受不同而形成“气质之性”，又因理气相杂而造成了善恶的不同。所谓“情”，则是性的外化，性与情一致，都由心来主宰。所以，人们应该以理为最高准则，不仅在心（思想）上具有道德的基本要素，而且在行动中摒弃不合节度的人欲而达到“中节”的目标。

清风：这是将禅宗的心性学说加以改造，将禅宗等出世哲学所追求的人之原性认定为是具有道德性的天理的体现。

新知：朱熹认为，合理的要求是“欲”，也是天理，不合理的过度的要求则是“人欲”，应予以节制，故而天理与人欲相对立。由此他提出了那著名的也是最为近现代人所口诛笔伐的“存天理，灭人欲”的口号，此口号就是表明了其所认为的道德修养的任务与目标也。此类口号也是在二程的思想基础上发展而来的，程颐还有一句著名的口号一直为近现代人所强烈批判，就是那句，“饿死事小，失节事大。”朱熹还认为要搞好这样的道德修养，需要一种“持敬”的态度，此就是要求收敛身心，处处事事以义理来规范自己的行为，实际上是对孔子“克己复礼”思想的发展。

清风：此“持敬”之说，实际上也是对于“正心诚意”的又一说法也。《大学》中提出了儒家思想对人的基本要求，即八目也，“格物、致知、正心、诚意、修身、齐家、治国、平天下”也。前五项可看作是内圣的要求，后三项是外王的要求也，又有“穷则独善其身，达则兼济天下”的说法。

新知：我再强调一点，内圣的核心就是修身二字也，前四项即具体修身的步骤也。外王的步骤从家到国，反映了我们以前多次提到过的中国古代哲学中普遍存在的家国同构的思维模式。

清风：老是喜欢打我的岔子，不过见你思维越发敏锐，我还是高兴不已。朱熹特别强调通过“格物致知”以穷理也，要求对外在事物进行仔细考究，甚至要格“一草一木，麻麦稻粱”之理，从而有利于把握天理。认识论与道德修养论相联系是理学的共同特点，同时也是对《易经》中“穷理尽性以至于命”思想的深化。此外，朱熹还提出了知先行后的主张，强调在对道德仁义进行充分把握的前提下，才切实地去实践之，而不是盲目地去实践之。

新知：朱熹此人年轻时也曾多年涉猎佛道之思想，他对佛道两家的宗旨是反对的。在他看来佛教只讲求空幻寂灭，而道教只知养生而已，只有儒家才最切实际之用。但是，朱熹之聪明之处就在于他又大量地将佛道中有用之东西偷梁换柱般塞进理学之中，终于将倡伦理之儒家改造成了具有哲学高度的礼教也，而朱熹也就成为继孔子之后最有影响的儒家思想家。

清风：很好，精彩之至也。只有一点为师于鸡蛋之中给你挑挑骨头，那就是说偷梁换柱不是很妥，可以这样说他虽然借鉴了佛道的思维架构，但塞进了全新的“理”也。似乎可以说是“换药不换汤”或“旧瓶装新酒”较为贴切也。

新知：弟子佩服，老师将两句成语“换汤不换药”“新瓶装旧酒”稍加变动，信手拈来而一语中的也，此等境界非我辈所能及也。

4. 王阳明与心学

新知：王守仁（1472～1528），字伯安，号阳明，浙江余姚县人。他一生经历坎坷多端，可谓是波澜壮阔，跌宕起伏。他不仅是一位杰出的哲学家，还是政治家和军事家。王阳明自幼便聪明过人，仰慕圣贤。他在28岁考中进士后，曾追随程朱理学，在自家庭院“格竹子之理”长达七天七夜之久，结果是一无所悟。后来因为陷入朝廷政争之中，被贬贵州龙场为官。阳明日日端坐静思，直至在某夜恍然大悟“圣人之道，吾性具足”之理，从此开始了其构建心学体系之历程，此番经历史称“龙场悟道”。

阳明发挥陆象山（朱熹之朋友兼学术对头）的“心即为理”的观点，把良知、心、性、理都看作是一事，“心即性，性即理”，心外无理，而心之本体就是良知也。由此可见，阳明专从吾心出发，将孟子的性善论，发展为良知论，将良知这一先验的道德意识赋予宇宙本体的地位。如此一来，良知就成了宇宙万物之源和天赋予人心的固有的封建道德规范，以及一切判断是非善恶的准则。由此出发，他否定了以孔子和“六经”的是非为是非，把“六经”等同“吾心”，又否定了儒家经典的神圣地位和朱学的统治地位。

清风：暂停片刻，我来帮你再总结一下。陆王心学很大程度上是孟子“万物皆备于我矣，反身而诚，乐莫大焉”的继续发挥。阳明在强调个人主体性方面非常类似于禅宗的学说，其藐视权威、解放思想的贡献与禅宗类似而产生之流弊也类似于禅宗。当然，禅宗是为明心见性服务，而心学是为了道德而服务。因而，禅宗提出了“人人皆可成佛”的口号，而阳明将孟子“人皆可成尧舜”的思想继续发挥，认为大街上到处是圣人也。他的弟子还曾有过极端的做法，见行人就拜，还连称“圣人呀圣人”。

新知：对呀，强调“即心是佛”的禅宗到后来不是还曾“呵佛骂祖”吗，一样的呀。推而广之，在西方哲学中的主观唯心主义以及意志主义、存在主义等强调个人主体性的流派都对打破权威，否定既有价值观念产生深远影响，其流弊也类似呀。现代的正统学者一般认为朱子理学属于客观唯心主义而阳明心学属于主观唯心主义，虽然这种简单划分明显有些粗糙，但也可大致勾勒出此二者的区别所在也。就是说，在朱子看来万物都有客观的理存在，理是终极本源，而阳明则认为一切具在心中也。

清风：王阳明另一个思想是其提出的“知行合一”说，以此来反对朱子的“知先行后”说。他同样具有将认识论与道德论相结合的特点，要求人们树立一个信念，只要在意识萌动状态之时就照“善”的道德规范去做，把“恶”消灭在思想萌动状态之中，此就是知行合一了。阳明在晚年提出“致良知”说，成为其心学体系的核心部分。他倡导“致知在诚意”，以“存天理，灭人欲”为归宿，同时用“不假于外求”的“体认良知”，即内省直观，自明本心的“静”的功夫为途径，兼及“实现良知”的“动”的功夫，即用符合道德伦理规范的实际行动，去实现增强自身道德修养的目的。

新知：自宋代开始，我们可以注意到三教之间相互融合是中国文化发展的一个大趋势。王阳明同样深受道家的影响，比如特别强调入静内省的功夫。只不过他所要求的是在入静内省的基础上体认良知，而道家所强调的是要达到那天人合一之澄明境界也。

清风：实际上，阳明受禅宗的影响也非常深，何以见得？比如说他在晚年曾留下了一个著名的“四句教”，其内容是——

无善无恶心之体，有善有恶意之动，知善知恶是良知，为善去恶是格物。

由此可见，王阳明实际上承认禅宗所说的“明心”见“性”之“性”是存在的，即“无善无恶心之体”也。但是，禅宗也好，佛家道家也好，它们所追求的就是达到此“无善无恶”的超凡且虚无之境界也。而阳明虽然也要人们认清这样一个境界，但却不是以它为目的，而是在此基础上去追求入世的具有道德修养且有所作为的境界，即在思想上知善知恶，在行动上为善去恶也。所有的宗教都带有出世性，虽然大乘佛教、禅宗及道教提倡不离世间的修行，那只是一种善巧方便也，目的是为了身在世而心出世也。而儒家虽然发展到了接近宗教的高度，并且在阳明心学中也承认了心之本体为无善无恶也，但它不会停留在这里，而是要发善心，做善事，为入世之功业服务也，这也是由儒家的根本特点所决定的呀。

新知：关于阳明心学突出个人之主体性的作用，我讲一个故事，读者诸君通过这个故事就不会对心学的宗旨感到空洞，以至于觉得不好把握了。

有一个故事说，王阳明的弟子有一次在半夜里捉到一个小偷，便对他讲说“良知”的道理，即要他生起羞耻之心，从而能洗心革面也。那小偷笑着问道：“请问，我的良知在哪里？”当时天气很热，这个弟子于是就叫小偷脱掉外衣，随后又请他脱掉内衣，小偷都一一照办了。接下来，该弟子不依不饶，接着叫小偷将裤子也全脱掉。小偷终于面露难色，犹豫着说，这样怕不妥吧。见此情景，该弟子于是对小偷说，你尚知道羞耻，这便是你的良知呀。

清风：说到小偷的良知问题，我倒是可以给你补充一个最新的例子。2005 年 6 月 27 日，高考上线的绍兴贫困女孩刘楚楚被偷走了 1 万元，这钱是几位化名“老八路爷爷”的诸暨老人给她的助学款。小偷看了包内“老八路爷爷”写给楚楚的信件后，良心发现，设法把学费还给了她。所以良知是在真实地影响着人心和社会，而心学也是有巨大价值的。

5. 贡献与局限

新知：孔子学说的贡献在于开创了整个儒家学派，他的“仁爱”思想充满了人本主义的色彩。这样的思想在今天仍具有巨大的现实意义，比如韩剧《大长今》之所以能够持续热播，就是因为它贯穿全剧的都是传自中国的儒家思想。

清风：我给你插一句，在著名影星陈道明看来《大长今》的热播靠的是“日本人的故事结构加上中国人的儒家思想加上韩国的明星”，仅此而已。

新知：我感觉孔子开创的儒家思想对于现代企业管理，可资借鉴的东西很多。许多日本企业的成功据认为就在于糅合了西方的管理原则与东方的仁爱之心也，而西方也不乏类似的例子。IBM 总裁汤姆·沃森在一次新员工培训会上，看到有个员工迟到，并在会上无精打彩，一问才知道员工太太当天生孩子。他马上称赞道，“你今天还愿意来开会学习，真是优秀！”并马上带员工坐上自己的私人飞机，飞往医院的产房去慰问。推而广之，在各个层面的人际关系中，孔子的“爱人”思想都是一种最好的润滑剂。

清风：由孔子率先提出的中庸之道，所谓“过犹不及”也，在当今也有许多积极的意义。此完全可作为人际关系，及国与国之间关系的处理之非常有益的准则。孔子的教育思想比如“因材施教”等等，直到今天都有许多现实的指导意义。孟子提出“民贵君亲”以及“王道”的观念，客观上还是对减轻封建统治者对人民的压迫，缓和阶级矛盾起到了重要的作用。

新知：朱子理学达到了哲学高度，有许多思想值得深入研究，并对古代中国哲学形成真正的形而上学体系奠定了基础。其所编的《四书集注》客观上还是起到了提高全民素质的作用。而王阳明之心学则是对个人主体性之强调，既是理学之发展，本身又解放了思想，加速了理学的崩溃。整个儒家学说对东亚各国产生了深远的影响，如日本韩国等等。又有人认为即使如亚洲四小龙之崛起都还有儒家影响之关系，被认为是在学习西方的先进文化的同时又没有丢弃传统，因而才获得了迅速的成功。

清风：任何思想在某种程度上说来都是一柄双刃剑，儒家学说更是这样。儒家教育的核心是个“礼”字，发展到后来更形成了“三纲五常”之类的东西，并且所有科举考试都以朱子的《四书集注》为准，严重地禁锢了人民的思想。儒家重义轻利的思想，对中国商品经济的发展起了阻碍作用。也许没有哪个国家像中国那样，商人一直处于很低的社会地位，并且在人们心目中还形成了根深蒂固的“无商不奸”的观念。儒家还有一个基本特点就是总是将认识论与道德论结合在一起，这也是妨碍中国科技发展的一个重要因素，加剧了中国固有的重人文轻自然科学的倾向。

新知：当然孔孟之道的最大问题还在于其一切仁义理论都建立在维护严格的等级秩序的前提下，这也使得其人本主义思想的光辉从来都没有真正闪亮过，大多数时候都显得是如此的暗淡也。所以，在中国古代社会从来都没有民主意识，只有浓厚封建色彩的家长制。当然儒家学说关于道德先于法治的观念是有可取之处的，因为社会培育起道德观念可以预防很多犯罪的发生。并且对于已经犯罪的罪犯，通过培育其道德，也可减少其被惩罚后再犯的概率。但是，正由于儒家思想中缺少法制观念，所以也就助长了中国社会历来的“人治”现象，并且在中国历史上从来都没有真正出现过法制社会的时期。

清风：实际上在社会上提倡道德修养，其好处就是它毕竟是一种温情脉脉的东西，而不似法律那样显得冷冰冰的。但是，道德这种东西最大的问题便是它似乎是一种没有严格标准的东西，在具体实践中往往被当权者左右，于是很自然地中国自古以来的社会便成了名为“德治”实为“人治”的社会。

新知：另外一个严重的问题是一味地强调道德的作用，比如对仁义的倡导等等，在很多时候确实是会带来被人利用来沽名钓誉的副作用，这一点我们在以前对道家思想的评论时就曾多次提到。在老子尤其是庄子的文章中，对世俗之人利用仁义道德来进行沽名钓誉曾进行了极其猛烈甚至可以说是矫枉过正的批判。

比如报上曾报道的一个官员因贪污受贿而被捕，其为自己开脱的理由是这些脏款都被用于对贫困失学儿童的捐赠了。实际上，他平常的捐赠只是其受贿款的极小一部分。当然如果不是东窗事发的话，他在当地仍然被誉为清正廉洁富于爱心的楷模。比如2006年9月昆明各大媒体报道了省森林公安局原局长马胜因受贿、巨额财产来源不明、徇私枉法、诈骗等四罪被判刑20年的消息，并且也披露了就是这样一个恶贯满盈的人，曾经多次获得“优秀共产党员”“个人一等功”“全国特级优秀人民警察”“全国打击走私先进个人”荣誉。

我们以前评述过，在道家看来，不从根本上制服人欲，任何儒家的道德说教都是空洞和虚伪的。实际上，即使儒家思想从来都无法治本，但作为一种治标之策还是一直发挥了巨大作用的，这一点也是必须清醒地认识到的。

清风：朱子理论的一个缺陷在于其对“格物穷理”之强调，忽略了个人主体性在认识事物及道德修养方面之作用。其所谓的格“一草一木，麻麦稻粱”之理，造成了许多繁琐哲学式的东西，缺少真正的实用价值。其对“知先行后”的强调，造成了一些人的知行脱节之流弊也。当然最最严重的问题在于其“存天理，灭人欲”思想，一经被统治阶级利用，整个社会便变得铁板一块，而人们的思想与行动自由都受到了极大的禁锢。

新知：从“男女有别，授受不亲”发展到“存天理，灭人欲”，加上二程提出的“饿死事小，失节事大”，尤其表现在对妇女的精神压迫上，使得多少烈女为了贞节牌坊而无辜丧生。从贞操到节烈的升级，是程朱理学的一大发明。春秋之前，男女之间的交往还是相当自由的。一部《诗经》中有大量的表现男女爱情的诗篇，而传诵千古的就是那句“窈窕淑女，君子好逑”也。古代对女性的贞操要求从春秋时开始逐步加强，《礼记》等书中就提出了“三从四德”之类的东西。但关于男女大防之礼教实际上并没有在社会上彻底地被实施，寡妇再嫁一直是一件平常的事情，在历代史书中的记载也可谓是盈千累万。

然而到了程朱理学问世之后，恪守所谓的贞操便成为女性所必须遵守的戒律，实际上是套在脖子上令人窒息的精神枷锁。理学认为，妇女失去丈夫后，不能再嫁，此举称之为“节”；丈夫死后以自杀来殉夫的行为，称之为“烈”；遇有强暴欲行非礼，而能以死免辱也称为“烈”。自理学诞生之后，遍布神州大地的各种贞节牌坊其实就是记载女性血泪的控诉牌。这其中又以号称理学故乡的安徽省歙县的最为众多和出名，兹举几例如下——

“新安奇节”坊，旌表节妇朱隐贞而建。她还没有结婚未婚夫就死了，但她从17岁妙龄一直守节到老，足不出户达数十年之久。

“胡门双节”坊，旌表一对妯娌。她们出嫁不久夫君先后逝去，结果此一对年仅17岁和19岁的姐妹双双困守空房，直至终生。

“含贞蕴粹”坊，旌表一位吴孙氏。她25岁起寡居，终其一生艰辛来抚养遗子幼侄。

此外，还有许多“烈女坊”，比如有一坊是为了旌表这样的女性，年仅18岁的她便遭丧夫之痛，毅然殉节先后几次未遂，最后终趁人不备坠楼而死。

清风：讲得很好，在理学诞生后，封建社会的妇女所受压迫之深确可说是到了一个登峰造极的地步。更加令人发指的是，在明清这两个封建制度已开始跨入日薄西山的时代，还发生过多起后妃为帝王殉死的事件。与此截然不同的是，统治阶级对自己却从不禁欲绝情，或者是三宫六院七十二妃嫔，或者是妻妾成群，总之是纵情于声色犬马之中。

新知：师傅，我有一个疑团，还望你开示一二。我感觉师傅对佛道之学造诣极深，对那超越一切情欲之极乐境界也推崇备至，何以要抨击理学所带来的禁欲主义呢？

清风：主要原因有二。一则，佛道二家虽然主张超越情欲，但却为修道者指明了具体修炼之理论及实践法门来化欲也，并且其实证所得之乐如我们前面所述无论从质量上还是持续时间上都能超过世俗之情欲之乐。而理学单靠一个对道德的修养，就要人们灭欲存理，实无可能，只能是对情欲之强行压制耳，对人之身心是莫大之摧残也。二则，佛道二家从来都主张一切随缘，因为它们知道芸芸众生能发心修道者毕竟是极少数，并且要彻底超越世俗生活毕竟是一件非常困难之事。因而，佛道二家从来都不曾借助外力来强行推行自己的观点，相反它们还通情达理地主张“宁劝十人还俗，不劝一人出家”。

而理学则继承了儒家的一贯传统，积极向统治阶级兜售自己的学说，而此学说也正中统治阶级之下怀，因而成为封建社会后期近千年的正统思想，从而在发挥稳定社会作用的同时，也造成了较大的不良影响。总之一句话，宗教性的东西一旦同政治相结合，其破坏性就是如此之大了。在西方曾经经历过千余年的黑暗的中世纪，其原因也是一样的，即基督教与世俗政治紧密结合在一起所造成的。

新知：实际上人之情欲只能是疏导与化解，岂是简单地堵塞所能解决问题的呀。朱子自己也曾晚节不保，因引诱两名年轻尼姑为妾而遭皇帝痛斥。作为道德大师之朱子自己尚不能做到存理灭欲，却要天下人认那样一个死“理”也，岂非是天大的一个笑话和讽刺哉？

清风：这就是朱子的悲哀，也是礼教的悲哀也。即使对于信奉佛道的修道之人而言，要彻底消除情欲的干扰都殊非易事，何况常人乎？食色，乃人之最基本之欲求也。人不进饮食就会死亡，人不沾色尚不至于有生命危险也。但就其对人之精神影响而论，则色欲之程度又远大于食欲也。并且它的一个基本特性就是越遭到压抑，就越是反弹得厉害，如同弹簧一般也。

接下来我们再简要地对阳明心学作一番评述。阳明心学敢于突破程朱理学的禁锢，起到了解放思想的作用，适应了当时社会之需要。心学认为“心中自有良知”，不但明白简易，便于传播推广，而且有利于增强人的主体意识，为儒家“人皆可为尧舜”的思想铺平了可资实践的道路。但是，正如禅宗高举“人皆能成佛”“佛就在自己心中”的大旗一样，也带来类似的流弊，即容易形成坐而论道、谈空说玄而忽略具体地渐修实践的倾向。

新知：正如禅宗将佛从遥远的西方极乐世界搬入每个人的心中一样，心学将圣人从那种远离现实（只是书本中的抽象人格）演变为活生生的存在于人们心中鲜活形象。这种圣凡一致的思想，其积极意义为众多学者所肯定。比如晚明时代的关中学者冯从吾就曾指出，“‘满街皆是圣人’，其言甚是警策。”但是对其流弊冯也认识深刻，故他又特别强调，“第此言是论本体，非论工夫；是论大家，非论自己耳。若不下工夫，而自家便认做圣人，则狂病甚矣。”这一点就如同老师你在评判禅宗时所言的类似呀，人皆能成佛、成圣是指明了一种可能性，而要将其转化为现实性，非朝夕之功也，无论是修道德者还是修道者都不可不察也。

清风：儒家思想尤其是在发展到理学后，我认为其固有的两大弊病便是一则阻碍科学的发展，二则阻碍民主的发展。所以，当五四运动兴起后，当时的有识之士对封建礼教发起了猛烈的攻击，促进了新文化运动的发展。当时的口号叫做铲除一切封建思想，引进“德”先生与“赛”先生，意即引进民主与科学，可谓是切中要害之举。（德乃英文中民主的单词 democracy 的第一个音节的音译，赛乃英文中科学的单词 science 的第一个音节的音译。）

新知：鲁讯青年时代发表小说《狂人日记》，其中认为封建礼教通篇都写着“吃人”二字，在当时那特定的历史条件下引起巨大的反响，对动摇封建统治的思想根基有非常巨大的作用。当然现在看来，似乎其对儒家思想又有一概否定之嫌。这种情况在“文革”中达到登峰造极的地步，对一切传统文化都欲以除之而后快。但是，在“文革”中发生的许多侵犯人权的事件，如动辄游街、批斗等等，恰好说明人文精神之缺失，恰好说明儒家思想中之仁爱思想是多么地重要。

清风：总的来说，儒家要求人们进行长期的道德修养，还是有现实意义的，尤其是在国家号召建立和谐社会的今天。道德修养其实需要我们每个人终生实践之，如同周恩来所说的“活到老，学到老，改造到老”也。古有“先天下之忧而忧”的范仲淹，近代有周恩来这样的伟人，当今有孔繁森之类的楷模，这些都是将儒家之仁爱思想发展到极致的人，在社会上起到巨大的榜样作用。

新知：以周总理之风采，可称得上是中国数千年文化尤其是儒家人本思想所熏陶出来的一代伟人也。周总理克己为公的风范堪称完美，且他那政治家、外交家的风采加之揉进的东方人情味，同时还为他赢得了世界上的盛誉。在周总理逝世时，联合国为其下半旗致哀。当时的联合国秘书长谈到这样做的理由有三——一则终生只娶只爱一位妻子；二则受到全国人民的拥戴；三则两袖清风，在国外没有一分存款。

另一方面，如老庄所认为的那样，仁义道德之类的东西，它更多的时候变成了被人利用来进行沽名钓誉的工具。比如，各地区的面子工程、形象工程等等，都是这方面的反映。

清风：实际上自古以来以儒家思想为正统的中国的政治重视道德建设是其长也，但忽略制度建设是其短也，这方面正可以借鉴西方的优秀的一面。现在开始实行的存款实名制及官员的财产申报制等等，都对反腐倡廉有巨大的作用，其效力绝对胜过对官员们的道德教育。

新知：关于合理的制度的效力，有本论述制度建设的文章举过一个经典的例子——众人分吃一盆粥，如何才能保证最大限度地公平合理呢？凡是主管分粥的人都会有一点私心，结果是分在他名下的粥总是最多的。最后大家在一起制定了一个制度，那就是不管谁来主管分粥，但他分好后必须最后去取。如此一来，不管谁来分，都再也没有不公平的现象出现了。这说明什么呢，好的制度设计是最有效地治理社会的手段。正如我前段时间看到的一篇文章中，一个西方学者说西方之所以企业普遍以诚信为本，恰恰是因为健全制度逼出来的，而不是因为其企业家道德素质普遍就比中国企业家高。

清风：讲得好，如果丧失诚信的成本很低的话，没有多少人是能受到道德的约束而改善自己的行为的。邓小平曾经说过，好的制度可以把一个坏人变好，坏的制度可以把一个好人变坏。在专职统治下，一个严重的问题是没有丝毫的民主精神，在国家一切都是君王说了算（一言九鼎），在地方则是长官意志，在家庭则是家长制流行。例如即便是小小太监，但只要把上面侍候好，往往就能权倾一时，甚至在历史上还出现过宦官专政的时代。

新知：在缺乏民主传统的环境里，就造成这种情况，只要把上面哄好，听话、阿谀奉承、溜须拍马等等手段都会用上，对下再怎么鱼肉乡里，民怨沸腾，照样没事，甚至还可官运亨通，步步高升。即使在当前，媒体经常披露的一些地方跑官、要官等风气盛行，也是这种文化的继续也。

清风：从孔子说“学而优则仕”开始，就开始了中国几千年官本位思想的流行，从这方面来说，儒家既阻碍了科技的发展，又加剧了许多专制思想的流行。

因此，任何事物都有两面性。总结起来说，在当今我们年年祭孔的大背景下，需要好好地对儒家文化去其糟粕，取其精华，为建设我们新时代的和谐社会而发挥其应有的教化作用。

第七章 中 医

中医目前面临着“墙内开花墙外香”的窘境，但它建立在“天人合一”基础上的整体观念却是需要深入研究的。

1. 精神内守与阴阳五行及经络

新知：老师，我们在这里何以要专门用一章来简介一些中医的基本理论呢？我想是因为它是扎根于中国古典哲学的土壤里所诞生出来的学问，是中国古典哲学在医学领域的具体表现，研究它有助于深化对中国古典哲学的认识，对吗？

清风：很对，我们本书不是通篇都离不开全息论吗，可以说与现在作为主流地位的西医相比，中医所研究的东西更带有潜态的意味。一般人爱讲西医治标，中医治本，何也？正因为中医立足于整体调节人体的阴阳平衡与气机升降出入，故能深挖其潜态中蕴含的病根也，所以有此说也。

新知：我们在开讲中医的一些基本理论如阴阳五行等之前，有必要对《内经》中的一些基本观点作一点简介。《内经》与《山海经》《易经》一起并称为上古三大奇书，它是中医学中最早也是最基础的经典著作，可以说所有中医理论都肇始于此书。此书是假借黄帝与名医岐伯之间的对话来阐述思想的，虽名为言医，而首要强调的却是讲述道家之清静无为之哲学在养生领域之运用，即养与调也，其次才言治也。请看以下的段落——

岐伯对曰：上古之人，其知道者，法于阴阳，和于术数，食饮有节，起居有常，不妄作劳，故能形与神俱，而尽终其天年，度百岁乃去。今时之人不然也，以酒为浆，以妄为常，醉以入房，以欲竭其精，以耗散其真，不知持满，不时御神，务快其心，逆于生乐，起居无节，故半百而衰也。

夫上古圣人之教下也，皆谓之，虚邪贼风，避之有时，恬淡虚无，真气从之，精神内守，病安从来。是以志闲而少欲，心安而不惧，形劳而不倦。气从以顺，各从其欲，皆得所愿，故美其食，任其服，乐其俗，高下不相慕，其民故曰朴。是以嗜欲不能劳其目，淫邪不能惑其心，愚智贤不肖不惧于物，故合于道。所以能年皆百岁而动作不衰者，以其德全不危也。

清风：以上所讲之养生之道实为至理也，而如此做到的人便是真人、圣人、贤人也。如同庄子在《南华经》一书中经常对真人等有所描述一样，《内经》中也有类似的描述——

黄帝曰：余闻上古有真人者，提挈天地，把握阴阳，呼吸精气，独立守神，肌肉若一，故能寿敝天地，无有终时，此其道生。

中古之时，有至人者，淳德全道，和于阴阳，调于四时，去世离俗，积精全神，游行天地之间，视听八达之外，此盖益其寿命而强者也，亦归于真人。

其次有圣人者，处天地之和，从八风之理，适嗜欲，于世俗之间，无恚嗔之心，行不欲离于世，被服章，举不欲观于俗，外不劳形于事，内无思想之患，以恬愉为务，以自得为功，形体不敝，精神不散，亦可以百数。

其次有贤人者，法则天地，象似日月，辩列星辰，逆从阴阳，分别四时，将从上古合同于道，亦可使益寿而有终时。

新知：由此可见，中医学是建立在道家哲学基础上的，首先是提倡养性延年之道，其次才是医药之道也。通常认为对许多慢性病而言，以杀菌消炎为特色的西医可以治标，而要治本则要靠以扶正祛邪整体调节为特色的中医。但是，如果单靠医药，仍然是有许多致命的弊病的。任何药物都有一些副作用，所谓“是药三分毒”也，虽然一般认为中药的副作用要小于西药。

清风：另一个主要的问题在于，任何药物应用时间一长，其效力就要大打折扣。一般人都有这样的经验，就是很久没吃过的药效果很好，而经常吃的药则效果常常每况愈下，何也？因为所有药物都要在人体内的肝脏进行解毒，肝脏内会分泌一种酶来破坏药力，用药时间越长，此种物质就分泌越旺盛，药力自然随时间的推移而大降，这就是我们通常所说的耐药性出现了，迄今为止没有任何有效之手段来对付它。所以就狭义而言，中医治本、西医治标是对的，而从广义而论，则任何医药都不是治本之策也。

新知：想不到老师对医学也有如此深入的研究，怪不得有朋友开玩笑认为老师是“万事通”，无所不能也，除了不能像女人那样生孩子之外。

清风：此是一句戏言也，我是爱好广泛，面面俱到结果是面面俱不到，所以没有那样东西是真正地精通，你须以我为戒也。所以，就养生治病而论，所有医药又只能称作治标也，而建立在东方哲学基础上的气功这样的自然疗法方为治本之道也。

新知：是呀，虽然中医药能在扶正祛邪的基础上，调畅气机，深挖病根，较之西医更加优越，毕竟不能从主观上调动人体自身的免疫功能耳，同时长期服药也少有人能耐受与坚持也。有许多疑难杂症中药也难以见效，而以针灸之法，直接疏通经络，而致沉疴顿起，此等案例举不胜举，也使中医针灸之术享誉海外。这也使得在许多西方国家，也逐步推广了针灸之法，虽然以西方人的传统思维，习惯了观察显态之世界，实很难理解作为潜态之人体经络之存在也。

清风：但是，以针灸之法，病患者仍带有很大的被动性，而自己进行气功锻炼，则是主动地“精神内守，真气从之，病安从来”也。所以气功之法是真正的治本之道也，此是佛道两家之修炼之术也，而也是中医所强调也。只是现代人只认中医为医药之道，而忽略了中医之最高精神核心也。

新知：现代各种保健治疗型的医疗仪器的应用，从最简单的电动按摩仪到频谱治疗仪等等，不管是通过磁效应、热效应、频谱效应、电效应等等，最后的目的还是与针灸之法类似的在于疏经活血，恢复人体正常生理调节功能也。同样地其作用仍然是不及自己进行主动地气功锻练的，因为通过主动地气功锻炼所产生的生物效应是电效应、热效应、磁效应、频谱效应等等所有效应的综合也。

清风：以下我们来简单地介绍一下《内经》中的一些主要特色，特别是与现代全息论相关的一些精华部分。中医学的两大基本特点在《内经》得到了充分的展现，从而为后世所有理论奠定了基础。此二者也，一为整体观念，二为辨证论治（下节简述）也。简言之，此整体观念可谓是东方人特有的世界观在医学领域的应用也，此辨证论治可为在整体观念的指导下在医学领域应用之方法论也。

新知：此整体观念，我们前面在论述儒释道三家时都已多次反复地论述之，此乃东方文化特别是中国文化所固有之特征也。此用现代语言而论实际上是一种朴素的全息论之应用也，此种观念在中医学领域尤其表现得极为充分也。此整体观念表现之一，就是我们前面所说的天人感应之观念也，就是说人体小宇宙也，对人体的生命活动和生理病理现象进行研究，不能脱离自然环境的影响。正如《内经》中《素问·宝命全形论》说，“夫人生于地，悬命于天，天地合气，命之曰人。人能应四时者，天地为之父母。”又《内经》中《灵枢·经水篇》说，“此人所以参天地而应阴阳也，不可不察。”

清风：此整体观念表现之二，就是说人体的各个组成部分，都是一个统一的整体，这也就是中医所区别于人们通常所说的“头痛医头，脚通医脚”的西医也。

新知：中医的整体观念具体表现在阴阳五行及经络学说上，而这些都由《内经》奠定了基础。阴阳学说表明中国实际上是世界上最早具有辩证法思想的国家，比之后来黑格尔所表述的辩证法体系可谓是毫不逊色。阴阳既可以代表两个相互对立的事物，也可以代表同一事物内部所存在的相互对立的两个方面。而每一事物中阴或阳的任何一方，还可以再分阴和阳，如此下去没有穷尽。正如《素问·阴阳应象大论》所说，“清阳为天，浊阴为地；地气上为云，天气下为雨。”“阴阳者，天地之道也，万物之纲纪，变化之父母，生杀之本始，神明之府也。”“阴阳者，数之可十，推之可百，数之可千，推之可万，万之大不可胜数，然其要一也。”让我们来看以下两表——

表1　事物的阴阳属性举例

阳	天	昼	春夏	热	光亮	活动	上升	向外	兴奋	亢进	功能
阴	地	夜	秋冬	冷	晦暗	安静	下降	向内	抑制	衰退	物质

表2　人体及药物的阴阳属性举例

		组织			辨证		脉象		四气			五味
阴	表	背	肌肤	六腑	实证	热证	浮	数	实	温	热	甘辛
阳	里	腹	内脏	五脏	虚证	寒证	沉	沉	虚	寒	凉	苦酸咸

清风：说到阴阳学说的主要内容，请读者们务必重新回顾一下我们前面所引用过的太极图，其实这一天外飞仙般的精彩构图已使得一切都尽在不言中了。

新知：是呀是呀。阴阳之间具有相互对立的关系，一旦阴阳失调，就会导致疾病的发生，如《素问·阴阳应象大论》所说“阴胜则阳病，阳胜则阴病”。阴阳之间具有相互依存的关系，如《素问·阴阳应象大论》所说“阴在内，阳之守也；阳在外，阴之使也”。

清风：阴阳的这种关系，一般又称为阴阳互根，所谓“孤阴不生，独阳不长”也。

新知：阴阳之间是一种动态的的相互消长的关系，如果这种消长关系超出一定的限度时，便将出现阴阳某一方的偏盛偏衰，表现在人身上就是各种病理状态，所谓“阴胜则阳病，阳胜则阴病，阳胜则热，阴胜则寒”。

清风：阴阳消长代表一种量变的过程，而在一定条件下阴阳又可转化，此代表一种质变的过程，所谓“重阴必阳，重阳必阴”“寒极生热，热极生寒”等。这种阴阳转化的情况，既可能出现在疾病骤然加重加深的情况也可能出现在疾病骤然变轻变浅的情况。

新知：中医认为阴阳之间的关系虽然是动态的，但又必须保持相对的平衡，人体才处于一种健康状态，否则便可能导致出现亚健康状态或种种疾病的发生，甚至危及生命，所谓“阴平阳秘，精神乃治；阴阳离决，精气乃绝”。而正如我们前面讨论中所指出的要保持这种相对平衡的最好办法就是建立在东方哲学基础上的气功修炼，如此达到的状态在中医称之为（肾）水（心）火共济，在道家称之为阴阳（元精、元神）交媾，如此可以实现既最大限度地减少能量消耗，降低新陈代谢率又实现机体的最大有序性。

清风：以下来讨论五行学说。在中医理论中，能用阴阳解释者，用阴阳学说，不能者用五行学说来解释与补充。阴阳学说原则性比较大，主要针对事物之间及事物内部对立统一的一面。而五行学说则个别性比较大，着重于针对事物之间及事物内部的相互联系与影响的一面。五行者，金木水火土也。凡寒润下行者归于水，阳热上炎者归于火，升发易动者归于木，清肃收敛者归于金，生长孕育者归于土。且看下表——

表3　自然界与人体的五行分类简表

自然界					五行	人体				
五味	五色	五气	五方	五季		五脏	六腑	五官	形体	情志
酸	青	风	东	春	木	肝	胆	目	筋	怒
苦	赤	署	南	夏	火	心	小肠	舌	脉	喜
甘	黄	湿	中	长夏	土	脾	胃	口	肉	思
辛	白	燥	西	秋	金	肺	大肠	鼻	皮毛	悲
咸	黑	寒	北	冬	水	肾	膀胱	耳	骨	恐

总的说来，五行学说，如同八卦一样，如我们以前所说是采用的直观的“比类取象”的方法，用现代全息论来说，是将全息相关度高的事物放在一起归于一类，正所谓“物以类聚，人以群分”啊。

新知：五行之间具有相生与相克的关系。五行相生的次序是木生火，火生土，土生金，金生水，水生木，如此循环往复无有穷尽也。五行相克的次序是木克土，土克水，水克火，火克金，金克木，也如此循环往复无有穷尽也。如五行只有相生而无相克，则不能维持正常的平衡。如仅有相克而无相生，则万物无从生化。此所谓中医所论的制化关系也，任何事物既有制它与被制的一面，又有生它与被生的一面。

清风：但是当事物之间的关系失去正常协调，而出现反常的情形下，就会出现中医所说的乘（克制太过）侮（反欺克己的事物）关系，从而产生许多病理现象。例如，金本是克木的，木本是克土的，但当木气亢盛，土气虚衰时，木就要“乘”土，且还会反过来“侮”金；反之，如果木气虚衰，金气亢盛，势必导致金将“乘”木，土反“侮”木的结果。故此，《素问·六微旨大论》说，“亢则害，承乃制，制则生化。”《素问·五运行大论》说，“气有余，则制己所胜而侮所不胜；其不及，则己所不胜，侮而乘之，己所胜，轻而侮之。”

新知：在中医的阴阳、五行学说之外，最能体现此特点的就是中医的经络学说。我们以前就讲过中国的文化很重视气的，气充天地之间，又充盈于全身也。此气也，我们认为是潜态世界之全息元也，是中国古文化对潜态世界的终极实在的特有表述。此气在人体中周行全身，是沿经络运行的。经者是直行的干线也，多循行于深部。络者，为干线中分离出来的支线也，无处不至，分布部位较浅。此如《素问》中所说，“十二经脉者，内藏于藏府，外络于肢节。”经络如网络一样遍布全身，有规律性地运行全身气血，把人体的五脏六腑、四肢百骸、五官九窍、皮肉筋脉等组织器官等联结成了一个有机的统一整体。

清风：在《内经》中已经认识到了联结人体全身的十二经脉，即手三阴手三阳经，足三阴足三阳经，此十二经均联系五脏六腑，故称“正”经。后世又认识到另有“奇”经八脉，即督、任、冲、带、阴跷、阳跷、阴维、阳维等等。我们前面多次谈到过的，在道家学说中，此奇经八脉中最重要的就是那贯彻人体前后两面的任督二脉，积累元气打通此二脉的小周天功法，一直是内丹学中最基础与最重要的部分。而在瑜伽及密宗中，以通中脉为主，此以中脉及左脉右脉为核心的系统，可以看作是另一套至关重要的由古印度人发现的经络系统。我们前面一开始谈到全息论时，曾经讲到过，全息论的建立最早得益于张颖清的生物全息律。张氏的这套系统，可以理解为由现代人发现的独辟蹊径的另一套贯穿全身的全息经络系统。

新知：经络有种种神奇之处，经络疏通则人体健康，反之，则百病丛生。中医内科及针灸、气功等都建立在调节与疏通经络上，以达治病强身之目的。但是，如同气的神秘一样，经络也被一些人认为具有东方特有的神秘色彩，因为在任何科学手段下，并不能发现如同血管一样的显态结构。中国著名的经络专家，三一二经络健身法的发明者祝总骧教授历几十年的研究，力图用科学实验的方法去探索人体内神秘的经络，得出了一些间接证明经络存在的证据。他们实验室主要采用3种方法即电激发下的机械探测法、电阻测量法、高振动声测试法来证实与绘制经络图谱。令人振奋与不解的是，早在2500多年前我们祖先所测绘出的经络图与祝总骧等人研究所得竟然完全吻合。老师，你说说看呢，古人何以能够做到的呢？

清风：这个事情不难解释，古代圣贤在高度入定的气功态下，产生内视功能从而准确地描绘出经络运行路线来也。我在一本《中国国家地理》杂志上看到一篇文章，作者认为中国古人疏通经络的思想与常年的治水经历有关。我们前面就讲过大禹治水的故事，相传他率领几十万治水大军曾经疏通了九条大河，才最终平灭水患。经络的结构与功能与自然界河流之间本身也具有明显的相似性，而且二者所遵循的自然法则也是相同的。江河的低凹处容易蓄水为患，所以是疏通的重点。人体经脉的低凹处就是人体的穴位所在，容易郁积气血，因而穴位成为进行针刺、按摩等保健手段的重点所在。在《内经》中有这样的话，黄帝问“针道自然奈何?”，岐伯答曰，“临深决水，不用功力，而水可竭也。循堀（低凹处）决冲，不顾坚密，而经可通也。”

新知：看来治水之道与治气之针道殊无二致也，而都江堰就是史上治水之道的杰作也。成都灌县的都江堰由李冰父子率人修建，是世界水利史上的杰作，并且使川西平原一跃而成了天府之国。所以说顺应自然，疏而不堵的思想贯穿在中国文化的每一个方面。中国人相信的是天人感应，追求的是天人合一的境界。在英文中，中国（China）一词又代表瓷器的意思，瓷器确实成为中国文化的一种象征。中国人讲究与自然和谐，所以会发明瓷器，因为瓷器是用来收集容纳与保存储藏的。西方人会发明枪炮与机械，这不是偶然的。因为在西方文化中，就是要切割、开垦与分解世界，是要征服与改造自然以及整个世界。谈了这许多，总之是为了加深论证贯穿本书的观点也，即中西方文化的本质区别表现在每一个方面也。

2. 理法方药体系

新知：中医学虽然博大精深，但总无外乎理法方药四大体系也。前面我们简述了中医最重要的整体观念在理上的应用，其实此观念在法、方、药上也同样处处得以体现也。中医之理除了我们前述的阴阳五行及经络学说之外，尚有对脏腑、气血津液、精、神等的相关论述，在此不再赘述。我们上节，首先引用了《内经》中的话，充分说明了古代中医首先是提倡一种养生之道的，有着深厚的道家哲学基础，也说明从来中医都非常重视人的情志对身体健康的重要影响。而西医长期都是一种生物医学模式，很少考虑到人之精神因素对健康的影响。近几十年来，由于发现大量的疾病包括一些恶性肿瘤等都与患者个人的性格及长期所承受的紧张压力状态有密切关系，它们才得到西医的重视，开始逐步建立起一种心身医学模式。

清风：讲得很好。中医学理论中另一个最重要的特点在于特别重视对疾病的预防，即所谓的“不治已病治未病”，将疾病消除在萌芽状态也。如《素问·四气调神大论》说，“是故圣人不治已病治未病，不治已乱治未乱，此之谓也。夫病已成而后药之，乱已成而后治之，譬犹渴而穿井，斗则铸锥，不亦晚乎！”《素问·八正神明论》又说，“上工救其萌芽，必先见三部九候之气，尽调不败而救之，故曰上工。下工救其已成，救其已败。救其已成者，言不知三部九候之相失，因病而败之也。”直至现代，类似的观点才在西医中出现，因为大量事实表明，在预防中投入的一元钱至少可以节省十元以上的医疗费开支。因此，在美国新近有句口号叫做“医学应主要是为健康人所服务的”。

新知：最能体现中医“预防为先为高”思想的还属下面这则故事——

魏文王曾求教于名医扁鹊：“你们家兄弟三人，都精于医术，谁是医术最好的呢？”扁鹊：“大哥最好，二哥差些，我是三人中最差的一个。”

魏王不解地说：“请你介绍得详细些。”

扁鹊解释说：“大哥治病，是在病情发作之前，那时候病人自己还不觉得有病，但大哥就下药铲除了病根，使他的医术难以被人认可，所以没有名气，只是在我们家中被推崇备至。

“我的二哥治病，是在病初起之时，症状尚不十分明显，病人也没有觉得痛苦，二哥就能药到病除，使乡里人都认为二哥只是治小病很灵。

“我治病，都是在病情十分严重之时，病人痛苦万分，病人家属心急如焚。此时，他们看到我在经脉上穿刺，用针放血，或在患处敷以毒药以毒攻毒，或动大手术直指病灶，使重病人病情得到缓解或很快治愈，所以我名闻天下。”魏王大悟。

清风：你太厉害了。俗话说，“教会徒弟，饿死师傅”，我将饿死了，哈哈。

新知：理法方药中的法主要由诊法与治法两方面来体现。诊法在中医就是我们传统的望、闻、问、切四诊也。此四诊实际也体现了全息论的思想，因为人体作为一个系统，其内在的病理信息在外在也必有所表现，此就是中医所说的“有诸内，必形诸外”也。按照现代控制论的理解，人体也就好比是一个“黑箱”，在不能打开这个黑箱的情况下，通过对外在病理信息的处理，从而推断内在的病因并进行有针对性的治疗，同样也达到了对系统的有效了解及调控。

清风：中医学的特点是在整体观念的基础上进行辨证论治，而辨证论治实际上又包括辨证求因与审因论治两部分。中医通过四诊合参，然后进行脏腑、六经、八纲等相结合的辨证求因。脏腑指五脏六腑，脏腑辨证是中医最常用的方法，因为中医将人体看作以脏腑为中心，以经络为联系的一个整体。六经辨证是“医圣”张仲景在《伤寒论》中提出的针对外感热病传变规律提出的，其将外感热病发展过程中各个阶段所呈现的各种综合症状概括为六个类型，即太阳病、阳明病、少阳病、太阴病、厥阴病。脏腑与六经辨证都侧重于定位，而八纲辨证则侧重于定性，具体八纲为寒热、表里、虚实、阴阳。经过定性与定位的辨证相结合就能对患者的疾病状况有一个较为全面准确的认识，从而为接下来的审因论治打下基础。

新知：相对于以治标而著称的西医而言，中医长于治本，而且“治病必求于本”是中医治法中最根本的原则。标与本是一种相对概念，标指疾病的现象，本指疾病的本质。以疾病来划分，病因为本，症状为标；以时间长短来划分，旧病为本，新病为标；以病位内外来划分，病在内脏为本，病在躯体为标。通常情况下，先治本后治标。但在遇着急症重症时则又必须先缓解其表面症状，然后才能针对病因治本以绝后患，此所谓“急则治其标，缓者治其本”的来由。

清风：中医治法另有正治与反治之说。正治又称逆治乃常规治疗方法，即是针对病情，采用与疾病性质相反的药物来治疗的法则，如用热性药治寒证，用寒性药治热证，实证用攻药，虚证用补药等等。反治法又称从治法，是采用顺从疾病所表现的假象来治疗的一种法则，如外见寒象而用寒药治疗，外见虚象而用泻药治疗等。反治实质上是不为假象所困，针对疾病的本质，仍然是循着正治法的精神来治疗疾病的。

新知：中医与西医相比，有一个最显著的区别就是“同病异治”与“异病同治”的共存，当然这中间根本的原因在于西医是辨病的医学，中医是辨证的医学。先说同病异治吧，比如一个感冒在西医来说治法都是一样的，只是针对老人、儿童可能用量上有所分别而已。而中医却不同，对于感冒类型的认识有风寒与风热的区别而治法也不一样，在初起阶段和疾病发展阶段（如入里化热）又有不同的治法，根据个体的体质寒热虚实之不同，治法也不一样。所以，就中医而论才是真正地能做到因人因时因地而宜。

清风：同一疾病辨证不同，要用不同的方法治疗。反之，不同疾病如果辨证相同，则可用相同的方法治疗，这就是中医的高明之处呀。比如同样一个浅表性胃炎，辨证有寒热虚实等不同，而治法就不一样。又比如许多久泻、子宫脱垂、崩漏等症如果辨证都属于“气虚下陷”的话，则都可用补中益气的方法来治疗。

新知：近年来，西医对异病同治也开始有所认识了。1988 年 Reaven 在第 48 届美国糖尿病学会学术年会上提出“胰岛素综合征”的概念，指一组共同具有胰岛素抵抗这种病理、生理特点的代谢性疾病的总和。1995 年 Stem 又提出了著名的“共同土壤”学说，认为糖尿病、高血压、冠心病等是在胰岛素抵抗这个共同土壤中“生长”出来的，即胰岛素抵抗为这些疾病的共同发病原因。“共同土壤”学说的提出，深入了对胰岛素抵抗综合征的认识，使人们更加清晰地将彼此毫无关系的疾病通过胰岛素抵抗联系在一起，为糖尿病的防治提供了一条崭新思路。

清风：你懂得蛮多的呢。糖尿病、高血压、冠心病等好发于肥胖人群，而这类人在中医辨证中普遍具有多湿、多痰、多瘀之征，以西医来看可能就是代谢紊乱且具有胰岛素抵抗的特征了。

新知：以上所讲的还是一些治疗原则性的东西，中医具体的治法概括起来则无外乎所谓的八法，即汗（发汗）、吐（催吐）、下（泻下）、和（和解）、温（祛寒）、清（清热）、消（消导）、补（补虚）等等。而所有治法概括起来又可看作扶正与祛邪两个方面，而要达到彻底治本的目的还在于扶正，如中医所谓的“正气存内，邪不可干；邪之所凑，其气必虚”也。

清风：很好。理法方药中的方主要指的是将不同药物配伍组合成方剂，以方剂来治病本身就是中医的一大特色也。中医配制方剂的基本法则就是按君、臣、佐、使来组合，即将主药、辅药、佐药与调和药配伍成方。张仲景之所以被称作医圣就是因为其在《伤寒杂病论》中记载了大量方剂，且这些方剂配伍精到，法则鲜明，以致整个后世医家临证组方莫不在这些法则上加以发挥改进。

新知：理法方药中之药指的是对药物药性药理等的论述，这实际上是最重要之处，因为一切理论最终要落实到用药治病上面来。临床用药，必须了解药物的性味、功效、禁忌、用量等等。按我的理解，对药物的论述中西医之间有显著的不同，代表了两种文化的特点。这其中，对药物的性味、功效、用量等的论述，有很大的应用价值，而其中的药物禁忌中的配伍禁忌部分则主要应属于以讹传讹的糟粕部分。老师，你不介意我的口出狂言吧？

清风：我不介意，相反我很欣赏你的初生牛犊不怕虎之精神。虽然，那些配伍禁忌部分出自于历史上的一些经典文献，并且至今在中医的教科书上出现，但实际上只是由于人们对权威的一种盲从所致而已。你可大胆地开讲吧。

新知：中药性能的主要内容是四气、五味、升降、浮沉、补泻、归经等等。四气，也叫四性，即寒、热、温、凉四种不同的药性。寒和凉，温和热只是程度上的差异，不是性质上的不同，所以通常归纳为寒热两大类。此外，还有一些药物，以其性质平和，故称为平性，但实际上仍有稍偏于凉或稍偏于温的差别，所以仍属四气之内。此种四性，任何一种食物也具备，只不过药性比之药物要弱一点而已，并且中医是非常重视以食物入药的，并有“药补不如食补”的说法。任何一种药物以及食物，都是有着寒热温凉之性的，因而需要不同体质的有针对性地选用。

西医的高明在于可以将物质的成分化验到很精细的地步，比如含多少蛋白质、多少维生素等等，但无法发现潜态的物质之性也。这种东西就西医看来也许比较玄虚，但实际上是客观存在的，并且符合人们的日常经验的。比如，西瓜、梨子等是大寒性的，故可以清热解暑且更适合热性体质的人吃，而橘子、荔枝等则是热性的，则有暖胃之功且更适合寒性体质吃。羊肉、狗肉属热性因而适合冬日进补且更适合寒性体质的人，而鸭肉、兔肉等寒性肉类常常适合夏日食用且更适合热性体质的人。就药物而论，比如附子、干姜等是人所共知的辛热药物，而黄连、黄芩等是常人都知道的用于清热败火的苦寒药物。

清风：我补充一下，现代化学得出的结论是即使是分子结构完全一致的分子，其性质也表现得极为不一致。有的非常安静，有的非常好动，这从另一面证实了中医理论的正确性。我们能够理解清楚中医对药物食物之四气的认识后，再来研究五味、升降、浮沉、补泻、归经等就非常容易，可以说是手到擒来了。

新知：五味，即辛、甘、酸、苦、咸五种不同的药味。五种药味的作用是：辛能散，能行；甘能补，能和；苦能燥，能泻；酸能收，能涩；咸能软，能下。此外，还有一种淡味药物，能渗，能利，因为一般认为淡附于甘，所以仍称五味。

药物的气味厚薄及其质地轻重，在人体内产生一定趋向，主要表现为升、降、浮、沉等现象。升浮药都是主上行而外向，有升阳、发表、散寒的作用；沉降药都主下行而内向，有潜阳、降逆、收敛、渗湿、泻下作用。凡病邪在表在外者宜升宜浮，在下在里者宜沉宜降，病势逆上者宜降下，病势陷下者宜升提。由于疾病有虚实之分，对应地药物也分补泻两大类，“虚则补之，实则泻之”。除此之外，中药理论中还有药物归经一说。归经，是药物的功用与适应范围的归纳，是以药物作用于不同脏腑为依据的。

清风：有些药物即使是功效相当，但归经不同，临证选用就有讲究。比如，黄芩、黄连、黄柏都属于苦寒燥湿清火之药，但黄芩归肺经，善于清肺及上焦之火；黄连归胃经，善于清胃及中焦之火；黄柏归肾经，善于清肾及下焦之火。

通过对以上的分析，我们可以再次体验东西方两种文化的区别，中医对人体生命结构及疾病的认识长于定性的一面，并且这种性质还是一种潜态信息的反映，而西医长于定量定位的显态信息的反应。正由于此，即使在现代医疗检测仪器极为先进的情况下，传统的中医四诊法也并非过时的东西。这是因为许多患者的寒热虚实等体质及病情状况，是无法用仪器所能检测出来的，正如仪器无法化验出药物及食物的四气、五味、升降、浮沉、补泻、归经等情况一样。凡热性体质的人，感染外邪侵入则易现各种热象，寒性体质则相反，这些对指导具体医疗方案有重要的意义，也是西医所无能为力的地方。

新知：中药的禁忌，主要包括配伍禁忌和妊娠用药禁忌及服药禁忌等。妊娠期间的用药禁忌可分为禁用与慎用两种。禁用的药物大多毒性较强或药性猛烈，如水蛭、虻虫、牵牛子、大戟等。慎用的药物大多有破气、破血或滑利、沉降的作用，如桃仁、红花、大黄、枳实、附子等，只在病情需要时慎重地酌情使用。

关于服药禁忌，一般应忌生冷、油腻、辛辣等不易消化及有刺激性的食物，另外要忌茶水等以免药性被解。中医还有发物之说，这也是有道理的，比如皮肤病就要忌鱼虾等带腥味等之物，感冒发热病需要忌吃鸡肉等发风之物等。

配伍禁忌，是指两种或两种以上的药物同用后，可能发生严重的副作用或减低甚至丧失原有功效，古人分别称之为十八反或十九畏。十八反歌诀是——

本草明言十八反，半蒌贝敛及攻乌，藻戟遂芫俱战草，诸参辛芍叛藜芦。大意就是，乌头反半夏、瓜蒌、贝母、白敛、白及；甘草反海藻、大戟、甘遂、芫花；藜芦反各种参及细辛、芍药。十九畏指的是：硫磺畏朴硝，水银畏砒霜，狼毒畏密陀僧，巴豆畏牵牛，丁香畏郁金，牙硝畏三棱，川乌、草乌畏犀角，人参畏五灵脂，肉桂畏赤石脂。

但是，古人立方，每每有之，突破“反药”不能同用之禁忌，如医圣张仲景、药王孙思邈等人。现代中医也常突破“畏药”之限制，如人参与五灵脂合用而治慢性胃炎，肉桂与赤石脂合用而治寒性泻痢等等。

清风：孔子有“学而不思则罔，思而不学则怠”之说，而你且学且思，将来必学业大进也。在我看来，“十八反”“十九畏”之所以产生，主要是因为古人受制于当时条件，本来是其他原因导致的疾病却误以为吃了某些“反药”或“畏药”，从而以讹传讹，从而流“毒”千古也。现代中国享有盛誉的江苏名医朱良春就认为，“十八反”之说不能成立，“十九畏”更属无谓，所以是到了改写教科书的时候了。

新知：可眼下所有中医类教科书都持谨慎态度，固守旧说，毕竟药物方面事关人的健康和生命，改写教科书，更要慎之又慎才好。

3. 各家学说简介及中西医比较简论

新知：中医学数千年的发展历程中，产生了众多的医学家，形成了不少的学术流派，在学术上进行百家争鸣，促进了中医学的不断发展与充实。这又使我想起老师一向的观点了，那就是任何一个领域学术思想的发展都是从片面的深刻进行不断地综合与改进的历史，将所有的片面的深刻都融会贯通了就有助于趋近于那全面整体的深刻了，当然就不是肤浅的全面了。

清风：我在此处挑几家有代表性且我较有发挥的学说来简介一下吧，将来有机会再与你进行全面深刻的探讨，此时也只能达到片面的深刻了，哈哈。中医史上有金元四大家之说，即以刘完素为代表的河间学派，以李杲为代表的易水学派，以张从正为代表的攻邪学派，以朱震亨为代表的丹溪学派。河间学派研究的主要课题是火热病机，尤以外感六气所致的火热病证探讨为多，特别是刘完素提出"六气皆能化火"的著名论断，对后世创立温病学说有很大启迪。易水学派整个学术内容，侧重于脏腑病机的研究，强调脏腑虚实寒热病证的分析，对中医脏腑辨证理论的发展大有推动，而其中又特别以创立脾胃论，提出"内伤脾胃，百病由生"的著名观点的李杲而功不可没。

新知：脾胃居于中焦，是精气升降运动的枢纽。脾胃气虚而升降失常，可以发生许多病证，因而李杲对此特别重视并创立了如补中益气丸等许多名方。中医理论特别强调保护与扶助脾胃之气，认为肾乃先天之本（先天之精气集于肾），脾胃为后天之本（后天之营养全赖脾胃吸收）。对病患者之预后，有"有胃气则生，无胃气则死"之说法，此说法是特别正确的。因为病不论轻重，若能留得胃气，则饮食药物之精微都能吸收，则治疗与康复之效果能凸显。反之，则营养与药力都难以吸收，身体自然难以顺利康复，重症者竟至于死亡也。

清风：其实脾胃之重要性还有一点可能为医者及常人所忽略，那就是脾胃不健，则任何运动的效果都将大打折扣。根据我的经验总结，凡脾胃有恙（西医谓之肠胃炎发作）时，任何锻炼的效果都很糟甚至适得其反。虽然合理的运动特别是气功之类柔和的锻炼，能大幅度地改善肠胃运动功能，但肠胃病患者本身必须在控制了炎症的情况下锻炼才能达此效果。因为病发作在肠胃时，勉强锻炼只会使气机更加紊乱，这是由于肠胃位处中焦之故。饱腹及饥饿时不宜进行任何锻炼也是一样的道理，其时锻炼不但不能调畅气机反而使得更加紊乱。

新知：先生所言乃实践中之真知也。攻邪学派以攻击邪气作为治病的首要任务，强调邪留则正伤，邪去则正安之理，善于运用汗、吐、下三法。此派代表张从正认为病之一物，皆邪气所至，抨击金代部分医家喜好盲目投补的时弊，认为妄补的庸医实为“鲧湮（淤塞）洪水之徒”也。张氏治病，力主祛邪，认为“先论攻邪，邪去而元气自复也”。

清风：中医治病总不外扶正与祛邪两方面，具体治法总不外补与泻两大类也。一般而论，病势初起或是素体强壮者，总以邪盛为主，力忌过早用补，否则有“闭门留寇”（将邪气如同强盗般留在家里）之嫌，反对身体之康复不利。反之，则以正虚为主，以扶正兼以祛邪。张氏钟爱之汗、吐、下三法，属于广义的泻法一类，在今天物质条件丰厚的社会尤有警示之作用。今人或由于人之误解或由于医生之图商业利益之故，也喜欢用各类补品及高能营养之物，其实往往使邪毒胶着更难排除耳。但是，汗吐下三法总易伤人正气，因而总不宜久用，对年老体虚之人尤要慎用，此也是为医者不可不察者也。

新知：刘完素重视外感火热为病，及至丹溪学派领军人物之朱震亨又重视内伤火热为病，此二者实互为补充也。朱氏所处时代，医者滥用辛热燥烈药物而造成伤阴劫液之弊者甚多，朱氏因而纠偏补隅，遣方用药处处以养阴为特色。朱氏最著名的理论即为相火论，认为相火对维持生命有重要意义，其说“天非此火不能生物，人非此火不能有生”。但相火一旦妄动，则必消耗阴精，对人体危害甚大。

清风：朱氏进而还提出“阳常有余，阴常不足”之论，并且认为人体在一般情况下已有阳有余而阴不足的情况，再加上“人之情欲无涯”，更加激起相火妄动，阴精耗损。他在治疗中将滋阴降火作为基本手段，并认为青年当晚婚，婚后当节欲如此方能摄护阴精以避免早衰。朱氏理论可以说是对自古以来的道家“清心寡欲”思想的进一步发挥与补充，以今天的话来说，就是我们多次提到过的，最大限度地减少后天之欲望，减少各种意识情绪活动对人体生理功能的干扰，从而促进人的健康。

新知：众所周知，中国古代的皇帝是医疗生活条件最好的，而普遍短命也，平均寿命才三十多岁也。贪色纵欲造成相火妄动，下劫肾精是其致命硬伤也。问题是只有皇帝才有这等条件，“后宫三千佳丽，一人看一眼都要得白内障”(《丑陋的中国人》作者台湾学者柏杨语)，殊不知女色云集的条件反而为其敲响了早衰夭折的丧钟。以上金元四大家之论已略述清楚耳，明清时代的中医理论我以为最重要者，一为以张景岳为集大成的温补学派，一为倡活血化瘀疗法而自成一格的王清任之理论也。

刘完素、朱丹溪重视火热为病，但其理论也造成了明代一些医者矫枉过正，过用苦寒从而损脾败胃，克伐真阳的时弊，温补学派因而重又崛起。张景岳强调阴阳一体的思想，认为阴阳互根，因而精（阴）气（阳）互生也，从而在治疗中必“善补阳者，必于阴中求阳，则阳得阴助而生化无穷；善补阴者，必于阳中求阴，则阴得阳升而泉源不竭”。朱丹溪偏重于养护阴精，而张景岳重提对阳气之呵护，认为“阳常不足，阴本无余”也。

清风：张氏另一重要贡献在于，创立了命门学说，丰富了中医关于肾乃先天之本的理论。他认为命门位于两肾之中，为先、后天立命之门户。先天元阴、元阳秉受于父母，而又必须依靠后天滋养旺盛，这是因为五脏六腑之精归之与肾，而肾又藏精于命门所致。因而张氏分别制方或温养阳气，或填补真阴。在中医中，肾的概念不完全只是一个实体器官也，而是一个巨大的储藏生命原动力的系统也。至于这个系统的中心位置，发展到明代张景岳时，指出在命门，而在道家修炼学中一直认为在下丹田，在印度瑜伽中则认为是在脊根气轮（靠近会阴穴）。

新知：具体位置虽略有差异，但总不出人体肚脐之下之小腹，此为练功之人均能体会之最能得气与聚气之处也，说明人体生命之原动力确实源于此处实为不虚也。另有清代名家王清任认为，治病要诀在明白气血，气通血活，何患不除，因而喜在临证时选用活血化瘀之药，并创立了一些如通窍活血汤等名方。人体之病总因气血不调引起，特别是在人老之后，气血不通之象越是明显。医学上曾研究过一些无疾而终之老人，发现其内脏功能并未衰退，而是死于血液微循环之障碍也。人们皆知锻炼之益处，也概因其能流通气血也。但是如我们前面所分析的，在所有锻炼方式中，仍数建立在东方哲学基础上的气功与瑜伽修炼为最优也，其运动量甚微而能疏通百脉也，非常规运动所能相比也。

清风：就中医而论，人之疾病或是衰老之产生，经络气血之不畅通总还是属于标证也，而脏腑功能尤其是脾肾功能之下降乃是其本也。因而临床医家临证每酌加活血化瘀之药，可加快缓解患者症状，但不可多服久服，因总属破气耗气之物也，总以调脾补肾为主也。就锻炼而论，行气活血固然重要，但归根到底要在精神内守、清心寡欲之基础上也，否则岂不也是舍本逐末也？所以，我之见解想必弟子已明白也，祖国医学虽流派众多，而核心仍在脾与肾二脏之调理上，盖因其分别是先后天之本也。东方修炼术虽也门派林立，但也必以调心为中心，尤戒贪色也，如此方能水火共济，涵养肾气也。而在平常生活中则辅之以调食，以清淡可口为目的，而忌肥甘厚味饮食无度也，此方能常保脾胃气健也。所以，庄子曾说，

"养生之道无他，只在饪席之间耳"。饪，烹饪之饪也，指饮食也。席，睡卧之席也。就是说，就在于管住自己的嘴巴不暴饮暴食，管住自己的欲望不贪色也。

新知：先生之言，至理也。东方之养生、医疗以及修炼之道，总之不离脾与肾之关键也，一切学问在先生那里最后总能一语道破天机，不由弟子不服也。以下来小结一下，从大的方面说，中医学的理论有许多与现代科学相吻合的地方，尤其是与现代三论（信息论、控制论、系统论）相吻合，进而可以说是现代思想最高概括之全息论的最早最朴素的应用。从小的方面来说，如"六淫"（风、寒、暑、湿、燥、热）致病已被"气象医学"所证实，针灸学中的"子午流注"理论与现代"生物节律"论有极大的相关之处，活血化瘀法的疗效得到血液流变学理论的证实等等，不胜枚举。

清风：中医学的主要问题所在也如同其他的东方艺术及学问一样，它是一个强调整体的系统，因而对局部缺少细致的观察与把握，此如同能写意的中国画与能写实的西洋画的区别是一样的。中医长于辨证，从总体把握人体阴阳失调，邪正斗争的状态，但是对于微观的"病"的认识，却失之于笼统。比如，西医能根据病毒的不同将肝炎分为甲、乙、丙、丁等多种类别，而传统中医则只能笼统地将其分为湿热下注、脾胃气虚等几个证型来治疗。又如，在传统中医中一个胃脘痛的范畴包括极广，从胃炎、胃溃疡甚至到胃癌等"心下痛"之征者悉数囊括于内，而在西医则可根据胃镜、钡餐等检察手段一一细分出来，即使是胃炎也还有浅表性、肥厚性、萎缩性之别。因而现代中医普遍都是走的中西医结合的道路，通过西医之手段辨病然后用中医辨证论治的原则进行治疗。

新知：传统中医的剂型主要包括汤、丸、散等类型，对药材浪费很大，且难以充分萃取与利用药中成分。现代中医药也普遍利用了西医制药的手段，生产出各种胶囊、冲剂、酊剂、口服液、片剂等等，大大提高了对药材的利用率。特别是传统中医一向给人以"慢郎中难治急惊风"的印象，近来已有如参附注射液等问世用于对病患者的急救，因而一般认为的中医不能治急症重症的历史也即将改写。

清风：传统中医虽然能认识到"六淫"致病，但无法深入认识到细菌及病毒的层次，这就是其致命的缺陷。西医能够深入认识到这一点，所以才能研制出许多疫苗来，从而成功地消灭了诸如天花、脊髓灰质炎等。也是因为这样，西医能够发明抗生素从而为人类造福非浅，并且挽救了无数人的生命于战争期间。此外，建立在精确的解剖学上的西医，能够施行各种外科手术，以及进行各类器官移植等等，这些都是中医所不及的地方。

新知：但是，抗生素目前已经被大大地滥用了，并且它在抗菌的同时也就大大地损伤了人体自身的抵抗力。昆明曾有过“一妇女妊娠期间服用大量抗生素引发患儿‘百药不侵’的报道”——

对于张华来说，她一辈子都没有想到，自己因为在妊娠期间患重感冒时服用大量青霉素类的抗生素药品，结果导致才出生的宝宝成为了一个超强的“抗药”患儿。昨日，经过一个多星期的抢救，她那患有败血病的宝宝终于度过了危险期。

同样的道理，在治疗各种恶性肿瘤的时候，西医首选的放化疗在杀灭癌细胞的同时，又杀灭人体自身的正常细胞特别是人体的卫士——白细胞，并且有许多严重的诸如恶心呕吐一类的副作用，这使得病人的抵抗力日益下降，从而大大增加癌症复发与转移的可能性。早期患者通常施行手术疗法，但这只是从显态上解决了问题，作为滋生癌细胞的深层因素即各种致癌毒素还存在于血液里，所以也只能是治标之策。因而，现代对癌症的治疗，通常都是采用中西医结合的方式，因为以扶正祛邪为宗旨的中医能够做到祛邪而不伤正，扶正而不碍邪，调动人体自身的免疫因素，从而有助于真正彻底改善病人的内环境，从潜态上消除致癌因素，达到我们所说的治本之目的。

清风：美国有本书名叫《还我健康》，曾提到美国对这些放疗和化疗医生所做的问卷调查题目，即“如果他们自己或自己的家人得了癌症，愿不愿意接受他们经常替患者所作的放疗或化疗治疗?”，结果出乎常人意料，绝大多数医生都不愿意，理由是他们自己没有见过真正被治好的患者，而这些治疗所带给患者的可怕痛苦倒是让他们记忆深刻。

新知：为什么滥用抗生素及放化疗等等情形，仍然会越演越烈呢？我想这样是符合药厂、医院等等的最大化利益的。西方国家的许多医学研究经费都是由药厂赞助的，这使得整个医学研究的方向都必然是朝着对疾病进行“杀灭”的路子越走越远。目前西医的治疗方式就是要求许多慢性病患者长期甚至终生吃药，且所吃的药品也在日益地升级换代，这是最符合医院、药厂、药店等所有利益相关者的心愿的。所以，这令人怀疑医生及医药研究人员等等是否真正想把人们的疾病去除，还是只是想到让病人不断地服药来控制症状。病人都断根了，他们的财源也就断了呀。

清风：你的激进观点有一些道理，但我个人更倾向于认为西医治疗的误区更多地是因为错误的观念所致。任何疾病本身，与其说是病人的敌人，不如说是病人的朋友。也就是说，疾病本身是对人体的一种保护性反应，如果没有这些保护性反应，则病人将导致更加可怕的后果。例如——发烧是人体是为了消灭入侵的细菌及病毒的一种防御性措施；腹泻是为了将各种毒素排除体外……其他诸如高血压、糖尿病等等，都可以看作是一种保护措施。实践中已经证明，见烧就退、见泻就止等治疗方法有可能还会延缓病情的康复。许多人长期吃降压药或者是降糖药，最后的结果是血压降下来了，血糖也降下来了，结果是病人体内环境更加恶化，最后死于可怕的各种并发症。

新知：这些话对我有启发。医学应致力于改善病人的体内环境，而不是去敌视各种疾病症状，这样的医疗思路在一些养生书上被称为“顺势疗法”。其实中医自古以来的辨证论治的原则都是遵循了这样的原则，名异而实同也。当前最新异的理论甚至认为，癌症也是对病人的一种保护，它好比是将大量毒素包裹起来了。如果不是这样的话，也许病人随着毒素的扩散而早就患“败血症”而死去了。因而放疗化疗似乎被一些专家认为是把身体好不容易集中起来的垃圾（癌症肿块），再打散均匀地分布到组织里去而已。因而从病人复查的效果来看，似乎癌肿缩小了，然而往往广泛的转移却又接踵而至了，导致病人的生存期更加缩短了。

清风：此等观点又太新奇了吧，可有什么证据？

新知：我在想此时又可以用上老师曾提过一点的“端粒”学说呢。来源于体细胞的恶性肿瘤细胞又重新出现了端粒酶活性，发挥其合成端粒重复序列的功能，以补偿正常的端粒序列丢失，使端粒的重复序列不会达到导致细胞死亡的临界长度，从而改善细胞的特性。

清风：此问题极复杂，又有待科学的进一步发展去了解真相，现在说再多，也是语焉不详也。中医为西医所诟病的一个重要因素，便是它始终是一种经验性的东西，似乎不能上升到科学的层次上来，比如十个中医给同一个病人看病，则将有十张不相同的处方，有些甚至是大相径庭的。其实只要辨证准确，具体中医的用药风格与喜好有所不同，并不影响对病人的医治。但是从另一方面来讲，来自西医的批评也是对的，某种意义上一个病人是否能取得较好的疗效，有点类似于要撞大运的感觉，取决于他是否遇到一个真正经验丰富能够正确把握病情的医生。否则，遇庸医则将有天壤之别，一旦辨证失误，比如热证而误为寒证，则还反将加重病情，人们常说的"药不对症用船装"就是指的这个道理。而通常只要辨病准确，在西医而论不同的医生来医治也不会有很大的偏差。

新知：因而也许中医是少有的越老越吃香的行当之一，上了岁数的老中医人们先就凭空对其多几分信任，相信其必定见多识广，经验必定丰富，尽管有可能有些人名不副实。

作为东方文化与哲学的产物之一的中医，永远不可能完全科学化，那样也失去了中医的特色。东方文化的内涵岂是传统科学能够涵盖的呢？对科学的迷信如同对宗教的迷信一样是不可取的。古代是宗教强盛，而科学衰落，人们将魔法当作灵药；现在则是科学强盛，而宗教衰落，人们将医药视为魔法。

但是，如何借鉴西医一些有益的东西，尽可能将中医的一些辨证论治的理论及经验能够系统化与标准化一些，从而减少临床上的失误，也是一个非常重要的课题。2006 年 10 月网上炒作得沸沸扬扬的有关中医的事情有两件，一是有位医学专家在网上发起取消中医签名运动，二是韩国有意将中医改为韩医申报世界文化遗产。对此，老师可有何高见想要一吐为快呢？

清风：关于第一件，卫生部已经明确表达了对发展中医的支持，否决了任何取消中医的意见。实际上，近代自从清末以来，关于中医的存废之争从来就不曾断过。而以鲁讯、胡适、陈独秀等为代表的一大批受西学影响甚深且又反封建非常彻底的知识分子更是对中医进行过彻底的否定。此番废中医之老话重提，固属无聊之举，但也说明眼下中医业后继乏人且步履维艰的状况，因而被人质疑也就在情理之中了。至于第二件，是再次给中医敲响警钟，是该大力进行规范发展，积极推动走向世界的时候了，因为在各类中药的对外贸易中，日本韩国等占的份额却远超中国。

在《一个加拿大学者眼中的中医》一文中，加拿大学者胡碧玲有一些精辟的论述，你读读一定会豁然开朗的，比我在这里啰嗦好多了——

西方人早已没有把"科学"这个词等同于"正确"及"唯一"，而今天的中国人仍把"科学"当作为一个好的形容词。这种理解上的差异带来了目前在中国和西方两种截然不同的医学状态：传统中医在西方比在中国更容易得到继承……

科学在世界文化里的全面胜利，迫使中医去迎合西医的科学观。具体地说，中医在西医面前的失败来自于"中医是否科学的争论"……

西医的确在肉体的层次上可以做得很精确，但问题是中医的治疗对象并不仅仅是肉体。如果用计算机作为比喻的话，西医的诊治对象是计算机的硬件；而中医的诊治对象则不仅是计算机的硬件，还包括它的软件。当以“硬件”的标准来要求中医诊治一个“软件”时，不仅会出现不少误诊，同时还无法按照中医本身的理论去治疗……

中医为了“科学化”，其治疗配方中的思维就越来越接近西医的思维模式，现在选药越来越不按传统的性味模式相配而是按西方科学的药理作用相配。

5年前，我在一家中医医院实习时，有一位患胃酸过多的老太太进来就诊。老师按照中医的望闻问切循序诊断后，告诉我们说中草药里有7味药能控制胃酸过多，随后他竟在一个只有12味药的方子中把这7味药全用上了！中医的思路不应该是这样的，顶多有一两味控制胃酸的药就足够了，其他的药都是用来调整她胃酸产生过多的原因……

西方人已经发现西医的模式很难在身心这一领域里有所建树，因为西医擅长的仅仅是把人的肉体看作诊治的对象。所以当有西方学者认为21世纪应该是精神的世纪时，现在我们看到的中医里“不足”与“迷信”的那部分，也许恰恰能够揭开蒙在科学和西医身上的那块帘布，从而使中医得到更客观、更圆满的对待。

新知：说到中医是否科学的问题，我最近看了黄开斌所编的《健康新主张》，顿觉茅塞顿开也——

“科学”是本应指“有关物质世界及其现象并需要用到客观观察和系统实验的知识体系”，而我们常常把它泛化或神话为“关于自然、社会和思维的知识体系”。

医学科学（西医）依仗其强势而独霸了医学的全局，换句话说，医学已被完全科学化了。

反中医的勇士方舟子先生说“中医不是科学”，我赞同，但他说只有“科学成就健康”，我就不敢苟同了。因为，很多事已证明单凭科学是成就不了健康的。

中医学为了争得这顶“科学”的桂冠，不惜丢弃自己在医学里面的优势而非要跳到医学科学的领域内去争一席之地，非要去搞什么中医科学化和中医现代化，其结果当然是徒劳而无益的。一些企图捍卫中医“科学性”的有识之士似乎也没有想过“科学”本身是否有局限性这一根本问题。

清风：科学并非是万能的。中医是不是科学并不能成为其被肯定还是否定的标准。如果一定要以传统科学的严密逻辑来衡量的话，即使西医的治疗方法也未必全是科学的。如果以发展的眼光来看的话，应该把中医也纳入现代的科学体系中来，这是一种超越传统科学范式的、更宽容也更有利于人类的科学体系。

中世纪曾经的宗教裁判所残害了无数的科学斗士，今天终于等到了科学扬眉吐气的一天。但是，我们必须警惕这样一种倾向，一些陷入科学迷信的人，有意无意地在建立一种“科学裁判所”，从而将一些传统科学架构无法完全包容的另类思想通通以“伪科学”罪名残害之，是到了彻底改变这种情况的时候了。特别地，据报道最早发现生物全息律的张颖清先生，因其学说长期被指为伪科学郁闷而逝，更让我感慨万千。如果没有张颖清先生的开创性成果，就不会有宇宙全息论的问世，也就不大可能启发笔者写出这本《经营生命》来呀。

新知：封建理学的卫道士能杀人，殊不知科学的卫道士同样杀人呀。感谢老师与我探讨这许多，我都有立马去学中医且日后行医的冲动了，因为我自己度量着自己此生要成为良相似乎是不可能了，那么也许就该当为良医了，以达济世救人的目的也。

清风：哈哈，你固然是懂得“不为良相，当为良医”之理，可作良医又岂是说句话那么简单的呢？为师再送你一句金玉良言吧，“纸上得来终觉浅，绝知此事要躬行。”

第八章 东方心理学

弗罗伊德深入到人性的无意识“本我”深处，但殊不知古代东方提出的明心见“性”之“性”，其实存在于更深处。

新知：心理学这个学科是舶来品无疑，在古代东方哲人的思想中有许多可以看作涉及心理学的内容，但是从来都没有作为一种学科分离出来过。即使是在西方，心理学从哲学中独立出来也是近代的事情，正所谓“心理学有很长的过去，但却只有很短的历史”。

清风：你说得非常对。西方心理学史虽然也不长，但比之东方无疑有着成熟的系统，各门各派也蔚为大观。所以，我们在讲完西方主要的哲学及心理学流派之后，特设有一个总结性的章节十八章“站在巨人的肩上”，其中第二节为“心理学史回顾”，那时候读者阅读起来自会对东西方心理学思想的对比有较深的认识，是谓水到渠成也。但在讲完东方各派哲学之后马上提炼一些相关的心理学内容，可以为读者诸君留下一些初步的印象，起到一个趁热打铁的作用，是以先在此开列简单的一章“东方心理学”也。

新知：就哲学思想而论，佛道本是一家也，就心理学而言，也是如此的。西方心理学虽然派别各异，但从应用于人的生活的层面来看所研究的一般是，人之欲望在实现的过程中出现阻碍后所造成的心理障碍及其解决之道也。或从意识的层面而言，帮助人对现实有个切近的意象，从而产生切合实际的欲望，从而减少受挫或是培养抗挫折能力，因而求得心理之平衡。或从无意识的层面而论，帮助人认清被压抑的无意识并将其意识化，释放被压抑的能量从而恢复心理的平衡。或者帮助人求得本能的升华，将其释放到艺术、科学等创造性的活动中去。人本主义帮助人追求自我实现，说到底也是将人的能量升华到追求意义、价值等等的活动中去，就如同爱因斯坦曾经说过的那样——

现在，大家都为了电冰箱、汽车、房子而奔波、追逐、竞争，这是我们时代的特征了。也有不少人，他们不追求这些物质的东西，他们追求理想和真理，得到了内心的自由和安宁。

清风：要谈东方心理学呢，你怎么谈那么多西方的呢？

新知：别急嘛，马上就切入正题了呢。佛道中的心理学要追求的是在欲望未起之时的澄明状态，并认为这种状态才是真正健康的状态。此种状态也被西方的一些学者所认识到，分析心理学的创始人荣格就是一个著名的代表。荣格提出了“自性”的概念，类似于老师所说的原性，并认为人应该通过“个体化”进程达到“自性”的实现，从而成为真正的自己。完整与均衡是万物与众生天赋的趋向和本能，从古至今，从原始人到现代人，自发的人格整合从来未曾中止。荣格心理学追求人的心理完整与均衡，把这一整合过程称为“个体化进程”。荣格的心理治疗方法（联想实验、梦的解析、主动想象），归根到底是引导患者实现这一进程，帮助患者深入自性，从而产生更高的意识，找到生命的意义。

清风：又说到西方去了，还不就是相当于佛家说的生“慧”了嘛，就是“彻悟”了嘛，获得了解脱了呀。

新知：佛家思想的核心就是苦、集、灭、道，“四圣谛”也。如果把苦理解为心理障碍，那么集就是心理障碍的原因，道就是心理治疗的方法，灭就是心理障碍消除后的健康状态。

在佛家看来，所谓的正常人也还是有心理障碍的，因为欲火中烧难以摆脱也，因而一切皆苦也。何以至此呢，因为人的无明所致也。常人认识不到世间一切都是虚妄的，故而会产生执着也。如果认识到外物都是过眼烟云，那么也就没有什么好留恋的了。治疗的方法就是“八正道”也，又归于戒定慧三学。对应西方术语，分别相当于作业疗法、静心疗法、领悟疗法也。

清风：很好。道家一样的追求原性，表述与佛家可能有点差异也。佛家“明心见性”的状态，在道家通常称为“无为”也，或是返璞归真，复归于婴儿等等。并且正如我们以前所描述过的，佛家更偏重于精神层面，而道家更偏重于生理层面来通达此等境界也。而儒家因为是主张入世的，其认为理想境界是一种具备高度道德修养的，能够圆满地处理人际关系的个人心理状态。

新知：说到儒家中有关心理学的内容，可以说是要求人具有一种涵养也，即“善养浩然之气”也。一个有涵养的人，就是如颜回那样“不迁怒，不贰过”“在陋巷，人不堪其忧，回也不改其乐”等等。也就是说一个心理健康的人是一个情商很高的人，是一个人际关系良好的人，因为他能够做到“己所不欲，勿施于人”“己欲立而立人，己欲达而达人”等等。至于说到中医中心理学的成分，还是考考老师吧。

清风：我们前面已谈过，中医是建立在道家哲学基础上的，所追求的心理健康是同道家一致的，这样的人在《黄帝内经》中称为真人、至人等等。而对常人而言，中医通过辨证论治来恢复其身体健康。我们以前就讲过中医治病之理主要是依据阴阳及五行学说，然后选取相应的药物来调和人体阴阳及五脏之间的平衡。同时，中医也认为许多疾病不仅是由于外在的“六淫”所犯，也有许多是由于“七情”内伤所致。即不良的情志活动导致人体阴阳偏盛偏衰，使心理活动失去平衡，从而导致疾病的发生。

新知：俗话说“心病还要心药医”，那在中医那里又是怎样一个医法呢?

清风：用情志之偏，补偏救弊，以收纠正阴阳气血脏腑之偏，从而在改善心理状态的同时而“心”到病除，此可谓“情胜疗法”也。

新知：那好，我就来略举几例吧，看你能否说个究竟——

清代有一位巡按大人，患有精神抑郁症，终日愁眉不展，闷闷不乐，病情日重。有一老中医往诊，对其说：“你得的是月经不调症，调养调养就好了。”巡按听了捧腹大笑，思量遇到个糊涂医分不清男女。此后，每想起此事都禁不住发笑，久之病愈。

清风：这点小儿科，如何能考倒我呢？心火之志为喜，肺金之志为悲，火克金，喜胜悲。另可这样来看，喜为阳性的良性的情绪变化，因而可以治疗因忧、思、悲等阴性不良情绪所致之病变。

新知：清代学者陈梦雷所著《医部全录》中记载了这样一个案例——

一女子病不食，而北卧者且半载，医告术穷。翁（元代名医朱丹溪）诊之，肝脉弦出寸口，曰：“此思男子不得，气结于脾故耳。”叩之则许嫁丈夫入广且五年。翁谓其父曰：“是病惟怒可解，盖怒之气击而属木，故冲其土之结，今宜能之使怒耳。”父以为然。翁入而掌指面者三，责其不当有外思。女子号泛大哭，怒已进食。翁复潜谓其父曰：“思气虽解，然必得喜，则庶不再结。”及诈以其夫有书，旦夕且归。后三月，夫果归，而病不作。

清风：此案为女子思夫，日夜思虑，思之过度则伤脾，脾土气结，故病不食，卧床半载。朱丹溪当面指责女子不知羞耻而思男子，这在当时社会中，对女子是莫大羞辱，因此该女子大哭大怒，怒则思解，使病得治。中医认为，肝木之志为怒，脾土之志为思，木克土，怒胜思。愤怒虽为不良情绪，但它属于阳性之情绪变动，因此对忧愁不解、意志消沉、惊恐太过等阴性情绪变化所致疾病，均可用激怒疗法治之。

新知：你以上所举两例都是因阴性情绪而致病也，也有许多是乐极生悲，因阳性情绪而致病的呀。最著名如吴敬梓在《儒林外史》中所记录之，也曾入选中学课本的《范进中举》所描述的故事也。范进穷困潦倒，屡试屡败，背负极大的精神压力。结果忽一日天降好运，竟中了进士，欣喜若狂后竟然疯过去。而后其长期歧视他的岳丈胡屠户，以掌掴其脸，方将其打醒之也。

清风：此可称作掌掴疗法也，有机会我对你使用使用。

新知：对东方心理学的讨论就这样就完了吗?

清风：由于我们前几章的讨论中实质上有些内容和心理学很有关系，在此就不再多谈了。对于东方的心理学事实上有很多人在做更深入的研究，或许不久的将来会有专著问世来满足你的好奇心的。

第九章 意志主义

作为对理性主义的反叛，叔本华开创了意志主义的先河，强调人性中本能、意志等的层面，由此也带动了后来心理学上的革命。

1. 叔本华思想概述及评判

新知：叔本华（1788～1860），德国著名哲学家，开创了唯意志主义哲学及生命哲学流派。他认为哲学回答的是世界和人类的本质、本源问题，而真正的本质、本源应当从人的内心深处去寻找，这就是人的意志或下意识的生命本能的冲动，或生存（生活）意志。

清风：弟子暂停片刻，在介绍他的主要思想之前，我想对于两个问题进行一些简单的探讨，是很有必要也是能够引发读者兴趣的事情。一则何以叔本华成为现代悲观主义创始人，二则何以直至生命的暮年他才一举成名并且引无数世人竞折腰？

新知：此小菜一碟也，弟子给你手到擒来也。首先，叔本华之所以成为现代悲观主义创始人，一则是由当时那既混乱又加上战乱频繁的环境造成的，二则由于他深受印度哲学特别是佛教的影响所致。第二个问题，则主要由于当时黑格尔哲学君临欧洲大陆，世人自然更不会注意到非理性哲学的存在所致。最好的例证就是这样的场景，心气甚高的叔本华偏要选择黑格尔上课的时间开讲自己的课程，结果那边场场爆满，自己这边门可罗雀。当然了，作为一个自称“性格遗传自父亲，而智慧遗传自母亲”的天才却在大半生都备受冷落，这很有一些值得思考的必要，老师你说是吗？

清风：明知故问嘛。叔氏精通七国外语，在25岁时即发表《论充足理性原则的四重根》（至今这一著作仍是认识论的名篇），30岁时即发表反映其核心思想的《作为意志与表象的世界》。但是，这部著作首版发行时，几乎无人问津，所印刷的五百本绝大部分都放置在仓库里。到1850年，叔本华的最后一部巨著《附录与补遗》终于完成，但是费尽周折才有一家出版商同意出版，印数只有区区的750本。叔本华没有稿酬，仅仅是获赠十本样书而已。不过真的是印证了那句著名的西方谚语，“上帝的磨盘转得很慢，也转得很细。”属于叔本华的运气终于姗姗来迟了，英国评论家奥森弗德注意到了这部著作，并且发表了一篇评论，而叔本华的一个朋友又找人将此文译成德文在德国的报纸上进行了发表。经过这一番“出口转内销”后，他的哲学方才墙内开花墙外香起来了，自己也终于一举成名天下知了。

新知：此倒是印证了他自己的名言，“真理可以耐心等待，因为它长久存在。”这种是金子却长久不能发光的情形，在历史上倒比比皆是。例如，《红与黑》问世后也是反响甚微。作者司汤达仍然自信地断言在其死后二十年，此书必将红得发紫，结果也诚如斯言也。也正因为如此，原来我因老师的这本巨著屡屡受挫于出版商而曾担心你会步叔氏之后尘，但现在我坚信此书在三年之内必将走向世界。

清风：没有你的勉励，此书是无法完成的，即使完成也无法忍受那没完没了地被拒之门外的打击的。“古来圣贤多寂寞”在过去的时代有其发生的必然性，但那还算是好的了。还有一些人因其思想被常人认为是离经叛道，不仅受冷落还倍受攻击，比如弗洛伊德，中国的人口学家马寅初等等。这倒是符合我小时候看过的“魔鬼词典”中的一句话，“天才出现在世界上的标志便是所有的蠢才都联合起来向他进攻。”

新知：自然地叔本华本人对此更是感触极深，他那辛辣犀利的笔自然不会放过表现的机会——

大众的判断力是反常的，要创作出优秀的著作，并且避免写出低劣的作品，创作者就必须抵制和鄙视大众及其代言人的评判。……读者大众的愚蠢和反常是令人难以置信的，因为他们把各个时代、各个民族保存下来的至为高贵和稀罕的各种思想作品放着不读，一门心思地偏要拿起每天都在涌现的、出自平庸头脑的胡编乱造，纯粹只是因为这些文字是今天才印刷的，油墨还没干透。

清风：哈哈，但是如今基本上已不会出现这种情况了，信息社会与民主社会已经到来了。讲了这么多题外话，你还是接着介绍叔本华的主要思想吧。

新知：好的，正合我意也。所谓意志主义也，与强调理性的理性主义不同也，一切核心就在意志二字上。在他看来，生物所最珍视的就是其生命，只要求得生存，其他一切都可忍受；反之，其他一切都会失去意义。生物如此，其他一切事物亦如此。例如，一颗埋在土中的种子，可以长久不发芽，却能保持其生命力，这些都是它们求生存的表现。叔本华用这种生存意志来解释宇宙乃至人的一切，解释人的理性、智慧、性格以至人身体的各部分，都是生存意志的表现。特别提醒注意，这里的意志与我们通常人所认为“坚强意志”的意义有所差异，有些学者因而认为译成“意欲”还更妥当一点。

清风：有道理，求生是一切生物的本能也，那又如何说他是悲观主义大师呢？

新知：老师莫急，且听弟子慢慢道来。在叔氏看来，生命乃至世界的本质就是意志，而意志的本质就是痛苦。而且意志现象越完善，痛苦也越多。植物无痛感，低等动物痛感微弱，高等动物痛感强烈，人的痛感则达到了顶峰。而在人类中间，智力越发达者，痛苦又越多，所以天才最痛苦。

清风：实现了自己的意志岂不就尝到了快乐的滋味了，又何为痛苦呢？

新知：老师你别逗我了，你是真不知还是假不知？叔氏说，人生就好比是一个钟摆。摆的这端是“痛苦”，而另一端则是“无聊”。当人的欲望没得到满足时，便产生焦虑及痛苦感；而欲望一旦得到满足，便又会觉得“不过如此”，于是又觉得无聊，于是又产生新的欲望，寻求新的刺激，重新又回到令人痛苦的欲望中，重又开始新一轮的“钟摆”生活。

清风：现在你明白叔本华在30岁时就完成的巨著何以叫做“作为意志与表象的世界”了吧，在他看来人乃至宇宙的本体都是一种挣扎着的意志的体现。这些意志所指向的东西并非完全是客观化的，而是经过个人意识所反映的表象的世界，世界就是由意志与表象世界所组成的。在叔本华看来，人生就是被无限的欲求所鼓动起来的一叶扁舟，在茫茫的苦海中挣扎。因为人的意志总是避免不了经常受到外界的阻碍，这就是痛苦的根源，而意志的暂时满足叫幸福。

新知：我插一句，正如叔本华所说，“人可以做他想做的，但却不能要他想要的。”

清风：但是，人的本性决定了这种幸福是如此的短暂，又要追求新的意志满足，然后又要产生新的痛苦。而在两个痛苦，即一个刚消失的痛苦和下一个即将到来的痛苦之间歇期，并不是被幸福和满足的感觉所充实着的，恰恰相反，在一旁窥视已久的无聊寂寞之感又迅速趁虚而入。

新知：不要说像老师这样饱经沧桑的人会在某种程度上会欣赏叔本华的观点，实际上即使是像我这样的弱冠后生也能产生些许共鸣。比如在我高三为高考进行紧张的迎考复习时，紧张得透不过气来，那时就一心盼望着这样的日子早日结束了就万事大吉了。可是，真的当高考结束了后，在那短暂的幸福过后，我又特别地感到空虚了起来，甚至也有一种疲惫感，并且觉得这种疲惫是一种空荡荡的东西。唉，好像有本外国名著叫做《不能承受的生命之轻》，我觉得其之所以能够畅销是必然的。在一个人为欲望所驱使，比如我前面所说为高考这座千军万马要过的独木桥而日夜紧张辛苦时，实在是别无选择硬着头皮日复一日地读啊写啊算啊，那时真叫做不能承受之生命之重。当一个人空虚下来时，也就是面前面临很多选择时，此时比没有选择时似乎也好不了多少，有时甚至有一种百无聊赖的感觉，堪称是一种不能承受的生命之轻也。

清风：《不能承受的生命之轻》看来你还没有真正读懂，谁叫你一向都是一知半解呢，哈哈。我读大学时是在上海这个冬日以冷出名的地方，业余爱好相对男生来说更少的女生在冬日更觉无聊，有时对着一面镜子将围巾系来系去都要折腾上一两个小时呢。在我看来，人之所以需要去娱乐与社交等，甚至有些人会沉湎于烟酒、赌博等活动中去，有些是为缓解紧张，有很多时候也是为了去消除无聊的感受而已。

新知：就像常人所说的“时间实在是难得打发呀”，生命虽然是如此的珍贵，而对于常人而言打发时间却又成了生活的一种基本模式，这又是一种何等的讽刺啊。

清风：说得好，总体上来说，我们在叔本华思想中确实能够找到古印度哲学特别是佛教的影子。确实的，他受古印度哲学的影响很深，这从以下的事实不难看出来。他一般在晚上 9 点到 10 点左右就回家，在床上阅读几页古印度的《吠陀》，因为他认为，“从《吠陀》的一页纸的著作，我们所学到的就超过康德以后的整卷整卷的哲学著作。”而作为《吠陀》文献中哲学思想总结的《奥义书》尤其受到叔本华的推崇，他对它不吝赞美之辞，“它是最高的人类智慧，是我生前的安慰，也是我死后的慰藉。”

他所住的屋子陈设极其简单，书房的主要装饰物就是书桌上的一尊镀了厚厚一层金箔的佛像。在东方悲观主义大师佛祖那里，最基本的教义四圣谛之第一谛便是一个苦字，而此苦又是因为无常无我的特性所决定的。与此相呼应的西方的悲观主义大师这里，同样认为痛苦是人生的一个基本特征，这是因为人在实现意志过程中所必然受到的阻碍造成的，而即使实现了意志带给人的满足也是暂时的，很快又要开始新的追逐，因而永远得不到真正的快乐也。

新知：正如我们以前对佛家所批评的，对人生“苦”旅的过分强调也是叔本华的一个片面之处。通常情况下，我们常人实际上是不停地在苦、乐之间进行着转换的，并且对于心理健康的人而言，往往他在生活中更多地培养出了一种积极的人格，因而更多地体验的是幸福、快乐、满足、高兴、愉快等积极的心理体验。相反，对于一些更具有消极人格特征的人而言，他在生活中更多地是体验到一些痛苦、悲伤、忧虑、畏惧、孤独等消极的心理体验。

但是，佛祖与叔本华的可贵之处就在于深刻地认识到常人的幸福的一过性的特点，占有一物便使一物失去了刺激，目标仅是虚设也。而在追求欲望、意志满足过程中必然的受到挫折，还会带来无尽的痛苦与烦恼。并且，叔本华还特别阐明了在一过性的幸福之后常人所面临的一种无聊之感，许多人一生就在无聊与痛苦的交织中度过也是一种不争的事实也。

清风：说得很对，即使是真正的身心健康且积极进取，通常在一生中少有受到长期痛苦袭扰的成功人士，如果简单地对叔本华等人的悲观论调不屑一顾的话，其实也犯了认识肤浅的错误，他们或许没意识到他们所经历之快乐实际上可能只是一些肤浅的快乐而已。

新知：我同意老师的观点，单就常人的幸福的一过性与短暂性的特点而论，我们就必须对佛祖与叔本华的哲学有高度的重视，因为只有永恒的东西才是能给人真正带来持久的幸福的。而我们前面已经讲过，为何常人的幸福具有一过性的特点，老师在最后一章中将披露其中秘密并对此作出全新的解释。作为一种必然的逻辑，要消除痛苦就要消解人的意志，而要消解人的意志，叔本华为我们分别开出了治本与治标的处方。

清风：你倒是能活学活用啊，把我给你讲的中医术语用上了。确实地，生命意志是一个相当抽象的东西，要想丢掉它不是轻而易举的事，它不是一块随时看不顺眼就可以丢向窗外的破抹布。如果我们把痛苦比作一股从地底涌出来的泉水，那么一旦我们克服了生命意志，那也就是堵塞了痛苦之源的泉眼。再用一个中医的乃至武侠小说中也经常引用的术语吧，那就是击中了痛苦的命门（即要害）了。那你先来说说治标的处方吧。

新知：那还不容易啊，治标三条，哲学、艺术、宗教之路。在叔本华看来，当一个人拥有理性、知识与智慧之后，就有望用它们来控制意志。

在他看来，通过读书，读哲学书，尤其是读哲学大师的原著，找到那种透彻万物的理性，理性就能够驾驭意志。如他所说——

当外部因素或内在特性突然把我们从欲求的无尽之流中托出，并使认识摆脱意志的桎梏时，注意力就不再集中于欲求的动机，而是抛开事物与意志的关系去领悟事物，因而能从纯粹客观的角度观察事物，不带任何个人利益和主观性——只就它们是表象而不是动机对其加以充分的专注。这样我们以前求而不得的安宁就会自动光临，与我们安然相处。

清风：我们知道与理性主义不同的是，在叔本华那里世界的一切都是由意志来主宰的。但是，尽管如此，叔本华也还是承认在一定程度上，理性还是起作用的，比如在消解意志、摆脱痛苦方面。其实中国人在意志受挫时爱自我宽慰的一句话便是“拿得起放得下”，实际上就是理性所起的重要的调节作用。不过，常人纵然是放得下，必然又要在新的地方去“拿得起”，只是转移了意志的目标而已，不是真正地完全摆脱意志的困扰。

新知：说到理性对意志的调节作用，我就想到有一个制怒的好方法，当你忍不住要对某人发怒时，你就从一数到十。

清风：要是你数到十时，我还是不断地刺激你，你又怎么办呢，是否要从十又数到一百呢，哈哈。

新知：以前有一句非常时髦的政治工作口号“让感情的潮水沿着理性的河谷奔腾”，倒是充分说明了理性对意志的调节作用也。但是实际上完全如同叔本华所说的几乎完全消解意志的人也是有的，最著名的比如大哲学家康德、柏拉图、笛卡儿、休谟及叔本华本人，还有物理学家牛顿等人，他们完全沉浸在对哲学或物理学（自然哲学）的思考中，深居简出，终身不娶，在常人看来好像真的是不识人间烟火也。

清风：无独有偶，2007年驾鹤仙去的著名哲学家及美学家，云南大学中文系教授赵仲牧先生也是终身未娶，为哲学这种思考的事业而奉献了一生。这些孑然一生的哲学家，也许是他们的本能欲望等等，几乎完全升华为了知识理性与逻辑理性了，从而给后人留下了谜一般的一生。说开了就没完，打住，你接着说说艺术之路吧。

新知：叔本华认为，艺术的特征就是，艺术能将人类的认识从意志的奴役下解放出来，使人忘却自己的欲望与私利，而让心灵得到一种对真理的非意志的领悟。何以艺术具有这种功用呢？因为艺术作品所揭示的并不是现实的事物，而是理想化的事物，这个理想化当然也包含着理念，它是事物一种理性的、普遍的美，其中不搀杂着任何个人的意志。

清风：所以不论是创造艺术还是欣赏艺术，都可以暂时超脱个人意志，在美的沐浴中忘却痛苦。不过，此艺术之路，也只是起效而已，并且只有少数天才方能真正地领略。而这些天才们某种程度上都带有一定气质上的“疯癫”症，在艺术观赏中所带来的宁静喜悦的片刻，是对他们由于特有的敏锐感觉而造成的比常人多得多的痛苦的一种补偿也。

新知：我在想意志主义在心理学方面的发展就是催生了弗罗伊德的精神分析法，弗氏后来提出的艺术创造对人的性本能的升华之概念也可谓是叔本华理论在心理学上的细化也。关于天才的痛苦问题我们在本节后面再讨论，关于天才的疯癫问题我们在下节谈到尼采时再讨论。

清风：那第三条宗教之路呢？

新知：第三条消解意志之路，宗教也。叔本华受佛教影响很深，因而也推崇佛教的涅槃之境，认为这种境界是能够使人大彻大悟彻底摆脱苦难人生的最高智慧。我们可以认为，即使早期如叔本华、后期如荣格等西方思想家对佛教道教中所阐述的境界之认识仍然带有一些隔靴搔痒的成分，其理解程度也还不能说是达到极深的地步，但是作为西方社会中的人能突破西方人的常规思维方式而接近东方文化，本身已是一个了不起的成就了。

清风：接下来要谈治本之路了吗？

新知：是的，前面三条只是压制生命意志而不是根除它，现在讲的两条则是立足于根除它。第一条，发疯也。发疯实际上是人在意志得不到满足而且带来极大痛苦时的一种回避方式，这种方式使得理性不会知觉，又可避开了意志的纠缠了。在这疯狂里，一切过去的经历和它产生的痛苦都在人的脑海里消失了，这就是发疯的实质也是发疯的意义。

清风：发疯可说是一种严重的精神病，而轻微的癔症等精神症其实都是某种程度上的受压制的本能所致，将其充分释放出来，就成为了治疗取得效果的关键，这也是后来弗罗伊德的精神分析法的一个重要内容。

新知：第二条，禁欲也。第一步是断绝对世界的迷恋，对外界纷至沓来的各种诱惑抱不动心的态度，一种超然物外的态度。第二步是禁绝性欲与食欲。叔本华认为“一个有理智的男人是不可能去做与女性恋爱这样的蠢事的”。而禁食欲之后，必然会导致个体的死亡，他说，“采取斋戒绝食的措施，甚至采取自辱自苦的办法，以便用经常的菲薄生活和痛苦来逐步降服和灭绝意志。如果死亡终于到来而解散了意志的这一现象，那么，死，作为渴望的解脱，就是极受欢迎而被欣然接受的了。”

清风：正由于这样的思想，所以他虽然认为自杀是“愚蠢的行为”，但他仍然对自杀抱悲悯、赞叹和同情的态度，如他所说，“自杀是自杀者以其自由意志，弃此尘寰，吾人将先以悲悯和同情，继以赞叹其勇决。”在我的印象中，近代著名国学大师王国维之所以跳北大未名湖自尽，受到叔本华思想影响也是其中一个重要原因。如果大家都按叔本华的思想去灭绝生命意志，那么世界将是怎样的一种状况呢？请看他的描述——

随着自愿的否定，意志的放弃，则所有那些现象，在客体性的一切级别上无目标、无休止的，这世界由之而存在并存在于其中的那种不停的熙熙攘攘和蝇营狗苟都取消了，一级一级的形式的多样性都取消了，随着意志的取消，意志的整个现象也取消了。末了，这些现象的普遍形式，时间和空间，最后的基本形式主体和客体也都取消了，没有意志，没有表象，没有世界。

“无”是悬在一切美德和神圣性后面的最后目的，我们不应该怕它如同孩子们怕黑暗一样。我们应该驱除我们对于“无”所有的那种阴森森的印象，而不是回避它，如印度人那样用神话和意义空洞的字句例如归于梵天，或佛教徒那样以进入涅槃来回避它。我们却是坦率地承认：在彻底消灭意志之后所剩下来的，对于那些通身还是意志的人们当然就是“无”。不过反过来看，对那些意志已倒戈而否定了它自己的人们，则我们这个如此非常真实的世界，包括所有的恒星和银河系在内，也就是——“无”。

新知：实际上，如果众人都信仰佛教并且力行之，彻底斩断一切业力，那么世界也会呈现同样的图景。可以这样说，佛教以业力来说明那世界上的一切因果关系，而在叔本华这里将这一切因果关系都看成了是意志的体现而已。如果说东方哲学的优点就在于笼统，那么缺点也就在于其笼统。西方哲学的优点在于细致，那么缺点也在于其细致。

清风：真是烦不得了，你干脆说东西方哲学乃至文化是相得益彰的不就得了。回顾一下叔本华所指出的这几条解脱痛苦之路，我们来作一个小结。治标三条中前两者哲学与艺术之路对常人来讲是非常实用的，并且常人或多或少地都在部分地应用它。最后者宗教之路尤其是佛教的涅槃之路，对那些大彻大悟之人能够彻底出世即看破红尘的人来说是实用的，我们前面讲述东方哲学时已有详尽的分析，此不赘述。后两者治本之路，发疯是要不得的，恐怕没有人会愿意以此方式来解脱。禁欲之路恐怕也不合常情，禁欲之后而慢慢死去，如此地迎接死亡至少也是极不人道的。虽然东方哲学也有专门的戒学，但它们是为修炼之后求得另一种快乐来代替世俗之乐打基础的，并无任何不人道之处，虽然也有违背世俗常情之处。所以，在我看来叔本华仍是深入了东方哲学的皮毛，尚未触及其深处之精髓呢。

新知：我知道老师对东方哲学特别是佛道两家是推崇备至，其情其感时不时地溢于言表也。我们说叔本华的哲学固然有其深刻之处，这一点同佛教类似，但是其难免也过分悲观，尤其体现在其所提倡的消解意志的种种极端之法上。其实，从另一种意义上来说，只要是作为生命来到这世界上都可以视作一种幸福。何也？因为，生命之来之不易啊，因为是多少亿个精子追逐一个卵子，恰好某一个精子捷足先登方才诞生了某一个特定的个人也。虽然人生有种种苦难之一面，但是当人们被问及来世愿意变成什么时，百分之一百的人还是会说愿意变成人，而不是猪啊马啊牛啊等等。所以，有人说过这样的一句话，我认为是精辟的，那就是“一个人在自己的哭声中开始，在别人的泪水中结束，这中间叫做幸福”。虽然这中间可能充斥着许许多多的酸甜苦辣，但是毕竟这一段活着的过程就是一种幸福啊，这是毫无疑义的呀。

清风：讲得很好。大多数学者都认为要全盘接受叔本华的哲学无疑是危险的，但是他们也都承认其毕竟是一种片面的深刻，这种深刻就在于特别树立了意志这杆大旗，是对世间盛行的理性主义的一个巨大补充也。往细一点来说，就是指人作为一种既不能理解也不能控制而盲目发生作用的力的产物和受害者，好像居住在对他很不相宜的无神世界里，又好像在无目的无休止地奋斗着。就是说，世界意志的产物是人也，同时人又受到这种盲目意志的支配也。

新知：回过头来我们来探讨智力越高痛苦越大的问题。智力越高，其情感世界相对也敏感，追求也越高，当然更不容易满足，痛苦也就越大了。以前的上海大众公司总经理方宏，著名歌星张国荣，台湾著名作家三毛等常人羡慕的对象最后却都走上了自杀之路，令人殊为痛心也。所以在我看来，与其这样还不如像那些村姑农妇一样，生活得何其悠然自得也。再或者如同您老人家小区里那些三轮车夫，有活就干干，无活时就斗斗赌金基数仅为一元钱的“地主”牌戏，尽管是住的一个月租金 50 元的单车棚，还不是照样生儿育女，其乐融融呀。

清风：你是说得好听呀，既然当个三轮车夫都这样快乐，那你何以还要读大学还要来拜我为师呢？农妇也好，三轮车夫也罢，再快乐毕竟也不是一般人所追求的呀，怎么能同成功人士相比呢？当然，不少成功人士固然智商高，但如果不善于调节心理状态，面临各种问题时无法超然对待甚至还走上极端，就可能还不如常人，反而印证了歌德所说的话了，“天才的命运注定是悲剧”了。总之，智商高的人还须伴以高情商，方能获得一个较为圆满的人生。因为幸福的程度并不完全取决于你是否解决了生活中的各种问题，而在于是否具有在没有解决问题时依然保持良好心态的能力。

新知：老师是真正地透察人生也。我想通了，宁肯体验大的痛苦，然后想法去超越它，然后去获取高层次的欢乐，也不会降低对自己的要求而蝇营苟且中度过此生也。正如功利主义思想家穆勒所说，“我宁愿作一个不幸的苏格拉底，也不愿作一头幸福的猪”也。

清风：总结起来说，叔本华思想对后世的影响是极其深远的。从哲学的角度而论，他开创了近现代非理性主义的先河。从心理学的角度而言，他及其后继者尼采的思想直接影响了弗罗伊德创立精神分析学，并且其影响又远远地超出了单纯的心理学领域。德国作家托马斯·曼就评论说，“叔本华作为意志的心理学家，就是现代心理学之父。从叔本华开始，然后是尼采，然后直接到达建立起叔本华的无意识心理学，并把这学说应用在精神科学的弗罗伊德及其一干人。”

2. 尼采思想概述及评判

新知：叔本华的思想被另一个德国思想家所扬弃，并且产生了具有爆炸性的影响力，此人不是别人，正是在历史上享有盛名而又备受争议的哲学家尼采（1844～1900）。说他享有盛名，因为现代所有的非理性主义可以说都曾受到其思想之影响。说他倍受争议，是因为给近代世界造成空前绝后的大劫难的纳粹主义分子也肆意宣传其纲领即来源于尼采的“权力意志”论和“超人”论。

清风：使得尼采青史留名并为后人所津津乐道的另有一个重要原因，就是尼采在晚年离奇地疯掉了，这使得一向鄙视像尼采这样的非理性主义大师的正统学者更有了攻击其思想的把柄。当然尼采并非是被他的超前思想弄疯的，而是因为其在年轻时在战争中受伤加上晚年其年轻求学时染上的梅毒发作，以至于在生命暮年的十二年完全处于精神失常的状态。

新知：按照老师通常教给我的客观评价方法而言，因为法西斯政权曾盗用尼采的思想来为自己的宣称服务，从而贬斥这样一位伟人是毫无道理的。

清风：当尼采21岁时读到了叔本华的名著《作为意志与表象的世界》，他激动地几乎整整两周没有睡觉，以至于他后来将叔本华称做精神上的父亲。有趣的是，尼采在许多方面都同叔本华极其相似，比如都属于大器“早”成的那类，都是在很年轻时便创作了不朽的名著。1872年，年仅26岁的尼采便成为了瑞士巴塞尔大学的正教授，且出版了他的第一本名著《悲剧的诞生》，以后又陆续出版了《查拉图斯特拉如是说》《人性的，太人性的！》《道德的起源》《瞧，这个人！》《偶像的黄昏》《快乐的科学》等等。有趣的是这些书籍的命运也是如此的惊人相似，同样乏人问津，甚至要自费出版。他的讲课同样不受学生欢迎。

新知：我还跟老师补充一个对于两人而言最著名的共同点，那就是都在追求女人失败后从而极端鄙视女人，并且都终身未娶。

清风：我还以为你要说哪样呢，品味太低了吧，不过在本节的最后还是可以就此与你探讨几分钟的。此二人其实最大的共同点在于，其思想都堪称过于超凡卓绝，因而在世时得不到世人之认同，而都是在死了N年后方大红大紫起来。此也正如尼采本人所预言的那样，“我的时代尚未到来”“有的人死了以后才出生”。

新知：以下还是言归正传由我来介绍尼采的主要思想要点吧，我作为老师的关门弟子现在已尽得老师之真传，那就是对于伟人的思想不管有多复杂，都能提纲挈领且合乎逻辑地拟出个一、二、三来。尼采的思想说复杂也复杂，说简单也简单，主要就是一“权力意志”论，二“重估一切价值”论，三“超人”论，四“无限往复”论。

首先，尼采从他的精神父亲叔本华那里继承了“人生就是意志活动”这一中心论点，并以此作为他的哲学大厦的基石。叔本华的思想弥漫着悲观论调，在他那里为了摆脱痛苦，就要去否定生命意志。于是，求生意志最后竟然成了求死意志了。但是，这种悲观主义却是尼采所不能接受的，他宣布这是颓废的标志，他在意志领域发现了一种不曾被污染的健全本能，力的饱满和充盈，这是对生命的深深眷恋与热爱，是正视人生的痛苦而不是逃避。

清风：在叔本华那里，意志是盲目的，而尼采的意志则是有一定目的的权力意志（又译强力意志）。尼采把“意志”看作是一种个人自我引导与自我超越的“权力”，是一种个人追求能够支配环境的“权力”。因此，从本质上讲来，“意志”是完全自由的，这种自由的个人意志是不应该受到任何环境影响的。

新知：老师，这些论点怎么有些耳熟呢，有似曾相识的感觉。哦，对了，在以后我们会讲到的宣称人具有无限自由的萨特的存在主义那里，明显可以看到尼采思想的影子啊。

清风：算你聪明，思想从来都不是割裂的，从来都是一代一代传承的。新一代思想家在旧有的基础上又不断进行着新的演绎与发挥，这就叫与时俱进啊。

新知：我们也正在进行着这样伟大的工作啊，对不？我想这不是臭美，是大实话。正因为这样强调意志的作用，所以尼采提出了“重估一切价值”的口号。重估一切价值，又包括两部分，就是对当时泛滥成灾的理性主义及整个欧洲传统的基督教道德体系的重估。西方自古以来有着理性主义的传统，它最早肇始于古希腊著名哲学家苏格拉底，其有一句著名的口号叫做“知识即美德”，认为求知是人生最高的目标与道德的最高准则。在文艺复兴之后，随着工业文明的到来，人类开始创造了前所未有的物质与精神文明。于是，理性至上、科学万能的思想开始被推到极端的地步。

清风：这也造成了培根的那句名言“知识就是力量”响彻云霄啊。然而在尼采看来，理性主义本身就是颓废的特征，它表达了一种知识上的盲目乐观信念，认为科学知识能解答一切人生之谜，并且优良的品德都可以从理性概念中推论出来。在这个意义上当人们抑制一般本能而使理性畸形发展时，就已表明生命本身感到了危险，人变成了理性的奴隶，变成机器，失去了所有的创造与激情，这也等于失去了人生的价值与意义。

新知：当然必须看到的是尼采在强调张扬人性中的本能激情的时候，对理性的批判似乎又走向了另一个矫枉过正的道路。尽管如此，他的许多精辟言论仍然是极富启发性的，尤其是他从古希腊神话中所找到的灵感让我特别欣赏。在古希腊神话中，威严、冷静、理性的阿波罗被称为日神即太阳神，而沉醉、冲动、非理性的狄奥尼索斯则被称为酒神。在尼采看来，在酒神身上所具有的元素更重要，因为它体现了人类强大而无限的生命力，象征着人类本能中一切原始的冲动，它们不受任何理性与道德的约束，当它们释放之时才是人类生命意义真正得到体现之时。

清风：对此，尼采有一句非同凡响且又惊世骇俗的名言，“我是哲学家狄奥尼索斯的弟子。我宁肯做一个酒色之徒，而不愿意做一个圣人。”

实际上，人生的哲学及心理学的问题很大程度上就是要解决理智与情感的关系及冲突问题。尼采等人显然认为情感的一面是人类行为的主导力量，发展到弗罗伊德时将此定义为“本我”。

新知：尼采对苏格拉底等诸多圣人的嘲讽使我想起了中国古代的庄子对孔子等圣人的挖苦，完全是异曲同工也。所不同的是如我们前面所分析过的，尼采鄙薄理性而张扬意志，但庄子则是要更进一步，放弃理性与意志等所有的后天意识，而回到那无知无欲的先天境界中去也。

清风：我们前面在“东方心理学”那一章所强调的，东方的哲学及心理学就是强调要通过特有的修炼方式，从后天返先天，从而很好地调和理性与本能的矛盾的。

新知：重估一切价值，在尼采这里除了对理性主义的否定之外，还包括对整个基督教教义及精神的否定，他的一句振聋发聩的宣言就是那句“上帝死了”。在他看来，基督教是人生命中最危险的敌人，一个宗教信仰者是不可能拥有生命激情的，它只会使人堕落。基督教道德理论是一种“原罪说”，认为生命中充满了罪恶，个人通过自责、忏悔等方式，来达到赎罪的目的，从而才能净化心灵，最后就能够升入天堂并逃离地狱。

清风：按基督教理论，耶酥基督最后被钉死在十字架上也是一种为众人赎罪的大无畏献身精神。由原罪说为起点，基督教主张爱护弱者的怜悯心及人的自我牺牲精神，宣扬无条件的爱与忍让，同时还提倡象修女、修道士那样禁欲苦修。这样的思想显然是尼采所鄙视的，这在尼采看来纯属一种奴隶道德，人类爱冒险、爱斗争的英雄气概被沦落为爱安稳、爱和平的奴隶习性，从而严重地扭曲了人的本性，抹杀了生命的本质。尼采说，“生命本质上就是掠夺、伤害，对陌生者和弱者的压迫、压制、严酷，把自己的倾向强加于人，吞并和剥削。”

新知：尼采宣扬“上帝死了”，从根本上否定基督教的精神，对人们摆脱其所受教义的束缚，从而张扬积极的人生意志，有一定的积极作用。但是，按照老师的理解，任何宗教都有特定的超越世俗的作用，这种超越性又是人类所必需的，因而尼采的否定也有一定的偏颇之处。至今，上帝也依然活着，且受到无数西方人的供奉，并且基督教也还日益向全世界传播着。

清风：这里面根本的原因在于，如我们前面讲述东方哲学时所分析的那样，宗教性的需要是全人类的共同需要，东西方概莫能外也。我们在讲完西方哲学与心理学之后，还会用小点篇幅附带着讲一下基督教的问题。

这里我也可以先给你讲一个为师的基本观点，就是虽然说东西方人的思维方式大相径庭，但是，基督教所要追求的终极境界与佛教、道教所追求的其实仍是一回事。只不过，耶稣在创立基督教时是以原罪作为出发点来立论，从而为修道之人否定世俗的罪恶打下基础。佛教则是将原初状态不定义为罪，而定义为“无明”，以此立论从而指引修道之人逃离世俗，解脱痛苦的。道教则是以返璞归真为立论基础，指引修道之人通过身体修炼，全性保真，养性延年。虽然一般的西方信徒或许达不到东方信徒那样天人合一的境界，但是当他们在教堂作礼拜时进入的那种脱离一切世俗的众生平等的静谧境界仍然足以净化人之心灵。

新知：正因为这样，宗教作为一种文化负氧离子永远都是人类文化的一个重要组成部分。有一幅漫画对此表现得非常到位，画中的尼采说，“上帝死了”，而画中的上帝却说，“尼采死了”。不过尼采其异常犀利辛辣之文笔及一反主流思想的愤青作派，都使我觉得他像极了中国古代之庄子，似乎可以说他是西方之庄子呢。

清风：哈哈，当代文豪鲁讯还把庄子称之为中国之尼采呢。回过来说吧，在世界范围内上帝的阴影都是难以消除的，而尼采的幽灵也注定会永远游荡下去的。正因为尼采强调权力意志的作用，因而鼓吹重估一切价值，进而提出一种超人哲学。上帝死了，圣人也死了，在尼采心目中的超人也诞生了。如果说对理性主义与上帝的否定是一种“破”的话，那么尼采横空出世之时就是“立”的时候了，所谓不破不立也。

新知：很好。尼采认为，超人首先是克服了人类本性的人，是由于出类拔萃而重新为价值立法的人。超人能够控制自己的内驱力，能够自由选择而使自己有所成就。他将接受大地上的一切而不轻视自己的身体。超人好像大海，掀起波浪，吞没浊世和一切污行；超人是狂风暴雨，震慑一切。在他看来，人类的真正目标是如同当初人超越猴子一样，现在要超越人类自身而成为超人。超人是强者，是主人，而芸芸众生则是弱者，是奴隶。后者好比是一大群绵羊，超人则是牧羊人。历史是由主人即超人创造的，“无天才即无历史”，“人类自下而上的目的就在于产生伟大人物”。

清风：不错呀，口若悬河地说了一大堆，但关键还在于要进行评论呀。

新知：这方面我就略逊一筹了，哈，还是请老师来表演一下吧。

清风：在尼采的思想中充斥着一种英雄史观和对民主的蔑视，这是我们必须加以甄别清楚的。但是他树立的超人理想，确也启发了后世学者对如何激发人的无限潜能的思索。因而尽管超人说不再流行，对人的自我超越性的谈论却越来越多，以至于到马斯洛时，“自我实现”思想提出并且风靡全球，不能不说这中间尼采功不可没，堪称是真正的始作俑者。

新知：很好很好。尼采一方面在大力推崇超人，一方面又在大力鞭策“末人”。所谓末人，即不起眼的人也，尼采用来比喻在基督教之类的文化压抑下的西方人。末人的特征是这样的——失去了创造的愿望和能力，权力意志早就离开了他们，“不再投掷欲望的箭”；小心谨慎，浑浑噩噩地度日，只会“小心翼翼地行走”，个性已经泯灭，千人一面，“一切的人意愿都相同，一切的人都相同”，只会按照传统与习俗行事。

清风：那超人如何才能产生呢？

新知：尼采认为超人仍然是产生于尘世生活中的人，人是超人的唯一原料，但只有少数勇敢者、创造者、权力意志充沛者，经过一些阶梯才能提升为超人。在他看来，种种恶劣环境（对于超人则是顺利环境）是对超人意志品质的培养和考验，超人不是在顺利环境中自然生长的。尼采常常自命为超人的预言者，“如果电火的别名是超人，那我就是电火的先导，是云里的大雨点。”

清风：这倒是与孟子的见解一致，“天将降大任于斯人也，必先苦其心志，劳其筋骨，饿其体肤，空乏其身，行拂乱其所为，所以动心忍性，曾益其所不能。”现代也有类似的高论，“苦难之于强者是财富，之于弱者则是万丈深渊。”

新知：尼采的最后的一个重要论点，那就是“无限往复”论——

现在身死而消灭，在一刹那间化为乌有，灵魂和肉体一同腐朽。但是，我所缠绕的因果之纽带循环着，它将再把我创造。我还会回来向人类宣讲超人。

你们知道“世界”在我看来是什么吗？我可以在我的镜子里把它指给你们看吗？世界就是：一种巨大无匹的力量，无始无终；一种常住不变的力量，永不变大变小，永不消耗，只是流转易形，而总量不变；……一个奔腾泛滥的力量的海洋，永远在流转易形，永远在回流，无穷岁月的回流，以各种形态潮汐相间，从最简单的涌向最复杂的，从最净的、最硬的、最冷的涌向最烫的、最野的、最自相矛盾的，然后再从丰盛回到简单，从矛盾的纠缠回到单一的愉悦，在这种万化如一、千古不移的状态中肯定自己，祝福自己，是永远必定回来的东西，是一种不知满足、不知厌倦、不知疲劳的迁化……

清风：尼采虽然是反对宗教思想的，但是在对世界的根本认识上，他与宗教的思想却是不谋而合的。在《圣经》中也曾表达了类似的观点，那就是“已有的还会有，已去的还复来，阳光之下并无新东西”。当然在推动世界发展的原动力上，尼采与叔本华是一致的，认为是任何生物乃至无机物的一种意志推动使然也。东方哲学中的佛教则认为世界是由业力推动，因果相续永无止境地循环着的。宗教创始人虽然认识到宇宙世界从诞生之日起就在做着一种往复的运动，但是他们还是尽着自己的使命，极力要在局部范围内进行着阻止这种业力继续扩展的努力。比如佛祖很早就预言佛教将衰落且人欲极端膨胀的末法时代也会到来，但是他还是“尽人事以听天命”般地去实践自己的使命，直到死而后已。

新知：我小时候，大约在十二岁那年，突然有一天意识到人终究是要死时，连续悲伤了好多天呢。后来虽然注意力转移了，没有这么焦虑了，但是一种阴影还是缠绕在心头而挥之不去。现在跟老师取了这许久的“经”后，感到了一种解脱的轻松，认清了“世界不以人的意志为转移而循环着”的道理。

清风：人是自然的产物，也必然回归自然。用我那饱经风霜的舅舅的大白话说，“人在泥土里找饭吃，最后必然回到泥土里去！”但是，虽然生前与死后都不是个人所能控制的，但是安排好这一生却是我们每一个人的责任。

清风：最后就来点花絮吧，那就是探讨一点关于女人的问题，也就是你最感兴趣的问题，哈哈。叔本华与尼采都终身未娶，视婚姻为畏途，且非常蔑视女人。叔本华说——

在女人的心里，女人认为男人的使命就是赚钱，而她们的任务就是挥霍这些钱，可能的话，她们在男人的生前就要这样做，而在男人死后这样做就更是不用说的了。……把身材矮小、肩膀狭窄、臀部宽大、两腿矮粗的女性称之为“美人”“佳丽”，这也只有被性欲蒙蔽了头脑的男人才会说得出来。也就是说，女性的全部美丽全在于这种性欲之中。……结婚意味着战争和要求。……我们看到一对情人焦灼的目光相遇，为什么那样神秘、那样胆怯、那样隐隐藏藏？那是因为情人都是叛徒，他们使那些本来会结束的人类的全部欲望和苦难延续下去。

新知：尼采说——

如果你要去见女人，请带上你的鞭子。……妇女要同男人一样，这是毫无意义的；妇女最适合当妈妈和养孩子，这个角色已经给予了她们很高的社会地位。……男女之间很少能够相互理解，男人以为女人平和温柔，而事实上她们很狂野。

总之，叔本华如此厌恶女人，除了前述所说追求一个贵妇失败的原因之外，另一个原因是从小同母亲的关系也一直很糟糕。而尼采在年轻时曾追求几个女人都遭到婉言谢绝，而后他那极为糟糕的身体使得他一直处于孤独漂泊之中，直到最后发疯为止。当然或许这样的解读有些肤浅，我想听听先生的高见。

清风：西方许多第一流的哲学家远至柏拉图，近至休谟等人，之所以终身不近女色，主要是因为在他们看来，女性很难进入纯粹的哲学领域。抽象思维的领域并非大多数女性所擅长，她们比较重视的是实用理性，日常生活中的实用理性已经把其他方面的理性挤占了。正如我们前面提到的赵仲牧生前在谈到这个问题时所说的，“我对谈论家常没有什么兴趣，谈哲学对方又没有兴趣，所以一直没有成家。”

新知：诚如斯言也，在我念大学时，有时遇到几个女老师聚在一起，目睹她们见面时那一惊一诧的样子时，很难理解居然会出自这些硕士以上学历的女人之口，“呀，你这条裙子太漂亮呀，哪里买的呀?”

清风：孔子说“女子与小人为难养也，近之则不孙（逊），远之则怨。”其实也说明女人心理特点相较男人而言更加率性与自然，实际上这也就决定了女人在某种程度上更加幸福一些。我曾在《中国青年报》上看到一个女作者写的文章，用非常风趣的笔调将男女之别表现得淋漓尽致，大意是说“男人们每天穿西装打领带，面对领导还得毕恭毕敬，总是带着面具生活，何其累也……而女人们想哭就哭，想闹就闹，何其轻松也……”文章的结尾是这样的，“女同胞们，让男人去累吧，我们乐我们的!”

新知：精辟呀，我来阐述尼采之疯的问题，免得让老师一个人独占了风头呀。如我们前面所言，尼采之疯和长期患病有关，大凡天才实际上也必然在性格上有某一方面的执着、狂热，非如此不可能对其所热爱的事业能如此倾心投入，非如此不能成就其事业。当然其一举一动不可能与常人完全一样了，并且也不可能被常人所易于理解。从这个意义上来说，伟人与疯子本就是对于常人而言都具有疯狂特性的两极，但区别在于疯子难以回到现实中来，而伟人虽非常超前仍能回到现实中来也。

清风：我再给你补充一点吧。伟人不被常人理解，很重要的一点就是相对常人而言，伟人似乎显得特别孤单，所谓“古来圣贤多寂寞”也。但是他们的心灵却是充实的，而心灵非常空虚的常人则需要去抱团热闹也。这也就印证了那句经典的网上名言，“孤单是一个人的狂欢，狂欢是一群人的孤单。”

第十章　精神分析法

弗罗伊德揭开了“冰山下的一角”——人类潜意识的神秘面纱，并使得精神分析法几乎深入到人类文化的每一个领域。

1. 弗罗伊德思想概述

新知：弗罗伊德（1856～1939）是诞生于奥地利的近代最著名的心理学家、精神分析法的创始人。可以这样说，很少有哪一个人像他那样对整个心理学乃至整个文化的影响是如此巨大，同时所受到的诽谤与赞誉几乎是一样的多。不管怎么说，他早已奠定了当代最伟大的思想家之一的地位，并且与马克思、爱因斯坦一道被认为是有史以来最伟大的三个犹太人。

清风：我们前面多次谈到在哲学领域，叔本华与尼采的哲学被称为意志主义，是因为他们将意志作为人类一切行动的根本驱动力。这种意志，在弗罗伊德的心理学体系中又被称为潜意识或无意识，叔本华及尼采等人对于此种无意识已有不少精辟的洞见，但毕竟还是零星的。弗罗伊德的伟大贡献就在于在分析精神病症状、梦、日常生活中过失行为的基础上，揭示了无意识的形成机制和作用机制，从而将对无意识的研究系统化了，从而建立起了影响极为深远的学科——精神分析学。

新知：弗罗伊德如何认识到潜意识对人类行为的支配作用呢？这其中的故事我觉得有必要再来重述一遍。弗罗伊德在获得医学博士后，曾去巴黎的一家医院向著名的现代神经病学创始人夏尔科教授学习对神经症的治疗。在夏尔科的诊所里，经常在课堂上进行这样的实例演示，对患有精神病的患者进行催眠，病人会慢慢地进入催眠状态。然后，夏尔科告诉患者他的身体某些部位存在某些症状，这些症状就会被处于催眠状态的患者完整地表现出来。弗罗伊德看到这一有趣的场景，认识到精神刺激对于身体控制的作用，人的肉体会不自觉地受这种精神刺激的摆布，并引起各种行为反应，而这些反应都是患者所没有经过深思熟虑的。这使弗罗伊德开始考虑了无意识是否存在的问题及其存在的可能性，它同意识的关系又是什么？它是否受意识的控制？弗罗伊德潜心于有关意识与无意识的分析研究，而其研究成果也成为他整个精神分析学的基础也。

清风：弗罗伊德就是在对神经症的研究中，重新发现了人类心灵的隐秘。在他看来，真正支配人类活动的是无意识，而表露在外的显意识则只占很小一部分比重。意识只是那巨大冰山露出冰面的一角，而无意识才是那埋藏在冰面下的巨大冰山的主体。有一种有趣而令人信服的说法是这样的，人类的自恋与自尊曾经经受了三次巨大的打击。第一次是哥白尼创立日心说，否定了人类居住的地球是宇宙中心的概念；第二次是达尔文创立进化论，明确指出了人类并非是造物主创造的高贵生命，实际上从低等动物不断进化而来；第三次就是弗罗伊德创立精神分析法，指出人并非一直是由理性支配的，而是由本能和无意识机制所支配。

新知：弗罗伊德后来在与一个著名的精神病症的专家布罗伊尔的合作中，得出一个重要的结论，那就是神经病症是来自于一个无意识过程，一旦这些无意识过程变为意识过程，那么病症就会随之消失。比如运用催眠术把病人催眠到一定程度让她自己说出导致病症的特殊经历，经验或压抑的某些情感，病人的病症就一一消除，而且很少会再复发。这种方法被布罗伊尔定名为“宣泄法”，继之弗罗伊德又创立了类似的“自由联想法”等方法。弗罗伊德认识到，病人产生神经症的一个重要原因就在于将烦恼冲动挤出意识层。如果成功完成，与“被禁止的”想法相连的焦虑就可以避免。但是，这种经压抑而产生的能量却将造成体内身心上的问题，而通过宣泄等方法实际上又将此种能量又释放了出来，因而使得病人开始走向痊愈。

清风：讲得很好，精神分析最基本的治疗思想就是“将无意识意识化”也。在1895年，布罗伊尔与弗罗伊德将他们的案例及从中总结的思想表达在了《歇斯底里症研究》（又译《癔症研究》）一书中，该书一直被认为是精神分析学说的开山之作。但是，与叔本华、尼采等人的著作初期乏人问津的遭遇如出一辙——该书初印了800册，经过13年也只卖出了626册，并且还遭到了医学界的冷嘲热讽。这十多年中弗罗伊德面临经济上的严重危机，几乎在当铺里当掉了所有值钱的东西，包括其妻子的金耳环之类。直到后来在大洋彼岸的美国他才得到了推崇，并逐渐奠定了作为精神分析之父的世界性声誉。此等情形似乎也论证了“自古雄才多磨难”

这一真理，尤其是对于那些思想的拓荒者而言似乎更是适用也。对于这些拓荒者而言，在被人认同之前似乎过着一种令人窒息的窘迫生活。而成功有时就是一夜之间的事情，“忽如一夜春风来，千树万树梨花开。”

新知：当然，弗罗伊德的学说一开始被人所轻视，除了其超前的思想意识之外，另一个重要的问题是，在他的许多书中，都涉及到一个对性本能问题的探究，并认为人的性本能在人的精神世界中占有主宰地位，这确实是难以融于当时社会的流行思潮。处于维多利亚时代，一个有名的较为压制性欲的时代，因而弗罗伊德的泛性论备受“纵欲诲淫”的指责，以至于上流社会的淑女们一听见他的名字就脸红。实际上，弗罗伊德虽名为性学大师，但实际上他本人的私生活非常严谨，并无任何不检点之处。

清风：正因为是在那样清教徒风气盛行的年代，所以实际上在弗罗伊德接触的大量神经症中，通常都是由于压抑不可接受的性欲望产生的焦虑而产生的。例如，一位妇女对他的父亲有性的情感，如果她意识到这种冲动，她将表现出强烈的焦虑。为了避免焦虑，她可能压抑她的不可接受的性欲望，迫使它们全部进入无意识。但这并不意味着她的欲望消失了，只是因为它们被压抑而不能产生焦虑。

新知：这些想法既然存在于无意识之中，又如何能被发现的呢？

清风：问得好。根据弗氏理论，这些隐藏的冲突可以通过口误、梦以及心理分析的各种技术（如我们前面提到的催眠术及自由联想）等揭示出来。当然，最主要的压抑之欲望将产生心理问题并以神经症的形式表现出来。例如，上面提到的那个妇女压抑了对父亲的性欲望，但她可能以另外的形式表达出这种冲动，即她不断地陷入了与男性关系的失败，在无意识中试图解除她对父亲的那种冲突。

新知：我来补充一点，其实隐藏冲突的曲折表现方式有一个为常人特熟悉，那就是“酒后吐真言”。由于酒精的麻醉作用，人的意识的控制力减弱了，许多压抑在内心世界深处的东西就一古脑儿地倒出来了。谈到梦，我也想来啰嗦几句。弗罗伊德曾在1899年出版的《梦的解析》堪称一本辉煌的巨著，尽管它的价值在10年后才得以逐渐被发现。按照他的观点，梦是欲望的满足，它完全是有意义的精神现象。它是一种清醒状态精神活动的延续，是错综复杂的心理活动的产物。有一些梦反映了人简单的欲望满足，而有一些梦则非常的不直接，其背后的隐意有些甚至同梦境相反，需要通过分析才能真正理解。还有许多梦跟性有关，是性压抑的常用发泄途径。

清风：实际上，梦是白天精神活动的延续也，所谓人们常说的“日有所思，夜有所梦”也。在我从事写作期间，有些时候遇到一些棘手的问题，偶尔会在梦中得到反映，并突然得到灵感。但是，梦如果很多或经常恶梦连连，将严重影响睡眠质量，这通常是因为身心过分疲惫或是心理负担过重所致。而对于东方之修道高人而言，由于时时处于那种无知无欲的极乐境界，因而就会很少做梦，从而保证极高的睡眠质量。庄子在《南华经·大宗师》中就曾描述过达到这种境界的高人，“古之真人，其寝不梦，其觉无忧，其食不甘，其息深深。”

新知：在弗氏理论中，压抑是一种最常用的防御机制，其他还有退行、投射、反向作用、升华作用等等。在此不再赘述，只是有必要对升华作用进行一番点评。其他的防御机制在心理矫正（神经症）中是作为有问题的指标，相反，升华这种防御机制不但被看作是正常的，而且是人人希望拥有的。当人们使用升华机制时，他们找到了社会认可的方式来转化无意识中被禁止的欲望所产生的能量。升华最重要的作用是把被压抑的性欲转移到艺术、文学和科学等领域的激情创作中去。

例如，达芬奇的成功，就归功于他“恋母情结”的升华。达芬奇是个孤儿，母亲过早地激起了他的性欲活动。达芬奇也从小就钟情于母亲，但却因为“超我”的准则而被压抑，以至于日后成功地“升华”到绘画艺术中。按照弗罗伊德的分析，在达芬奇的画里，凡是母亲的形象都是两个人的凝缩，一个是达芬奇的生母，一个是他的祖母。而其名作《蒙娜·丽莎》中那最为世人所瞩目的神秘微笑，按照弗氏的说法也是取自于其生母，并因其生母的坚强性格而使这微笑带一点男人气。

清风：对于弗罗伊德对一些文化名人的解析，赞同者有之，反对者也大有人在。在我看来，就其主要观点而论无疑是正确的，但就具体个案而论或许有一些牵强附会之嫌。在我看来，升华作用在一些伟人身上是十分明显的，并且即使是一些不被禁止的合理的欲望所产生的能量也得到了升华，因而才造就了许多伟人。弗罗伊德本人也是一个著名的例子，比如其虽然有个美满的家庭及贤惠的妻子，但他在四十岁后即停止了性活动，全力从事其学术研究，从而成为当代少有的著作等身的文化大师。印度圣雄甘地则是在三十多岁即停止了性活动，一心致力于非暴力不合作运动，最终成就了推动印度独立的一代伟业。至于说我们前面讲过的牛顿、康德等终生未娶的伟人，也是将性欲等本能升华为对科学孜孜不倦地钻研激情的绝佳例子。

新知：我还记得老师在总论里就曾说过，东方修炼术是另一种升华，是将性本能转化为营养身心的内在能量也，一方面在精神上证得极乐之境，另一方面也使得最大限度地拨慢了生命的时钟，尽收延年益寿之效也。正因为存在这种升华作用，这也是众多修道之士能够超越世俗一心问道之原因也。我决心效仿禅宗六祖慧能及现代明炀法师等人一样，终身不娶，一心向道也。

清风：真是自古吹牛不上税也，像你这样的六根不净的凡夫俗子，如果不过上数十年世俗的生活，如何可能真正地静下心来？一旦形成性压抑，可能反倒弄出许多心理问题来，还能来奢谈升华？哈哈。其实升华的概念并不局限于针对性能量，对于人性中的本能冲动都适用。比如某个人有强烈的攻击冲动，可以通过参加对抗运动或成为外科医生来得到升华。在我看来，人类因为是来自于动物界，所以其实都有一些攻击倾向，因而人类发明的许多运动，无论是单对单的拳击还是多对多的足球，其实就有很好的升华作用。我相信如果没有这些体育运动，估计世界上会多出许多战争来的。

新知：在1905年始，弗罗伊德发表了《性学三论》等一系列性学著作，孰曾想在当时的奥匈帝国掀起了轩然大波，甚至被攻击此书的人认定为“魔鬼”“淫棍”“泛性论者”等等，不一而足。他的性理论中最遭人非议的内容是有关幼儿性欲说的论断，他认为“性生活并不是非得到青春期才开始的，而是在婴儿出生后不久就明显地表现出开端的”。幼儿的性欲持续发展一段时间，然后又遭受较长一段时间的压抑，直到性发展到旺盛的程度或个人体质极为强壮突出时，性的压抑才被突破。人的性欲发展划分为三个时期，即婴幼儿时期、潜伏时期、青少年时期。

婴幼儿时期是从婴儿到五岁左右，这被看作是人的性欲发展的最重要时期，它为以后一切性的发展，人格和个性的培养打下了基础。这个时期又被区分为自恋与对象之恋两部分。自恋是指儿童不借助于外界事物而从自己身体的一部分获得快感，它又分为三个阶段——口唇期、肛门期、生殖器崇拜期。对象之恋的第一个时期是约在四到五岁时，男孩子开始有了恋母情结，女孩子则有了恋父情结。第二个时期是从6岁到11岁左右，受社会、生理等因素的影响，儿童对异性产生了一种奇特的排斥现象，对性也感到羞耻。从12岁到18岁阶段是第三时期即人的青少年时代，人的性器官发育逐渐成熟，并开始指向正常的性欲，且逐渐进入了异性相吸的时期。

清风：很好，我接着来简单介绍一下弗罗伊德关于无意识的理论吧，可以说它是精神分析大厦的基石。他认为无意识、前意识、意识是两两结合而形成的一个由浅而深的统一系统。无意识可以向前意识转化，前意识则向意识转化，意识也可转化为前意识，但不能转化为无意识。这就是弗罗伊德的心理结构理论，在此理论的基础上，弗罗伊德又构建了人的人格结构理论。他把人的精神人格分成三个层面，即本我、自我与超我。本我是原始的、天生的、非理性的无意识结构，是本能和欲望的载体，受快乐原则支配；自我是幼儿时代父母训练与外界培养形成的人格，是受现实原则支配；超我是“道德化了的自我”，是通过教育形成的人格，受社会道德原则的支配。

本我、自我、超我三者之中，最感为难的是“自我”。弗罗伊德认为“自我”为“本我”所激动，为“超我”所监察，又为现实所阻挠，经常处于前后矛盾、进退维谷的尴尬境地。因此正常人的梦、失言和笔误、精神病者的症状、原始社会的风俗习惯等，都是被压抑的无意识通向意识的曲折途径。

新知：这三者的关系如何呢？弗罗伊德曾风趣地用主人同仆人的关系来作比喻——

有一句成语告诉我们，人不能同时侍候两个主人。但可怜的“自我”比这里所说的还要困难。它必须侍候三个严厉的主人：外界、超我与本我……“自我”觉得它受到了三面包围和威胁，当它被压迫得太厉害的时候，它的忧虑便越来越厉害。因为它起源于知觉体系的经验，它注定要代表外界的要求；但它身为“本我”的忠仆……另一方面，它的每个动作都为严厉的“超我”所监视。这种“超我”坚持一定的行为标准，根本不关心“本我”和外界的任何困难。假如这些标准未被遵守，它就用紧张的感情来责罚“自我”，使“自我”产生一种劣等的和犯罪的感觉。正是这样，为“本我”所激动，为“超我”所包围，又为现实所阻挠的“自我”努力担负起调剂这种内外夹攻的势力的任务。我们大可以明白为什么我们时常抑制不住地喊出这种呼声：“人生是多么不容易啊！”

清风：实际上弗罗伊德最后那句话，相信处于当今社会转型期的中国人都会有深刻的体会，要不怎么会有那么多人异口同声地说出“这年头谁都不容易”的话来呢？实际上正如我们所多次分析的那样，在人生之苦旅中，一个人不管他是以一种什么样的方式走完这一生都是非常不容易的啊。这些方式肯定也包括发疯、自杀等等，一定有难以承受的痛苦才导致了一小部分人步入这样的道路，尽管这些方式不是我们主流社会所提倡的，但这却是心理规律在一定条件下的反映，不是我们简单地能用懦弱之类的词就能定论的呀。

新知：总括起来说，对性本能的研究已是人所共知的弗罗伊德的标签了。但是实际上，后来他经过长期的观察与思考，在对人们行为中显示出来的大量本能特征进行分析概括后，他对性本能的思想进行了重大发展，“我们以为本能有不同的两类，即最广义的性本能及以破坏为目的的攻击本能。”最广义的性本能又被称之为生存本能，人的一切积极的、爱的、建设性的、寻求安全躲避危险的种种求生意志都包括在内。攻击本能又被称作死亡本能，人的一切消极的、恨的、破坏性的等等自我和对其毁灭意志都包括在内。两种逆向的本能共存于人之一身，其此消彼长的矛盾运动造就了一个人丰富多彩的精神现象。正常情况下，人的生存本能起着优于死亡本能的主导作用。但在特殊情况下，则是死亡本能可能处于完全的优势，表现在自我的自杀、受疟狂，对他人及社会的攻击破坏等等倾向。而对战争的狂热，则是整个人类死亡本能的极端和集中的宣泄。

清风：讲得很好，现代精神分析理论对弗氏的思想进行了许多扬弃，相对其对性本能的过分强调，而更加注重的就是对生存本能与死亡本能的互动关系的研究，从而使得精神分析法极大地丰富与完善起来了。

2. 评判及进一步的探讨

新知：由弗罗伊德创立的精神分析学在医学中的神经病理学及心理学史上有着不可磨灭的贡献，并且这一理论还被广泛地用于解释文学、艺术、宗教以及社会和政治生活的各种现象，可以说是早已渗透进了几乎所有的领域，因而它也被称之为弗罗伊德主义。在科学史上，西方学者将其称之为与牛顿、达尔文并称的三大科学巨人，他们分别为物理学、生物学、心理学的大厦奠定了坚实的基础。精神分析对于解决文艺领域某些重大问题，提供了某种新颖的角度和方法，给西方绝大多数作家、艺术家和批评家以极大的启发和影响。意识流小说、超现实主义的作品和绘画、现代派的文学流派等都可以说是直接受弗罗伊德影响。在文艺批评领域，以至于还形成了“精神分析批评流派”。

清风：单就心理学上的影响而言，恐怕没有人能与弗罗伊德相提并论。不仅是精神分析法成为了一大体系而且造就了精神分析这个行业，成百上千的心理学者以此为业。对于人格结构的本我、自我、超我的划分，可能也同美国实用主义创始人（同时也是心理学大师）詹姆斯提倡的沟通心理学有一定联系。

新知：沟通心理学提出人格由儿童自我、成人自我、父母自我三部分组成，限于篇幅，在此不再赘述。

清风：作为一个伟大的思想家，他也不自觉地将其思想延伸到了哲学的领域，比如他对战争的解释就是这样的。当然可以说他的解释是极其片面的，因为他与叔本华、尼采等人一样将人的本能提高到了一个过分的高度，而全然忽略了社会环境的因素。像战争实际上是和平时期政治经济斗争的继续也，而非如弗罗伊德所言的是人类的死亡本能的欲望强烈时所致，恐怕用偏重于经济因素的马克思主义等来分析这样一些大问题则显得更加合适一些。

新知：即使是就个体的心理发展历程而言，恐怕也不能说全是由着无意识的本能而支配的，毕竟个人的主观内心体验只是一种因素，个人是不能脱离环境而存在的，在这方面我们后面还要讲到强调环境作用的行为主义学派。另外一个问题在于，弗罗伊德是从对病态人格的一些神经症患者的研究入手来破译人类心灵奥秘的，但是，每个正常的人也会有许多积极的人格，如果它们能够充分发展，那么实际上会大大提高生活质量，因而从研究最优秀的人之心理特征入手去研究心理学也是不应该忽视的，这方面我们将会谈到人本主义心理学。

清风：讲得很好。弗罗伊德的另一个伟大贡献在于发现了一个人的过去特别是童年经历对成年后人格发展的巨大影响，并因之而建立了一系列重现压抑在无意识中的童年经历从而治愈神经症的方法。但是，过去固然能影响现在，而现在的积极生活态度其实也是可以改变人对过去经历特别是创伤的态度的。

新知：基于重现童年经历的精神分析法以费时费力和价格极其高昂而著称，其对患者的具体治疗效果即使是在异常流行的欧美国家也是一个非常有争议的问题。20 世纪 90 年代初，出现了一种新的精神疾病报告——虚假记忆综合征。患有这种疾病的人在接受心理治疗或咨询后“回忆”起了在童年曾经历过的伤害，而实际上这种伤害从未发生过。据说这种症状是由于治疗师的治疗而引起的，即因为有害的药物或治疗方式而引起的。一些人据此认为童年记忆未必可信，并且有些误导性的猜测本身又误导了精神分析师的工作。有人甚至指责弗罗伊德是“记忆恢复”狂热之父，而精神分析学是我们这个时代伪科学的典型范例。

清风：你以上所提出的问题很好。如果要我对弗罗伊德的思想来作一个总体的评价的话，我会用上“山高谷深，峰谷并存”这个词。正如对一个人而言，优点与缺点往往是一体两面即优点越大则缺点也越大一样，对一种卓越的思想而言也是如此，它越是显得深刻它也就越是显得片面。但是正如一个缺点不突出的人往往也就无突出的优点而必然是平庸的人一样，一种思想如果属于这一类也就必然会被人遗忘，正因为如此使得我对弗罗伊德其人及其思想长期以来都是持肃然起敬的态度也。“精神分析理论本身不是真理，但它可以是通向真理、逼近人性本来面貌的一种方法和途径。”因而我们可以认为弗罗伊德的伟大之处不在于他的理论是否完全正确无误，而在于他严肃认真且大胆地提出了一系列重要问题，极大地激发了后人对这些问题的讨论和探索，从而对心理学的发展产生了难以估量的推动作用。

新知：在弗罗伊德看来，艺术家、作家的创作动机是无意识愿望的满足，满足的方法是通过升华作用，进而他更认为文明乃是本能冲动升华的结果，是人类利用自己的无意识的本能转向较为高尚的社会目标的产物。这些观点无疑在相当程度上是正确的，但是对人类理性需求的忽略是其致命伤也。须知作为万物之灵的人类，独具理性思维的特征，并且在人类的理性活动中本身能够带来巨大的快乐也，而不能完全看作都是由本能之升华而来。诚然，“食色，性也”，每个人都有许多本能的需求，并且人类的许多物质与精神产品的生产也确实是为满足本能的需要，但是在更多的情况下则是为人类的精神需求服务的，因而后来人本主义提出需求层次论无疑是极有见地的。

清风：你讲得很对，不能如弗罗伊德那样一概认为理性活动就是由背后的本能所主宰的一种假象，或者完全就是对本能的一种升华作用。但是，也必须承认的就是，理性与本能之间具有一种此消彼长的关系。一个人用于理性活动的能量越多，其可以用于本能的就越少，反之亦然。动物则是一种极端的例子，对于它而言，只展现出本能活动，而没有展现出类似人类那样的理性活动。这种本能就是我们常说的兽性，而之所以没有展现出理性的一面，从全息论的角度来言，其理性的种子处于一种潜在的状态而已。

新知：本能与理性之间是一种此消彼长的关系，而历史上分别强调本能与理性的又成为了两大对立的思想体系。就整个东西方文化的大视野而言，则本能与理性的东西又都属于后天的东西，而这两种能量都化掉的一种先天状态，就是东方哲学所追求的一种和谐宁静的境界。先天与后天者，也是一种此消彼长也，而东方哲学就是追求最大限度地减少后天的东西，从而促进先天境界的出现与深化也。我们在本书总论中所讲过的观点，在此又再次进行了一次强调，历史上看来纷繁复杂的思想实际上从高屋建瓴的角度而言又实际上是非常简单的。

清风：弗罗伊德对本能与文明之间的关系的见解是相当深刻与辩证的。他认为本能产生和促进了文明的发展，而文明又限制和否定本能的冲动。本能和文明的冲突构成了人类发展的主题。当本能冲破文明，就会破坏社会和谐。

新知：正如我们前面评价尼采时所说过的一样，面对现代文明社会对人的一种异化作用，弗罗伊德如同尼采一样希望张扬人的本能意志来解决问题。我们的今天可以说是与他们的时代已经有了巨大的不同了，甚至可以说是从当年的有点禁欲的时代走向了有些纵欲的时代了。也可以这样说，在当初那种由本能尤其是性本能受压抑而导致的神经症应该是大大地减少了，然而似乎是人的烦恼问题同样是一点也未减少，甚至是更多了。因而，我们再一次可以看到，一切西方哲学对于解脱人生烦恼痛苦都只能起到一种治标的作用，而要达到真正彻底地解脱烦恼痛苦还是要借助东方哲学，那才能收到如釜底抽薪般地治本的效用。

清风：谈到人们对性的态度之转变，有必要回顾一下历史。一般认为自古以来西方人都比东方人开放，以至于相对来说，西方是“性”文化，东方是“食”文化占主导地位。按照我的理解，在人类两大本能之中，本身也存在着一种能量的相互转移问题。比如说，为什么中国的饮食文化极其博大精深，有“民以食为天”之说，在全国形成了众多的菜系，并有满汉全席之类的极其费时费工方能做出来的盛宴佳肴呢？因为中国人自古以来在性方面受到的压抑比较重，这另外的原因是中国人的大量能量就转移到“吃”上面来，以逞其口腹之欲，也就化解了许多性方面的压抑。

新知：此问题老师不说，我也正好想到了呀，汉语中有许多的词都与“吃”字有关就是一个明证呀，比如说吃亏、吃紧、吃喝玩乐、吃尽苦头、吃老本、吃香、吃得开、吃惊、吃不消、吃苦耐劳、吃力、吃里扒外、吃大锅饭、吃一堑长一智等等不一而足。

清风：但是历史上西方的禁欲时代实际上对性的压抑比起东方来说是有过之而无不及。在中世纪的欧洲，因为受到基督教的沉闷统治，人们普遍视性为淫恶之事。在美国刚建国的时期，在加尼福尼亚海岸，有不少巡逻的警察，他们的任务是做什么呢？你猜猜看。

新知：许多人在那里晒太阳与游泳，有人落水好去救啊。

清风：错也，看到有哪个女士如果穿着的泳装比较暴露的话，他们将用毛毯将其裹起来拉走，以免有伤风化也。这些事情在今天似乎看上去令人有些吃惊与不可思议，但是事实确实如此呀。在"二战"后，有个最大胆的女士在太平洋小岛上穿着三点式泳装即比基尼，一时轰动全球，被舆论认为其震撼力不亚于美国在广岛投下的原子弹。

新知：而如今比基尼已经风靡全球，在中国也不例外。在每年举行的各种名目繁多的选美大赛中，首先登场的大部分是身着比基尼的泳装表演，然后还是同样装束的回答问题环节。在当今社会，性是如此无孔不入，以至于被有的人认为社会已经被浓缩为"性"与"钱"两个字。

清风：但在开放得多的现代社会，由于各种原因造成性压抑的情形仍然大量存在。

新知：说到性压抑的问题，现代心理学通常认为这是进入青春发育期的中学及大学生面临的普遍状况。这是因为现代社会的一个全球性趋势是生理性成熟不断提前，而因为学习时期的延长等而导致的社会性成熟不断延后。比如说，现代人也许14岁就发育成熟而有强烈的性冲动了，而他可能要到24岁才完成学业并开始就业，这其中十年的时间差被称为"性待业期"。我前几天注意到你那里有本前苏联心理学家的书，其中就谈到当老师的更应注意那些整天闷声不响的好孩子，而不是那些满口污言秽语的坏孩子。这其中的原因在于那些坏孩子们的性冲动部分地被宣泄掉了，而闷声不响的好孩子更可能处于严重的性压抑状态，从而将来出现极端问题的概率还更高一些。

清风：这些坏孩子的性冲动也许不光是宣泄在污言秽语中，也宣泄在课桌上及厕所墙壁上，哈哈。你说的那本书好像是20世纪六七十年代的著作了，我们国家在20世纪80年代翻译过来的。有许多情况已发生了很大的变化了，当前伴随着性早熟的还有就是"性开放"，未婚同居现已蔚然成风，连安全套售放机都摆进一些高校了。

新知：性毕竟是人类的一个不应忽略的方面，弗洛伊德的学说将目光置于人的性心理之上，确有独到之处，他提出的恋母情结与恋父情结的概念，因为其同常人的生活经验比较接近，因而成为弗氏理论中最广为人知的概念。其理论认为，男孩普遍对母亲有恋母情结，这又被常称为俄狄浦斯情结——在古希腊神话中，俄狄浦斯无法挣脱命运的安排，无意中杀父娶母。女孩普遍对父亲有恋父情结，这又被称为伊拉克特拉情结——在古希腊神话中，伊拉克特拉帮助弟弟俄瑞斯忒斯杀母为父报仇。在我看来，实际上从双向的角度来理解，也可以说是母亲有天然的恋子情结，而父亲有天然的恋女情结。另外一个显见的事实是，在几乎任何一个家庭中，兄与妹、姐与弟的关系都相对来说远较兄与弟、姐与妹之间的关系来得融洽。

清风：我打断一句，我很小时候看过的一个前苏联的故事便生动地说明这个问题。一个大男人向朋友抱怨自己的儿子总是与他妈比较亲近，比如说刚才儿子的小手受了点小伤，便哭着喊着地冲他妈去了。可是，当晚上这个男人因为出了车祸去了医院救治时，神志恍惚的他一遍又一遍地呼唤着自己的妈妈。

新知：其实这些不过是异性效应发挥作用的一些特例，其他的例子可以说是举不胜举。比如说，在学校里男教师常常更赏识一些女学生，而女教师则常常更能看到一些男学生的闪光点。而在文艺圈里，普遍的男艺人的经纪人为女性，而女艺人的经纪人则为男性。在各类服务行业中，女服务生为男顾客，男服务生为女顾客服务则成为一些常见现象。

清风：你说得很对。在日常家庭生活中，最容易发生矛盾的就是婆媳、翁婿之间，而相较而言婆婿、翁媳之间的关系就较为融洽。其他类似的，姐夫与舅子、嫂子与小姑之间容易发生矛盾，而姐夫与姨妹、嫂子与小叔子之间则关系较为融洽。曾有人说过这样的话，谁要能破解最有代表性的婆媳之间的矛盾，谁就可以获得诺贝尔奖了。对于此，社会学家、心理学家从各个层面进行过很多探讨，但我觉得其实最核心的原因他们并没有讲到点子上。婆媳之间根本的矛盾在于人性潜意识深处的嫉妒心理在作祟。

新知：此话怎讲？

清风：你别故作天真状了，其实你也知道的呀。婆婆从小将自己的儿子含辛茹苦地拉扯大，母子情深岂是用言语能形容的。而儿媳从一个陌生人短时间内就成为了儿子感情的重心所在，在婆婆潜意识深处感觉好像自己的儿子被人抢走了一样，当然就会时不时地抱怨“儿子找了媳妇忘了娘了”。而儿媳妇同样地也会为自己老公同其母亲之间的亲密关系而吃醋，从感情上而言她希望自己是老公的全部，营造甜蜜的二人世界不受任何干扰。

新知：师傅说得很对，说到了问题的实质了。绝大多数男孩在成年后即摆脱了恋母情结，而其母亲也摆脱了恋子情结，于是他可以选择自己中意的异性作为伴侣组建新的家庭，而其母亲也理性地接受了儿子将大部分感情转移到另外女人身上的现实。在个别情形下，不能摆脱恋母情结的男子很可能在恋爱过程中屡屡受挫，而不能摆脱恋子情结的母亲很可能成为儿子的婚姻通向美满的一个巨大障碍。这方面的事例在众多杂志上屡有报道。

父女关系问题与母子关系是类似的情形。国外新人在教堂举行婚礼时，往往有个仪式是新娘父亲对新郎说“我把她交给你了”，这里面实际上是有深意的呀，意味着新娘开始将对一个男人的依恋转移到另一个男人的身上了。

清风：总的说来在生活中无处不在的异性效应，也可以说是对弗氏所概括的人类存在广义性欲的注脚。不管是已流行很多个时代的国标舞，还是最近十年开始盛行的网上聊天，根本的原因还在于是提供了一个异性之间交往的平台，从而使得人类的性能量以一种文明的方式加以释放。

新知：正像张爱玲评论国标中的探戈，“进攻回避，半推半就，一放一收的拉锯战，是有礼貌的淫荡。”著名电影《苔丝》中，也曾出现过一群少女跳舞的镜头，其中有个人就吼道，“女的跟女的跳，可没劲啦。”

清风：要是我两个在一起跳的话，那就更没劲啦。在生活中可能经常出现诸如热爱子弟兵的“兵妈妈”，资助贫困少女的干爸爸等等事例，还有就是文学作品中不自觉地总是对母子、父女情深的描述等等，都是一种广义的恋父恋母情结反映，当然从更广义层面上来讲仍然是异性效应的体现，是无处不在、无时不有的性能量的宣泄反映。

新知：“男女搭配，工作不累”，这个道理大家都知道。至于何以如此，我想有生物学的研究结果更可证明。研究表明，异性的气味在空气中弥漫本身就可以起到一种镇定剂的作用。许多纺织厂之类女性成堆的地方，容易出现吵架的现象，与缺乏男性有直接的关系。有科学家研究发现，将男性腋下的气味收集起来，涂于女性的嘴唇上，可以治疗她们诸如月经不调之类的疾病。

对精神分析的进一步探讨，我看我们可以采用现代西方精神动力学的观点，特别来看看能量的压抑及解除的问题，在我看来这是对弗罗伊德所创立的精神分析法的有益补充。由美国学者埃里克·伯恩所著的《行为的心理》一书值得我们参考，该书力图宣传、修正和完善经典的精神分析学说。它首版于“二战”结束后的1947年，以后多次再版，成为英语世界的经典畅销书。

清风：你什么时候又在我这里偷看了去了，你且“现炒现卖”，说来听听，看你到底学进去了多少。

新知：好的，你且仔细听好了。对西方的思想我一概信奉的是“拿来主义”，先拿来再说，当然最重要是继之以精彩的发挥也，自然这方面的工作由高手你去完成了——

一个人是一个丰富多彩的能量系统，充满生气勃勃的奋斗。如同任何其他能量系统一样，人也在不断地争取进入某种安定状态，因为能量功能的神奇之处也就在于它能恢复自身的平衡。一个人的能量失衡亦即紧张必然表现在他的躯体上和精神上，其精神表现形式为烦躁和焦虑感觉。这种感觉来源于他想方设法恢复能量平衡并且解除紧张，这样的努力就称之为欲望。只是生物才有欲望并依靠它而生活，如性欲、抱负和要求等等就属于我们已认识清楚的比较复杂的一些欲望。心理学最令人感兴趣的任务之一就是认识各类欲望和研究它们之间的联系。

清风：欲望是如何产生的呢？我们以前就曾探讨过，内在的一些生理及心理上的压力加上外界环境的影响。比如一个人的性欲内在的基础就是性激素的分泌造成一种紧张感，使人产生一种排泄欲，另外一方面则在于环境的影响，比如一个美女甚至一张美女图片的出现都有可能激发一个正常男人的欲望。好了，我先给你补充这些，你接着复述一些伯恩的精彩观点吧。

新知：人在完全没有干扰的情况下倾向于随时满足自己最热衷的欲望，以求缓解自己最强烈的紧张。他每满足一个欲望便朝着自己的目标迈进了一步。这个目标就是一种安宁的感觉或者说是无忧无虑。焦虑是紧张的标志，随着能量恢复平衡而减轻。由于新的欲望随时产生，因此没有人可以做到绝对无忧无虑。如果有多种欲望同时需要满足而仅只能满足其中一个时，其余的欲望便会引起更加紧张。

清风：满足欲望能给人带来安定与快乐，而人生一般来说是遵循趋乐避苦的快乐原则的，并且最好是如同我们在本书总论中所讲过的“以最省力和最迅速的方式获取最大限度的快乐”。当今社会何以会呈现这样一个异常功利与浮躁的快餐文化的局面，原因就在于此呀，是人性使然也，社会现象无非是众人之人性所推动所展现出来的表象也。但是，欲望满足之后的安定与快乐是短暂的，之后空虚无聊又会袭来，于是新的欲望又很快产生，于是又开始新的能量不平衡，又开始新的焦虑与紧张，新的循环周期又拉开了序幕。人生的这一基本模式，导致人生的快乐并无恒常性可言，于是乎东西方的悲观主义都深刻地认识到了这一点，并开出了令常人咋舌的“药”方。在西方之叔本华看来，与其让人生如钟摆一样在痛苦与空虚之间摇摆，不如采取诸如绝食禁欲之类的措施直至所有本能意志的彻底消亡。在东方之佛祖看来，人生的本质就是一个苦字，人要彻底地解脱，就要通过修道证得那涅槃之极乐之境，从而也就彻底地摆脱了欲望的束缚，也就远离了无边苦海。

新知：当然这两种方式都不是绝大多数常人所能接受与实施的，因而我们还是继续着眼于讨论常人的方式吧。“以最省力和最迅速的方式获取最大限度的快乐”，我们在总论中已经用此理论解释了常人的一些对烟酒甚至毒品等嗜好的原因，以下我以此来解释一下社会上司空见惯的赌博现象——

赌博是物质财富欲世态的缩影。它是为物质财富和享受而拼搏、斗争的强化表现或放大形式。一个赌徒在短短一段时间内历尽所有各种类型的忧虑。在一个钟头之内，他那种要获得未有之物以及恐怕失去已有之物的忧虑能把他百般驱使、折磨个够，而最后，他又体会到失去已有之物所产生的沮丧心情。

习瑜伽者完全不要任何这种忧虑。他要得到一个和平、安宁的心灵和一颗满足的心。他不愿让自己受制于追求物质财富和感官享受的欲望以及伴随这种欲望而来的忧虑感。一个人要不受各种欲望和忧虑的束缚而生活在这个世界上，已经是够难的了——因此，强化这样的欲望，加深这些欲望的恶果，目的何在？有何好处？习瑜伽者把赌博视作一种荒唐的行为——一种受虐狂。

以上是柏忠言、张蕙兰在《瑜伽》一书中对赌博所作的描述，我觉得写得非常透彻，老师还有什么高论呢？

清风：在赌博中，人高度紧张，而一旦一局牌或是其他的赌戏下来，结果是赢了就有巨大的快感。赌注越大，则越是紧张，一旦赢了伴随着巨大能量的释放则快感也越强烈，这就是人们常说的刺激与过瘾啊。当然，如果输了又会非常沮丧，但是赌博的特性就在于不管你输得多惨，它仍然会给你翻盘的希望，并且也确实存在这种可能。其他一些活动，比如在投资股市与期货市场时，许多人对快进快出的短线炒作异常热衷，其原因也是与通常的赌博一样的，一样是从中感到巨大的刺激也。当然，实际上这些活动本身也带有强烈的赌性，并且从广义上来讲赌博无非是对常人的人生模式进行了一种浓缩，可以毫不夸张地说，“赌博小人生，人生大赌博。”

新知：赌场遍布全球，赌博业是澳门经济的支柱，而在美国也有如拉斯维加斯这样的赌城。并且似乎没有人在一生中完全未曾从事过任何形式的赌博游戏，有些明星人物也有陷入赌瘾中难以自拔的，比如有“游击队长”之称的乒坛长青树瓦尔德内尔自己就曾承认因为赌博输光了所有积蓄，包括参加历次大赛所获得的冠军奖金。在我们国家及东南亚、香港等地，打麻将是非常流行的，并且可以说是中国的国粹。但是，打麻将毕竟还要支张桌子，并且麻将牌本身也需要一大盒，所以，近来流行斗地主等等。斗地主只需三个人一副牌就能开玩，加上在牌局中经常会出现你炸我、我炸你之类的惊心动魄的刺激性，从而最符合“以最省力和最迅速的方式获取最大限度的快乐”这一人性，由此风靡全国和网上，成为大街小巷的一道风景。

清风：赌博的危害很大，许多家庭危机、职务犯罪、刑事案件等等都由它而起。纯粹就赌博本身而言，由于它是人类活动方式的浓缩，因而在短时间内就复制了人类情绪的起伏变化过程，因而参加赌博的人情绪变化是异常剧烈的，从而对人的身心健康危害极大。情绪何以影响健康，你可再谈谈伯恩又是如何来解释的。

新知：那你听好就是了——

情绪既可引起轻微毛病，也可引起严重疾病，甚至死亡。一百多年以前，科学的精神病学还没有建立，有一位著名的英国医生约翰·亨特，曾有过一次心脏病发作，几乎丧命。由于他身为高明医生，也就深知强烈情绪可以累及心脏。他恢复后说道：“我的生命操纵在能惹我生气的人手中。”他的脾气很大，不能克制，最后终因盛怒而暴死。发脾气使他心壁上产生了一个血凝块。

如果用一只猫来做这种实验，在麻醉醒转之后，使一只狗去接近它，这时就能发现有电流从S神经流过。但用另外的方法来刺激这只猫时，电流则从P神经通过。这就证明猫的情绪改变可决定电流通过哪条神经，不需直接触及心脏本身，从而可使心跳加快或减慢。人类也是这样，发怒时心跳加快，恐惧时心跳短暂减慢。此时心率的改变取决于情绪，与心脏本身的情况无关。在他对所发生的事物进行判断的过程中，有电流从脑的上部流向脑的下部。如果电流是由于盛怒的情绪产生的，它就会流向S神经中枢，然后通过S神经向下传递，如果电流是由于恐惧的情绪或晕厥产生的，电流就会转向P神经中枢，然后通过P神经向下传递。

以后，伯恩还以同样的思路分析了情绪问题如何造成胃的功能紊乱及其他众多的疾病与各种疼痛，总的来说是认为因为各种欲望造成能量不平衡的紧张状态，进而引起强烈情绪时所积存的能量并通过神经系统的传导，伤及各种器官及组织。因而伯恩还特别谈到对心身医学的看法问题，他认为——

如果将整个人体看成一个能量系统，就可理解任何影响躯体的事物同样也会影响精神，影响精神的任何事物也同样会影响躯体。换句话说，所有的疾病都是“心身性质”的。

……事实上并不存在三种医学。由于有“心身医学”一词，可能使人误认为“精神医学”只包括精神疾病，而“心身医学”则兼容两者。事实上只有一种医学，即心身医学。

清风：其实在中医理论中早就认识到七情致病的问题，比如“忧伤肺，思伤脾，怒伤肝，喜伤心，惊伤肾”等等，更有“药补不如食补，食补不如心补”的说法。而在道家养生术中，以“调身、调息、调心”三调为要旨，而其中之核心又在“调心”上。古时范进因中举而发疯的例子已是耳熟能详，而此种乐极生悲的例子在老年人中可谓是不胜枚举。例如曾有这样的报道，某某因和了一把好牌而过度兴奋，结果诱发脑溢血而倒在麻将桌上再也无法起来。

新知：我们通过学习伯恩的著作，可以从另外的角度来审视——东方哲学及其修炼术的实质及西方哲学及其伴生的心理学的实质。那就是，东方哲学及其修炼术是研究人体如何通过内敛能量而达到能量平衡的学说，而西方哲学及其伴生的心理学是研究人体如何通过外放能量而达到能量平衡的学说。最近十年来风靡全球的关于情商问题的研究，在我看来实际上就是关于有效控制能量系统并使之达到平衡的研究。所谓情商高的人换言之其实不过是在有效地控制能量系统并使之达到平衡方面具有超强能力的人而已。

清风：照你的理论看来，古代韩信这样的人应当说来就是一个情商极高的人了。韩信所受之胯下之辱，常人是不可能忍受的，必定暴跳如雷并与羞辱自己的小痞子来场血拼。而韩信为了长远的志向，在当时选择了示弱于人，甘受胯下之辱。常人即便是受得了此奇耻大辱，其压抑于心的巨大能量要么通过自暴自弃去宣泄，要么就无法疏解而令身心崩溃。但韩信将此能量转移为自己成就一番功业的巨大动力，终于成为一代叱咤风云的名将。更令人称道的是当他被刘邦封为齐王后，当年羞辱他的小痞子前往认罪时，韩信却宽恕了他，并将其留用在衙门当差。

新知：现代美国著名企业管理大师亚科卡是另外一个情商超人。当他在福特汽车公司的总裁高位被刚愎自用的亨利福特突然解雇后，很快调整好心态将克莱斯勒汽车公司从破产边缘拯救出来，创造了管理史上的奇迹。《亚科卡自传》成为20世纪80年代的世界超级畅销书，其中《开场白》中写给亨利福特的话特别的耐人寻味，“我也不是为了报复解雇我的亨利福特，我已经按照美国人的古老做法在市场上与他比过高低。”而在《序言》中写道他刚被解雇那几天的心情时是这样说的，“我愤怒之极，我只能作出绝对的选择：用这种愤怒来对待自己，因而产生灾难性的后果；或者化愤怒为力量去做某种能产生成果的事。”

清风：情商高的人因为胸怀宽广，所以受意外打击时产生的压抑能量就少一点，并且能够控制被压抑的能量，继之合理地引导。常人在受到意外打击时，会积存巨大的愤怒能量，然后又没有控制力将此能量进行优雅的释放，最后就特别容易出现最司空见惯的“迁怒于人”的情形。由此就不难理解涵养极高的颜回受到孔子特别的赞扬了，“有颜回者好学，不迁怒，不贰过。”

新知：不迁怒于人及不重犯同样的错误确实是贤士的两大品格特征呀。颜回乃孔子最得意的学生，可惜是英年早逝也。

清风：但是，过分的压抑这种能量会对身心健康有害。合理地渲泄它们正是精神分析所要求的原则，才有利健康。据说，日本一些大企业开辟有专门的“出气室”，里面挂着沙袋，沙袋上写着公司高层领导的名字，让员工们下班后去痛快击打以一泄心中怨气。某某员工对哪位领导有意见，就将其愤怒能量发泄在了沙袋上，就可以避免其与该领导的直接冲突或是回家迁怒于家人等等，这可以说是深谙人性且对心理学知识的活学妙用呀。

第十一章 存在主义

存在主义高扬“做真实的自己”的大旗，虽然褒贬不一，但无可辩驳地成为了现代影响最为深远的哲学思潮。

1. 加缪思想概述及评判

新知：存在主义是20世纪特色鲜明的一种思潮，它的主要思想与我们前面介绍的意志主义有一脉相承的关系。此派的代表人物，虽各有主张，但皆不离人的“存在”之意义，要人真诚而勇敢地面对自身，为自己的自由选择负责，从而成为真正的自己。存在主义产生于20世纪20年代的德国，很快流行于法国，五六十年代一度在欧美各国受到狂热追捧，是在现代西方哲学舞台上影响最大、流传最广的流派。存在主义最初的思想其实来源于克尔凯郭尔、海德格尔、胡塞尔等人，但是真正使得存在主义的思想广为人知并一度成为流行时尚则要归功于两个伟大的法国哲学家及文学家加缪和萨特，因为许多不习惯于读那些艰深晦涩的大部头哲学著作的人们，是通过他们在作品中塑造的生动文学形象而了解了存在主义的。

清风：关于加缪（1913～1960），我来给你开个精彩的好头吧。“真正严肃的哲学问题只有一个，就是自杀。”有谁会在文章的第一句话就这样来写呢？只有一个人会这样，他就是加缪，堪称是前无古人，我相信也可能会后无来者。

新知：很好，这句话源自于加缪的著名哲学散文《西西弗的神话》，他紧接着又写道：“生活是否值得过，这就是哲学的基本问题。其余的……都在其次……必须首先给出回答。”

哲学问题的源头之一是人们要思考宇宙与人生的真相，追求人生的根本智慧。我们如果不想通人要不要活着，那就没有活着的理由。既然没有活着的理由，那么为什么不自杀呢？换句话说，如果不把这个问题想清楚，那么活在世界上只是过一天算一天。

清风：其实，你不用啰嗦这么多，人生的根本问题就在于人有生死问题。生，人都喜欢之，而死，人都畏惧之。因而实际上将死的问题想清楚了，人生的一切问题也就想清楚了。我们以前在讨论庄子时深为他对死亡的超脱所震惊，因而在此可以再次引用庄子的一段话来展开讨论——

人生于天地之间，像骏马跑过墙缝，忽然一下罢了。注入啊，蓬勃啊，万物莫不出生；飘散啊，消退啊，万物莫不归去。变化而生，又变化而死。有生命者因此哀伤，人类更因此悲切。扔掉这天生的壳儿，蜕去这天生的皮囊，散乱啊，婉转啊，魂魄到哪里，身体就跟去，这就是最终的复归啊！

新知：真是精彩绝伦呢。我还是要再次对老师的观点表示认同，即生前与死后都非我们人力所能左右的，我们唯一的任务便是安排好中间的这有限的一生。死亡不是人所喜欢的，但是也许正是有死亡的存在，使得我们的一生有种紧迫感去做一些有意义的事情，因而死亡某种程度上正好赋予了这一生的意义所在。当然反过来说也成立，既然每个人一生的终点都是不可避免的死亡，那么其所为一切都不是永恒，又有何意义呢？或者个人虽然会死亡，个人所做的有价值的一切会被子孙后代所继承，因而又被赋予了永恒的价值和意义了。

明知世界的虚无和人类的无终极意义，仍然要为人的生存确立行动的激情和希望，这就是加缪通过文学创作要表达的一个令人惊叹的信念。西西弗的故事取材于希腊神话，他因为泄露了天神的秘密来帮助河神，而被宙斯惩罚。宙斯罚西西弗推石头上山，但是石头只要被推到山顶，又会再滚落下来，如此日复一日，永无结束之日。

清风：既然人生很有限，而就是在有限的一生中尚呈现出周而复始地如推石上山的西西弗一般做着循环运动的场景，那么你又如何认为加缪还是要给人灌输激情呢？

新知：老师又在考我了，这从加缪在文章的结尾是可以看出来的——

当一个人回顾自己生命的一瞬间，他正像西西弗回过身来看着滚下去的大石头，并把它再一次轻轻地推上坡去的时候一样。他默默地凝思着，成了他的命定劫数的一连串没有联系的动作，正是他自己创造的。这一切也就会立即消失。当一个人如此信服地承认了人的一切都是他自己造成的以后，他也就像一个明知道漫漫长夜永无尽头而又急于想看到一切的盲人，他继续推动着石头，但石头仍要从坡上滚下来。在山脚下我同西西弗分手了。人总会一再发现自己的重负的。但是，西西弗教导我们更高的信念，即否定诸神，举起巨石。他也断定这一切没什么不好。对他而言，没有主宰的宇宙既非无益也不是无用的。石头的每一粒原子，夜色弥漫的山丘上的每一块矿石，它们本身就构成了一个世界。向山顶奋斗的本身，已足以使人心灵充实。我们必须想象西西弗是幸福的。

清风：存在主义的先驱尼采等人主张张扬人的意志本能等非理性的东西，并且提出要重估一切价值，而在存在主义是继承了这一点，只不过是将本能意志等东西换成了一种自由选择、自由负责等品质。但是，他们本身通过文学作品如小说、寓言等形式又揭示了社会尤其是现代社会对人的异化作用，从而也就彰显了宣扬存在主义，做真正的自己的重要性。你不是爱说我考你吗，你且说说看你通过加缪这个寓言能够联想到一些什么东西？

新知：一则，现代人在物质高度发达的同时，精神上仍然找不到归宿的困惑；二则，从广义上而论，不仅是工人而是所有人都存在程度不同的异化；三则欲望无极限，单单去满足它也是永无休止的，所以难以得到真正的解脱；四则，人生似乎总是在循环，当你达到终点时似乎又回到了起点。

清风：关于第四点，倒是我想起了一个富翁与渔夫关于“晒太阳”的对话。

新知：哦，这个故事我知道，不可抢我的功呢，还是让我道来。有个富翁去海边度假，看见一个渔夫懒懒地在那里冲瞌睡。富翁就去教训渔夫说，一个人应该勤奋，然后就可以挣足很多钱并且跻身于上流社会，然后就有了大量的闲暇时间来游玩，比如像他这样来海边晒太阳。渔夫就说，可我已经天天在晒太阳了呀。

清风：很好很好，读书读到这种地步是为真正地读书也。通过读书经过自己的联想与发挥，实际上又补充了书中的未尽之意，实际上是读书人又进行了再创作也。加缪作品的关键就在于对荒谬的论述，然后是激励人们勇敢地摆脱荒谬的束缚。因为具有这样的思想性激起了千万人的共鸣再加上其表达方式上的艺术性，因而使得他在 1957 年年仅 44 岁时就成为了诺贝尔文学奖史上最年轻的得主。

新知：既然老师已经定下了调子，具体细述的工作就由我来完成了，这也是我所擅长的呀。加缪的思想关键是“荒谬”一词，加缪曾经说过，

"在发现人生是荒谬之后，我只有一种冲动，就是想写一本幸福手册。"因为人生充满了荒谬，所以要幸福只能靠自己，让自己直面人生，充满激情地去把握生命。

加缪首先认为荒谬是一种遭遇，这种遭遇是来自理性与世界的对峙。世界本身依其规律运作，虽谈不上是"非理性"，但也谈不上是理性的。可是人总是要求理解，想知道这样的世界"有何意义"。其次，荒谬是一种"关系"，当人面对世界时，觉得自己与世界是既相连又相异。人作为生物，不能离开世界而生存，但是人又感觉是孤零零地被抛到世界上来的，又自觉是一个陌生者。加缪说，"世界不荒谬，人生也不荒谬，人活在世界上才荒谬。"意思是荒谬具有"三合一"的性质，亦即理性与世界分开而言，各自并不荒谬，但是两者相会立即出现荒谬，亦即"一加一等于三"。于是，人生的荒谬成为不可避免。

清风：由此可见，存在主义继承了意志主义的反理性的特色，同样认为要理性地去认识世界是一件荒谬的事情，也是人被理性的一种束缚。

新知：荒谬的另外一种表现形式在于人与人之间的误会，或者说是人与人之间其实无法真正地理解。比如，我常以为别人了解我，而事实上别人所了解的只是他所了解的我，而不是真正的我。就是说人与人之间无法完全了解，我们了解的都只是被我们了解的部分，而我们所了解的和对象本身一定有些落差，这就是我们和别人之间所产生的一种误会。

清风：人和动物之间也是一样，比如我养了一只狗，我所了解的狗只是被我所了解的狗，而不是这只狗的本身，哈哈。我们中国人爱说一句话叫"理解万岁"，就说明人与人之间的了解是非常困难的，除非是你完全与对方有一种一样的经历，所处的是一样的环境。

新知：就像老师理解我也是困难的一样，因为你经常"站着说话不腰疼"，哈哈。以后讲到萨特的理论还会来讨论这一点，存在主义认为人的意识具有将客观对象虚无化的作用，因而将他人客体化与虚无化之后，当然谈不上真正的了解了呀。更有甚者，在加缪看来要了解自己也是很不容易的，所以希腊戴尔菲神殿上第一句话就是"认识你自己"。因为有以上所列的这几个因素，所以人活在这个世界上，到最后会发现自己四处碰壁，其实是非常孤独无助的。这时候所有的一切本来就是荒谬的，与我们想象的差距甚远，所以要重新调整自己的想法。

清风：需要指出的是，荒谬并非是目的，而只是加缪思考的结果。加缪是要人们认识到真实的情况虽然是荒谬的，但仍然要接受这种情况，并且以它为出发点，把我们原先建立的一切虚幻知识与传统价值全部打破，再重新树立新的存在主义人生哲学。谈到加缪，又使我情不自禁地想起尼采来。尼采对理性主义与基督教的否定是一种破，而对权利意志及超人哲学的宣扬则是一种立。加缪对理性主义的否定是通过对荒谬的论述来达到的，既然真实的情况是荒谬的，那么也就自然地达到了对理性主义的否定，这即是破也，那么他又将立什么呢？

新知：很好，感谢师傅又将皮球踢回给我了，又成就了我赤膊上阵的表演热情了。加缪针对荒谬重新建立的对策有三点，即反抗、自由与热情，这就是加缪的立也。在荒谬中可以看到人们所坚持的原则以及理想，这就是由荒谬所引申出的反抗。荒谬使得一切先决条件被取消了，不去预设任何既存的价值。如此一来，等于是给了我们完全的自由，当我得到完全的自由之后，就能够重新创造，因为创造需要自由。因为荒谬会让人注意到自己每一个感觉的细枝末节，任何发生在他身上的事情，都很重要，不会因为它很细微就忽略它。因为荒谬，所以要每一次对每一个细节产生热情，而使生命产生一种无穷的量，而最后的目的则是要追求幸福。

清风：很好，只是加缪于1960年1月4日车祸身亡，年仅47岁。他的英年早逝，使得其热情的释放嘎然而止了，也让世人不得不扼腕长叹"天妒英才"也。让我们来再次重温《西西弗的神话》中的一段点睛之言吧——

仅存的是命运，其唯一的结果是命定的。在那死亡独有的命定性之外，一切（欢乐或幸福）都是自由。世界仍然存在，人是唯一的主人。过去，局限他的是彼世的幻象。如今，他的思想的结局，不再是自我弃绝，反而重生绽放于意象之中。其实，他悠游于神话中，但神话的含义只是人类的苦难，两者都是无穷无尽的。既娱人又感人的并非神性的寓言，而是地上的面貌、姿态与戏剧，在其中，总结出一种艰难的智慧与短暂的热情。

新知：作为一个文学家的哲学家，加缪除了《西西弗的神话》外还有《异乡人》《误会》《堕落》《瘟疫》等等。在《异乡人》（1942）中"异乡人"莫梭对人的存在状态有着清醒的意识——

上帝是不存在的，只有人存在着，一条生命因偶然的无法探究的原因被抛落到世上。他从生的这头望去，在生的尽头有一个"死"，那么从"死"的那一头望回来，有限的生之意义在哪儿？地球总有一天要消亡，

在茫茫宇宙中又有谁来记取你留存在人类中的功业?

所以在“异乡人”看来，人生必死的这一事实注定了生之无意义。

当“莫梭”在十分奇特而偶然的情况下开枪打死了一个外乡人而被判处死刑时，他却非常平静，因为在他看来，死既然使生失去了意义，那么生命存在的长短就不必耿耿于怀了，就是说30岁死还是70岁死关系并不大。不仅如此，从死的角度来看生，使人生中的各种选择、各种命运、各种际遇，即高低贵贱等等对常人来说有着如此重要意义的区别也就变得含糊不清起来，因而莫梭还坚决地拒绝了来狱中看望他的神父要求他进行忏悔的要求。

值得一提的是2006年8月11日，白宫发言人公布了布什总统回得克萨斯农场度假所携带的书，包括林肯传记、林肯第二任期时的就职演说、加缪小说《异乡人》。布什曾引用加缪的话，“我们知道有很多阻碍，我们也知道路很长。加缪说自由是一场长跑比赛，我们正在长跑。”《纽约时报》评论版作者莫林小姐讽刺说，“要说有什么事能确认加缪的人生是荒谬的观点，布什读他的书就是一桩。”

清风：真正令加缪获得诺贝尔文学奖的代表作品则是发表在第二次世界大战之后，1947年所出版的《瘟疫》。它描写的是名为奥兰的一座城市，遭受一场瘟疫而被迫与外界隔绝的历程。在瘟疫中许许多多的人生病与死亡，这时候出现了两个重要人物，一位是神父，一位是医生。神父代表宗教家，负责安慰病人的心灵；医生代表科学家，负责治疗病人的身体。

在平时比较对立的二人在瘟疫这个大敌面前，也自然地结成了同盟关系。“不管你愿不愿意，我们总是盟友，一起承受它们（死亡与疾病）并与之作战。”李尔医生继续握着潘内鲁神父的手说，“所以你看吧，就连上帝本身，如今也不能把我们分开了。”而在瘟疫过后，李尔医生思索了许多曾经发生的事，归结出至理名言，“一个没有爱的世界，就是一个死了的世界。”

新知：让我来评论吧，此篇小说延续了加缪一贯的风格，即以简单的故事架构，凸显人在世界上的处境。同样的，他的每篇小说也是一篇寓言，此篇就告诉人们这样的道理——人类好像是命运共同体，彼此之间的斗争是没必要的，因为这个世界就好比是一座瘟疫之城。各行各业的人们，即使信仰等有所不同，也应该携手前进，互爱互助。

但是，人们似乎往往要等到严重的灾难出现时，才能够体会到这种道理。比如，20 世纪 70 年代，美国曾出现过一次史称“纽约大停电”的事件，持续了好几天。在那几天中，人类心中的正面情怀，人性中的闪光点全都展现了出来。然而，当供电恢复之后，一切又都恢复了常态，人与人之间依然是冷漠如故也。

最新的中国汶川大地震就是这样，亿万人民的心重新凝聚在了一起，如果这种心态能够永远保持下去，那还有什么困难不能战胜呢？

清风：说得好。总起来说，加缪通过文学形式，非常艺术化、形象化地展现了人生的困境和困惑，并且激发人们对荒谬之命运的反抗，从而真正过好幸福而充实的一生。如果说其思想有什么缺点的话，那也是其优点所带来的，也是整个存在主义思潮所共有的一些缺点。世俗的思想如果说太过现实了的话，加缪的思想那就是太过人性化了，从而使得他给现代人所开的精神药方显得太过理想化与空洞了。另外，对自由的看法，已经带有后现代化的特征，那就是取消一切既有的社会上的价值观，一切从零开始。这既能激发人们摆脱一切权威等等的束缚，但同时也带来了一个新的价值尺度如何确立的问题。或者说是这样的，就存在主义而论，破是最彻底的，但是如何立的问题依然是没有得到很好解决的。

新知：哈哈，旧偶像是容易被打碎的，但新偶像又在哪里呢？

2. 萨特思想概述及评判

新知：萨特（1905～1980）乃当代最负盛名的文学家与哲学家之一，存在主义的旗帜性人物，他本人已成为了存在主义的代名词。他长久被人所津津乐道的不仅有他的思想，更有他的一些趣事，当然这些趣事也在很大程度上反映了他的存在主义立场。

清风：是吗，你这么厉害呀，连这些趣事都能启发你对存在主义加以分析，你且说来听听看。

新知：比如说，萨特于 1964 年获得诺贝尔文学奖，但是他认为自己是存在主义者，不必接受这种世俗价值的判断，于是一向特立独行的他拒绝领奖。他在一大群记者围住他时，公开宣称，“各位，我要告诉你们一个消息，那就是，上帝已经死了。”另外，他的终身伴侣是同样信奉存在主义的西蒙·波芙娃，因著有深刻表现当代女权运动思想的《第二性》而闻名于世。这本书曾风靡全球，并被已故法国总统密特朗誉为现代妇女解放运动的圣经。他们两人终身并未结婚，因为虽然他们相互吸引，但是又保持着相当的与其他异性交往的自由度，这也是基于存在主义对自由的信念而在两性结合领域进行的一种全新尝试。

清风：很好，看来将来我要是写点名人传记的话，可以找你作帮手了。当下，我们还是抓紧阐述其主要思想吧。与在文学创作上才华横溢的加缪相比，萨特的思想更具理论性，并且具体反映在《存在与虚无》《存在主义是一种人道主义》《辩证理性批判》等学术巨著之中。

新知：萨特的一句最出名的口号就是“存在先于本质”，为了搞清他提出这句口号的理论基础，有必要阐述一点他的本体论哲学。在萨特看来，存在有两种，一种是自在的存在，另一种是自为的存在。自在的存在在萨特那里有以下的特征——一是这个自在的存在“就是它自己”，它是一种纯粹的、无条件的存在，也可以说它是一种完全无意义的东西。二是这个自在的存在是“不透明的”，它对于外部意识对于其他存在甚至对于自己都是不开放的和关闭的。三是它是静止的，它没有变化和发展，既没有过去，也没有未来。四是它没有创造者，它独立于一切，它的存在是偶然的、荒诞的，没有任何来源，也没有根据和必然性。五是它不能通过自身成为异己的他物，它从来不作为异己的他物而存在，也不支持与他物之间的任何关系。

清风：有关本体论的方面的论述足以让人昏昏欲睡，任何一个哲学家都概莫能外，一般读者只需大致了解一下即可。因萨特深受德国哲学家胡塞尔的现象学影响，所以他认为能被人的意识与知觉等感知的存在就是一种现象的存在，并且是有限的可怜的东西，而自在的存在要丰富得多。

新知：相对于自在的存在而言，意识则是一种自我的存在。意识的基本特征就是它具有意向性，它既指向自我，又指向外部世界，如此才能产生现象。意识实际就成为了自我与外部世界之间的桥梁，既使自我意识到外部世界，又使外部世界的存在成为现象，形成了自我—意识—外部世界三者结合的三位一体式的结构。意识作为自为的存在，它的主要特征如下——首先这个自为的存在是处于永恒的变化之中的，以萨特的话来说就是，它永远是其所不是和不是其所是的东西。

清风：这听起来自相矛盾的话，主要是为了说明自为的存在处于永远不停下来的运动之中，不断地变化，不断地运动，由这种状态变动到那种状态。这就像时间中的“现在”一样，在任何时刻，当我们意识到“现在”时，那我们意识到的“现在”已经不是现在，而成了过去了。不难想象，萨特作为哲学大师肯定是异常熟悉黑格尔的辩证法思想，因为黑格尔在解决著名的“飞矢不动”的难题时，就这样给运动下了定义——运动就是在某一时刻既在这里又不在这里的状态。

新知：老师的博闻强记令弟子佩服，等到讲到黑格尔的时候再好好地聆听你的教诲。接着说，其次，自为的存在乃是一种“虚无”。意识只是一种反映，因此它自身并没有什么内容，就像一面空空如也的镜子一样。虚无的自为的存在为了克服这种虚无性，需要不断地去反映存在，同时也就不断地否定了自身，也就不断地造就了自己，造就了现象。

第三，自为的存在具有时间性。人的存在具有时间性，就是人的生命本身具有时间性，因而作为人所特有的意识也就具有时间性。萨特认为人的一生就是一个不断追求的过程，人不断地追求各种可能，而这种可能就是说它是尚未实现和尚未存在的东西。对于人而言，他是什么指的其实是指的他过去是什么，将来还未存在。而现实乃是联系过去与将来的一种纽带，它又是一种否定，是一指向未来的对过去的否定。它又是一种虚无，要给现在一个意义靠的是将来。这就像打球一样，未来对球的一击才使得现在的奔跑具有意义。过去虽然是一种存在的东西，但其意义却决定于它对我们未来选择的影响。

清风：因为有这样的观点，所以萨特反对对任何事物下任何定义，除了仅仅是语言表达的方便之外。比如说，我们称呼监狱中的某个人为某某犯罪分子时，实际上是对他的一种歧视与不公。因为他在过去曾经犯下了罪行，这种本质是由于他过去的行为所造成的。但是，他未来的本质如何他仍然有权利去选择去创造出来，而不是由过去的行为就可以规定他未来的本质的。因为对自为的存在永远指向未来的论证，我们以后可以明显体会到人本主义心理学是如何深受存在主义影响的，因为它本身就是对过分重视过去经历的精神分析法的一种“拨乱反正”。

新知：举一反三，很好，我很欣慰，看来老师不仅可以做一个优秀的老师，也可作一个几近完美的学生呀，哈哈。正如老师所说的，从对自为的存在的探讨出发，萨特得出了存在主义的一个著名的论断，那就是作为存在主义标志性口号的“存在先于本质”。在萨特看来，人原本是空无所有的，人的本质不可能由某个在人之外的创造者诸如上帝来决定，人没有先天固定不变的本质，人要成为什么样的人，要有怎样的规定性，这完全是由人自己的自由选择和行为来规定的。

清风：萨特的自由观，强调了人有选择自己人生道路、人生意义的自由。每个人究竟打算使自己成为什么样的人、选择什么样的前途，要靠自己的行动。他说，“是懦夫把自己变成懦夫，是英雄把自己变成英雄；而且这种可能性是永远存在的，即懦夫可以振作起来，不再成为懦夫，而英雄也可以不再成为英雄。”好的，按照为师一向的理解，即不管一个大师的思想有多复杂或者说是多么博大精深，我都认为万变不离其宗，它都有一个按照逻辑顺序发展起来的主线索，所以我在这里再为你梳理一下。区分自在的存在与自为的存在——自为的存在的特性即永远的变化性，不断地虚无化与否定自身，指向未来——存在先于本质——人有绝对自由选择的权利——人必须为自己的选择负责。

新知：存在主义曾一度被誉为当今最伟大的思想，确实有其过人之处。它使人重新高扬自己生活的激情，找回自己的存在的尊严。一个人先有选择自己的可能性，最后才使自己得到所选择的内容。每个人都是在生命过程中不断选择，选择之后才会得到结果。由此可知，一个人的本质是在选择之后所得到的结果，如果没有先作选择，永远不会有后来的那个结果。换言之，人不是“已做成”之物，而是不断在“造就”自己，“你的生活就是你行动的总和。”“你行动多少，你就存在多少。”

清风：虽然当今社会也许深刻研究过存在主义的人并不多，但是它对社会思潮的影响其实是巨大的，当今流行思潮的趋向其实正吻合存在主义宣传的那样摆脱一切陈旧价值观的束缚充分展现个性的思想，如同一句时髦的口号所说“梦想有多大，舞台就有多大”。

新知：萨特的自由观是他最著名的理论之一，也是最能打动青年人心弦的东西，这也是他在“二战”后能够一举牵动万人心的根本原因。在萨特那里，自由具有以下几个鲜明的特征——自由乃是一种本体论的自由，是无限的无条件的自由。在萨特看来，人在存在之时，他就是自由的，就像存在先于本质一样，自由也先于本质，“人类的自由先于人的本质，并使人的本质成为可能。”

人的本质可以自由选择，但是人有这种自由却是与生俱来的，你不能不要这种自由。因为正如人是毫无理由地偶然地被赋予生命来到这个世界上一样，自由也是如此，是自由选择了人，不是人选择了自由。正如萨特所说的，“我们本身就是选择的自由，但我们并不是经过选择而成为自由的；我们命定是自由的……是被抛到自由中去的，或者正如海德格尔所说，是被弃置于自由之中的。”

清风：这些观念是有一定道理的，人无法选择与逃避生命，因而人就要勇敢地作出抉择并负起责任来，这就是人的自由不容逃避。现代人本主义心理学家，新弗罗伊德派的代表人物弗罗姆有本著名的著作《逃避自由》，就是因集中讨论类似的问题而使得作者声名鹊起的。

新知：接着讲，在萨特那里自由的第二个特征是它指的一种精神的独立性。自由是无限的与绝对的，这当然不表明人能够自由地得到一切、决定一切，而是指的是一种思想与精神的自由，即个人精神的绝对自由。在思想之中，人就是万能的上帝。精神可以自由地规划，然后经由选择行动，去完成自己的塑造。其实从这个意义上来讲，人的自由已经不是绝对的了，因为毕竟思想固然自由，但又不能够画饼充饥啊。

清风：你说得对，但萨特强调精神的绝对自由也有其独到之处，因为唯有人才有高级的意识，从而可以在一定程度上摆脱命运的束缚，从而最大限度地实现自己的自由。比如说历史上的贝多芬在耳聋之后却不甘命运摆布，仍然发挥精神的威力，而谱写出了《英雄交响曲》《命运交响曲》等华丽的乐章。

新知：萨特自由的第三个特点是排他性。人是自由的，但人也生活在社会上，周围有大量的他人，他人也有他人的自由。人要自由，就要保持孤立，否定社会与他人。如果我们不保持自己的独立，就会被他们所同化与异化，成为他们的客体和附属品，从而失去自己的自由与独立性。萨特还举了“我”在窥视的例子，当突然听到脚步声时，立即意识到了有人看到了，他人的注视将我降为了一个客体，也就否定了主体性，也否定了自由。正是看到人的自由受到他人的威胁，萨特在剧本《密室》（又译《禁闭》）里提出了一句著名的口号，“他人，就是我的地狱。”

清风：人与人之间其实也有合作而争取更大自由的一面，当然人与人之间也确实存在互为妨碍的一面，“从我存在的时候起，我就在事实上对‘他人’的自由设定了界限，我就是这个界限。”但是常人又确是一种群居动物呀，如何是好，看来是需要一种恰当的距离。有句话说得好，人与人之间就如獴猪之间一样，离得太远了，会被冻着，太近了，又会相互刺伤。

新知：萨特之自由的第四个特点是，自由乃是一种选择的自由。在萨特看来，人的意志有绝对的自由进行自由的选择，这可以不受外界任何条件的限制，没有人能够限制人作出任何选择。而且，人一旦存在，他就随时随地面临着无数的选择，“对人类的现实来讲，存在就是选择。”

清风：那我这阶段不作选择，行吗？我就只想过过每日打打小麻将，喝喝小酒，跳跳舞，周末再吃吃农家饭的日子。

新知：你真幽默，你不作选择，也是一种选择呀。比如你现在实际上是选择了一种与世无争，然后很休闲地过小日子的生活方式。

清风：看来，我一手将你培养成了我的辩敌了，我已说不过你了。

新知：自由的选择在萨特的哲学里是极其重要的，“人就是他自己所要求的那种人，是他计划在未来所要成为的那种人。除去他自己所造成的人之外，他不是什么别的。这就是存在主义的第一原理。”自从我们偶然地被抛到这个荒谬的世上，我们就不得不享有自由，于是就不得不自由地选择，正是在这种不断的自由选择之中，我们造就了自己的本质，决定了自己将成为一个什么样的人。那么，这种自由和自由选择带来的是什么呢？是责任。无论这种选择带来什么样的后果，选择者都必须为自己的选择担负起全部的责任。

清风：“存在主义的核心是什么呢？是自由承担责任的绝对性质，通过自由承担责任。”

这是萨特“二战”后在新落成的“现代俱乐部”所作的著名讲演“存在主义是一种人道主义”中的一句名言，这场讲演更使得他名噪一时。你可知道这次讲演有多轰动吗？场内人山人海，而门外还有许多人无法进场，于是发生了猛烈的拥挤，几名妇女当场晕倒。

新知：这么厉害啊，老师你不也是从学生时代开始就擅长演讲了吗？

清风：我也喜欢演讲，因为它能提高信心，不是说通过演讲锻炼就能让你在讲的时候膝盖不发抖，而是使你能在发抖的时候还能继续讲下去。历史上像美国的麦克阿瑟等人都是著名的演讲家，如他在美国国会发表演讲后，媒体形容其激动人心的场面是“民主党人眼眶湿了，共和党人裤子湿了”。

新知：萨特认为，凡是追求自由的行为，都是道德行为，也都是值得肯定的和有价值的行为。他举例说，在《弗洛斯河磨坊》中，主人公塔利佛为了别人的幸福而牺牲了自己的幸福，放弃了她所心爱的男子；而在《巴马修道院》中，主人公桑赛费林娜为了自己的幸福而不顾别人的幸福，牺牲别人的幸福来满足自己的私欲。萨特说，“在这里，我们碰见了两种显然对立的道德，但是我要说它们是等同的，理由是这两个事例中压迫一切的目的都是自由。”很显然，萨特否定有一般的道德准则，而把自由当作一般道德准则。而只有那些依据固定道德准则行动，从而逃避他对这些行为应负的责任，实际上也就隐藏了他们存在的绝对自由的人，才是不道德的，而不道德的行为是应该受到无情的揭露和激烈的抨击的。

清风：我怎么觉得萨特的观点如此耳熟呢？

新知：老师又在考我了，我们不是讲过尼采的口号“重估一切价值”？在尼采那里是砸碎一切神灵和价值标准，张扬权力意志。作为无神论者与非理性主义者的萨特这里同样如此，只是萨特上升到了自由与责任的观念上来。

讲到这里，有必要回头再来谈谈萨特对这个偶然的荒谬的世界的看法。我们前面论述过加缪的思想其出发点在于论述荒谬，萨特同样如此，不过他还特别加上“恶心”一词。偶然性是萨特也是整个存在主义的一个最重要的哲学概念之一。“每一个存在物的诞生都是毫无理由的，其成长是在逐渐衰弱中延伸生命，又因变异而死亡。”

清风：非理性主义者的共同特征就是否认这个自然界存在一种因果联系，存在任何自然的辩证法，如萨特所言，“我相信，有些人已经了解了这一点（宇宙的偶然性）。只有他们才通过创作必然、因果的存在物来努力克服这种偶然性。但没有必然的存在物能够解释清楚存在：偶然性不是一个幻觉……它乃是绝对的。”正由于这个世界是偶然的，因而它也是荒谬的，令人恶心。世界如此，我们人也是如此，人自己也是偶然的荒谬的被抛到这个世界上来的，令自己也感到恶心的。

萨特最有名也是自己最满意的一部小说就是发表于 1938 年的《恶心》，它借文学的形式来阐述一种鲜明的哲学思想。但是，同加缪一样，萨特要人们正视世界的荒谬和自己的恶心感觉，却并不是就要主张对生活完全持消极被动的态度。因为我们的苦恼表明我们毕竟有选择的自由——我们在苦恼中意识到自己的力量，意识到可以把事物写成我们创造未来的工具，赋予事物以一定的意义。

新知：让我们来对萨特的思想简要地评述一番吧。存在主义曾一度被誉为当今最伟大的思想，确非虚言也。正是存在主义特别是萨特为西方人（特别是年轻人）找回了自我，找回了人的尊严，找回了信仰，解放了被理性文明压抑的情感与存在，从而被称之为“人学”也。诚如历史上任何张扬主观能动性并否定既有价值的学说（比如禅宗、心学等等）一样，其流弊就是容易被世人在实践中导入庸俗化的误区。关于这一点，美国哲学家宾克莱的名著《理想的冲突——西方社会中变化着的价值观念》中有过精辟的描述——

萨特的存在主义，由于极端强调个人完全自由地选择他希望充当和成为的那种人，在许多批评者看来，似乎取消了建立积极伦理学的可能性。

事实上，有很多人把存在主义同各种邪门歪道和非道德主义联系起来。如果像萨特在《存在与虚无》中说过的那样，“人是一种无用的热情”，“因此，一个人独自酗酒也好，当国际领袖也好，到头来都是一样”，人们为什么不会成为不负责任的人，过着拼命吃喝玩乐的生活呢？战后巴黎的那些“垮掉的一代”成天泡在咖啡馆里，喜爱爵士音乐，一律穿着黑汗衫、黑衬衣、黑裤子，在报纸杂志上就被称为“存在主义者”。大量传播媒介拿这伙小青年来给萨特的哲学抹黑，叫萨特很恼火。波芙娃把这种对萨特的反感概括如下：

“一位哲学家，他的学说鼓励人花天酒地，人家怎么能信任他呢？一位‘思想大师’，他的门徒们只是为了过得欢乐而活着，人家怎么能相信他在政治上真诚呢？”

一种哲学既然称赞每个人自由选择他自己的生活风格，当然会在某些人身上造成选择追求性快乐、花天酒地、不负责任的结果。不过这并不是萨特的本意，他在战后不久写的文章里曾经努力说明自由包含着责任。

清风：对自由的强调是萨特思想的精华，但另一方面却也忽略了自由在现实生活中的限定问题。正如其终生伴侣波芙娃所诘问的那样，“后宫中的女人有自由吗？”关于这一点，萨特自己后来也有所认识，并向马克思主义中的一些观点靠拢。在《辩证理性批判》一书中，他充分吸取了马克思主义关于人的存在被经济结构直接制约的观点，并且孜孜以求地希望恢复马克思主义的生命力，在最后还得出结论说，“马克思主义是当代唯一不可超越的学说。”

新知：就人与人的关系而论，萨特主要看到了人与人之间将对方客体化的对抗的一面，而忽略了人与人之间也有可能真正将对方视为一个自由的主体，从而有可能实现真正的理解与爱的一面。其他缺陷比如对理性的蔑视等等，那是历史上强调主体性的学说的共同特点，在此不再赘述。

清风：萨特殚精竭虑建立起来的自由哲学和人学对这个世界的影响是如此深远的，虽然在个别的时期内可能会被淡化与弱化。

萨特晚年追求“第三条道路”的历程，倒是比较吻合黑格尔著名的“正、反、合”三段论，但这没有让他左右逢源而是两头不讨好。他对自然辩证法的批评让西方马克思主义理论家不快，称他是“小资产阶级知识分子的代言人”；他对历史辩证法的靠拢，让他的存在主义战友加缪、梅洛·庞蒂等人深感失望，并导致与他的最终决裂。

新知：萨特不仅试图调和存在主义与马克思主义，也试图在弗罗伊德与马克思之间寻找“会合点”，这在他写的著名传记《家中白痴——福楼拜》中显露无遗。

清风：最后，再来综述一下吧。萨特的存在主义完完全全自始至终地贯穿着对“人”的关心，并且强调选择对于过踏实生活的重要性，这实际上很大程度上将哲学从高高在上虚无缥缈的层面拉回到了凡夫俗子的日常生活中来。当然这样的存在主义又是一柄双刃剑，它的缺陷也就开始显露出来。由于极端强调人人各自选择自己的价值，这就难免使一些人在实践中将其蜕化变质为一种反道德的无政府主义的哲学，正如我们前面引用过的《理想与冲突》中的描述所反映的情形。

当然萨特对“责任”的强调似乎有助于克服这种倾向，但是由于存在主义并没有为人的基本选择提供什么正面的内容，所以实际上这种责任的强调也就难以落到实处。一个花天酒地的人，他也可以说他是负责任地选择这种生活方式的。还是回到我们多次强调的那句话上来，只有破而无立，最终都会出现此种局面。

促使萨特向马克思主义靠拢并修正自己关于绝对自由的学说，一个重要原因是在当时工人的经济仍属于匮乏的状况下，他们是难以获得十足的人性与自由的。萨特认为马克思主义学说是当代难以超越的，就在于他也认可马克思的观点，当经济条件得到极大改善时，人类的全面解放和自由就真正到来了。但是，如我前面所强调的这种估计恐怕过于乐观，因为即使是在今天的发达国家，中产阶级日益庞大，严格意义上的“无产阶级”几无存在的情况下，也很难说人就真正找到了心灵的归宿了。

新知：虽然今天发达国家也远没达到共产主义的理想经济状况，但即使是最富裕的阶层，也似乎离人的全面解放和自由相距甚远。我同意老师在以前就反复强调过的观点，单纯的经济状况的改善，并不能真正彻底地解决人的异化问题。彻底解决，需要求助于东方哲学，求助于一切能令人返璞归真的修炼技术。尼采和萨特都曾宣称“上帝死了”，然而上帝注定还是要阴魂不散的，正如尼采与萨特的幽灵还要继续在全世界游荡下去一样的。

第十二章 人本主义

存在主义在心理学上的发挥，由美国人马斯洛等人完成，其需求层次论、自我实现等思想影响了一代又一代人。

1. 马斯洛的思想概述

新知：马斯洛（1908～1970）是现代美国最具影响的心理学家，在20世纪50年代以他为首的一批心理学家率先创立人本主义心理学，猛烈地冲击着当代西方的心理学体系，被称为心理学史上的“第三思潮”，他本人也被誉为人本心理学之父。

清风：何以称之为第三思潮呢，我弄不懂呀。

新知：看来你是大智若愚呀，我这个大愚若智的人当然会为你解释呀，哈哈。人本主义心理学之所以被称为“第三思潮”，是相对于在它之前的两大思潮——弗罗伊德的精神分析法（第一思潮）和华生的行为主义（第二思潮）而言的。第三思潮无论是在思想内容、研究方法和研究对象上，还是在心理治疗方法上，都是对精神分析法和行为主义的突破和扬弃，并且它在基本原理上也向这两大思潮提出了强有力的挑战。

清风：20世纪50年代也正好是存在主义哲学风靡欧美的时期，它在美国的传播，直接的影响就是在心理学领域结出了人本主义心理学（又称存在主义心理学）这一奇葩。

新知：弗罗伊德的思想与他的临床实践有关，而他的案例又全是精神病患者、心理变态者等不正常的人，这一点始终受到马斯洛的批评——

> 如果一个人只潜心研究精神错乱者、神经病患者、心理变态者、罪犯、越轨者和精神脆弱者，那么他对人类的信心势必越来越小，他会变得越来越现实，尺度越放越低，对人的指望也越来越小……因此对畸形的、发育不全的、不成熟的和不健康的人进行研究，就只能产生畸形的心理学和哲学。这一点已经日益明显了。一个更普遍的心理科学应该建立在对自

我实现的人的研究上。

清风：那么马斯洛又何以要反对行为主义呢？

新知：这是因为他也反对将心理学建立在对动物行为的研究上。行为主义的一个基本原理就是，人是由低等动物偶然进化而来的。当代行为主义的领军人物斯金纳就说过，“我所能观察到的老鼠的行为与人的行为之间的唯一区别（除了在复杂程度上的巨大区别之外），只在言语行为方面。”行为主义者关于人只有遗传的生理冲动的结论可能来源于这一事实，即行为主义学派的大多数研究都是在老鼠身上进行的，而老鼠除了生理动机之外显然很少有别的什么动机了。

清风：很好，人虽然是从动物进化而来，但毕竟现在是人了，而不是更大一些的白鼠、猴子或鸽子。精神分析法研究病态的人，行为主义研究一般的人，这在人本主义看来，永远都不会真正认清人类的真正特点和潜力。马斯洛说，“如果你想知道一个人一英里能跑多快，你不会去研究一般的跑步者，你研究的是更出色的跑步者，因为这样的人才能使你知道人在更快地跑完一英里上所具有的潜力。”因此，马斯洛提出心理学家应该研究人类中的出类拔萃之辈——用他的话说，就是“不断发展的那一部分”。

新知：马斯洛第一次把“自我实现的人”和“人类潜力”的概念引入了心理学的范畴。自我实现的人是人类中的最好典范，是“不断发展的一小部分”。这类人精神健全，能充分开拓并运用自己的天赋、能力、潜力。马斯洛在对他所认为是优秀人物的思想、行为和精神状态进行大量的研究和记录之后，声称人类有着精神健康方面的共同特点。他研究了诸如林肯、杰斐逊、爱因斯坦和罗斯福等已经达到了相当程度的自我实现的人物，提出了自我实现者的特征并将所得资料和分析结果作为构成人本主义心理学的依据。这些自我实现的人有一些共同的特点，具有洞察生活的能力，谦虚，对工作感兴趣，具有高度民主的创造性与自发性，有勇气、信任、善良与美、爱等完整人格而少有自我冲突，心理独立与自由等等。

清风：自我实现的人是马斯洛的人本主义心理学中的一个核心概念，他自己的辉煌一生也使得他也真正达到了自我实现的顶峰。对于我们常人而言，似乎都会认为自我实现是难以企及的目标，这其中的缘由，马斯洛将其归纳为“约拿情结”。约拿是一个《圣经·旧约》中的人物，他逃避职责，不去传道，被鲸鱼吞入腹中三天三夜，他在鲸鱼腹中向神呼救许愿，神便命鲸鱼将他吐出来。马斯洛认为，成年人总是怀疑甚至害怕自己的能力——

我们害怕自己的潜力所能达到的最高水平（当然也害怕最低水平）。在我们最得意的时刻，处在最得意的条件下，在我们最雄心勃勃的瞬间，我们能够想象到自我实现的光辉情景。但我们通常总是害怕那个时刻的到来。在这种顶峰时刻，我们为自身存在着某种上帝般完美的可能性而心神荡漾，但同时我们又会为这种可能性而感到害怕、软弱和震惊。

新知：这使我想起伟大的美国总统罗斯福的名言，“我们唯一需要畏惧的就是畏惧本身。”

因为研究对象的不同，因而几大思潮得出的心理学基本原理也是大相径庭的。对行为主义学家来说，人只是文化的产物，是他所处的那个环境的牺牲品，环境决定着他的行为。他们往往机械地把人的行为解释为一种“刺激—反应”过程，也就是说将心理活动整个地降低到如同研究动物那样的化学和物理的层次上去。而在精神分析学家看来，潜意识的冲动和本能是如此的强有力和不由意识所控制的，它们真正地支配着人类的生活。而马斯洛则相反，他强调的是人的主观活动。在他看来，驱动人类的的确是若干始终不变的、遗传的和本能的基本需要，但这些需要不仅是生理上的，同时也是心理上的。当人的生理需要得到基本满足后，其他更高一级的需要就出现了，而且后者是起着主导作用的。

清风：谈到需要问题，你正可说说马斯洛所提出的“需要层次理论”，这一理论现在已几乎被应用到所有人类活动的领域，尤其是在现代管理学领域的应用上结出了累累硕果。

新知：人类的需要按照从低到高的顺序以金字塔方式排列如下——

1. 生理需要：体内平衡、饮食（水）、性的需要；

2. 安全需要：安全、稳定、依赖，免受恐惧、焦虑的折磨，对秩序和规范的需要；

3. 归属和爱的需要：对归属感、爱情、友谊和摆脱孤独的需要；

4. 尊重的需要：自尊和受人尊重的需要；

5. 认知需要：好奇心、探索、对世界的秩序、系统和稳定的追求和需要；

6. 审美需要：对美的鉴赏和艺术创造的需要，对真、善、美和谐统一的需要；

7. 自我实现的需要：对实现自己的潜能、创造力、理想和信念的需要。

马斯洛认为只有低级的需要得到满足才能推进到更高一层的需要水平，不过这种层次并不是固定不变的顺序，只是一种一般模式。在他的研究中，最感兴趣的是最高水平的需要，即自我实现的需要。他把自我实现的需要与认知需要、审美需要等放在一起称为发展的需要或超越性需要，而把生理需要等前四个层次的需要称为缺失性需要或匮乏性需要。匮乏性需要是每个人都需要的基本需要，而超越性需要则指向人的潜能的充分实现。

清风：正如以前我们讨论过的，弗罗伊德告诉我们，每个人过去的经历都存在于他的现实之中。而强调发展与自我实现的马斯洛告诉我们，未来也以理想、希望、责任、任务、计划、目标、尚未实现的潜力、使命、命运、归宿等形式存在于一个人的现实之中。作为自我实现的人而言，他最好地利用了人的本质中的发展的趋势。当然，常人则是相反，更多地被人的本质中倒退、害怕发展、不能自我实现的趋势所左右。

新知：在研究自我实现的人时，马斯洛的发现之一就是，这样一些人远比常人频繁、强烈和纯粹地感受到“颠峰体验”。这种颠峰体验，即一种处于最佳状态的时刻，感到敬畏、强烈的幸福、狂喜、完美或欣慰的时刻。颠峰体验是人的一生中最能发挥作用，感到坚强、自信、能完全支配自己的时刻。处于颠峰状态的人会比平时更有决断力，更坚强，更专心致志，更能经受得住别人的反对，对自己更有把握。对观察者来说，这个人看上去比平时更可靠，更可倚仗，更可信赖。

清风：那常人有过颠峰体验吗？

新知：你怎么听话不听仔细呢？我刚才不是说了吗，常人与自我实现的人之间出现颠峰体验只在程度上有差别。颠峰体验可由多种原因造成，比如倾听伟大的音乐，体育上的卓越成绩，一次完美的性交，甚至也可以是跳舞。“看来似乎每一次真正卓越、完美的经验，或者朝完全的公正或完美的价值前进了一步，都往往会产生颠峰体验。”正如我们以前讨论过的在出世的东方哲学中强调的天人合一时的定境，其实常人在偶尔的一瞬间也是可以体验到的，只是常人忽略了它的巨大价值，而东方修炼术就是一种能让修道者不断地恒常地复制这种境界的技术也。同样的从入世的角度来看，常人也会偶尔体验到颠峰体验，但是由于常人自身的局限，比如说对压力挑战的畏惧等等，使得他们不能朝着自我实现的道路持续地迈进。

清风：马斯洛发现人身上有一种“惰性”，换言之，也就是另有学者所指出的“最少努力原则”一直占据人的意识之中，因而阻碍了人们去发挥自身的潜力。我们在前面总论中也强调了类似的观点，就是说人总是趋乐避苦的，且总巴不得以最省力的方式去获得快乐，因而这也就是抽烟、喝酒、赌博等使人上瘾的原因。

新知：不愿辛苦付出，除了易染上不良嗜好之外，也使常人容易停留在低层次的需要满足之上。网上某聊天室一则公告写得好，“不能富贵非因宿命只缘懒，难成大器既贪享受又恋床。”可以说，能够自我实现的人必有比较远大的目标，并且能够用纪律性来约束自己。

说到高峰体验，我一下子就想到老师前段讨论精神分析法的发展时所叙述的能量平衡理论，那么高峰体验必是巨大能量的溢出也。常人的目标很小，因而因驱动力产生的能量聚集少，当然当目标实现紧张解除时能量释放也少，从而快感也就极为有限。而自我实现的人目标远大，中间经历的挑战很多，挫折也多，但他们越战越勇，因而也就储藏巨大的能量于体内，从而当目标实现时，高峰体验也就不期而遇了。

清风：讲得很好，以你这样的灵气与刻苦精神，日后必自我实现成就大器也。你对马斯洛观点的发挥使我想起了与马斯洛同时代的英国著名作家及心理学家威尔森，他长期致力于对人本主义心理学的发展与宣传并作出了巨大的贡献。马斯洛认为高峰体验是不期而遇的，而威尔森则认为高峰体验是可以复制的。他还提出了引发高峰体验的一些先决条件，其中第一个就是“能量的聚集”。

新知：能量又如何才能够被我们聚集呢？

清风：威尔森认为，高峰体验可以看成是意义的突然高涨——

高峰体验是在精神感知到意义震撼时的能量的突然爆发。对于意义的感知是我们人类进化的关键。……人类进化是因为他们能找到外在的意义。……高峰体验向人们昭示了人生的意义，意义唤醒了意志，意志转而去探求更深远的意义。那些人喝酒本来为的是高峰体验，但实际上他们是背道而驰了。一旦他们明白正确的方向，酗酒的行为便停止了，也知道了高峰体验和意志的强烈程度是成正比的。

新知：酗酒的行为能够停止，因为人们在高峰体验中寻找到了真正的幸福。人本主义心理学因为其理论基础与精神分析法有根本的差异，因而其精神治疗的对象与精神分析法也迥然不同。马斯洛认为即使是相对健康的人也可以从精神治疗中得到益处，因为这有助于健康的人更进一步了解自己，使自己的日常生活更为有效。他设想，如果把更多的时间和精力用在健康人而不是严重的患者身上，就将更好地造福于人类。由于他的倡导，美国各地都涌现出了一大批精神发展中心。这些中心都是旨在帮助健康的人进一步改善自己的生活，从而走上自我实现的道路。

清风：帮助健康人，并且让他们进行对高峰体验的存在认知，从而产生通向自我实现的持续努力，这就是人本主义心理学的一种特色治疗。马斯洛很喜欢强调的一点就是，治疗师一定要人们充分描绘过去曾经历过的高峰体验的感受。当这些人能够充分地对高峰体验进行体认之后，他们的生活将产生许多积极的变化。为了说明这种变化，马斯洛还曾引用过诗人科尔律治的一段话，"假如一个人能够在梦中游历天国，并且受赠一朵鲜花，表明他的灵魂曾到此一游；假如他从睡梦中一觉醒来，发现自己手持鲜花——哎，他更有何求呢?"

新知：一个人充分体认了高峰体验，也许他就真的从酗酒、赌博等不良嗜好以及一些无聊烦闷的生活中解脱了出来了。他们有可能如威尔森所说的焕然一新——

我们身体的欲望总是倾向于短视，而我们精神的理想与渴望会使我们眼望未来。一个长远的目标，在有可能达到的条件下，会比任何急需的物质需求更大地激发决心和上进心。人对于未来的洞察能使他们成为潜在的超人，能给他们以新的力量。

清风：人本主义的过人之处就在于对人无限潜力的描述及致力于推动人去开发实现自己的无限潜力。但是要将这种可能性变成现实，除了与生俱来的天赋外，主要还要靠后天的努力，如马斯洛所说的——

灵感一角钱就可以买一打。但是，从灵感到托尔斯泰的《战争与和平》这样的最终产品之间还需要大量艰苦的工作、严格的自律以及大量的训练……能导致产生实际作品，如伟大的绘画、小说、桥梁、新发明等的那种创造，既依赖于创造的个性，又依赖于其他品质——如执著、耐心、勤奋等等。

2. 评判及进一步的探讨

新知：马斯洛在对他所认为是优秀个人的思想、行为和精神状态进行大量的研究和记录之后，声称人类有着精神健康方面的共同特点。这些优秀的人也有本能需要，但他们在充分享受这些需要的满足的同时，并没有成为这些需要的俘虏。由他所倡导的人本主义心理学不仅充满了对人类的精神健康和发展的坚定信念，而且也充满了对人与人之间的爱的信心，这也是人本主义心理学有别于精神分析法和行为主义的重要特征。

清风：这就是马斯洛的伟大贡献了。行为主义学说的一个基本推断便是，道德是没有科学根据的，一切更高级的需要和行为形式都是后天获得的，既无遗传基础也无科学依据。弗罗伊德也认为道德和善行是非自然的，本我是不知价值和善恶标准的，这些标准只是文明社会用以抵制人类侵略本性的手段之一。马斯洛在对北美印第安人的一个部落进行研究之后，提出人类具有基本的、潜在的而且是跨文化的价值标准。真、善、美、正义以及欢乐等等都是人类的内在本性，是人类生理特性的一个组成部分，它们是本能的，而不是后天获得的。

新知：对于人的认识的根本差异也使人本主义心理学的精神治疗方法与精神分析法迥然不同，根本原因就在于一则是以病态的人为样板，一则以最优秀的人作为样板进行研究。精神分析学家重视患者的过去以改变患者的病态心理，他们认为心理问题是根深蒂固的；人本主义心理学家则与之相反，注重患者的现在和未来，他们认为患者除了有一个不健康的无意识外，还有一个健康的无意识，而精神治疗医生的责任就是展现并发扬这个健康的无意识。

清风：马斯洛的思想不仅具有重要的理论价值，而且也具有重要的实用功能，被广泛运用于教育、医疗、防止犯罪和吸毒行为、以及企业管理等领域，并产生了良好的效应。

新知：比如，关于“牢骚”的问题，在马斯洛看来，这是说明人的需求未能满足所产生的，而由于人的需求是不断地上升的，因而人总是会有牢骚的。所以，企业领导人不应该一味反感员工发牢骚，而应该合理引导使之成为一种建设性的力量。同样地，政府官员应该将社会公众发牢骚转化为不断地增进社会福利等发展的力量。在美国弗兰克·戈布尔所著的《第三思潮》一书中，对马斯洛思想在管理实践中的应用曾作了详尽介绍，兹摘录一部分如下——

克里斯·阿吉里斯博士是耶鲁大学的管理科学教授。他收集了大量资料，为马斯洛第三思潮理论提供了论据。阿吉里斯说：“正是对相对健康的个人的研究，导致了对人的责任和义务的重新强调……越来越多的心理学家相信自我尊重、自我接受和心理成功是构成我们社会中个人精神健康的主要因素。如果我们能更好地理解如何促进个人心理胜利，我们相信这将对个人心理健康有所贡献。”

一家电子公司的总裁曾质问阿吉里斯博士，要他证明他关于一般工人只在公司工作上用了全部潜力的三分之一的论点。阿吉里斯进行了为期一年的实验。他给十二名电器装配女工以一定责任，让她们自己安装一个电器单元。他并没让效率专家去告诉工人如何工作，而是让她们自己找出方法。另外，十二位姑娘中每人都要检查装配好了的单元，在上面签名，并处理有关信件和顾客意见。

试验的头一个月并不令人鼓舞。产量比用传统流水作业法工作时下降了百分之三十，工人们的情绪也相当低沉。第八个星期结束时，生产开始上升了。到了第十五周，产量达到了从未有过的高度，而且检查、包装、管理和操作的费用全都降低了。一年结束时，生产继续以比流水作业法更快的速度增长。返工费用下降了百分之九十四，而用户批评从原来的百分之七十五降到现在的百分之三。

试验结束后，那位不愿透露姓名的总裁终于为试验的结果所折服，并开始在他的公司里全面推广这种方法。当那十二名女工重返常规的装配线时，三个人因为责任的减少而感到宽慰，而另外九人却发现很难再适应旧的机械方法。她们怀念高度自由和责任的挑战。

阿吉里斯博士写道：“大多数雇员的生理需要早就得到了满足，于是现在工人就企图满足更高一个层次的需要，即对安全和稳定的需要。当这些需要又得到相对满足时，工人则转向他的最高需要，创造力与自我完善。正因为美国在帮助雇员满足生理和安全需要方面走得较远，所以调节工业结构来满足雇员更高需要的任务也就更为迫切。具有讽刺意味的是，这个问题对经理和管理人员来说，与它对生产工人来说，一样迫切。”

清风：在1987年，随着大量马斯洛著作的出版，我国也出现了一次“马斯洛热”。那时的我正在念高中三年级，曾经在读了马斯洛的书后而激动得彻夜难眠。

新知：那今天不复那“激情燃烧”，是因为上了岁数心灵开始麻木了，还是看到了他学说的局限了？

清风：两者兼而有之吧，哈哈。马斯洛的需要层次论，很好地说明了最低的生存需要恰好是金字塔的塔基，没有它的满足作为基础，高级需要就无从谈起，正如中国古人所说的“仓廪实而知礼节也”。而低级需要得不到满足，道德建设则无从谈起，所谓“饥寒起盗心”也。

新知：而在第一级的生理需要中，很明显的温饱的需要又是胜过性的需要的，所以“饱暖思淫欲”也。问题在于就有些人而言，他们的需要总是在最低层次停顿，其本能需要也许永远都难以弱化，总是沉溺于“吃喝嫖赌抽”五毒俱全的生活中难以自已。有些人即使是在高级需要得到了充分满足时，仍有可能重新陷入低级需要中而不能自拔。比如古代那些三宫六院七十二妃嫔的帝王，尤其是像唐玄宗之类甚至因此而丢了江山等等；现代有不少人一朝暴发，同样地陷入吃喝玩乐的生活中。

清风：一方面，有些人欲壑难填，似乎永远也难以满足其低级需要；另一方面，也有一些修道之人将生理需要降到最低限度，似乎本能的能量早已升华为高层次的需要了。比如儒家“复圣”颜回被孔子赞曰，“贤哉，回也！一箪食，一瓢饮，在陋巷，人不堪其忧，回也不改其乐。贤哉，回也!”又比如自古以来，多少修道者过着极其清贫的生活，却对追求至高的精神境界乐此不疲，而那些苦行之士就更不消说了。

新知：严格来说如佛教道教那样的修炼者所追求的最高精神境界本身就同马斯洛所说的自我实现是有区别的，一个是出世的概念，一个是入世的概念。综合马斯洛及威尔森的观念，一个人不断地聚集能量去追求自己的目标，一次次地复制高峰体验，从而最大限度的开发出自己的潜力，成为一个自我实现的人，是否就真的达到了人生的理想境界呢？

每一次需要的满足时，每一次的高峰体验时，无疑是极其幸福的，问题在于幸福仍然是短暂的，接下来将是感觉无聊的时期。接下来继续新的更高的追求，追求过程中继续感到受挫的烦恼，当实现时体验到短暂的幸福时又继续地感到无聊。

让我们再度回顾前述叔本华的观点，人生就好比是一个钟摆，摆的这端是“痛苦”，而另一端则是“无聊”。当人的欲望没得到满足时，便产生焦虑及痛苦感；而欲望一旦得到满足，便又会觉得“不过如此”。于是又觉得无聊，于是又产生新的欲望，寻求新的刺激，重新又回到令人痛苦的欲望中，重又开始新一轮的“钟摆”生活。

清风：你的质疑有一定的道理，叔氏理论至少也含有一种片面的深刻吧。或许真正杰出的人士，真正能实现自我实现的极少数人，未必有如叔本华描述的“钟摆”生活那样严重。但对于大多数凡人而言，叔氏理论则又相当地吻合其生存状态。既然是这样，那生活的理想方式就应该是多元化的，比如一些山野村夫自发地或者是如一些文人骚客自觉地所选择的那种怡然自得的生活又未必没有它的妙处。

新知：从另外的角度来看，马斯洛所描述的自我实现的理想人格似乎同马克思所描述的人的彻底解放及全面发展有异曲同工之妙。但所不同的是马斯洛如同我们前面所讲述的尼采、萨特等人一样认识到人类所面临的精神危机，只不过他们诉诸于人的内心生活领域，想依靠某种“精神革命”来解决普遍的危机。比如在马斯洛看来，常人要通向自我实现，关键就在于克服前面我们所谈到过的“约拿情结”。

马克思特别敏锐地观察到人在资本主义的流水生产线上所带来的严重异化现象，导致了人不能得到充分全面的发展，劳动成了人的谋生需要而不是第一需要。马克思研究的结论是根源在于私有制及其由于单纯谋生所致的劳动分工，得出结论要改变这种局面需要进行阶级斗争，实现社会变革，直至实现社会主义及共产主义。且不论这些结论是否绝对正确，至少马克思将人置于一个总体的经济结构中来考察人面临的精神危机是对所有“人学”理论的一个有益补充。

清风：你说得很好，在特定的社会经济环境中，注定了能够自我实现的人只有极少数。在特定的环境中，某种意义上来讲“一将功成万骨枯”，极少数人的自我实现也就必然建立在了芸芸众生的碌碌无为之上的。谈到这里，我想起以前泛滥于台湾，当前泛滥中国大陆的成功学问题。成功学目前已成为一个庞大的产业，并且整个社会都陷入一个极端的狂热中。不管是“豪宅、宝马、年入百万”的成功标准，还是“开发潜能、拓展人脉、执行力、细节”等等美妙词汇，都掩盖不了全民梦想成功的浮躁程度。实际上，关于成功学的效果，台湾一位成功学讲师曾说过，“讲成功学，老师永远成功，学生永远不成功。”

新知：老师将大把的钞票装入自己的腰包了，当然成功了，哈哈。先生话中之义，弟子已能领悟，就是说像马斯洛这样相对严密的思想都难免有脱离社会经济现实的局限，更何况那充斥着急功近利的庸俗成功学呢？

新知：我接下来要介绍的美国心理学家韦恩·戴埃，师傅可曾知道呢？他是马斯洛的忠实信徒，一直致力于人本主义心理学的研究和推广工作。自1977年至1985年，他撰写了帮助人们如何实现快乐和满足的四部曲，即《你的误区》《把握你自己》《无限度的人》《望子成真龙》等等。这四本书在美国出版后，成为破纪录的畅销书。《你的误区》《无限度的人》两本书在中国翻译出版后，也一度引起广泛的反响。

清风：戴埃将马斯洛的思想以通俗的语言向大众进行传播，他并且还发展了马斯洛的思想，认为“地球上的每一个人都具备有益的、振奋的生活的本能。谁都能够摒弃自我束缚的思想和行为，谁都能够充实地度过每日每时”。而要做到这一点，只要是消除了误区，成为一个无误区的人，继而成为一个无限度的人。在戴埃看来，人生有12大主要的误区——

1. 不能主宰自己，只是按照别人的意愿而生活，不能控制自己的思想与情感，无法把握自己人生的幸福，不能拥有自己的现时生活，长期处于一种充满惰性的人生。

2. 自我否定，不能相信自己，时时感到自卑，因而极大地影响了自己事业和生活的成功。

3. 认为别人的看法比自己的更重要，时时寻求别人的赞许。

4. 给自己贴上各种“自我标签”，不明白你是你今天所作选择的总和，而不是过去所作选择之产物。

5. 时常陷入内疚悔恨之中，不明白这是一种徒劳无益的情绪，既不能帮助你改变自己的过去，又影响着你的现在和将来。

6. 时常陷入忧虑之中，无休止地考虑将来的事情，浪费当下的时光，不能享受即时的生活。

7. 控制不了动怒，因为内心里总有这样一种想法：“你要是跟我一样就好了。”

8. 极力回避未知事物，惧怕失败，不愿作出新的尝试，不敢接受新的挑战。

9. 总是受世俗的束缚，没有叛逆之性，不敢对现实和自我提出挑战。

10. 总是愤愤不平，愤世嫉俗，内心强求公正，从而消极厌世。

11. 时常拖延时间，在案头总是堆满了等待要做的事情。

12. 时常处于自己无法选择的关系之中，被迫做出违心的事，尽管讨厌被迫行事的方式，从而经常感到自我挫败。

新知：在戴埃看来，一个消除了误区的人，就可以向着无限度的人迈进了，他并且列出了一个“从神经质到无限度的人生观及行为方式表”，以帮助人们重塑自己的人生。特选录部分于此——

表 1　从神经质到无限度的人生观及行为方式表

惊恐　　迟钝	奋勉　　适应	贯通
神经质	“常人”	无误区—无限度
1. 害怕、回避未知；留恋过去屈服于新环境。对于任何变化都持否定态度，止步不前。	承认、接受未知，但不去探求。或许能适应变化，但往往缺乏主动性。很少积极地改造自我。	以寻求未知、探索奥秘为己任。欢迎变化，勇于尝试，认为“生命之美在于变化。”
4. 在任何事情上都借助于外在的动力，总是以身份、地位等来衡量人们的价值。完全没有主见。	某种程度上能够认识内在的动力，但根本上仍然依赖于外在，受外在的影响。有时出于良心或愿望也能不顾忌外在。总的来说是想要“顺应”。	完全能够把握内在与外在的平衡；以自己的内在信念为指针，向命运挑战。
10. 对家庭、朋友及团体中人有强烈的占有欲。把他们看作自己的私有财产，总是害怕会失去他们。常常陷于神经过敏、不可理喻的嫉妒中。	强烈地希望支配别人，让别人听命于自己，在某些情况下也会产生嫉妒。失恋时容易消沉。	对与自己有关的人或事没有丝毫的占有欲；认识到任何东西越怕失去，逼得越紧，便越容易失去。在任何时候都避免嫉妒。
17. 常常有一种内疚感，尤其是在家庭问题上；由于其荒谬的负疚感而神经过敏地以为别人在摆布他；试图使别人也感到内疚以作为回报；卷入“真正有过错的是谁”的臆想中无力自拔。	在某些特殊的行为上会产生负疚感，但并不总是感到“良心的谴责”；有时因“轻微的过失”而受别人的摆布或摆布别人；过于关心“谁有过错”，但通常能够原谅、忘却别人的过失。	只在良心告诉他做错了什么时才有负疚感；随即响应自己良心的召唤纠正自己的过失，消除负疚心理，绝不利用别人的过失摆布别人，同样也不允许别人借他的过失操纵他；不关心谁有过失的问题，所关心的只是怎样去纠正。
37. 总是与生活为敌。紧张得无从喘息，总是被反复无常的急流冲回到原地或没入旋涡；内心处于不断的动乱中（不管其怎样掩饰）；形成惊恐、迟钝、奋勉的恶性循环。	不常与生活为敌，但许多时候感到是在逆水行舟，不知道自己敢冒多大的风险去探索未知王国；宁可在浅滩戏水或在挣扎一阵后坐在岸边；其循环为迟钝—奋勉—适应。	与生活同步，永远感到在顺水行舟；由于征服激流险滩而充满了激动和欢乐；惊诧于变化着的人生、变化着的世界的眩目的美；无论是在人类足迹未到之处探险，还是悠然自得地躺在沙滩上休憩，总是享受着生活的甘醇。作为一个自主的人思考、感受行动。

清风：我最感兴趣的是戴埃重视“现时”生活的观点。我小时候总是想只要怎样怎样，我就开始新生活了。就这样，我在现时生活中很少有幸福感可言，时间也就悄然溜走了。直到后来听到一句话，我的生活才开始有些转折，“我们总以为生活还未开始，其实生活早已开始。”

第十三章 主观唯心主义

主观唯心主义被学生嘲笑得最多，但它在思想史上的价值则是笑过后应该深思的。

1. 贝克莱思想概述及评判

新知：在开始我们本章的讨论之前，我想先给读者再进行一些提纲挈领的对现代西方学术思潮的概述。各派思潮从大体上来说最主要的有两类，一类是科学主义（或称实证主义）思潮，一类是人本主义思潮。人本主义思潮的核心特点就是从解释人出发解释世界，而科学主义思潮的核心特点就是以自然科学的“实证精神”来解释现象世界。

清风：必须看到的是，此两派思潮本身都是相对于人类思想的传统即以理性为中心而论的。我们在上一章所介绍的无论是作为哲学的“人学”，还是作为心理学的“人本主义”都是人本主义思潮的具体体现。而接下来我们要讲述的“主观唯心主义”则可看作是对科学主义思潮的思想渊源的一些概要介绍。

新知：科学主义思潮强调知识的“实证性”，断言建立在“实证”基础上的知识才是确实可靠的，至于经验或现象背后存在着的本质或规律则是无法解决的。此思潮的思想源头来自于英国的经验主义，因为经验主义强调经验，否定或贬低理性。起源自英国的经验主义因为一切都从唯我的经验出发，又常被冠之以主观唯心主义之名。又因为它对理性认识事物本质的能力的怀疑性，又常被视作怀疑主义的代名词。

清风：相对于欧洲大陆的理性主义的传统而言，英伦三岛流行经验主义的思潮。就理性派而言，又以欧洲大陆的德国为中心。日耳曼民族一向以严谨的理性思维和一丝不苟的纪律性而著称于世，到黑格尔时代理性思维到达了一个哲学的顶峰。不过，人本主义思潮对理性派的反抗也还是起源于德国，如我们前面所讲过的叔本华。科学主义思潮对理性派的反抗则理所当然地起源于英国。

新知：贝克莱（1685～1753）祖籍英格兰，是爱尔兰的一位天主教的主教，但是其教会职务基本是个挂名，他本人以哲学与科学上的成就闻名于世。但是令人惊讶的是这位过去时代的大学者，却是在当今大学课堂里被嘲笑次数最多的人。何也？因为他有一个著名的理论，那就是“存在就是被感知”，否认客观事物的真实存在性，因而遭到一般学生的哄笑也就不足为奇了。

清风：我还在小学五年级时就看过一本《通俗哲学》，对其中讲到贝克莱的主观唯心主义时所附的一幅漫画现在仍记忆犹新。这幅漫画的标题叫“画饼充饥”，意在讽刺贝克莱既然否定客观事物的真实存在，因而人们可以不用吃真实的饼而画饼充饥就行了。以我那样小的年龄，自然会觉得奇怪，堂堂哲学家怎么脑筋反而有毛病呢。直到上了大学之后，才慢慢意识到在常人看来非常搞笑的理论中其实也蕴藏着深刻的智慧的，岂是能一笑置之这么简单的。

新知：讲到贝克莱之前，要讲下英国经验主义的始祖洛克，其关于心灵的“白板论”奠定了经验论的基础——

那么我们且设想心灵像我们所说的那样，是一张白纸，上面没有任何记号，不带任何观念；它何以装备上了这些东西呢？人的忙碌而广大无边的想象力几乎以无穷的样式在那张白纸上描绘了的庞大蓄积是从何处得来的？它从哪里获有全部的推理材料和知识？对此我用一语回答，从经验：我们的一切知识都在经验里扎根，知识归根到底由此而来。

贝克莱发挥了洛克的观点并将其推向主观的极端，在他看来世上的一切东西都是人的主观产物。人类认识的对象，不是客观事物及其运动，而是各种各样的“观念”。所谓的事物，无非是些“观念或感觉的集合”。他以樱桃为例说——

我分明看到这个樱桃，我分明触着它，尝着它……它一定是实在的了。如果你要把柔、湿、红、酸种种感觉都去掉，那么这就无异于把樱桃去掉。因为樱桃并非异于这种感觉的一种东西。因为我们看到这些观念是互相连带的，所以心便把它们连贯成一物，或者说是给以一个名称。

观念或感觉既然只能在心灵中存在，那么作为“观念或感觉的集合”的物，当然也就只能在感知它们的心灵中存在了。所以，事物的存在就在于它们的被感知。

清风：促使贝克莱有此高论的一个重要原因是他的身份是一个主教，在他看来任何唯物主义都必然将导致无神论，从而有违于其信仰。只要我们取消了物质的客观存在，也就否定了感觉之外任何非精神的来源。于是，人们具有感觉观念这一事实，就成了上帝存在的证明。因为人心中的感觉观念既不是来源于客观的物质，也不是心灵主观的创造，同时它们作为被感知的存在又依赖于某种精神实体，那么答案就只有一个，它们是由人心之外的精神实体所引起的。

新知：另一个重要原因是当时机械论的物质观无法解决物质与意识之间的相互关系，机械论将物质与意识看作是完全不同的两类存在，无法解决两者的一致性问题，所以贝克莱试图以消除物质的方式来实现观念的一元论。

清风：贝克莱的主观唯心主义在理论上直接借鉴和发展了洛克学说。洛克承认事物是客观存在的，人的感觉是由客观事物所引起的，但他同时认为人的观念有两个来源———类观念是从对外界事物的感觉得来的；另一类观念则是人对自己内心的“反省”得来的。

此外，洛克还认为事物具有两种性质——“广延、形态、动静、不可入性”等“第一性的质”，是事物客观的、固有的；“颜色、声音、气味”等“第二性的质”，不是事物本身所具有的，而是依赖人的感官而存在的、主观的东西。

作为唯物主义经验论代表的洛克，其唯物论的不彻底性是显而易见的。而贝克莱的解决办法就是，将一切观念都归于内心的“反省”，将事物的一切性质都统一为依赖于人的感官而存在的，从而用彻底连贯的唯心主义的方式化解了洛克学说中的矛盾。

新知：贝克莱的局限是不言自明的，那就是认识到了人的感觉经验的重要性，但却走向了否定事物的客观存在性的极端。但他的贡献就在于看到了人的意识能够整体地能动地去反映客观存在，这一点对后来的心理学发展有深远的影响。从近代心理学鼻祖冯特对“内省”的实验研究，到认知心理学认为人实际上是对人对现实的意象进行反应，似乎或多或少能追溯到贝克莱的思想。

2. 休谟思想概述及评判

新知：休谟（1711～1776），是对哲学进程影响极为深远的哲学家，是最彻底的经验论者，温和的怀疑论者，不可知论者。他最主要的著作是《人性论》一书，早在他28岁时便出版了这本巨著。

清风：在我小时候想象中的哲学家都是一些这样的人，满头白发加上满脸花白胡子且又满腹经伦的老学究。常人的想象估计也跟我差不了多少，现在才知道伟大哲学家大部分都在其年轻时便发表了巨著并奠定了其整个思想大厦的基石，也不知道形成常人错觉的原因是什么。

新知：也许常人都觉得哲学太高深了且又离常人的生活太远，因而使得常人认为哲学似乎是老学究闲来无聊时方去研究的东西了，哈哈。还是言归正传吧，我们还是来看休谟的主要思想吧。休谟思想的要点在我看来可以归结为以下两方面，一为基本的经验论原则，二为怀疑论特别是对因果关系的怀疑等等。

清风：基本的经验论原则我还是知道的，主要有两条，第一条原则可以称为“印象在先原则”，强调“观念是印象的摹本”“一切知识来源于感觉”，此实际上是经验论的基本原则。第二条原则也可以称为“想象自由原则”，即是说，观念虽然由印象而产生，但是在心中却可以自由地结合，从而产生出印象中所没有的东西。当然，这种“自由”不能创造观念，因此观念无论多么荒谬，都可以在印象中找到根据。

新知：我先来作出一些关于印象、观念等概念的补充说明。在贝克莱称之为观念的东西，休谟则将其称之为“知觉”。知觉是知识的基本要素，包括感觉、情感、情绪、思维等所有的意识活动。休谟并进一步将知觉分为两类，一类是“印象”，一类是“观念”——

两者的差别在于：当它们刺激心灵，进入我们的思想和意志中时，他们的强烈程度和生动程度各不相同。进入心灵时最强最猛的那些知觉，我们可以称之为印象；在印象这个名词中间，它包括了所有初次出现于灵魂中的我们的一切感觉、情感和情绪。至于观念这个名词，我用来指我们的感觉、情感和情绪在思维和推理中微弱的意象。

清风：休谟把一切观念都归结为印象，而印象中最基础的又是感觉印象，那么感觉印象又是从哪里来的呢？换言之，一切来源于经验，而经验自身的来源呢？对此休谟说——

至于由感官所发生的那些印象，据我看来，它们的最终原因是人类理性所完全不能解释的，我们永远不可能确实的断定，那些印象还是直接由对象发生的，还是被心灵的创造所产生，还是由我们在造物主那里得来的。

新知：休谟在这段话中实际上已经将自己与洛克和贝克莱都划清了界限，他们一个主张“心外有物”，一个主张“心外有上帝”，所以都不能算是彻底的经验论者。实际上，如果我们把经验论的基本原则贯彻到底，就必然在逻辑上使感觉的来源问题的回答成为不可能，休谟就是在这个问题上采取了怀疑论的态度。但正如休谟自己所说，他又不是彻底的怀疑论者，算温和的怀疑论者，因为他并非因为感觉的来源是可疑的就不要感觉了，而是从经验论的立场出发退守常识——认为我们只要不去追问感觉的来源问题，能够合理地解释感觉经验就足够了，而且他自认为可以合理地解释感觉经验。

清风：休谟对传统哲学中物质实体、精神实体、上帝等基本观念都进行了诘难，接下来他对传统哲学认识论中的因果观进行了深入的批判。他认为，在我们的观念联系中没有必然性或者说没有绝对的必然性。当我们观察自然中的变化（一个运动或一个动作）时，我们往往把它与第二个与之有时空关系的变化联系起来看，第二个变化好像是第一个变化的作用下产生的，好像前者是后者的必然结果。我们怎么会接受这种必然联系呢？只有当我们能够证明印象之间是有因果关系和必然联系的，因果观念才有真理价值。我们所能知觉到的一切都是某种感觉的并存和演替。比如说，我可以观察一个静止的弹子被撞击后的运动过程，如果我严格地局限于我所观察到的情形，那么我所能够看到的就只能是一个从 A 到 B 的相继过程。知觉所能告诉我的始终只是“在此之后”，而永远不会是“因此之故”。

新知：人们通常在实践上反复看到从 A 到 B 的变化总是成立的话，人们就会认定 A 与 B 之间存在因果关系。但是休谟认为相对、个别和偶然的经验重复一万次仍然是相对、个别和偶然的经验，我们无论如何也不可能从中发现出必然性来，而且过去和现在的经验只对过去或现在有效，虽然可以推测但却不可能必然地推论出明天的结果。休谟还进而提出著名的“休谟问题（归纳问题）”，或然的归纳推理在逻辑上是得不到证明的，也就是说归纳推理如何从全体过渡到结论、从个别过渡到一般，即归纳的合理性问题，在逻辑上是得不到证明的。

既然经验不可能告诉我们原因与结果之间的必然联系，那么我们的因果观念是从何而来的呢？休谟认为，尽管经验不能提供因果之间必然联系的证明，多次重复的经验也并不比单一例证提供更多的东西，但是它们却能够以一定的方式影响我们的心灵。当我们经常性地经验到事件A之后总有事件B相随时，这使我们对事件A的经验与对事件B的经验之间产生了某种习惯性的联想，这就是所谓“必然联系”观念的来源。进一步休谟还强调说，“习惯是人生的伟大指南”。

清风：休谟其他重要思想体现在“对宗教的批判”和“将理性从道德领域驱除”方面上。中世纪著名神学思想家托马斯·阿奎那关于上帝存在的几个证明中包含“始因论”，一直为其他神学家所继承。牛顿也曾经想不通这个“第一推动力（始因）”问题而潜心研究神学长达二十年之久。休谟认为，人是无法经验到上帝是宇宙的第一因的，我们也不能在上帝这个“第一因”与宇宙这个结果之间形成“恒常联系”的习惯性联想，那要经过许多次重复才是可能的。因此，这一证明是不成立的。同时休谟以其怀疑主义的立场，还批驳了神学家通过“神迹”和“宇宙设计论”等来论证上帝存在的理论。

新知：休谟还反对将道德建立在理性上，他认为激情是我们的唯一源泉，若认为理性能够决定我们的意愿和行为，这纯属幻想。人们之所以做出负责任的举动并不是因为我们的理性发达的结果，而是因为我们同情别人的处境。正如他所说的，“一个人可能宁愿整个地球遭到毁灭也不愿意自己的手指被割到。这与理性并没有什么冲突。”

清风：但是非功过，还是可以被后人评说的呀，你怎么看待休谟的？

新知：休谟在认识论上进一步发展与完善了洛克、贝克莱等人的学说，在哲学史上产生了深远的影响。甚至有人认为它使哲学的发展从以本体论为中心转向了以认识论为中心，标志着西方哲学的重要转折。他的怀疑主义立场，将康德“从独断主义的昏睡中惊醒”，从而诞生了其开一代新风的“批判哲学”。批判哲学发展到现代，最著名的就是由波普所创立的“批判理性主义”。

清风：何以不能独断呢？比如说，因为自己看到的马都是黑马，就以为世间的马都是黑色的，其实不是这样。虽然有“天下乌鸦一般黑”一说，但任何人都不能断言说天下没有白色的乌鸦。休谟让我们警醒，我们不能轻下必然性结论，只能是下或然性结论。

新知：他将因果关系的必然性归结为习惯，是有一定的合理性的，有助于人们克服将主观经验盲目上升为确定无疑的因果关系从而妄下定论的误区。

清风：请举例说明。

新风：很多人会认为闪电是造成打雷的原因，因为每次闪电之后就会打雷。但实际上打雷和闪电是同时发生的，是由于放电作用所致，所以事实上是另外一种因素造成了这两个现象。举个复杂点的例子，有很多人吃了某种药之后，病就好了，但这并不表示他们一定是被那种药治好的。这也是为什么科学家在做实验时，总是会将一些病人组成一个所谓的“控制组”。这些病人以为自己也在服同样的药，但实际上他们吃的只是“安慰剂”。如果控制组的病人也好了，那就表示那种药的药效实际上是值得怀疑的。

清风：但是虽然不能仅由事物的表面现象来确定它的因果性，但是人类通过自己的实践能够完成从感性认识到理性认识的飞跃，进而认识和把握事物间的因果联系，并用实践来检验它。恩格斯举了个很有说服力的例子——

射击。如果我们把引信、弹药等放进枪膛内进行发射，我们必定会取得预期的结果。因为我们已经能够掌握造成这一结果的原因。确实也有时候不发生这样的结果，但这正好证明了因果性而不是推翻了它。因为我们总能找出例外的原因，如引信的化学分解、火药的潮湿、枪筒的损坏等等。一旦故障被排除，预期的结果就必然会出现。人在这里可说是“对因果性作了双重的验证”。

新知：你说得很对。但是，现代似乎又对理性认识、科学知识等崇拜得过了头了，因而出现了对科学的迷信。所以，重温休谟的怀疑论，是有相当好处的。特别是在与老师一起探讨了这许久的东方哲学之后，就更是让我深切体会到这一点。如果说休谟忽略了理性认识的巨大作用的话，那么今天过分看高理性认识的作用又走向了另一个极端。

3. 康德思想概述及评判

新知：康德（1724～1804），普鲁士柯尼斯堡人。终身未婚的康德从未跨出过柯尼斯堡一步，生活规律机械得近似呆板，以至于柯尼斯堡的市民可以根据他的活动来校准时钟。每当下午3点半的时候他就走出自己的家门走向菩提树小林荫道，如今它已被称为哲学家之路。然而就是这个身高不足五英尺的“行动的矮子”，成为了“思想的巨人”。

清风：这很好理解，古来圣贤多寂寞，倘若耐不住寂寞，也就成不了大事业也。

新知：比如说老师你本人也是这样呢，哈哈。康德本人极其博学，著作等身，在自然科学方面也取得了前瞻性的成就。他在《自然通史与天体理论》中提出的关于宇宙形成和行星运动的理论假说，被称作康德—拉普拉斯（法国天文学家）理论，很好地解释了从混沌无序的原初状态如何形成一个和谐的宇宙整体。在《物理单子论》中，康德将单子——形成物质的最小微粒的本质定义为“充满空间的力”。这一思想在当代物理学中又获得了一次伟大的复兴，当代物理学不仅认为物质只是能量的一种特殊形式，而且还在实践中证明了物质与能量之间的相互转化。

清风：绕一大圈，还没绕到正题上来呀。快点说说康德的重要著作《纯粹理性批判》吧。

新知：少安毋躁。1781 年，康德发表了那震惊世界的《纯粹理性批判》，顾名思义意为对理性进行一个批判性的总结判断，这本晦涩难懂的书却照亮了西方哲学的天空，成为永恒的经典。有必要先介绍下批判问题的产生。唯理派在当时发展到一个统治地位，被称作莱布尼茨—沃尔夫哲学体系，在方法上则是独断主义。休谟将康德从“独断主义的昏睡中”唤醒，使得他开始怀疑理性主义的正确性，从而在认识论上彻底地进行了一次清算。

清风：实际上康德对经验主义也作了一次清算。他实际上要解决的是这样两个问题，认识的范围，认识的形成，你以为然否？

新知：你都盖棺论定了，我只有具体说明的份了，哈哈。就认识的范围而言，在康德看来，我们能够认识的只是现象这个此岸世界，而在现象之外还有一个彼岸世界“物自体”是我们所无法认识的。这个物自体，既是现象的缔造者，也是客观存在的，更是不可知的。

清风：物自体是我们所无法认识的，这带来一个积极的一面就是我们终于知道了我们理性的局限了，但消极的一面就是对人类试图认识自然本来面目的努力宣判了死刑。

新知：那老师相信这个物自体的存在吗，又认为它是可能被认识的吗？

清风：康德的卓越之处，就在于第一次将现象与真实区别开来了，现象不是绝对的真实，它本身就已经是经过人的感官加工过了的。但是，这个绝对真实即物自体是可以被认识或者说接近认识的，只是不能通过一般的理性认识手段而已。在我看来，西方人称之为神秘主义、东方人称之为修练的方式，经由直感顿悟是可以把握物自体的。

新知：我一下子也顿悟老师的卓见了。佛教中将现象称之为“色”，将物自体称之为“空”，所以才有“色不异空，空不异色。色即是空，空即是色”的说法呀。而在道家哲学中，道就是那现象背后的终极实在，而在印度教中这个终极实在则是梵。

就认识的形成而言，康德主张“调和”经验论与唯理论。他一方面同意经验论的原则——一切知识都必须来源于经验，另一方面也赞同唯理论对经验论的批评——对科学知识来说仅有经验是不够的，它们的普遍必然性只能是先天的。

清风：但是中间派可是不好当的，因为这样就会产生一个矛盾。如果知识必须建立在经验的基础上，知识就不可能有普遍必然性，比如休谟认为的因果性只是人的一种习惯而已；如果知识有普遍必然性，它就必须是先天的而不可能建立在经验的基础上。这个难题按康德的话说就是，“我们如何能够先天地经验对象？”

新知：这个问题难不到我，当然也就没有难到康德了呀。经过长时期冥思苦想，康德形成了一种奇特的观念，既然当年哥白尼可以抛弃太阳围绕地球转的“地心说”，进而提出地球围绕太阳转的“日心说”，那当然也可按照这个思路来考察知识问题呀。换言之，如果知识必须符合对象这条路走不通，当然可以换个角度看看让对象符合知识也即主体固有的认识形式会有什么结果。在康德看来，问题由此得到了完美解决。一方面，知识的确必须建立在经验的基础上，但是另一方面进行认识活动的主体本身也具有一整套认识形式，由于这些认识形式是先天的并且作为经验的条件而存在于我们的头脑之中，因而便使知识具有了先天性或普遍必然性。

清风：很好很好。经验为知识提供材料，而主体则为知识提供对这些材料进行加工整理的形式，知识就其内容而言是经验的，但就其形式而言则是先天的。换言之，知识虽然来源于经验，但还仍然受到固有的理性这副眼镜所左右，这就是被称之为“哥白尼式革命”的康德哲学精髓。当然，广义的理性概念在康德那里又被细分为感性、知性、理性三部分。接下来就该你登台了，具体谈谈这些先天形式都是那样的吧。

新知：小菜一碟，信手拈来。先谈先验感性论。感官知觉只向我们提供感觉，这些感觉则只是我们获得表象的原材料。在我们身上还有另外一种东西，它会整理我们获得的那些感觉，而且是通过特定的方式进行整理

——在一种空间和时间的统一性中。

空间与时间的观念都是先天的，它们都被我们加在了“物”的上面。数学的可能性就是以此为基础的，因为数学只与空间和时间的规定性有关。几何学研究空间关系，每个人在他自身之内也都具有相同的空间直观形式，因而几何定理的普遍性和必然性就是以此为基础的。

算术是用来计算的，它以时间的先后顺序为基础。每个人自身之内都拥有作为纯粹感性形式的时间，所以算术也不需要借助于经验就能够纯粹以内在的时间直观为基础而得出具有普遍必然性的定理。

清风：接下来呢？

新知：瞧你急的，接下来谈先验分析论。感性为我们提供直观，即感觉，直观仿佛是按照感性的先天形式被初步地整理过了。知性继续整理感性所提供的材料，并将这些材料提升为概念，并将这些概念结合为判断。知性思考或连接或联系知觉，具有不同的形式，这种形式是先验的，而不是来自于经验，所以被称为知性的纯粹概念或范畴。知性表现于判断中，实际上知性就是判断能力，思维就是判断。思维在判断中的机能可以归入四个项目之下，其中每个项目又包含三个契机，表述如下——

1
判断的量
全称的
特称的
单称的

2
判断的质
肯定的
否定的
无限的

3
判断的关系
定言的
假言的
选言的

4
判断的模态
或然的
实然的
必然的

这些判断形式显示了我们的思维的基本形式，它们也必然是概念形成的基础。我们只需要到这 12 种判断形式的每一种背后寻找与之相应的概念，我们就拥有了所有概念的基本形式，即康德称之为的范畴。比如当我们在知性中有一个基本概念“现实性”时，我们显然只能作出肯定判断；反之，以“非现实性”的概念为基础的，必然是否定判断。将这一原则应用于 12 种判断形式，便得出了如下的范畴表——

1

量的范畴

单一的

多数性

全体性

2	3
质的范畴	关系的范畴
实在性	依存性与自存性
否定性	原因性与从属性
限制性	协同性

4

模态的范畴

可能性——不可能性

存有——非有

必然性——偶然性

当我们将感性和知性的纯粹形式，即空间、时间和范畴连接在一起，我们就会得出纯粹的知性概念。纯粹知性概念对于经验如何具有客观有效性呢，康德在先验演绎中进行了说明。以因果性为例，休谟说，因果性原则根本没有客观有效性，它只是一种习惯的思维方式。康德则说因果性原则来自知性，而且对于一切经验都具有普遍必然的有效性！因为一切经验都是这样产生的，即知性将它的思维形式（因果性为其中之一）铭刻在由感性提供的材料上，显然，我们在一切经验中也必然会再遇到这种形式。

清风：啰嗦这么多，我听着都烦了，哈。简单点说吧，康德与休谟的共同点就是都认为客观事物是没有因果规律可循的，康德认为物自体是永不可认识的。不同点在于，康德认为因果关系虽然对于物自体不适用，但对于现象却是适用的。因为范畴具有普遍必然的有效性。在我们的经验中永远都不会出现与因果性不一致的情况，因为一切经验首先要借助于范畴通过知性的塑造活动才得以实现。

新知：康德通过先验感性论解决了数学的可能性问题，通过先验分析论则解决了自然科学的可能性问题。自然之所以具有合乎规律的秩序，是因为知性能够把现象按照蕴含于其中的准则联系在一起。人是自然规律的制定者，人制定了自然科学！哈哈，说到这里，可能又要用上全息论来阐述一番了，要不岂不又要陷入唯心唯物的争论了呢。

清风：你太聪明了，我们以前早就说过，我们不要陷入争论唯心唯物的窠臼中去，康德自己在世时都怕别人将其误解为纯粹的主观唯心主义者呢。康德的认识论虽稍嫌粗糙，但其种种关于“先验”的论述又激起了我们对于全息论的热情。

新知：师傅受全息论的影响太深了，快走火入魔了吧，哈哈。接下来，讲述康德的先验辩证论。康德认为理性（狭义）是指“理念的能力”，区别于作为直观能力的感性和作为概念能力的知性。知性生产出概念，并将概念与判断联系在一起。理性则能够把概念和判断的各种材料重新整合起来，在我们的知识中建立起一种更广泛的统一性。从理性的这种统一活动中完全能够产生出一种愿望，它不仅想把多样性变成相对的统一性，而且还想建立起完全的统一性。这就诱惑人们试图解决一些诸如“灵魂”“上帝”“本质”等等传统形而上学的问题。

清风：然而，通过先验感性论康德回答了数学如何成为可能的问题，通过先验分析论回答了自然科学如何成为可能的问题，但是通过先验辩证论则否定了形而上学成为可能的问题。人们如果受到理性的诱惑，想解决形而上学的问题，就将成为“诡辩的”“辩证的”，并会陷入无法解决的二律背反的矛盾中去。康德就“理性宇宙论”列出的“二律背反”共有以下四组——

（一）正题：世界在时间和空间上是有限的。

反题：世界在时间和空间上是无限的。

（二）正题：世界上的一切都是由单一的不可分割的部分组成的。

反题：世界上的一切都是由组合的可分的部分组成的。

（三）正题：世界上存在绝对的自由因。

反题：世界上的一切都受着因果必然性的制约，没有自由因。

（四）正题：世界上存在着一个绝对的必然存在者。

反题：世界上不存在一个绝对的必然存在者。

新知：四组二律背反，前两组是“数学的”，后两组是“力学的”。试以第三组来举例说明。为什么正题是正确的呢？如果自然中的一切都服从于自然因果律，每个事物都有原因，而它的原因也有原因，依此类推以至无穷，那么这个因果系列就是永远也不能完成的。但是既然一切事物都有原因，这个因果系列本身也应有个原因，否则就会与因果法则相矛盾，所以有必要假定这个因果系列有一个初始原因，自身是没有原因的，即一个自由因。为什么反题也是正确的呢？因为自然因果律说的是一切事物都有其原因，假如世界上有一个自身不再有原因的自由因，那就会与自然因果律相矛盾。所以没有自由因，一切都是必然的。

清风：说明了什么问题呢，说明理性的自不量力，还是形而上学的无聊呢，哈哈。康德自己就说过，“我们的一切知识开始于感官，然后进达知性，最后终止于理性。”回顾一下我们以前讨论过的困惑牛顿后半生的“第一推动力”问题。东西方不同的宗教、哲学派别答案分别是“道”“上帝”“梵”“绝对理念”“安拉”“缘起”等等。不过要指出的是虽然康德认为理性不能证明一般的形而上学理念，但是理性也不能反驳它，这就为信仰留出了地盘。为了维护道德的缘故，我们应该假定人有不朽的灵魂、上帝确实存在以及人有自由意志等等。

新知：所以才有他在《实践理性批判》结尾处的那句脍炙人口的名言了吧，“有两样东西，我们越经常持久地假以思索，它们就越使心灵充满始终新鲜并不断增长的景仰和敬畏，那就是在我之上的星空和在我心中的道德法则。”康德的思想那样博大精深，我们三天三夜也是讨论不完的，还是点到为止吧。总之，康德哲学对后世影响是如此地深远，以至于没有人能够回避他的批判哲学，至少都把一条腿踏进了他的思想世界里呢。

清风：但是我是一个例外呢，因为我是东方哲学的传人呢，哈哈。康德在晚年回顾自己的一生时说，他一生的全部努力都是为了回答三个问题，“我们能够知道什么？我们应该做什么？我们应该信仰什么？”你来说说看呢？

新知：我说清楚了，我不成了大哲学家了吗？这三个问题也就是关于人的认识、行为和信仰的问题，也是困扰历代思想家们的主要问题呀。我是凡人，我用理性学习知识，而老师则会参禅打坐，静极生慧，顿悟世界的真相；我是凡人，我娶妻生子，追逐名利，谨守道德，而老师则是在世出世，超越一般善恶的对立；我是凡人，我信仰善有善报，因果轮回，老师则是相信宇宙无休止的生灭循环，而个人就在于把握有限的生命，天人合一，获得极乐。

清风：你又不是我肚子里的蛔虫，真以为那么了解我吗，哈哈。

4. 杜威思想概述及评判

新知：英国的经验主义在20世纪初的美国演变成了一种一度风靡世界的实用主义，有趣的是即使一般老百姓并不能说清它的真正内涵，它仍然是一个对他们而言使用率几乎是最高的哲学词汇。

清风：你且说说它何以诞生在美国，并在其后的很长一段时间内成为美国生活方式的主要思想基础呢？

新知：很简单，因为美国有它的合适土壤。美国是一个历史很短的移民国家，它既没有强大的封建势力的阻挠又没有历史的包袱，因而可以不受旧的传统的束缚，可以自由大胆地实现个人发展的独立自主的精神成为社会的一种风尚。美国的资本主义顺利地发展起来，资产阶级可以毫无顾忌地从事商业投机和产业竞争，社会上弥漫着面向实际、注重实效、自由放任地去追逐个人发展、成功、利益、效用的“美国精神”。这些思想观念为实用主义的产生和发展提供了社会思想基础，同时随着美国在世界上的迅速崛起，强烈要求新的思想指导美国人的实践，因而美国自己的土生土长的实用主义便产生了。

清风：实用主义与中国还颇有渊源，我想与杜威与胡适这两个名人的鼓吹有些关系。因为实用主义的一代宗师杜威（1859～1952）于1919年4月30日抵达上海，开始了在中国的讲学之旅，最后足足待了两年零两个月才回国。杜威在中国的足迹遍及大江南北，共作了58场演讲，主要讲演内容不但在大报上发表，还出了书并畅销一时。受西方文化影响极深的文化名人胡适在美国时曾请教于杜威，而在回国后又对实用主义进行了极力的宣扬，更加助长了实用主义的传播。

新知：一向是老师你从广度深度上给我补充，这次轮到我了。古人说“橘生淮南为橘，橘生淮北则为枳。”实用主义这个“橘”生于中国则为“枳”，则与中国文化的具体特点有关。

中国文化一向轻薄科技，而重人文，重集体，轻个人，所以实用主义在中国的传播并未形成一种“中国精神”，而是很快陷入世俗伦理学的汪洋大海中去了。当然了，毕竟中国文化有重视实利实用的传统，因而影响仍然是极其深远的。改革开放的总设计师邓小平以务实而著称，其“摸着石头过河”“不管黑猫白猫抓住老鼠就是好猫”等等名言也被西方学者评论为暗合实用主义精髓呢。

清风：很好。我在本书总论中灌输给你的关于中国文化的特点，看来你是深刻领悟的了。

新知：实用主义的代表人物是通常所说的三巨头，即作为创始人的皮尔士，作为奠基人的詹姆斯，作为集大成者的杜威。杜威的第一个主要观点就是哲学的基本问题不应是讨论诸如“物质与意识关系问题”等形而上学问题，这同提出“我关心生活更甚于关心真理”“真理就是有用，有用就是真理”等的詹姆斯是一脉相承的。实用主义要关心的是意义、价值、方法、效果等等，而不是那些虚无缥缈的本体、起源之类，杜威斩钉截铁地说——

我们完全可以预料，如果发布一道禁令，在三十年内不许使用精神、物质、意识等名词，强迫我们用一些形容词和副词，如“有意识的”和“有意识地”，“精神的”和“在精神上”，“物质的”和“在物质上”，我们就会发现许多问题都大大地简化了。

清风：杜威将自古以来的二元论的形而上学进行了驳斥，其实在康德那里就已经动摇了形而上学的基础了。杜威走得更远，就连经验派与理性派的争论，从康德开始的认识论等等，统统在他看来都可以“不再理论”了。

新知：杜威的第二个主要观点是经验自然主义。杜威的经验是主体、对象、过程三者的统一。杜威特别重视经验的主体与经验的对象之统一，认为这二者是不可分的，只有结合在一起才能形成经验，他说——

在一定方式之下相互作用的许多事物就是经验；它们就是被经验的东西。当它们以另一些方式和另一种自然对象——人的机体相联系时，它们又是事物如何被经验到的方式。

从这个经验的主体与经验的对象的统一出发，杜威完成了对传统哲学的改造。传统哲学只是将经验当作主体的一种认识，结果就将主体与对象或者说精神和物质人为地分割开来。对这两个问题的探讨也被当成了哲学的基本问题，并且由此分成了唯物主义者与唯心主义者两大阵营。在杜威看来，这两种倾向都是错误的二元论，这也是产生形而上学及与之相关的哲学史上无穷无尽争论的根源。解决问题的办法很简单，只要否定这种分立，将经验看作是统一的整体就可以了。

“经验”是一个詹姆斯所谓具有两套意义的字眼儿……它之所以具有“两套意义”，这是由于它在其基本的统一之中不承认在动作与材料、主观与客观之间有任何区别，但认为在一个不可分的整体中包括着它们的两个方面。

清风：对于二元论的问题，我们前面已经费了许多的口舌了。我一直坚持认为我们用全息论的观点所作的论述，是当前结束唯物、唯心争论的最高成果。杜威等实用主义者，试图通过对“经验”的重新阐释，来结束唯物、唯心的争论，固然是有益的，但是确切地说，在宏观低速运动的情况下，主客观也确实在表象上存在一定的二元分立，所以一切二元论自有它存在的价值。而在宏观高速运动的前提下，爱因斯坦的相对论结束了关于宇宙具有确定秩序的理论，同时性这个概念也是站不住脚的。而在微观物理世界，量子理论特别是其中的测不准原理的诞生，充分说明了主客体是如何相互渗透并使得因果性这个概念也被概率取而代之。

新知：杜威如此重视经验并将经验的内容变得如此之丰富，是为了其实用主义的宗旨服务的——经验不再是被动的，而是会积极进取，去适应环境，改造环境，同时又被环境所改变。如此不断地相互作用，以至于无穷——

经验变成首先是做的事情。有机体绝不徒然地站着，一事不做，像密考伯一样，等着什么事情发生，它并不默守、弛懈、等候外界有什么东西追到它身上去。它按照自己的机体构造的繁简向着环境动作。结果，环境所产生的变化又反映到这个有机体和它的活动上去。这个生物经历和感受它自己的行动的结果。这个动作和感受（或经历）的密切关系就形成我们所谓的经验。

环境被看作必须加以变化以求真知的一种东西，这时人就得到勇气而对于自然径直采用攻势了，自然就变成可以任意塑造的供人使用的东西了。

清风：很好。你再说说人们如何利用自己的创造性智慧来达到自己的目的呢？

新知：想考倒我呢，休想，请听他的方法论。他提出了一个五步法，他的忠实学生胡适在《实验主义》中对这五个步骤作了通俗的转述——

第一步是感到有疑难；

第二步是找出疑难点究竟在什么地方；

第三步是假定各种解决疑难的办法；

第四步是把每种假定所可能包括的结果一一找出来，判断哪一种能解决这个疑难；

第五步是证实或者否定这种解决的方法。

这五步又都可以用一个词来表示，这样就变成：暗示→问题→假设→推理→试验。后来，胡适进一步把这五步概括为流行至今的名言，“大胆假设，小心求证。”

清风：在杜威那里，环境只是一种可以利用的工具，人可以主动地去适应与改造利用环境。不仅如此，一切都是工具，包括真理在内，所以他的哲学又被冠以工具主义的名称。何以说真理也只是一种工具，因为在杜威看来，真理只是一种假设，并且有用就是真理。

新知：关于这一点，杜威是这样论述的——

> 如果观念、意义、概念、学说和体系，对于一定环境的主动的改造，或对于某种特殊的困苦和纷扰的排除确是一种工具般的东西，它们的效能和价值就全系于这个工作的成功与否。如果它们成功了，它们就是可靠、健全、有效、好的、真的。如果它们不能排除纷乱，免脱谬误，而它们作用所及反致增加混乱、疑惑和祸患，那么它们便是虚妄。
>
> 既然工具既不是真的，也不是假的，因此真假均不是判断的特性。工具往往是有效的或无效的，适当的或不适当的，经济的或浪费的。

清风：然而，实用主义很多时候难免被庸俗化，其“有用就是真理”也常被一些为满足个人私利而不讲原则甚至“有奶就是娘”的人奉为圭臬。杜威为了消除人们的误解，又特别指出——

> 当真理被看作是一种满足时，常被误会为只是情绪的满足，私人的安逸，纯个人需要的供应。但这里所谓的满足却是观念和行动的目的和方法所由之产生的问题的要求和条件的满足。这个满足包含公众的客观的条件。它不为乍起的念头或个人的嗜好所左右。
>
> 当真理被理解为效用的时候，它常被认为是对于纯个人的目的的一种效用，或特殊的个人所着意的一种利益。把真理当作满足私人野心和权势的工具的概念非常可厌，可是，批评家竟将这样一个臆想归诸健全的人们，真是怪事。
>
> 其实，所谓真理即效用，就是把思想或学说认为可行的拿来贡献于经验改造的那种效用。道路的用处不以便利于山贼劫掠的程度来测定。它的

用处决定于它是否实际尽了道路的功能，是否成了公众运输和交通的便利而有效的手段。观念或假设的效用所以成为那观念或假设所含真理的尺度也是如此。

新知：实用主义是一种完全不同的世界观。它关心人的问题甚于关心“哲学问题”，关心生活甚于关心“本质”，关心未来甚于关心过去。它摈弃了传统哲学对于确定性、绝对性、普遍性知识的幻想，摈弃了一切二元分裂式的谈论世界、谈论哲学的思路。它坚持以伦理学作为自己哲学思考的出发点，把对人的幸福产生实际效用作为一切问题的首位。

但是，哲学具有超越性才成其为哲学，并且本身是由于人有超越世俗的需要才产生的。所以，实用主义因要服务于现实生活，而完全否定一切具有超越性的形而上学是一种片面的深刻，是一种矫枉过正。另一个问题，如同同样以关心“人”为己任的存在主义难免会滑向自由放任的个人主义一样，实用主义不可避免地很多时候会滑向一种自私自利的庸俗主义。

清风：你说得很对。在常人看来，探讨世界本质的哲学家仿佛活在天上一样，因为“此曲只应天上有”。实用主义似乎是又将哲学从天上拉回到了地上，但是其对哲学的超越性完全否定也是明显不妥的，这个道理就如有句话所说的，“人吃饭是为了活着，但人活着不仅是为了吃饭。”当然了也不得不承认的是，任何人不管他多么超凡脱俗，在一定程度上一定条件下，他都有可能采取实用主义的态度。试举佛祖释迦牟尼的故事为例。

新知：我知道老师想说什么了，讲故事我是高手，还是让我来表演吧。在《中阿含经·箭喻经》中说，佛祖对某些形而上学的问题是不予回答的，称之为“无记”。典型的十个问题如下，“世间常住、世间无常、世间有限、世间无限、我身是一、我身是异、如来死后有、如来死后无、如来死后亦有亦无、如来死后非有非无吗”等等。《箭喻经》中曾记载童子尊者就这些问题去向佛祖问个究竟时，佛祖以精辟的比喻来作答——

童子，这好比一个人被一枝涂满药的箭所射伤，他的友伴、亲戚替他找来一位医生，而病人却说：现在，我不要把箭取出来，要等我查清那射伤我的人是属于武士阶层还是婆罗门阶层，是农民阶层还是贱民阶层，……或者他说：我要先查清那伤我的人是高是矮，是黑皮肤或是黄皮肤，……我要先查清伤我的弓是弹弓或弩弓，箭杆是芦秆或苇秆，箭翎是鹫羽、鹰羽还是孔雀羽……箭镞是倒钩的、铁的、小牛牙的还是夹竹桃的。

……童子，那人还没有把这些事情搞清楚以前，他就会死掉。和这情形完全一样，任何人如果说：我不要在世尊座下修行，除非他对我解释，世界是永恒的、非永恒的……圣者死后存在、不存在……那么，在世尊还没有把这些问题向他解释明白以前，他早就死掉了。修习梵行，并不靠世界有无边际的教条，不靠永恒不永恒的教条……不论流行的世界为永恒或非永恒的，世间不免有生老病死，忧患苦恼，而我所要教导人的，就是要在现世中消灭这些忧患苦恼……童子！我为什么没有解释这些问题呢？因为这是无益的，它们和宗教原则无关，也不能导致厌离、无欲、止息、寂静、神通、无上智慧以及解脱涅槃。因为这个缘故，所以我没有解释。

佛祖通过贴切生动的“箭喻”来告诫人们，人生苦短，应该重视现实人生的解脱问题，而不应沉溺于那些人力难以获得究竟的玄虚问题。

清风：很好很好。“十无记”使我想起了康德所列的二律背反问题，看来圣贤所见略同也，哈哈。康德说，“对于我所不知道的事情，我只能保持沉默。”人的认识是有局限的，然而人的本性又总是想要超越这种局限的，在碰壁之后又时不时地拉回一点。实用主义的态度其实每个人或轻或重都有，程度最大的人可能一生就关心点吃吃喝喝，次一点地再多关心点科学艺术之类的雅事，再次一点的关心些哲学问题，最次一点地如佛祖等人回避一小点实在是可以回避的问题。

新知：实用主义强调哲学要立足于现实生活，把确定信念作为出发点，把采取行动当作主要手段，把获得效果当作最高目的。这些主张特别迎合了美国这样的新兴资本主义国家中的人民欢迎，在美国甚至获得了半官方哲学的显赫地位。美国前国务卿基辛格博士就非常推崇实用主义，认为实用主义是“美国精神”，实用主义培养了美国人宝贵的求实精神和进取心。许多美国哲学家也认为，美国社会生产力和科学技术的高度发展，与实用主义主张的求实、进取和创新精神是分不开的。

清风：谈到基辛格我们必须来谈点花絮。这位秘密访华叩开了中美关系僵冻多年大门的著名外交家，曾经得到洛克菲勒二世的称赞，“在历史创造英雄还是英雄创造历史这个问题上，基辛格给我们提供了答案”。

5. 波普尔思想概述及评判

新知：波普尔（1902~1994）是奥地利裔的英国哲学家，现代科学哲学中批判理性主义学派的创始人。波普尔出生于奥地利维也纳一个犹太血统的知识分子家庭，他也如同爱因斯坦、弗罗伊德等犹太人一样在思想史上写下了光辉的一页。他以《研究的逻辑》一书而起步，后来将此书中反映科学认识论的思想应用于社会科学领域而写就的《历史决定论的贫困》《开放社会的敌人》等在西方社会产生了巨大的震动。

清风：波普尔将自己的理论称为证伪主义，因为他认为“评判一个理论的科学性的标准就是它的可证伪性或可反驳性或可检验性”。科学家都是先提出命题，然后再一步一步地检验这个命题的正确性。通常人们采用归纳法去证明一个命题或假说，也就是从特称命题到全称命题。但是通过这种方法得出的结论可能是假的，因为我们无论见到多少只白天鹅，也不能证实所有的天鹅都是白的。只要我们见到一只黑天鹅，这个命题就可以证伪。

新知：OK。理论虽不能为经验所证实，但能被经验所否证。“所有的天鹅都是白的”不能被我们看到的有限的白天鹅所证实，但我们只要发现一只黑天鹅，该命题就是假的。事实上，说来师傅你可能不信，人们确实在澳大利亚发现了黑天鹅。

波普尔的理论无疑是休谟的思想之继续深化也。当然，这也说明就逻辑思维中的演绎推理与归纳推理而言，归纳推理的有效性永远都会被人质疑的。在他看来，通过归纳，我们既不能获得必然真理，也不能获得或然真理，但是人们并不应该放弃对真理的追求。

所有的理论都是假说，所有的理论都可以推翻。……另一方面，我绝不认为我们要放弃寻求真理；我们对理论的批判性讨论受寻找一个真的（和强有力的）说明性理论的想法支配着；而我们通过诉诸真理观念为我们的优选辩护：真理起着规则性观念的作用。我们通过消除谬误来测定真理。我们对猜测不能给出证明或充足理由，并不意味着我们不可能猜测到真理；我们有些假说很可能是真的。

清风：很好。促使波普尔得出其证伪主义，很大程度上要归功于同为犹太人的爱因斯坦的启发。爱因斯坦提出广义相对论后，他曾预言引力场将使光线偏转，因而星光经过太阳表面，将发生 1.75 角秒的偏转。1919 年 5 月 29 日发生日全食时，两路观测队伍拍摄了日全食时的照片，发现星光的确发生了如上数值的偏转。相对论经受住了可否证它的关键实验，而这样的实验用经典牛顿力学是无法解释的。但也不能说明相对论就永远正确，因为实验是有限的，它还需要不断地去证伪。

新知：说简单点就是，波普尔认为在人类的认识中，最终的确定性是无法达到的；我们永远都不能“证实”认识，也就是说，我们不能最终证明认识的正确性；我们只能提出命题，并尝试去“证伪”这个命题，也就是去反驳这个命题；我们的命题无一是无懈可击的。由于诸如弗罗伊德等人的学说，无法提供实验去证伪，因而在波普尔看来就完全不可能是科学的。因为诸如弗罗伊德等人的学说，总是可以通过术语上的弹性而自圆其说，因此尽管其可能是革新的有趣的，但却不可能是科学的。

清风：所以，顺理成章的，波普尔对其所理解的历史主义进行了严肃的批判，因为他认为其是狂妄的、可鄙的和危险的。历史主义是指这样一种观点——人类能够认识历史发展的基本规律，并且能够根据这一基本规律预测历史发展的未来，并能够从中为政治和社会行为得出正确的指示。事实上，西方思想史的很大一部分都是以某种形式被这一观念左右，不管是认为上帝的意志决定历史发展方向的“上帝选民论”，还是认为自然界的客观规律决定社会历史发展的“自然主义的历史主义”，抑或认为经济规律决定社会发展的“经济主义的历史主义”，它们都深受这种观念的影响。

新知：你不要给我打哑迷嘛，所谓“经济主义的历史主义”，很显然是指的马克思主义，我知道波普尔对黑格尔、马克思等人的学说在《历史决定论的贫困》中加以了口诛笔伐。

清风：很好，聪明。波普尔说，“试图在大地上建起天堂，结果总是造出地狱来。”不仅自然科学的假说，而且所有的社会学说也都需要经过不断的批判检验。对于社会和政治实践来说，这就意味着在不断地批判检验的前提下实施的渐进的和尝试性的改革，要看一看所采取的措施是否在其他地方或在其他人身上产生了不受人欢迎的和出人意料的不良后果。我们应该放弃企图使人人幸福的乌托邦式的理想（这可能会以牺牲某个阶层或整整一代人的幸福为代价），我们更应该关心的是该如何减少人的痛苦。此外，我们也应该去关心别人的幸福，但我们应该把这种关心的范围限定在自己的家庭或朋友的圈子之内。

新知：应该确切地说，波普尔对马克思本人还是充满景仰的。但是，他认为马克思主义的历史决定论导致了后世的一些教条主义者，妄图建立一个乌托邦的社会而实行的集权统治和对个人自由的压制等等。

清风：波普尔生前拥有极高的声望，被20所大学授予荣誉博士学位，著作被翻译成40种语言。他的弟子中有不少都成为了杰出的学者，而他与自由市场经济学家哈耶克也被英国铁娘子撒切尔夫人视为自己的两位老师。而更令人吃惊的是传奇金融大亨索罗斯深受波普尔影响，一度甚至想追随其成为哲学家。

新知：还是我来说吧。我看过老师以前出版的证券书中对索罗斯的描述，我知道索罗斯深受波普尔的证伪主义和量子理论中的测不准原理影响，创立了量子基金并且在金融市场上所向披靡。波普尔的思想启发了索罗斯，他认为人类所有对实际的看法基本上都存在着不同程度的缺陷和扭曲，而在金融市场上这一点就表现得更加明显。而有缺陷的投资者的观念将导致市场的疯狂，而这正给了如索罗斯这样睿智的人赚取大钱的机会。

清风：波普尔也没有想到他的理论会“放之金融也皆准”，并且造就出个金融天才索罗斯来吧。波普尔的科学方法第一次独创性地研究了科学发展的规律性问题，阐发了科学发展的动态模式，强调科学发展中否定的重要性，强调科学家要有批判精神和否定精神等等，这些都具有非常重要的启迪性。

新知：在破和立的问题上，波普尔是对“破”有很大的贡献，而对“立”则有所忽略。同样地，他对精神分析法等学说的批判，认为其无法证伪，对我们认识到精神分析法的局限等有一定意义，由此完全加以否定则是走向了另一个极端，毕竟社会科学有其自身的特点，不能按自然科学同等对待。对历史决定论等的批判，有助于人们认识到专制制度等的危害，但是完全否定了社会历史进程中的必然因素同样地也是矫枉过正也。

第十四章　认知心理学

认知心理学让我们认识到改变对现实的态度胜过改变现实本身。

1. 认知心理学概述

新知：讲完了整个主观唯心主义这一章，让我们探讨一下与之相关联的心理学吧，特别是认知心理学，它不但有助于理解主观唯心主义，也有助于我们对一切思潮以及对我们自身的认识，因为一切思想的产生都受制于人的“认知”这种能力。1967 年，美国康奈尔大学的心理学家尼塞发表了一部题为《认知心理学》的专著，标志着认知心理学已正式成为一个流派而立足于西方心理学的舞台上了。

清风：你的思维别跳跃得太快了呀，稍慢一点，细一点吧。

新知：好呢。1879 年 12 月的一天，德国心理学家冯特在莱比锡大学建立了第一个研究心理现象的实验室，通常被看作是科学心理学诞生的标志。冯特带领学生通过内省法的实验，对有意识的心理过程进行研究。在此之前的心理学都是附属于哲学的，在此之后才真正独立出来，以至于德国心理学家艾宾浩斯说，“心理学有一个很长的过去，却只有一个短暂的历史。”

清风：从冯特之后，到实用主义哲学家、心理学家詹姆斯，再到德国心理学家提出的格式塔理论，最后到认知心理学，其根本区别就在于是在行为主义的模式上加了个中间变量。行为主义的基本模式就是“刺激—反应”，而认知心理学等的基本模式则是“刺激—中介—反应”。

新知：认知心理学通过实验证明，认知理解对环境条件、刺激强度、情绪发生、发展和行为方式起调节作用，从而广泛应用于心理咨询和治疗中，用来帮助求助者解决心理问题。

认知心理学是对行为主义对心理学的统治的一种反叛。早期行为主义心理学认为外部刺激进入大脑以后的内部加工过程是不重要的，也是不可探索的“黑箱”；认知心理学则认为，恰恰是“黑箱”中的认知过程才是最重要的。按美国百科全书给出的定义来看，认知心理学研究高级心理过程，也就是接受、编码、操作、提取和利用知识的过程，这个过程包括知觉、语言、智能、表象、思维、推理、问题解决、概念形成、创造性等等。

清风：什么“接受、编码、操作……”之类的，听起来像是在讲计算机进行信息处理的过程呢。我觉得鲁讯先生的一段话应该也算是对认知问题的形象描述吧——

一部《红楼梦》，经学家看到易，道学家看到淫，才子看到缠绵，革命家看到排满，流言家看到宫闱密事。

新知：悟性不差呀，认知心理学本身就是在信息论、计算机科学、人工智能研究等基础上发展起来的。认知心理学的研究不满足于用自然语言来作为表征模型的语言而力求更抽象、更精确化、更形式化地构拟表征的形式，这种表征的最终形式应是计算机模型，即一种符号加工模型。认知心理学的最终任务就是要探求各种心理表征的抽象的符号加工方式。

清风：说白点就是人机类比嘛，但我们今天显然不需要去研究非常专业的细节吧，我们着重要讨论的应是建立在认知心理学上的认知疗法对促进心理健康的意义吧。

新知：正是也。认知疗法不但速效，而且简单，它的关键只有一句话，“任何情感障碍都是由错误思想引起的，只要把思想拨正了，情感也就正常了。”对此，认知疗法专家鲍恩斯有一个通俗易懂的阐述——

你的沮丧心情可以比作从没有调好频道的收音机中播出的失真音乐。问题不在于收音机有毛病，也不在于天气不好，电台的讯号受到了干扰。其实你只要简单地调整一下收音机上的刻度就行了。当你学会使用这个心理调频键时，你的心灵的音乐将再度清晰地传送，你的沮丧心情也将烟消云散。

清风：很好。类似的名言，我记忆犹新的还有波兰学者考茹伯斯基所说的，“地图不是领土。”在他看来，将地图混同于领土的人，是不胜枚举的。他们突出的表现，就是将得自于自己神经系统的，对外部世界的认识，看作是实实在在的客观现实。他们看不到二者之间存在着鲜明的界线。显然，这是极其错误的，甚至可以说是引发许多失常心理的一个来源。

新知：既然师傅开始引经据典了，那我也不甘示弱呢。纽约的心理学家艾利斯认为，各种过分的负罪感、愤懑不平以及焦虑，大都是来自不同的非理性信念。这些不合理的信念，一般都保留在我们的意识中，而且，尤为奇怪的是，我们常常不厌其烦地一遍遍对自己背诵它们。所以，按照艾利斯的意图，要想减弱我们的心理困惑，首先就应当中止这些错误的自我灌输。根据这种认知——情感的关联效应，艾利斯作出了这样的推论，那些沉溺于慢性消极情感的人们，往往和一种灾难性的思维方式有关。就像我们常见于花边幽默中的那种恐怕树叶砸破了头的人一样，这类疑云满面的患者，往往发现皮肤上有一点点奇怪的颜色，便会胡思乱想，“我已经患了癌症！”要是乘车时听到了轮胎上发出的吱吱声，他又会想“这车看来要翻！”

清风：我来给你补充一个最经典的例子是这样说的。有个老太婆，无论晴天雨天她都很忧愁。因为晴天，她那卖雨伞的小儿子就没有多少生意了，而雨天她那卖布的大儿子又门可罗雀了。有智者劝她说，你应该天天高兴才对呀，因为晴天大儿子生意好，雨天小儿子生意好呀。她转念一想，对呀，于是心情大变。这个例子说明，现实虽然不能改变，但是人的思维方式一转变，从只看消极面到能看到积极面，心情就大变样了。

新知：这就叫“想通了就是天堂，想不通就是地狱”。

清风：这也叫做“生活不像我们想的那样好，但也不像我们说的那样坏”。

2. 评判及进一步的探讨

新知：认知疗法已成为现代心理疗法的主流疗法之一，其中一个很重要的原因就在于其对治疗忧郁症的特殊效果。传统的精神分析及行为疗法等对忧郁症的效果不佳，并且精神分析尚有耗时、耗财等弊端。而强调“不能改变现实就改变对现实的态度”的认知疗法，以其简便、易行、速效的特点而风行一时也就不足为奇了。

清风：必须指出的是认知疗法也不是解决人类心理问题的万灵药方。行为主义的心理学完全抛弃人的主观因素，坚持环境决定论，这是一个极端；而认知心理学在纠正行为主义心理学的偏向时又存在走向完全漠视环境因素的另一个极端的可能。

新知：对应的，站在哲学的高度上来说，漠视意识的主观能动性的极端唯物论和漠视物质的决定性影响的极端唯心论都是不可取的。在中国大跃进时代，违背客观规律的“人有多大胆，地有多大产”的口号响彻云霄，结果直接导致了成千上万的人被饿死的三年自然灾害的发生。同样的，在心理学领域而论，在特定条件下，环境的影响相对来说可能比起个人的认知来显得更加致命。比如，在经济萧条时，失业率激增，而导致忧郁症患者增多并且自杀率也成倍增长。整个社会以各种途径加大心理辅导的力度，改善失业者的认知，增强其个人抗逆境的心理素质，使其意识到失业并不等于世界末日，这些肯定是必不可少的。但更加重要的必然是，改善经济环境所做的集体的解决办法，创造一个实现充分就业的大环境，这才是根本的治本之举。

清风：当一个人为第二天的早餐而担忧的时候是无法潇洒起来的，这就是我们在对待认知心理学时必须时刻牢记在心的。进一步地，我想请你介绍一下与认知心理学有相似之处且在实际生活中颇具应用价值的“自我意象心理学”，以作为补充，好吗？

新知：老师一声令下，学生敢不效犬马之劳吗，哈哈。马尔兹是美国著名的整形外科医生和心理学家，他通过多年的临床实践和理论研究，发现了人的外表形象、气质、人生态度与内在自我意象的特殊关系，以及自我意象在人类行为中的关键作用，从而建立了一门新的学科理论——自我意象心理学。让我们来看看马尔兹是怎样发现自我意象的关键作用的——

改变一个人的面容往往能使他的个性突然地、戏剧性地发生巨变，我对自己在这方面的成功感到兴奋和自豪。不过，我从自己的失败中学到的东西远远胜过成功时的收获。有些患者在作了整形手术之后，性格并没有发生变化。在绝大部分案例中，一个人极其丑陋的面孔或者“残缺不全”的五官，如果经过整形手术，他几乎立刻（一般不超出二十一天）就体验到自尊和自信心的增强。但是在某些病例中，患者手术后仍然感到不适或者有自卑情绪。总之，这些“失败者”的感觉、举止和行为没有变化，就好像他们仍然生有一副丑陋的面孔一样。

个性仿佛有它自己的“面孔”，这副非肉体的“个性的面孔”，似乎才是改变个性的关键。如果这非肉体的面孔留有伤疤，狰狞、“丑陋”或者卑下，人在他的行为中就会有所表现，虽然他的容貌已经改观。如果“个性的面孔”能够得到改造，如果旧的感情伤疤能够消除，那么，即使不施行外科整形手术，他本人也能改变。我一开始探讨这方面的问题之后就发现，越来越多的现象证明，“自我意象”，个人的心理上和精神上的观念，或者他的自我“图像”，是左右个性和行为的真正关键。

清风：马尔兹认为自我意象是人类个性和行为的关键，改变自我意象就能改变人的个性和行为。依此类推，自我意象决定了个人成就的界限，它决定你能做什么和不能做什么。扩展自我意象，你能扩展自己的潜在领域。发展适当的自我意象能使个人富有新的能量、新的才华，并最终使失败转变为成功。

新知：我在老师那里看过马尔兹的《你的潜能》《活着不是为了痛苦》等书，受益匪浅也。我才离开校园不久，我就转引书中所举的学生的例子好了——

已故的雷奇是自我意象心理学的先驱之一，他在这个问题上做过最早的也是最有说服力的实验。雷奇是一个教师，他有机会利用几千个学生来验证他的理论。如果某学生学习某科有困难，可能是因为（从学生的眼光看）他不适于学习这门学科。然而雷奇相信，如果改变学生这种观点体现的自我观念，那么他对这门学科的态度也就相应改变。如果引导学生改变他的自我定义，他的学习能力也会改变。这种理论得到了验证。一个学生在一百个单词中拼错了五十五个，而且许多课程都不及格，所以丧失了一年的学分；但第二年各科成绩平均九十一分，成为全校拼写最优秀的学生。另一个男孩因为成绩太差被迫退学，进入了哥伦比亚大学却成为全优生。一个姑娘拉丁文考试四次不及格，同学校的辅导员谈过三次话后，以八十四分的成绩通过了。一位男生被一个考核机构断定为“英语能力欠缺”，却在第二年荣获学校文学奖的提名。

这些学生的问题不在于他们迟钝或基本能力的缺乏，而在于他们的自我想象不恰当。他们“确认”自己的错误和失败，不是说“我考试失败了”，而是认为“我是个失败者”；不是说“我这门不及格”，而是说“我是个不及格的学生”。

清风：很好，我举最新的例子，那就是为师自己。前段时间去学车时，因为从未摸过机械，一开始学得不是很好。教练挖苦我，说我是坐车的命不是开车的料。幸运的是，我将这些话当耳边风，坚信自己不比任何人差。经过练车时勤奋认真，业余时不断地在脑海里进行模拟的想象练习，到最后，所有考试都一次通过了，顺利地拿到了驾照了。

新知：师傅是一有机会就要往自己脸上贴金呀，哈哈。

第十五章 马克思主义

黑格尔的思想达到了古典哲学理性主义的高峰，而马克思则吸取了它的合理内核，当然我们也不必“跪着看马克思”。

1. 黑格尔思想概述

新知：黑格尔（1770～1830）是德国哲学史上最著名的思想家，客观唯心主义及辩证法的集大成者，被认为是理性哲学史上的一个标志性人物。黑格尔的哲学几乎可说是无所不包，但最主要的核心就是其庞大的辩证法体系，这些思想反映在其杰作《精神现象学》《哲学全书纲要》《法哲学原理》等之中，被认为是后来马克思主义的三大来源之一，其他两大来源是英国的古典经济学及欧洲的空想社会主义理论。马克思在它们的基础上后来发展成了辩证唯物主义与历史唯物主义、政治经济学及科学社会主义等，并成为了马克思主义的三大组成部分。

清风：黑格尔作为哲学史上的一代宗师最主要的贡献就在于其完整的辩证法体系，并且在他看来，历史的演进也是符合辩证法的逻辑的。马克思完全吸收了其合理的内核，加进了唯物的因素，构成了唯物辩证法体系。我们通常所说的历史唯物主义其实并不应该看作是与唯物辩证法并列的一套东西，而是唯物辩证法在解释历史演进过程中的具体应用也。

新知：谢谢老师的补充，那我就来讲讲黑格尔的辩证法思想吧。黑格尔的辩证法思想其实已经反映在我们中学课本中所讲的辩证法三大规律中了。一则为对立统一规律，就是说一切事物都通常由矛盾的两方面组成，这种性质通常称之为同一性与斗争性也。二则量变质变规律，事物的对立面又是可以互相转化的，这种转化是从轻微的量变到彻底的质变的过程。三则辩证肯定即否定之否定规律，是说事物的对立面之间的相互转化不是全然的否定，而是一种扬弃，即在否定之后的否定，已经不是最初的简单的肯定了，而是对对立面的综合之后的一种肯定。当然这种肯定又会遭遇它的对立面，然后又会经历同样的扬弃过程，于是事物就这样螺旋式地从低到高地发展起来了。

清风：我们在生活中经常会感到“似曾相识燕归来”，不管是流行的时尚也好，还是生命的轨迹也好，都给我们一种绕了一圈又回到原地的感觉。但是实际上，所有的似乎是“复古”的东西实际上又都有了全新的内涵了。

新知：其实“矛盾”在中国源远流长，该词是如何来的呢？古时有人先吹嘘自己所卖的矛是天下最锋利者，接着吹嘘自己的盾是天下最坚固者。有人于是问“以其矛刺向其盾，结果如何”，于是该人语塞，无以作答。

清风：实际上我们前面就提到过的道家太极双鱼图，你可再仔细研究一番，其实三大规律已经直观地包含于其中了也。

新知：这个简单，我来说。双鱼图中阴中有阳，阳中有阴，且二者又相互缠绕，是为一体，此为对立统一规律也。双鱼图中大阳中含小阴，大阴中含小阳。此小阴小阳逐渐成长直至最后阴彻底变为阳，阳彻底转为阴，此为量变质变规律也。阴化为阳还是阳化为阴，必又与新的对立之阴或阳组成新的更高一层的太极双鱼图，此为辩证肯定规律也。

黑格尔哲学一向以极端晦涩难懂而著称，但我自信以我现在的功力还是可以用简明扼要地说清楚的。黑格尔哲学的核心特点就是，辩证法在他看来是一种逻辑学，即我们今天所称的辩证逻辑。当然它是一种思维形式，同时，它也是现实历史的一种发展形式。而主宰这一切的是他称之为“绝对精神”的东西，而一切都是绝对精神按照辩证法对绝对精神自己的展开与实现。

清风：简单地概括起来就是“逻辑与历史一致”也。很好，你一次次地让我体会到什么叫做“后生可畏”呀。能把厚书读成薄书是一种本事，能解晦涩为通俗是更大的本事呀。

新知：老师过奖了。辩证发展的关键就在于黑格尔所说的“扬弃”，因为黑格尔扬弃了以往哲学中所有的矛盾，实现了一个巨大的综合，因而他自然就把他的哲学看作全部哲学的必然结束。

清风：很显然地，思想的发展不可能有一个终点，黑格尔之后就有马克思这样的巨人出现，直至发展到今天我们之间的“煮茶论道”啊，哈哈。

新知：不过他关于人类社会有个发展的终点的思想启发了马克思，所以会提出“共产主义”来。虽然，西方学者未必会赞同社会发展的终点将是共产主义，但是也普遍赞同历史的终极目的应该是使一种（在专制政体下的）单一自由逐渐过渡为全体的自由。

黑格尔认为思维的发展及思想史的发展是通过正题、反题、合题（经过扬弃后的正题）的反复循环，然后螺旋式地不断上升发展，我认为是基本符合历史事实的。但是现实历史是否也是完全遵从这种辩证逻辑，则应该有个大大的疑问。

清风：本书开篇的总论借用中国的八卦来对各家学说进行分门别类，实际上也是按照正反合的思维在进行呀。在下一章中，我还会专门用一节“中道与一分为三”来与你探讨这个问题。但是就思想史而论，说它贯穿着辩证逻辑的发展脉络是不为过的，但也绝非能以辩证法一网打尽之也。在黑格尔的大作中就表明，他试图用自己的观点来贯穿整个西方哲学史，他自信这就是人类哲学思维自身发展的内在逻辑，因而在遇到与他的逻辑不一致的地方，他就粗暴地扭曲历史事实。至于说到现实历史的问题，你怎么忘了，我们在讨论波普尔的时候不是就历史决定论展开过讨论吗，你好好去温习一下吧。

新知：该死，我回忆起来了，一切业力的汇集决定了历史的发展，而不仅仅是辩证逻辑的理性。说到黑格尔的绝对理念，我们以前还不是讨论过的呀。关于世界的本源，道家言“道”，古印度哲学言“梵”，伊斯兰教言“安拉”，基督教言“上帝”，在黑格尔这里则言“绝对理念”。只有佛教是不讲创世主的，它只讲“缘起”，故而一切都是无常的。但是，发展到大乘佛教之后，从俗谛而言是无常，从真谛而言还是有常的。

清风：这就叫前门否定了“永恒实体”的存在，后门又悄悄地将其请了回来。以我们今天全息论来观之，那永恒实体就是那永远自恰自足的潜态世界呀，它幻化出了气象万千的显态世界。

新知：所以黑格尔的功过我以七三开论之，即七分功三分过也。功在建立了完善的辩证法体系，过在将其进行了极端的应用，因而也受到了后世诸如叔本华、波普尔等人的猛烈批评。

清风：你如此就将黑格尔盖棺论定了，我怎么总觉得还缺点什么呢？

新知：是吗，那好我就给你补充两点吧。一则是黑格尔对“飞矢不动”这一芝诺悖论的破解，一则是他提出的“凡是合理的都是现实的，凡是现实的都是合理的”这句名言。

两千多年前，古希腊哲学家芝诺提出了著名的“飞矢不动”这一著名命题，即“在空中飞着的箭，其实是不动的”。何也？他认为既然任何事物在刹那间都只能占有和自身相等的空间，那么，飞矢也是如此。它在飞行的过程中，也必然是这一刹那间在这一点，另一刹那间在另一点。这样，飞矢实际上经过的只不过是无数个静止的点，把无数静止的点加起来的总和，仍然是静止，而不会形成运动。这样一来，矛盾又出现了，你说飞矢是动的，就和箭只能在某一瞬间停留在某一点上的大前提相矛盾；你说飞矢是不动的，则又和常理相矛盾。

清风：正说也有理，反说也有理，故称悖论也。

新知：黑格尔认为，运动就是一种矛盾，它是间断性与连续性的对立统一，它意味着某一事物既在这个地方，同时又不在这个地方。黑格尔说，“我们应当承认古代辩证论者所指出的运动中的矛盾，但是不应当由此得出结论说，运动因此是不存在的，相反地，应当说，运动就是存在着的矛盾本身。”

清风：很好。相较之下，“凡是合理的都是现实的，凡是现实的都是合理的”这句名言知道的人更多一些，我倒是要看看你是如何去理解的。

新知：凡是合理的具有必然性的，都必然地成为其现实的；凡是成为现实的，都是具有必然性的合理的。

清风：说了等于没说，我换个角度问你算了。教师体罚学生，比如说我拿教鞭打了你，既然已经现实地发生了，必然具有合理性，所以我以后经常可以打你。

新知：老师此言差矣，是对黑格尔思想的曲解也。在当今这个时代，教师体罚学生，是“现存”的，并非是“现实”的。看黑格尔这个哲学之王的教诲吧——

凡是现实的东西就是合理的东西。但人们必须知道并区别开什么是真正地现实的东西；在日常生活中里一切都是现实的，但现象界与现实性之间却存在着区别。

在日常升华中，任何幻想、错误、罪恶以及一切坏东西，与夫一切腐败幻灭的存在，虽常有人随便叫做实在，但这些只是偶然的存在，不配享受实在的美名。

一只被砍下来的手看来依旧像一只手，而且实存着，但毕竟不是现实的。

清风：我懂了，在当今这个民主时代，教师体罚学生已经不是必然的主流的东西了，但是在旧时代专制制度下，却又是当时的现实，并且是合当时之理也。接下来，我想问你的是，有人说过，考试不过是中世纪的教鞭变形也，一样的压迫学生的工具。既然是这样，我想问师傅你的是，那为什么它还是现在如此合理地现实存在着呢？

新知：你叫我师傅，那不是折杀我吗，哈哈。考试制度，肯定有许多的缺陷，比如造成“高分低能”现象等等。而且就我这样的人才而言，考试比中世纪的教鞭对我的摧残还要过分也。连老舍先生都说，“考而不死者，神也。”考，老师的法宝；分，学生的命根。但是，在教育资源尤其是高等教育资源有限的情况下，考试仍然是相对什么推荐之类最公平的一种方式。西方人就认为，“考试属于一种必要的罪恶”。不过，随着社会经济的发展，到了人人都能充分享受高等教育时，纯粹的考试制度也一定就到了寿终正寝的时候。一切事物也都当作如是观。

清风：你倒真有点像个教师的味道啊，说话一板一眼的。就是说，虽然“现实的都是合理的”，但现实的不是永远合理的。随着时代的发展，原来不合理的可能变成合理的现实，而原来合理的现实也必将为时代的大浪所淹没也。

新知：现在你可知道黑格尔的厉害了吧，要不怎么说他的思想是形而上学的顶峰与完结呢？

2. 马克思的学说

新知：马克思（1818~1883）是生于德国的犹太人，是近代最杰出的思想家，而且是一个深刻影响了历史进程的人。他一生生活在贫困之中，很多时候需要靠其亲密战友恩格斯的帮助才能继续进行那伟大的思考，并且一起创立了马克思主义这一庞大的思想体系。因为这一思想体系的建立，而掀起了轰轰烈烈的共产主义运动，影响了世界的每个角落，影响了直到今日的每一个时刻。马克思这样的伟人具有无与伦比的人格魅力，正如恩格斯所言的，“他可能有很多个公敌，但未必有一个私敌。”

清风：这句话出自《在马克思墓前的讲话》，是恩格斯悼念马克思的一篇经典演讲。关于马恩的友谊，列宁称赞其“超过了古人关于友谊的一切最动人的传说”，“如果不是恩格斯牺牲自己而不断给予资助，马克思不但不能写成《资本论》，而且势必会死于贫困”。有趣的是，马克思的晚年是在伦敦度过的，他于1883年逝世后的安息之地大伦敦城北部著名的海格特公墓，却因为许多的人来悼念马克思而收取每人六英磅的门票。

新知：这有什么值得大惊小怪的呢，“老鹰有时候比小鸡飞得还低，但小鸡永远也飞不到小鸡那么高。”历史上很多伟人在世时都曾贫病交加，而死后方流芳百世。中国有杜甫、曹雪芹等人，国外有梵高等人，都是这样的。当然，马克思还是算幸运的是，他不但有恩格斯这样的挚友，还有一个美貌贤惠的妻子燕妮。出身名门的燕妮比马克思大四岁，甘愿陪伴着马克思度过了数十年极其艰苦的生活，因为在他看来“马克思是统领思想上的千万精兵的卓越统帅”。

清风：客观地说马克思虽然一生在德法等国遭到了流放驱逐，但总的说来在资本主义国家还是受到了比较民主的待遇。比如说1849年2月7日和8日，科伦陪审法庭开庭审理有关《新莱茵报》的两件诉讼案，在马克思、恩格斯和辩护律师的有力辩护下，陪审法庭宣布所有被告无罪，陪审员们并对马克思等人的精彩演说表示感谢——

报刊按其使命来说，是社会的捍卫者，是针对当权者的孜孜不倦的揭露者，是无处不在的耳目，是热情维护自己自由的人民精神的千呼万应的喉舌。

这一切，如果是放在封建社会的话，像他这样的“持不同政见者”其遭遇是可想而知的了。而随着时间的推移，马克思除了在信仰共产主义的人士中受到顶礼膜拜之外，即使在资本主义的社会各阶层人士中又受到了相当的崇敬。我还记得在1998年春季，英法德美等国为纪念《共产党宣言》诞生150周年，先后重新出版了它。而且，我还在上中学的时候，就曾看到了一则新闻报道，在美国教育部推荐给中学生阅读的三十本课外读物中，《共产党宣言》也赫然在列。迄今，西方但凡任何一本有影响的经济学、哲学著作中都毫无例外地会提到并评介马克思的思想的。

新知：可是，《共产党宣言》结尾不是铿锵有力地提出——

“让统治阶级在共产主义革命面前发抖吧。无产者在这个革命中失去的只是锁链。他们获得的将是整个世界。全世界无产者，联合起来！”

这种情形，使我想起了佛陀，他们的思想都是在其意欲否定的世界中得到了发扬光大，并且同样地其人格魅力得到世世代代的崇敬。我还记得在佛教一章中，先生对为何“倡导出世，否定入世”的佛教在世俗社会中反而“香火旺盛”是这样说的，“人有一种矛盾性，既追乐又要避苦。有些人特别是一些知识分子既有入世之倾向，又有强烈的出世之倾向，所以有强烈的研究佛教等出世哲学之需要，因为这能带来心灵上的慰藉。”

同样地，我来分析一下，马克思能够在资本主义国家广受尊敬的原因。资本主义虽然造成了生产力的空前发展，但也带来许多诸如贫富两极分化、人们精神空虚等等诸多弊病，即使是马克思所开的药方不被西方人认可为最理想的，但马克思犀利剖析问题的努力仍然得到了人们的肯定。并且，一般地认为正是马克思的思想及其所带来的社会主义运动，驱使资本主义进行了自我完善，改善了社会各阶层尤其是工人们的生活。要知道在马克思所处的19世纪中期的社会情况来看，当时的工人可能每天必须在冰冷的工厂里工作12小时，而且薪资也非常微薄，甚至孕妇和儿童也在工作。

清风：铺垫了这么多，还是开锣讲述正题吧。前面实际上已谈到过的，这里再重申一遍。马克思吸取了黑格尔的辩证法精髓，但是他反对“绝对理念”创造一切的客观唯心主义提法，而是照他的话说从“意识决定物质”中再次颠倒过来成为“物质决定意识”，从而成为唯物辩证法。而将“物质决定意识”的原理应用到历史中，得出了“生产力决定生产关系”“经济基础决定上层建筑”，因而又形成了唯物史观或称辩证唯物主义。

新知：恩格斯在马克思墓前所致的悼词中总结道——

正像达尔文发现有机界的发展规律一样，马克思发现了人类历史的发展规律，即历来为繁茂芜杂的以上形态掩盖着的一个简单事实：人们首先必须吃、喝、住、穿，然后才能从事政治、科学、艺术、宗教等等。所以，直接的物质的生活资料的生产，因而一个民族或一个时代的一定的经济发展阶段，便构成为基础。人们的国家制度、法的观点、艺术以至宗教观念，就是从这个基础上发展起来的，因而，也必须由这个基础来解释，而不是像过去那样做得相反。

马克思根据其独到的历史唯物主义观点，认定人类社会经历了原始共产主义、奴隶社会、封建社会、资本主义社会，未来必将发展到社会主义及共产主义阶段。

清风：在马克思看来，每个人都是具有阶级烙印的，“人类社会的历史就是一部阶级斗争史”，除非是过渡到共产主义社会之后。在奴隶社会对立的两大阶级是奴隶主与奴隶，封建社会则是地主与农民，资本主义社会则是资本家与工人。生产力和生产关系的矛盾、经济基础和上层建筑的矛盾构成了人类社会的基本矛盾。而阶级斗争根源于社会基本矛盾，它是社会基本矛盾在阶级社会的直接体现，同时又为解决社会基本矛盾开辟道路，因而是阶级社会发展的直接动力。

新知：马克思是最反对抽象地去谈论“人”的，正如他所说的，“人是社会关系的总和”。先生你给我的最深印象就是小资情调严重，所以要好好改造呀。我记得早在中学毕业时，马克思就以天才的洞察力注意到了社会环境对人的制约。他在《青年选择职业的考虑》中就认为，青年人对职业的选择某种意义上讲，是社会早就规定好了的其将作何种选择。

清风：普遍公认马克思对人的异化问题研究深刻，你倒是给为师说说。

新知：正合我意，因为当前我就“异化”得十分严重，我最强烈的感觉就是我已经不属于我自己了，好像置身于各种矛盾的旋涡中被人大卸成八块了一样。异化这个词，在黑格尔的著作中用得最广泛，用来说明绝对精神的否定之否定的过程的，被认为是一个唯心主义的神秘概念。除了黑格尔外，第二个对马克思影响巨大的是德国的朴素唯物主义思想家费尔巴哈。他在《基督教的本质》一书中，明确提出了“神是人的本质的异化”这一重要命题。

按费尔巴哈的看法，最初人类生活在天真之中，彼此和睦相处。但是到后来，由于人的个体和类的矛盾，加上以下三个因素的作用（即人对自然的依赖感、要求摆脱依赖感的利己主义天性以及希望超过自然的幻想），终于使人开始了造神运动。人把神性赋予自己，然后又把它对象化出去，与人分离开来，使它成为一个独立的精神实体，这个过程就是人把自己的本质对象化、分离出去的造神过程，也就是人的本质异化为神的过程。

清风：就是说，不是上帝创造了人，而是人创造了上帝。上帝是人所创造，而最后它却成了统治与压迫人的异己力量。那么，费尔巴哈又为克服这种宗教的异化开了怎样的药方呢——

费尔巴哈开出了一帖药方，它包括破和立两方面：一方面是破，即批判、揭露宗教的虚伪性、欺骗性，指出宗教、神、上帝是人的本质的异化，不过是人的精神的创造物，经过揭露和批判，使人们打破宗教的幻想，就能把被异化为神的人类本质归还给人；另一方面是立，即提倡对人的爱来代替对神的爱。这样，宗教就被扬弃了，人的本质也就复归了。因此，费尔巴哈在揭露基督教的同时，要求建立一种爱的宗教，来实现他的人本主义理想。这样，费尔巴哈就把反对异化和实现人道主义统一起来了。

新知：马克思对费尔巴哈的思想进行了扬弃，赞同他关于异化的思想和对宗教的批判，但不赞成其抽象地理解人性，认为通过“爱”就可以消除社会的矛盾和罪恶。在马克思看来，宗教异化来源于政治异化和社会异化，而又以经济异化为基础，这在资本主义社会表现得尤其明显。工人阶级生产出的产品却被资本家占有，只是为了换取最低水平的工资。因此工人被自己生产出来的机器及产品所支配，并且这种劳动完全是强迫的，纯粹是为谋生的，因而也是没有幸福感可言的。

清风：在马克思看来，资本家的人性也被异化，也会人性堕落。资本家必须不断地投资以适应竞争的需要，并且也是经济系统的奴隶，对他们而言拜金主义、商品拜物教、资本拜物教等等都将是必然的。我记得马克思对此曾有一句名言——

有50%的利润他就铤而走险，有100%的利润他就敢践踏一切人间法律，有300%的利润，他就犯任何罪行，甚至冒绞首的危险。

新知：这确实反映了早期资本主义处于原始积累时期的现实。说到马克思与资本家的恩怨，我想起一件有趣的事情。以前我上中学时，有个实习老师教我们记忆的诀窍，就曾举例说，马克思的生日是1818年5月5日，可以记忆成“马克思把资本家一巴掌一巴掌地打，打得呜呜地哭”，哈哈。说到异化，我们可以仔细回忆卓别林主演的《摩登时代》（摩登，英文中“现代”的音译），那在流水线上工作的工人连吃饭都在争分夺秒的滑稽镜头无疑是对异化的最好诠释。说到异化，造成的人性堕落、拜金主义，根据马克吐温同名小说改遍的电影《百万英镑》更是演绎得淋漓尽致。

清风：说到拜金主义嘛，诸如《欧也妮·葛朗台》等小说中描写的吝啬鬼老葛朗台等等都是很好的注脚。仔细回忆一下，我们以前什么时候已简单地探讨过异化的问题了呢？

新知：我没有忘记啊，在评论尼采的思想时已经讨论过了的，先生一定还有很多话要说吧？

清风：想表达得太多了，还是等到最后谈贡献与局限时一并来评论吧。那马克思又认为该怎样来克服这种异化呢？

新知：由于资本主义固有的内在矛盾，必然导致工人的日益贫困化，资本主义也必然爆发深刻的经济危机。工人们通过阶级斗争直至爆发革命，对生产资料和自身创造的产品行使支配权而重新获得他们的人类价值。异化通过革命而废除了，人类变成自觉的、自由的和创造性的了。

清风：看来，还是经济地位决定政治地位呀，哈哈。那你说说，资本主义固有的内在矛盾到底是那样呢？

新知：总是你吊我的胃口，容我也来报复一回，在下节再来告诉你，哈哈。只是，说到这里，我们可以看到马克思的一个重要特色就是特别重视"实践"的作用。马克思认为，"所有哲学家所做的一切都在致力于解释世界，问题的关键在于如何改变世界。"所以，你可以看到的，马克思的思想不只是理论说教，而是要为实践指明方向。要不然后来风起云涌的社会主义运动，怎么可能足足影响半个地球呢？

清风：很好。马克思本人也是积极投身于革命实践中去的，除了拿起手中的笔办那些向资本主义开炮的《莱茵报》《前进报》等之外，他还参加各种工人组织的工作，直至最后创立共产国际。在马克思看来，物质与意识、现实与理论之间是一种辩证的互动关系，而联系它们之间的桥梁就是实践，"布丁之证明在于吃。""一步行动比一打纲领都重要。"

新知：那是马克思的名言呀，很精彩！

3. 马克思的政治经济学

新知：马克思的政治经济学观点，主要反映在其呕心沥血写出的数百万字的《资本论》里面。第一卷于1867年在德国汉堡出版，第二卷、第三卷由恩格斯在马克思逝世后整理其手稿出版。马克思前后历时25年，写出的资本论第一卷一开始的印数只有1000本，并且在第一年只卖出去200本，用他自己的话说"挣不来写书时费的雪茄烟钱"。

清风：伟大的思想只可能被人推迟认识，而不会被人永久忽略。而正因为被推迟，使得后来其就越发受到推崇。或许是马克思本人一生倍受囊中羞涩的折磨，所以更让他坚定了经济状况决定一切的观念，哈哈。

新知：马克思毫不讳言他从斯密和李嘉图等人那里学到了许多东西，正如我们通常所说的英国古典政治经济学是马克思的政治经济学的主要来源。我们在这里不再重复那些诸如"价值""使用价值"等等基本的概念，我们只是谈谈马克思政治经济学的核心思想。这个核心思想，就是剩余价值论，在恩格斯看来，是除了经济基础决定上层建筑之后马克思的又一个伟大发现——

马克思还发现了现代资本主义生产方式和它所产生的资产阶级社会的特殊的运动规律。由于剩余价值的发现，这里就豁然开朗了，而先前无论资产阶级经济学家或者社会主义批评家所作的一切研究都只是在黑暗中摸索。

价值的创造是通过工人的劳动而发生的，因为劳动力代表了生产中人的因素，是最活跃的。资本家所支付的工资，仅是劳动力的价格，是工人在社会必要劳动时间所创造的。工人在社会剩余劳动时间所创造的剩余价值，以利润的形式到了资本家手里。而资本剥削了工人的剩余价值后，由于竞争的压力，驱使他们必须不断地将新技术之类投资于自己的工厂，从而不断地进行资本积累，这也是资本主义内在扩张的基础。

清风：还是没说到正题上来呀，资本主义固有的内在矛盾？

新知：资本主义基本矛盾是指生产社会化和生产资料私人占有形式之间的矛盾。又具体表现为三方面——第一，整个社会生产的无政府状态与各个企业内部生产的有组织性之间的矛盾。第二，社会生产无限扩大的趋势与有支付能力的需求相对狭小的矛盾。第三，无产阶级与资产阶级之间的矛盾。

清风：听起来总觉得有点空洞，有什么事例可以证明的吗？

新知：事实胜于雄辩也。资本主义频繁爆发的经济危机就是明证。1825 年，在英国爆发了历史上第一次经济危机，在马克思所处的时代便已开始呈周期性地频繁爆发经济危机。每当危机爆发时，大量商品堆积在仓库里卖不出去；工厂减产、停工甚至倒闭，生产急剧下降；信用制度遭到严重破坏，货币奇缺，利息率猛涨，股票价格骤跌；大批企业破产，大批商品被销毁，大量工人失业，实际工资下降，劳动人民生活急剧恶化。整个资本主义经济遭到严重破坏并陷于瘫痪和混乱状态。这一切现象，都是由相对于劳动人民的支付能力的相对“生产过剩”引起的。

1929～1933 年的大萧条，则是有史以来整个资本主义世界最惨重最深刻的经济危机。单以美国为例，工业生产连续下降 50 个月，下降幅度达到 46.2%。失业率高达 25%，许多家庭挣扎在贫困的深渊里。

由于发生了这样严重的经济危机，使得亚当斯密所谓市场由“看不见的手”自动调节的正统资本主义经济理论受到了质疑，甚至人们对资本主义制度本身的信念都产生了动摇。

而在眼下全球金融危机爆发后，马克思的《资本论》又开始在欧美国家畅销起来了，因为人们深切体会到不受约束的市场经济所带来的切肤之痛了。有人举着“和资本主义比起来，地狱并不算什么”的标语牌亮相伦敦后很快成了明星。由于现在欧美国家采取的救市措施完全是社会主义的手段——把大银行收归国有或进行严格监管，因而有美国人自嘲道，现在的美国比中国更加社会主义。

清风：更有甚者，认为目前只有中国才能救资本主义，因为美国等资本主义国家除了需要借鉴社会主义的一些手段外，还得依靠中国的外汇储备出手买其国债。

4. 贡献与局限

新知：由于马克思继承了黑格尔的许多思想，所以可以说是西方哲学宏大体系缔造者中的最后一人。以后的哲学流派，在我看来，很多都是在细枝末节上做文章。比如罗素、维特斯根坦等人所创立的分析哲学等，完全是将哲学问题还原为语言学问题，实在看不出有什么高明之处也。

清风：你还是犯那种一棍子打死的老毛病呀，现代的分析哲学、解释学、结构主义等等，在另一些层面上对哲学研究提供了有益的补充。分析—综合—分析—综合，不断地循环往复，这就是思想的发展历程呀。我们今天还不是在进行新一轮的综合吗，是建立在全息论上的新一轮综合呢。有些时候需要在飞机上俯瞰大地的轮廓，有些时候需要拿着显微镜研究局部，两者相互促进，不得偏废也。

新知：我说不过你。关于物质与意识的关系问题，我们以前已用全息论的观点进行了评述，这里再深化一下。随着现代物理学的巨大进展及全息论的建立，我们需要重新审视物质与意识关系问题。世界的本原可以说是物质的，也可说是精神的，也可说是能量的、场的、信息的等等。如果我们只强调其某一方面，那么我们可以得出唯物、唯心、唯能、唯场、唯信息等等很多偏激的观念。正像思想史的发展一样，过分强调经验、理性或意志，分别形成了经验派、唯理派、意志主义等等，但实际上它们都是片面的深刻。

物质决定意识的原理应用在历史研究中演变成了经济基础决定上层建筑，这是马克思的一个巨大贡献。顺理成章地，阶级这个事实以及它对于文化和思想发展所产生的重要影响，也是马克思首次提出来的，这方面的功绩也是不可磨灭的。

说到阶级属性对上层建筑的影响，这也是显而易见的。上流社会把玩的是一些“阳春白雪”之类的东西，而下层民众创造的是属于自己的“下里巴人”的文化。

只不过是硬要说马克思在这方面的一小点局限的话，那就是是否又完全否认人类社会毕竟有一些共同的人性、价值观、宗教、艺术等等，又走向了另一个极端。

清风：说到这里，我们回顾一下以前讲过的存在主义，就曾提到过，相较而言，萨特的存在主义高扬个体的人的价值，可以说是对马克思主义的一个有益的补充。

新知：总该你来评论异化的问题了吧。

清风：答应你的事情，怎么可能忘掉了呢？还是先回顾以前所谈的观点吧——西方人开始面对传统价值的荒凉废墟，开始新的意义上的苦闷彷徨。可以说最早感到这种危机的是马克思，因为马克思特别敏锐地观察到人在资本主义的流水生产线上所带来的严重异化现象。马克思研究的结果是根源在于私有制及其由于单纯谋生所致的劳动分工，得出结论要改变这种局面需要进行阶级斗争，实现社会变革，直至实现社会主义及共产主义。而尼采等人以及后来的存在主义哲学家同样认识到人类所面临的精神危机，只不过他们诉诸于人的内心生活领域，想依靠某种“精神革命”来解决普遍的危机。

一个人在谋生的压力下，他很可能被迫干自己不喜欢的工作，并且这种工作毫无成就感可言，对他而言他成了工作的奴隶，这种异化的感觉肯定是很明显的。问题在于，还是有不少人，完全衣食无忧，完全选择了自己喜欢的工作，到最后也还是觉得缺少幸福感，这又是为那样呢？

新知：下一章老师不是就要谈到人类与生俱来的求变性了吗？因为任何兴趣都是相对而言的，人的本性决定了，到最后都难免久而生厌。解决之道除了马克思主义指出的外，或者按西方学者的诉诸精神革命，不断地提升自己，通向自我实现之路，不断地找寻生命的意义。或者按东方圣贤所做的参禅修道，以达物我两忘的境界。他们管这叫做解脱，不受任何外物的束缚，包括自己的任何后天的意识。

清风：你太厉害了，我也要不甘人后，与你赛着展开评论了呢。前面在评论波普尔及黑格尔的时候，就已经对“历史决定论”的正反两方面的意见进行了一些阐述。无疑地，马克思也是与黑格尔一样认定历史的进程完全符合一种理性的辩证逻辑的，只不过黑格尔认定的是“绝对精神”的自我展开，而马克思认定的是经济矛盾的推动所致。在我们看来，也许历史进程中，理性的逻辑是占有主导地位的，但是把它当作唯一决定因素也是危险的。

新知：无论是马克思还是他最亲密的战友恩格斯也好，由于历史和理论的局限性我们不能去苛求他们所作出的任何预见都完全符合现实事态的发展。但是有些时候基于“历史决定论”的预见还是惊人准确的，最典型的例子就是恩格斯在 1887 年底就预见到了第一次世界大战的爆发——

对于普鲁士得意志来说，现在除了世界战争以外，已经不可能有任何别的战争了。这会是一场具有空前规模和空前剧烈的世界战争。那时会有 800 万到 1000 万的士兵彼此残杀。同时把整个欧洲都吃得干干净净，比任何时候的蝗虫群还要吃得厉害……

清风：马克思最重大的贡献无疑就是对经济因素在社会生活中及历史进程中所起作用的强调。似乎在今天这一点更让人能够理解，正如时下的流行语“钱不是问题，问题是没钱”。

新知：还有前几年曾流行的“钱不是万能的，没钱是万万不能的”。我记得曾与索罗斯共同创立量子基金的投资大师罗杰斯，曾经驾摩托车环游世界，包括来我们中国，曾经写下《罗杰斯环游世界》一书。其中有句话，我是印象很深刻的，“我所理解的马克思主义是这样的，‘有钱才有自由’，我今天有了钱，所以获得了自由。”

我接下来谈谈对马克思的政治经济学的评价。首先，我想说的是马克思是提出宏观经济学的第一人。虽然一般都将宏观经济学第一人的帽子戴在凯恩斯身上，那只是由于马克思的经济学具有较多的政治色彩而已。是马克思最先意识到资本主义的经济体系具有无法克服的自身矛盾，必须要借助国家干预。当然，马克思设想的国家干预是一种釜底抽薪之举，没收一切私有财产，完全实现由国家控制的计划经济。

清风：很好。为什么要实行计划经济呢，因为在马克思看来，只有这样才是理性的，这同他的哲学思路是一贯的。马克思对资本主义的分析建立在劳动价值论上，即商品价值是由社会必要劳动时间决定的，价格围绕价值上下波动。何以会得出这个结论，归根到底还是他的理性思维在起作用。

新知：而西方经济学的价值理论则是完全建立在考虑人的心理因素的边际效用的分析上的。这里不须重复那些基础的理论，而可以打个比方。比如说，一个人要吃三个馒头才能吃饱，但每个馒头对他的满足效用是不一样的。第一个满足程度可能值 8 元，第二个可能值 5 元，第三个可能就只值 1 元了。这就叫做边际效用递减规律。而馒头的价格也是 1 元的话，这个人就不会再买来继续吃了，因为他再吃的边际效用降为 0.5 元了，甚至可能为负（因为很可能他会吃撑掉）。对消费者而言他吃饱这顿饭付出了 3 元钱，获得了 14 元的总满足效用，因而获得了消费者剩余 11 元。

清风：可是我需要吃三个汉堡包才能吃饱一吨饭，为什么汉堡包要 8 元一个呢？

新知：因为最后让你吃饱的那个汉堡包对你的满足感八倍于最后那个馒头带给你的。所有商品的价格不断波动，但最终会达到一种均衡，让消费者在每种商品上花的每一元钱带来的边际效用是一样的。

我认为马克思对资本主义的批判是切中要害的，但是在社会主义建成后如何来监督行政官员及企业领导人则是马克思当年所没有设计到的。生产资料公有了，消除了剥削，但是受人民委托管理生产资料的官员们又如何能够一心为公呢？

清风：这就要看他们的良心了呀。对于这个问题，有人早就想到了的，你一定猜不出他的名字，他是伟大的物理学家爱因斯坦——

这种对个人的摧残，我认为是资本主义的最大危害。我们整个教育制度都蒙受其害。人们把夸张的竞争姿态教给学生，训练他们对好胜喜功的崇拜，以作为他们未来生涯的一种准备。

我深信，要消灭这些严重祸害，只有一条道路，那就是建立社会主义经济，同时配上一套以社会目标为方向的教育制度。在这样一种经济制度里，生产手段归社会本身所有，并且有计划地加以利用。计划经济按社会的需要而调节生产，它应当把工作分配给一切能工作的人，并且应当保障每一个人，无论男女老幼，都能生活。对个人的教育，除了要发挥他本人天赋的才能，还应当努力发展他对整个人类的责任感，以代替我们目前这个社会中对权力和名利的赞扬。

然而应当记住，计划经济还不就是社会主义。计划经济本身还可能伴随着对个人的完全奴役。社会主义的建成，需要解决这样一些极端困难的社会——政治问题：鉴于政治权力和经济权力的高度集中，怎样才有可能防止行政人员变成权力无限和傲慢自负呢？怎样能够使个人的权利得到保障，同时对于行政权力能够确保有一种民主的平衡力量呢？

新知：呀，天才就是天才，随便在哪个领域都会有如此超前的洞察力。

清风：我们不能苛求古人对一切细节都设计得十分完美。在第二次世界大战后，社会主义运动是一种全球化的趋势。在许多西欧国家，都曾经开展过轰轰烈烈的国有化运动，一度国有经济成分都曾占到四分之一左右。但是，国有企业普遍滋生的官僚主义及效率的严重低下使得后来普遍又产生国有企业的私有化运动这也是事实。

新知：前不久我看到一篇文章《香港也有许多社会主义》，我念几段给你听听——

刚来时，朋友告诉我说“香港有许多社会主义”，我大惑不解。后来有了日渐增多的近距观察，明白那是指公共服务。今天香港的七百万人口中，有近半数，或租住政府提供的“公屋”，或购买了政府为“居者有其屋”而提供的普通家庭负担得起的“居屋”。公立医院收费低廉，我的一位女同事生孩子，所花费用，总共是港币四百多元。

香港的公共服务体系和社会福利政策（即“善治”）在20世纪七八十年代就已基本定型。有朋友到港，常带他们去街市。街市大楼里，必设公共体育中心；有供放学后的孩子来做作业的“修习室”；必有一个公共图书馆。香港所有的公共图书馆组成一个网络，你在西环的街市借了书，可以在长洲岛上的街市归还。街市的正式名字是市政大厦，但不是衙门，是政府为市民提供服务的场所。

因而，我可以再次重申一开篇讨论马克思时我的观点，“正是马克思的思想及其所带来的社会主义运动，驱使资本主义进行了自我完善，改善了社会各阶层尤其是工人们的生活。”

清风：你不重申，我也会举双手赞成的，哈哈。虽然第二次世界大战后许多西欧国家的公有化运动遭致失败，但是西方国家通过大力完善各种福利措施，在缓解贫富差异、推动社会公平确实取得了很大的成功。以至于有个英国的经济学家在目睹了中国改革开放初期一些私营企业里工人的糟糕生存状况后，发表这样的感想，“你们中国有许多资本主义，而我们英国有许多社会主义。”

新知：固然如中国过去“一大二公”那套东西造成“干好干坏一个样”，会滋生懒汉，谁又会想到即使在资本主义国家因为施行了一些福利政策，也会滋生出懒汉甚至寄生虫来呢，让我给你看一篇“英国头号寄生虫领救济金养八妻妾”的报道——

据3日英国媒体报道，47岁的英国男子约翰·沃克是一名常年失业在家的懒汉。但令人惊讶的是，没有一分钱收入的他，仅靠政府救济竟同时养活了4个老婆和4个情人以及她们为他所生的11个孩子！据悉，沃克迄今已经花了英国政府250万英磅救济金……

令沃克惊喜的是，英国的救济制度“优越”到令人难以置信的地步——补助机构对他提出的要求总是有求必应……记者上门采访时发现，尽管分文不挣，沃克的生活却过得挺滋润：他住在政府为他提供的一套3层楼房中，周围还有一大片草坪供孩子们骑自行车玩耍……令人惊讶的是，沃克2日接受《每日快报》采访时，竟称：“既然政府可以用纳税人的钱来救助瘾君子和酒鬼，为何就不该给我一些帮助呢?”

清风：看来人性中的好逸恶劳一面在哪个国家都是一样的呀。而实际上英国、美国等国相对来说更加信奉自由资本主义的信条，福利方面的力度相对还算小的呀。而意大利、德国、法国等国福利方面更厉害，而诸如瑞典、瑞士、荷兰等北欧国家更是达到了登峰造极的地步。

如果说早期资本主义是只讲效率的一极的话，那么改革开放前的社会主义则是只讲公平的另一极，现时的资本主义国家及改革开放后的社会主义国家则是兼顾效率与公平的中间分子。

新知：我以前在《参考消息》上就看到过这种说法，说美国是资本主义，而西欧国家是资本主义中的社会主义，北欧国家则是资本主义中的共产主义呢。像瑞士、瑞典等国对每一个公民几乎是“从摇篮到坟墓”全部由国家大包大揽呢，所以会有这样的称谓。当然，高工资、高福利、高税收这三高则是西欧、北欧国家的共同特征。因为西方国家普遍实行累进税率，如果最高税率又制定得很高的话，则意味着越富的人向国家缴纳的税收越重，国家就越有能力通过各种福利制度向穷人进行扶助，从而大大缓解贫富差异。

第十六章 行为主义

“环境决定一切”，极端唯物论在心理学上的表现产生了行为主义。

新知：华生（1978～1958），是美国著名心理学家，行为主义创始人。1913年华生的著名文章《行为主义者所看到的心理学》问世，标志着行为主义正式产生。1915年年仅37岁的华生便当选美国心理学会主席，而在1919年他出版了全面完整陈述自己立场的著作《行为主义心理学》，达到了自己一生事业的顶峰。而在1920年，因为桃色事件所累，如日中天的学术事业突然中止，他转入广告业，直至退休。

清风：你不是如小市民一样一向对桃色新闻感兴趣的吗，你且说说这段花絮给为师听听吧。

新知：看来老师也不能免俗呀，还不是一样的对此好奇不已。华生在与他的学生兼助手罗萨莉进行心理学实验期间，不由自主地爱上了这个美丽的姑娘。此事最后被其老婆玛丽知道，并且规劝无效从而将他写的情书寄给了其任教大学的校长。在当时的大学里是不可能允许一个教授发生这样的性丑闻的，华生只得卷铺盖走人了，他的职业生涯也从此被葬送了，尽管他掀起的心理学革命正在风起云涌。

清风：离题万里，仅此一次，下不为例，快点转入正题吧。

新知：华生的核心思想无非是两样东西，一是将心理、意识归结为行为，二是环境决定论。当然这两点是顺理成章地，既然取消了意识也就谈不上意识的主观能动性，那么行为只能是由环境所决定的一种刺激反应罢了，“人和动物的全部行为都可以分析为刺激与反应。”

清风：传统心理学的研究，被看作是对有意识的状态和过程的研究。心理学实验的被试者被要求去内省，并报告他们所意识到的经验的特征，所以如我们前面所说的从冯特的内省心理学发展到现代的认知心理学，实际上就是遵循的一个刺激、意象及反应的模式。

新知：与之相反的是，华生的行为主义体系的基本特点就是否认传统心理学的对象心理或意识，而代之以行为，又将行为归结为肌肉的收缩和腺体的分泌，而肌肉的收缩和腺体的分泌则归因于外在和内在的刺激，这就导致了刺激及行为的简化的模式。同时我要告诉你的是对象决定方法，行为主义既以行为为对象，所采取的是客观的方法而反对内省的方法。我们前面提到过的华生那篇著名的《行为主义者所看到的心理学》，无疑是对行为主义脱离传统心理学派系发表的宣言——

行为主义者眼中的心理学是自然科学中一种完全客观的、实验性的分枝。它的理论目标是预测并控制行为。内省并不构成其方法论中所必需的部分，其数据的科学价值也不依赖于人们是否乐意以意识的术语进行解释。

清风：华生其实用此三句话宣布了三条革命性的原则：第一，心理学的内容应该是行为，而不是意识；第二，其方法应该是客观的，而不是内省的；第三，其目标应该是“预测并控制行为”，而不是对心理现象的基本理解。

新知：华生严厉地指出，心理学之所以一直未能成为不可辩驳的自然科学，是因为它关心的只是一些看不见的、主观的和无法准确定义的意识过程，“心理学必须抛弃所有意识指向性的时代已经到来，它已大可不必将心理状态当作观察对象以寻求发展。在有关意识元素、意识内容的本质等思辨中，我们已经受到太多的羁绊。作为一个实验学者，我感到某些前提和因之而来的困惑类型是错误的。”

清风：正如后来的学者所言，“心理学先在达尔文那里失去灵魂，后在华生这里失去思想。”实际上，行为主义的思想渊源可以说主要的就是两个，一个就是达尔文的进化论，另一个则是巴甫洛夫的条件反射学说。

进化论由研究有机体结构及其机能的进化而涉及动物心理的进化，把动物心理也看作动物借以适应环境的手段。于是，不只要探索动物在机体结构和机能的发展上与人有连续性，还要进一步探索动物在心理发展上也与人有连续性。英国动物学家摩尔根着眼于人与动物的相同之处，采取了自上而下的途径，提出了著名的吝啬律，即只要能用更低级的心灵作用来解释的活动，就绝对不用较高级的心灵作用来解释它。

德国生物学家洛布比摩尔根的观点还要激进，曾以无机物运动的物理、化学规律来解释植物的运动以至动物的运动，提出“向性”学说，认为像向日葵、灯蛾等的向光性那类运动，是完全受这些生物的机体结构和光的物理、化学关系所支配的。

华生沿着这个方向进行动物心理学的研究，力图消除一切主观的解释。他不但以此为满足，而且主张人类心理学也应如此。

新知：华生认为，行为是可以通过学习和训练加以控制的，从而他否认任何遗传的影响。他夸口说——

给我一打健康的婴儿，并在我设置的特定环境中教育他们，那么任意挑选其中的一个婴儿，不管他的才能、嗜好、性格和神经类型等种种因素如何，我都可以把他训练成我所选定的任何专家、医生、律师、艺术家、商人乃至乞丐和小偷。

清风：这段名言是任何一本心理学书籍在介绍行为主义时所必然要引用的，而另一段恶作剧式的名言知道的人可能就不多了——

如果二十年后，这小家伙长大成人，假如他还因恐惧裘皮大衣而苦恼，又假如他因为这个毛病去求助于精神分析专家，那么精神分析专家该作何反应呢？如果弗罗伊德主义者们那时仍然是坚持他们的理论假设的话，他们在分析这位恐惧裘皮大衣的患者时，一定会引诱他讲述一个梦，并根据这个梦分析出这个患者很可能在三岁时，因为试图抚弄他母亲的阴毛而招致过分严厉的责骂。

新知：老师，你怎么没头没脑地说上这么一大段呢，来龙去脉是什么呀？

清风：好的，慢慢讲给你听。华生遵循条件反射的程序，使一个叫阿尔伯特的十一个月男孩产生了恐惧反应。小阿尔伯特起初并不害怕实验白鼠，看到白鼠时毫无惧色。对他来说，这只小白鼠只是一个中性刺激。华生把白鼠给阿尔伯特看，同时马上在他脑后用锤子敲击一根金属条，发出出其不意的响声，也就是引起阿尔博特惊恐反应的非条件刺激。华生将白鼠和锤敲金属声在一周内共同演示了七次之后，小白鼠就成了条件刺激，阿尔伯特只要一看到白鼠就会惊哭不止，这种恐惧还不断泛化，以至于后来见到小猫、兔子及其他带毛的东西都会大哭不已。

新知：华生针贬精神分析法的流弊不可谓不深刻也。不过华生把行为完全说成是被动的，这与行为所表现的，最为人们所普遍注意的那些特点，如主动性、变异性、选择性、适应性等等明显地不相符合，毕竟行为现象不同于一般物质运动现象。华生的机械主义的严格决定论观点受到新行为主义者的改良，最著名的有托尔曼、斯金纳、班杜拉等等。托尔曼提出刺激和反应之间，即实验变量和行为变量之间存在一个“中介变量”，这就是有机体的内部因素。他用公式表述为B=f（S、P、H、T、A），其中B为行为，S为环境刺激，P为生物内驱力，H为遗传，T为训练和过去经验，A为年龄。也就是说，行为是环境刺激、生理内驱力、遗传、过去经验或训练以及年龄等这些实验变量的函数，而不仅仅是由环境刺激所决定的。

清风：斯金纳则认为心理学应当研究刺激与反应之间的、可观察到的相互关系，对反射“进行操作分析”。他认为，人类行为有“前因—后果”关系，即前一个行为的后果，可以是后一种行为的激励因子并决定以后的行为，这就是他所谓的“强化作用”。该作用涉及强化物的种类、性质及强化物的实施程度等等。这一理论广泛地解释了学习现象，程序教学就是在这个原理的基础上创建的。

班杜拉更加强调人与社会环境的相互作用，从而提出了新的“社会学习理论”，也称模仿学习理论。社会学习理论认为，人类既不是由单纯内驱力驱动，也不是绝对由环境决定。人有认知能力，认知能力是参与、获得和维系行为模式的重要因子。

新知：实际上，班杜拉已经注意到认知的作用了，他就认为“人可以自我评价行为，进行自我奖赏或批判，自我强化”，因而后来有认知心理学的诞生也就不奇怪了。我虽然没能力对行为主义作个全面中肯的评价，但行为主义强调环境刺激的作用，至少让我想起中国古代孟母三迁的故事。孟子之所以后来能成为儒家“亚圣”，与这样一个深谙环境对小孩成长之重要性的贤德母亲密不可分也。

清风：要来评价行为主义，先让我们来考察一下它产生的历史背景。我们前面曾经论证过美国的资本主义迅速地发展起来，社会上弥漫着面向实际、注重实效、自由放任地去追逐个人发展、成功、利益、效用的“美国精神”，为实用主义的产生和发展提供了社会思想基础。迅速发展起来的美国资本主义，把充分利用人的全部潜力来增进生产效率，最大限度地提高利润，最稳定地维持社会秩序，作为研究人的总目的，催生了行为主义。在行为主义看来，生产效率是直接通过身体动作的效率而体现的，要提高生产效率就得靠提高身体动作的效率。而维持社会秩序则在于使人们的行动遵守社会秩序。因此有理由认为心理学应该探索行为的规律，并据以预测和控制人的行为，这对提高生产效率和维持社会秩序来说都是需要的。

新知：华生的行为主义异军突起，是为了克服传统心理学研究意识时的各种主观臆断，但完全否定意识，贬低脑和神经中枢的地位，片面强调环境和教育而忽视遗传及人的主观能动性等则使其走到了矫枉过正的另一方面。从积极的方面来说，以行为为心理学的研究对象，就可以使心理学消除它传统主观性的特点，而取得其他自然科学所共有的客观性，从而与自然科学在对象和方法上有了共同的语言。同时，对客观行为的观察取代了主观意识的内省，因此可以获得更为可靠的结果，更有利于心理学的发展。再有就是，行为主义的兴起，对行为的研究扩大了心理学的应用。就美国而言，心理学家的足迹已经见于生物化学实验室、大中小学校的系统、医院诊疗所、工厂和政府机关，可以说遍及于人事部门，何也？华生不是说行为心理学的目的就在于预测和控制人们的行为吗？

清风：你还是不要完全地空对空，要举一点具体行为疗法的例子。

新知：好的，但限于篇幅，我也只能是点到为止。最初的"厌恶疗法"，治疗的对象大多是染上了严重的不良习惯（诸如酗酒、吸毒、同性恋等等）的人。治疗方法是十分简单的，譬如在酒内掺入某种有毒物质，然后由瘾君子喝下，通过大口的呕吐来激发他们对这种刺激物的厌恶感。当然，这需要反复多次方可奏效。

清风：天哪，这也太不人道了吧？

新知：正因为此，心理学家伍尔帕提出了"冷漠疗法"，其核心是用劝导来启发患者对已往刺激的"冷漠"——

假设你站在游泳池旁，用脚趾头试了一下水，"哟，太冷了，可不能下去。"你缩回脚。这时，你的一个同伴已经泡在水里了，他冲你叫道："没事儿，跳下来吧，这水真凉爽！"于是，你鼓足勇气跳下去。果然，不一会儿，你就在水里愉快地嬉戏起来了。在这里，你的成功是因为你漠视了过去积存在你头脑中的畏缩习惯，你藐视了冰冷的水，所以它便没能对你产生过分的刺激。

清风：好一点了，还有更好的吗？

新知："强化疗法"，斯金纳告诉我们，巩固某种行为的最好办法，便是提供肯定性的强化物，相反，要想消除一种行为，良好的办法便是创造产生否定性强化的可能。

清风：是啊，每当你露出倦意时，我就鼓励你称赞你，从而强化了你与我合作下去的积极性，哈哈。

第十七章　耶稣、《圣经》与基督教

全新视野重新解读耶稣、《圣经》与基督教。基督教义是超越性与世俗性的混合体，基督教历史上也曾被用作奴役人民思想的工具。

新知：先生呀，你这个两耳不闻窗外事的“夫子”，一定不会知道昆明几大电影院门前人们排队看《达芬奇密码》的盛况吧？该片在全球已经刷新了票房纪录，其轰动效应可见一斑。不过许多国家包括我国的天主教会，都发出倡议要求天主教徒要带头抵制这个影片。

清风：竟然会有这等事吗，何也？

新知：因为在这部根据同名小说改编的电影大片中，最后的情节就是人们揭开了一个千古之迷，那就是基督耶稣曾经结过婚并且还有过一个孩子，这当然会被认为是对一直在圣人的光环笼罩下的耶稣形象的亵渎。

清风：是真的吗，为师这次真的是孤陋寡闻了。该片肯定饱受争议了，十年没进过电影院的为师也一定去看看这部大片。既然如此，我们这本东西方文化的比较巨著，对于在西方世界影响深远的基督教，至少也要蜻蜓点水般地简述一下吧，否则会被视为不完整的。

新知：正合我意，不过我知道先生有许多最新研究心得，一定要和盘托出，可不要在弟子面前保守哟。基督教会和许多教会史研究者通常都认定根据《圣经·新约》的记载，基督教毫无疑问是由耶稣所创立的。据载，在罗马帝国之初，也即是公元纪年前后的一段时期，犹太人居住的巴勒斯坦的拿撒勒地区有一个叫耶稣的人，为拯救受苦受难的世人，受上帝耶和华派遣，由童贞女玛利亚经圣灵降孕而生。因而，耶稣是上帝的独子，也是上帝在世俗人间的化身。耶稣在传道过程中还施行神迹，治病救人。这些神迹显示了耶稣奇异非凡的神力，因而使人们相信耶稣就是他们盼望的救世主。此救世主在犹太教用的希伯来文字中被称为“弥赛亚”，在希腊文中被称为“基督”，所以后来将这个由耶稣创立的由犹太教中孕育出来的新教派称之为基督教。

众所周知《圣经》为基督教的经典，它由《旧约》与《新约》两部分组成。《旧约》可以说是犹太教与基督教的共同经典。由于原始基督教最初只是犹太教的一个小派别，它继承了犹太教的“圣经”，但认为犹太教的“圣经”是上帝耶和华与犹太人订立的约法，犹太人“不恒心守约”，那么它已陈旧了，故称之为《旧约》；而基督教自身的经典是上帝与基督徒重新订立的约法，故称之为《新约》。

清风：说到神迹这个问题需要着重评述一番，在《圣经·新约》记载了大量的关于耶酥显现神迹的事情，并且他在宣教过程中还特别频繁地以施行神迹，以此来促进宣教活动的开展。这些事迹不胜枚举，包括治愈许多麻风病人，治愈一个患血漏的女人，平静风浪，让五千人吃饱等等。

新知：在我的印象中，在东方中国及印度自古有修炼禅定、瑜伽、内丹术之传统，因而历史上涌现了许多超强能力的大师，而在中东及西方地区则少有这样的环境，所以对耶酥的神迹我感到有些不可思议，或者有没有可能纯属后人所杜撰呢？

清风：后人在记述中有些添油加醋是肯定的，但绝非是完全的杜撰。比如吕洞宾等八仙的故事肯定来自于民间传说，但并非毫无根据，吕洞宾及钟离权等人在历史上确系道教发展史上的著名人物，道行极为高深在世时即已获神仙之誉也。至于说耶酥生于中东地区而非印度等地，但却练就一身高功夫以至在传教过程中屡施神迹，为师对此已有一个极为大胆之推断了。

新知：赶快“从实招来”呀，让我一享“耳”福呀。

清风：在《圣经》上有关耶酥的生平事迹在他12岁之后到26岁之间是一段长长的空白，没有任何记录说明他的行踪。据载12岁时耶酥跟随父母去了一趟耶路撒冷的圣殿，这之后直到26岁时方有受洗从事传道的表哥施洗约翰的记录。从12岁到26岁之间，我大胆设想耶酥应该是到达了古代印度所在地，潜心修炼禅定并且广泛接触了包括婆罗门教及佛教在内的所有古印度各派宗教的思想精髓。在这期间，耶酥学习了修炼的方法，练就了超强的能力，为以后反复地施行神迹打下了基础，并且吸取了许多古印度宗教的思想并用于自身的传教实践中了。

新知：虽然是异想天开但确能自圆其说也，只是要盖棺定论还需要假以时日。不可否认的一点是在耶酥传教中所宣扬的思想许多都同古印度的宗教思想如出一辙，比如在耶酥著名的登山宝训中所告诫世人的完全是佛教戒律的另一种翻版也。当然的，至于说耶酥以上帝耶和华之子身份劝诫人们信仰上帝并弃恶从善，以能最终升入天堂等说法似乎与无神论的古印度各派宗教有异，那只是因为为了适应中东地区自古以来的有神论的宗教传统而已，其最终目的与古印度乃至东方各家宗教还是一致的。因此，完全可以说，不是上帝创造了耶稣，而是耶稣创造了上帝！至于说历史上最有名的因门徒犹大出卖而导致的耶稣被钉十字架的事件，我也想如同老师一样地进行一番不自量力的老迷新解。

清风：很好，此种不自量力是我最欣赏的，说不定就像新解红楼梦一样会令人耳目一新呢，快说吧。

新知：人所共知据《新约》记载，耶稣在生前就已多次预言自己将被钉十字架然后在死后数日复活之事。在著名的“最后的晚餐”中，耶稣对十二个门徒直言他们中的一个将出卖他，而最终确实是那个叫犹大的门徒出卖了耶稣并导致了耶稣之异常悲壮之死的发生。由于晚餐上有耶稣和十二个门徒，总计十三个人，因而导致十三后来成为了一个在西方世界广为忌讳的一个数字。值得一提的是，后来出卖耶稣的犹大却羞愧难当，自缢而亡。在我看来，犹大之卖主非是为了自己的求荣也，实是为了促使耶稣能够早日下定决心率领民众彻底摆脱罗马帝国的统治。但万没想到一向神通广大的耶稣此番并未显露任何神迹而是束手就擒，甘愿赴死。在耶稣看来，在当时想要推翻罗马帝国的殖民统治是非常危险的，而自己愿意受死，以替众人赎罪也，以此种方式来将基督教教义发扬光大，从而真正造福于广大信众也。

清风：很好，此种解释于情于理都是非常站得住脚的，可谓是对被后世唾骂了数千年的犹大的平反昭雪也。基督教的演进历史表明，耶稣在当时并不主张教徒直接与罗马帝国进行对抗是明智的。当在后来随着罗马帝国内部严重危机的产生，奴隶主、大地主、大商人、官僚，甚至皇帝的亲戚也都加入基督教，教会的势力不断得以发展。到 4 世纪的时候，基督教被罗马帝国接受。392 年，罗马皇帝狄奥多西一世颁布法律关闭一切异教寺庙，正式宣布基督教为罗马帝国的国教，从此开始了基督教成为世界性宗教的历程。当然这一切的产生很大程度上要归功于一个叫保罗的人，正是由于他的孜孜不倦的努力，才使得基督教能够从一个犹太教的小分支独立出来并发展为一个影响历史进程的世界性大宗教。

新知：保罗的故事我来说给大家听。大约在公元 36 年，基督徒在巴勒斯坦的大马士革活动频繁，遭到犹太教统治集团法利赛派权贵的敌视和迫害。而作为这一派忠实信徒的保罗本能地站到本派的立场上，成了迫害基督徒的急先锋。根据《新约·信徒使传》的记载，保罗在路上，突然从头顶上传来耶酥的斥责声，顿时昏倒在地上，三天后才苏醒过来。从此，他发生了脱胎换骨般的转变，并正式皈依了基督教。保罗入教后，为献身传播这一宗教的伟大事业毅然抛弃了自己的职业，离开温暖的家庭，往返于西亚与欧洲各国，传教整整二十八年时间直到自己的生命的最后一刻。作为早期基督教史上的一位最伟大的传教士，他被基督徒尊为“上帝的钦差”圣·保罗。他一生的伟大功绩，还在于他用文字将基督教教义的基础确立下来，编撰成经典圣书《新约》。在新约的二十七章中，有十四章是保罗编写的。

清风：讲得很好，没有保罗，耶酥的思想就不可能四海传扬也。没有你，则为师的思想也也无法传播也，哈哈。你接着发挥，讲讲基督教的主要教义吧。

新知：承蒙老师厚爱，我就继续“传教”一番吧。作为基督教的经典，《圣经》是基督教神学信条的主要来源。罗马帝国和中世纪的神学家以《圣经》为蓝本，通过加工整理及发挥，形成了四个基本信条——

一、信“三位一体”的上帝。认为世界和宇宙存在一种超自然和社会的人格化的神秘力量，即上帝。上帝至高无上，全能全知，是宇宙的最高主宰。他具有三个位格，即圣父、圣子、圣灵三部分。圣父在天名为耶和华。圣子为耶酥基督，受圣父派遣降临尘世，拯救世人的苦难。圣灵是在上帝与人之间的中介，启发人的智慧和信仰，使人弃恶从善。

二、信原祖原罪。认为人类起源于一个共同的祖先，即亚当和夏娃，他们是在上帝创世的第六天，按照上帝自己的形象创造的。他们本居住在无忧无虑的伊甸乐园，后因夏娃受蛇引诱，与亚当一起偷吃了禁果智慧果，懂得了性别羞耻和生儿育女之事，触怒了上帝，降罪到尘世。因而神学家认为人类祖先犯了罪，且此罪有继承性，后世的人只有信仰基督，参加教会，经过洗礼，才能赦免。

三、信基督救赎。上帝派遣其独生子耶酥降临世间，充当救世主，创立基督教，以拯救人类。耶酥为了赎世人的罪，甘愿牺牲于十字架上，以自己的血洗净世人的罪。所以，人们要想灵魂得救，就要信仰与祈求耶酥基督。

四、信灵魂不灭与世界末日。认为人的肉体是短暂的，而灵魂则长存；现实世界有限，死后生活永存，世界末日迟早会到来。人死后灵魂将根据生前的表现受到审判，善者升天堂，恶者下地狱。

清风：关于基督教发展的历史我再给你补充一点，在公元475年时，罗马帝国在内部矛盾和外族入侵下，分裂为以罗马城为中心的西罗马和以君士坦丁堡为首都的东罗马。随着东西罗马的分裂，西部教会和东部教会之间的差别越来越大，西罗马基督徒用拉丁语祷告及发表他们的神学见解，而东罗马人则用希腊语。两种不同的语言自然会导致对教义理解的分歧，两者互不相让，都认为自己才是正宗。于是，最终导致了基督教东西方教会在1052年的大分裂，西部的称为天主教，东部的称为东正教。17世纪，德国的马丁·路德和瑞士的加尔文等人领导了席卷欧洲的宗教改革，再一次分裂了基督教，出现了路德宗、归正宗、安立甘宗等三大新基督教主流派，后又陆续分化出其他许多宗派，这些宗派统称“新教”。

新知：谈到新教，我就必须向你介绍一下《新教伦理与资本主义精神》一书，这本书是提出“工具理性”思想的韦伯在1905年发表的名著。中国人谁都知道马克思，但知道韦伯这个人的可能要少得多了，殊不知其在西方思想界的地位比之马克思其实是毫不逊色也。作者提出并回答如下问题——

为什么资本主义首先在西欧的信奉新教（福音教派）的地区而不是在信奉天主教的地区发展起来？为什么信奉新教的英国人能够在虔敬、贸易和自由这三方面同时取得长足的进步？在中世纪，天主教会宣传尘世生活是罪与苦，幸福极乐远在天国，故而拜金欲被天主教伦理观斥为无耻，追求财富的人被视作“很难让人满意的人”。马丁·路德发起宗教改革之后，贬低现世生活的伦理与规范开始得到改变。“职业”概念的提出具有重要的意义，它在德文中有“神安排的任务”之义，因而肯定了履行世俗义务是神应许的唯一合理的生活方式。于是，现代资本主义精神以及现代文化的一个持续的组成部分——在职业观念基础上的合理生活方式便从基督教的禁欲之中诞生了。

在心理效果方面，这种生活方式使追求财富摆脱了传统伦理观的阻碍，炸毁了束缚追求盈利的锁链，不仅使追求盈利合法化，而且使其被认定为神的意愿。这种特殊的宗教价值观，即伦理性的资本主义精神，作为一种内在的精神冲动，使信奉新教的人群采取十分严格而合理的生活方式和经营方式，为增加财富而创造一种能动的经济秩序，其特征是资本积累，通过消费使盈利达到最大限度以及不断提高生产率。

清风：美国开国政治家富兰克林的名言如“时间就是金钱”“信用就是金钱”等等就是这种精神的反映。英国和美国先后成为资本主义的世界强国，也是得力于这种资本主义精神的推动。打住，你接下来对耶酥、《圣经》及基督教简要的评价一番吧，如此就让我们的讨论画上一个圆满的句号吧。

新知：好的，恭敬不如从命。耶酥毫无疑问地是在历史上可与佛祖、孔子、老子等等并列的伟人也。一方面他所领悟的澄明境界与佛祖、老子等人所领悟的殊无二致也，但另一方面他又能切合西亚地区的实际社会环境，提出了许多易于人们理解接受的伦理性教条，这方面又非常像孔子。由此我认为，耶酥思想实际上是兼有出世哲学与入世哲学之长也，这也使得一心修道的人（在修道院）及常人（在尘世中）都能找到精神的归宿，也就使得基督教后来能够成为世界第一宗教。

清风：孔子基本上可算是一个无神论者，而耶酥则根据当地的文化传统，创造了上帝耶和华这个唯一的神来强化对信徒的教化。耶酥为基督教制定的教义可归纳为两个字“博爱”，即爱上帝和爱人如己。爱人如己的思想倒是与孔子的仁有近似之处，孔子不是说过“仁者，爱人”的话吗？

能够亲近世俗常人并树立起一整套道德规范是耶酥相比老子、佛祖等伟人之长也，但没有像老子、佛祖那样建立起宏大的超越世俗的思想体系则是其短也。所以，基督教比之佛教、道教在其传播地区的世俗社会中的普及程度要高得多，但是其专心修道之人能够达到的境界则必然要低得多。虽然众人在教堂中一起祷告、礼拜等等宗教仪式也确实能够造成一种巨大的心理效应，一定程度上能够净化人之身心，但毕竟能够达到的层次是有限的。而佛教和道教则能够在佛祖、老子开创的思想指引下得到不断地丰富和发展，从而能够建立起一个宏大的从思想到具体修行技术的宝库来，使得能够证得天人合一境界的老道高僧代不乏人也。而你能想象出基督教的修道院中能有几个人修出极高的境界和功力来呢？可以说修女修士们主要是靠着信仰来支撑也，并无具体技术来保证其进入身心融合的境界也。

新知：接下来我再来谈谈《圣经》。圣经是世界上流传最广影响也最大的书，它用约1500种文字出版，发行总量仅次于人口众多的中国所出版的《毛泽东选集》。《圣经》对西方人的生活影响之巨大，我们从电视上就能直观地感受到了，比如美国总统宣誓就职时要手抚《圣经》，口诵《圣经》的牧师在教堂为结婚的新人主持仪式等等。

《圣经》由39卷本的《旧约全书》和27卷本的《新约全书》组成。《旧约全书》的内容主要有4个部分。①律法书——共5卷，即著名的摩西五经，是《旧约》的基本部分，其中包括世界和人类的起源，乐园和洪水的神话传说，也有犹太教的教规和国法。②历史书——共10卷，记述以色列和犹太国家的兴亡史。③先知书——共18卷，是犹太教祭司对社会现象的或褒或贬的评述。④诗文著作——共六卷。

《新约全书》成书较晚，是记载耶稣生平、教训和他的门徒们言行的基督教经典，共27卷，分为3个部分——福音书5卷，使徒书信21卷，启示录1卷。

《圣经》对西方文化的影响是极其全面和深远的，不仅是在宗教信仰及哲学的层面上，在文学、绘画、造型艺术、音乐、建筑甚至饮食、家具等各个方面无一不感受到它的影响。例如，但丁的《神曲》三部曲——《地狱》《炼狱》《天国》就是把《圣经》中的形象和神话同古代历史人物和当代政界人物混合起来，把诗人的生活体验、宗教热情、爱国思想等灌注其间，表达出新时代的人文主义世界观。英国诗人弥尔顿根据《圣经·创世纪》中亚当和夏娃偷吃禁果而被逐出伊甸园的故事，创作了《失乐园》和《复乐园》两部伟大诗篇，表达了诗人对英国资产阶级革命的积极支持。米开郎基罗的《哀悼基督》《大卫》《摩西》等石雕，达芬奇的《圣孕》《最后的晚餐》，拉斐尔的《西斯廷教母》等著名绘画作品都是取材于《圣经》。

清风：你可懂得真多呀，这其中最著名的可能就是那气氛烘托地悲壮异常的《最后的晚餐》了。你又如何评价基督教呢？

新知：早期基督教所宣扬的平等原则，在下层人民中有广泛影响，也对反对罗马的统治起过一定作用，因为其宣传的"救世主"思想和来自上帝的福音给无助的人以精神依托和向往。但是，其后来成为罗马国教之后，在西方世界造成了一种凌驾于世俗政权之上的独特性，给整个西方造成了巨大的灾难。这种情形，有点类似于中国封建社会后期理学成为官方统治思想之后给社会造成的灾难。

清风：实际上不是类似而是大大地有过之而无不及。这是因为中国的儒学从一开始并没有居于正统主流的地位，直到理学兴起，方一统天下，但也是依附于世俗政权而已。而基督教则不然，它到后来成为一种高高在上的神权，整个西方各国的世俗政权都得唯其马首是瞻也。正因为如此，所以西方世界在罗马帝国奉基督教为国教之后，在文艺复兴之前的这千年的历史一向被贯以黑暗的中世纪的标签。有个著名的故事，可以帮助你来认识清楚这个问题——

1075 年，教皇格里高利七世趁德意志神圣罗马帝国局势未稳之际，命令亨利四世放弃任命境内各教会主教的权力，宣布教皇的地位高于一切世俗政权，甚至可以罢免皇帝。对此，亨利四世以召集德意志主教会议，宣布废黜教皇相对抗。于是格里高利七世发布敕令，废黜亨利四世，革除其教籍，解除臣民对他的效忠誓约。在种种内忧外患的严峻形势下，亨利四世再也无法顾及自己高贵的皇帝身份，演出了一场德国版的“负荆请罪”。

1077 年 1 月，年仅 26 岁的亨利四世带着他的妻子和孩子站在满地白雪的卡诺莎城堡的院子里。根据惯例，年轻的德皇赤足披毡站在寒冷的雪地里苦苦恳请教皇接见，并原谅他这个认了罪的人。而格里高利七世这位出身低微的手工匠人的儿子，硬是让高贵的德皇在室外整整等了三天，直到使其受尽了精神上的侮辱后，才出来恩赐给这位忏悔者一个赦罪的吻。这就是史称的“卡诺莎觐见”。

新知：理学的“存天理，灭人欲”是对人性的极端压抑，而基督教则更是将禁欲主义推向了极致。特别地由于它在欧洲具有了超越各国的特权，因而其影响就尤其巨大，对人性堪称极大的摧残。虽然佛道等出世宗教也带有禁欲之色彩，但是它们的学说从来都没有依附政权而被强制推行。

并且，佛教、道教中本身就具备了一整套具体的修炼体系，为修道者真正超凡脱俗提供了保证。从而可以说，对人欲非禁也，实是化欲也。而理学则不然，靠提倡空洞的道德修养来灭欲，基督教则是靠一个对上帝的皈依和信仰来灭欲，其效果如何就是可想而知了。前面老师讲过理学权威朱子自己尚好色不能免俗，况于凡人乎。而从古至今，莫说是基督教的一般信徒，就是许多主教、牧师也屡屡爆出奸淫修女或是女信徒之类的丑闻来。

清风：不仅如此，基督教会特别是天主教会在后期还在政治和经济上对西方各国产生了巨大的控制。政治上，天主教会拥有自己的法庭、监狱和武装力量。在经济上，天主教会拥有天主教世界三分之一的土地，教皇的收入比欧洲各国国王的收入的总和还要多。教会日益成为了庞大的经济实体，拥有大量地产，向广大农民征收高额封建地租。天主教会极端腐败，鬻卖神职，道德堕落，引起民怨沸腾，使得人们对罗马教廷的信仰开始动摇，直接导致了后来的宗教改革和新教的兴起。正如我们前面评述儒家特别是理学时所言的一样，人欲是不可能靠道德的力量来有效束缚的，当然也无法靠信仰上帝来克服的。

新知：说到基督教给西方社会带来的灾难，恐怕更为我们东方人所熟悉的是天主教会对科学的摧残。我们中学学历史时都学过，宣扬哥白尼日心说的布鲁诺于1600年2月17日，被宗教裁判所处以火刑，活活烧死在罗马的鲜花广场上。而近代物理学的奠基人伽利略则因为出版了《关于托勒密和哥白尼两大世界体系的对话》一书，宣传和发展了哥白尼的思想，而被罗马教廷强迫悔过，书被查禁，而人也被终身软禁起来。

基督教成为国教之后，教会垄断了文化教育也垄断了整个精神生活。教会这种万流归宗的特殊地位，决定了它必然会敌视压制以对自然的自由探索为己任的科学。罗马统治者和教会联合在欧洲历史上演出了一场类似于中国“焚书坑儒”式的丑剧，其代表事件就是使古典文化遭受灾难性摧残的烧毁亚历山大图书馆和关闭柏拉图学园。在思想上，教会建立了镇压人民和控制教徒的“宗教裁判所”，将其变成了压制科学思想及迫害科学家的反动工具。任何揭示自然奥秘的科学思想，只要不符合宗教的教义，都会被斥为异端邪说。持有这种思想的人轻则被革教籍，流放异地，重则被监禁，甚至被判以绞刑和火刑。据不完全统计，基督教会用他们的宗教裁判所打击过数量达50万的科学家和有自由思想的人。

清风：具有讽刺意义的是，在布鲁诺牺牲289年后的1889年，罗马教皇不得不亲自出面，为他平反并恢复名誉。1983年，罗马教皇承认“给伽利略定罪的法官犯了错误”，宣布给伽利略平反。

新知：这就充分说明了真理不是强权所能永远压制的呀，历史上无比黑暗的中世纪也早已成为了过去。但是，作为一种宗教形态，基督教却一直是长盛不衰，即使是在当今科学如此发达的文明社会，我想知道这又是为什么呢？

清风：你可参照我们前面对佛教的评述呀。科学再发达，但也无法解答人生一些终极性的问题，更何况现代文明本身还带来了许多令人精神空虚的弊端。人是需要精神救赎的，现代人尤其如此。基督教就是满足了人们的这种需要，因而西方上至总统，下至平民都普遍地有一个基督教的信仰，不是天主教徒便是新教徒。2005年布什来华访问时，不是都还提前联系好要去做祈祷的教堂吗？诚如我们前面所说，每个俗世中的人都还是有那么一丝出世的需要的，这种需要就是一种超越现实痛苦的需要也。前不久我去一个古镇旅游时，在一个庙前看到一幅对联，让我感触颇深，"晨钟暮鼓，惊醒世间名利客；经声佛号，唤回苦海梦里人。"

其实宗教性的需求永远不可能被消除，原因就在于此了。这是因为现实中的苦痛并不是完全可由物质的富足所能完全化解的。当众人聚集在教堂做祈祷时，此时一切贫富贵贱等分别都荡然无存了，人们至少也能获得片刻的宁静也。诚如我们所说，即使是专门的修女、牧师等，他们能够获得的超越境界比之佛道等宗教也是非常有限的，但是基督教的优越性就在于容易入门呀。你看，只要有一丝对上帝的共同信仰，众人便可聚集在一起，一种巨大的心理场的力量一下子也就让人获得了一定程度上的宁静。

新知：门槛低呀，这也是基督教在世界上更为普及的原因呀，基督教在西方世界的普及度只有伊斯兰教在中东的影响可以与之媲美。再有就是基督教有许多伦理道德方面的规范，从古到今都是适用于现实人生的，因而使其更能够被人接受也。这种情况就类似于儒家在中国的情况，相对佛道二家来说，其一直在中国处于一个主流的地位。当前国家提倡复兴国学，很大程度上也是复兴儒学也，各地流行的祭孔大典就是明证也。经过对儒学思想的去其糟粕，取其精华，对于精神文明的建设而言自然有其巨大的现实意义也。

当然，我还是矢志不渝地相信老师以前的分析是正确的，任何伦理道德的教化，无论是基督教的也好，还是儒家的也好，对于人欲而言都只有治标的作用，而不像佛道等那样有治本的作用。但是，佛道实属高妙之物也，又不是常人所能广为接受和实行的，所以，其固然不可能流行成为主流也。儒家也好，还是基督教也好，固然不能治本，但对于似乎世风日下的现实社会而言，毕竟从中还是可以部分地起到一些调和作用。所以，复兴儒学与弘扬基督教，理所当然地成为中西社会现实的召唤也。正如老师所爱打的一个比喻那样，吃药固然只能治标，但它简便易行也，因而人们总是将其作为治病的首选也。老师，以为然否？

清风：你是如此出色，我只有不妨再来画蛇添足一下了。对东方人而言，一边是红尘滚滚，一边是经声佛号，这种格局是永不会改变的；而对于西方人而言，一边是物欲横流，一边是唱诗礼拜，这种情形也必将永存。更何况基督教义中尚有不少属于入世之道德规范，因而就更能融入于世俗生活中并发挥其巨大影响了。

第十八章　站在巨人的肩上

站在巨人的肩上，眺望真理的大海。

1. 哲学回顾

新知：先生，终于与你畅所欲言，将古今中外的主要哲学、心理学思想通览了一遍，我时时都有醍醐灌顶之感呀。

清风：听了你的话，我的心中犹如吃了蜜糖一样甜。倘若在年轻时，我一定马上就飘起来而不知东西南北了。不过，现在的我虽然在听到赞美之辞时，心中仍感到惬意与受用，但自知之明却还是有的。我在想，本书中对各类经典思想的全景式的总结评述，即使不能一石激起千层浪的话，掀起一点儿小小的涟漪甚至是波澜还是可能的。

新知：先生真是虚怀若谷呀，作为一个思想者其思想自会得到公正的评价。我希望先生能够将以前所讲的内容再提纲挈领地回顾与总结一番，以深化读者的认识，你意下如何？

清风：正合我意，我们姑且抛开各家学说认识论方面的内容，将各家学说看作是关于解决人生烦恼从而获得快乐的学说，也可看作是关于追求人性解放从而最大限度地获得自由的学说。

新知：是呀，一个快乐的人呀一定是自由的，而一个自由的人，他不一定是快乐的。

清风：你这是一般层面上的理解。一个真正自由的人一定也是快乐的，此二者若有分离，则其若有自由也非真正的自由，若有快乐也非真正的快乐。至于当今社会，常人虽有自由，但可能并不感到快乐，或者说感到真正舒心的日子其实并不多，而各式烦恼，关于钱的，性的，老婆孩子的，褒贬升降之类的，倒是一个接着一个，他们其实在精神上并未得到真正的解放与自由啊。

新知：妙哉，妙哉，先生毕竟是先生，处处看问题高过弟子一头。怪不得先生你常说吃的盐也比我吃的饭多，过的桥也比我走的路还多。但是在一般人看来，如果一个人有了足够的财富，足够的地位，并且有一个健康的身体去享用这一切的话，那么这个人应该是非常自由与快乐的，他也就不会出现穷人经常面临的那种心有余而力不足，甚至处处捉襟见肘的窘况发生。

清风：但是这样的自由在东方哲学看来仍然不是真正的自由呀，因为他无法摆脱自己的欲望的驱使，并且他也不会得到真正真实而持久的快乐。在东方哲学看来，常人的烦恼源于无休止的欲望，而这无休止的欲望则是源于常人都执着于世界的表象，而这些表象比如功名利禄、美女香车等其实都是变幻无常的。对于这些变幻无常的东西产生执着，从而产生无穷无尽的烦恼。特别是人的欲望是无止境的，所以从来没有过真正的满足，更何况还可能在追求过程中时时处处受挫，正所谓“人生不如意事十有八九也”，那就更是苦恼不堪了。

新知：所以，出世之哲学，道家与佛家也，告诉人们通过修炼，化掉后天的本性去找回先天的原性来，那才是真正的自我。这种理想状态的人，道家称作真人（或仙人），从佛家来讲，那叫成佛。而人人皆具佛性，修炼的目的就是要明心见性，届时天人合一，与自然融为一体。你就会发现，幸福原来不需要在外界去寻求，而是在自己心中，自身原本就是一切圆融俱足的呀。

从道家而言，理想的社会是“小国寡民，鸡犬之声相闻，民至老死不相往来”。在这样的社会也许不能称作真正的社会，这样古朴的原始状态从大环境上为人们顺利找到原性提供了保证，因为越原始的东西，越具有全能性与生命性，所谓返璞归真也。在过去的章节中先生是不厌其烦地用了宇宙全息理论，从显态潜态的角度来论证出世之哲学之真谛也。

清风：聪明，从佛家而言，理想的境界是一种涅槃寂静的净土，即是所谓的“跳出三界外，不在五行中”。佛家称世俗界为三种，即欲界、色界、无色界。“三界之中，犹如火宅”，这常人轮回于三界之中，充满烦恼，永不得解脱。

新知：可五行属于道家“血统”呢，指的是构成万物的金木水火土等五大基本元素也。

清风：难道为师还要你来教吗？佛家要脱俗需“跳出三界外”，而道家要脱俗则需“不在五行中”，讲的实际上是一回事也。道家的发展历史也是修炼技术的发展史，从古代的内丹术为代表的静功，到晚些时候出现的太极拳、八段锦及其他各式动功等等，其宗旨为由后天返先天，返璞归真，复归于婴儿一般，如此则能长生久视，延年益寿也。

也许在佛家看来道家过分纠缠于一些细枝末节了，但是似乎对修炼者而言似乎还是道家更好下手操作，并且其强身健体、延年益寿的功效也是十分显著且有据可查的。佛家相对而言其具体修炼方法显得简略，而更多的是在心性层次上进行说教，以使人增慧开悟上下工夫。佛说四圣谛，三法印以及缘起因果等理论，无一不是欲使人不为尘世之过眼云烟所迷惑，为人之欲望而烦恼，而力求直指人心，见性成佛也。

新知：关于这个问题，我想再为先生补充一二。最近我读了一些讲述佛家的渊源与流变的书，对于整个印度文化的固有特点有所领悟。诚然，在本书开篇不久，先生就曾经讲过这一特点，虽然同为东方文化，都是重视直感统合思维，但与中国相比，整个古印度则处处弥漫着一种强烈的思辨气氛，并且这些思辨并不带功利主义色彩。虽然从严格意义上讲，整个东方文化并未产生如同西方那样的形而上学体系，但佛家相比道家而言及整个印度文化相对中国文化而言则更多包含有形而上学的元素在内。

清风：古印度人具有特别爱思辨的特征，我们以前在讲到佛教的创立时是从古印度的地理以及气候环境而立论的，其实从人类成长的角度而言，大凡在古代人类的童年时，人们总是更爱深沉思考一些，而现代可说是人类的成年时，人们则变得功利与浮躁得多。这也不难理解，就好比个人的成长，在童年时总爱提一些“宇宙有多大，人自哪里来”等问题，而在青少年时代则言必称理想与抱负，而在成年进入社会之后，朋友间见面一开口就是“在哪里发财”了一样。

新知：一方水土养一方人，比如古代中国属于典型的农耕社会，似乎难以产生苦行的土壤，并且中国人总是显得那么悠然自得，因而这里总是产生一些慢节奏的东西，比如太极拳、京剧之类，并且古代中国思想家的思辨性比之印度要差许多，中国人的思想更加具体，更加具有技术性的特征。

清风：是的，从更广更高的层次而言佛家更像是性功，而道家则是命功。当然在佛家传入中国后形成的密宗以及在佛教兴起之前就广为流行、至今不衰的瑜伽则在身体修炼之细致上完全可以与道家相媲美。

另一方面虽然从总体上来讲，道家着力在修炼的技术上下工夫，但在早期的《老子》《庄子》等道家经典中也并未纠缠于修炼的技术细节问题，而也多是关于宇宙人生的一些本体论的讨论。当然我们在前面已多次用全息论来论证了的，“道”啊就是那永恒的潜态的实在呀，如同古印度哲学中最著名的“梵”。而庄子著名的齐物论，更说明古人很早就意识到表面上千差万别的显态万物的内在的全息相关性也，这与佛家所言的“一即一切，一切即一”并无二致也。

当然，如我们前面所言中国人的思想总是具有技术性、实际性与社会性的特征，中国的圣贤即使如老庄也不会仅仅让自己停留在高级的思想层次上，他们总是想到要将其思想应用于社会的方方面面。正因为如此，也难怪《道德经》会被哲学家、政治家、谋略家、兵家、帝王将相等等一致推崇。简言之，老子既通篇论“道”，但又不忘通篇谈“德”，此德也，将道这个世界观应用于社会生活中的方法论也。

新知：当然佛家与道家也就产生了一些各自的弊病。对佛家而言，强调心性解脱是其长，但也造成一些佛教徒完全忽略身体健康而奢求解脱，结果如何是可想而知的。殊不知身体是基础，如果身体百病缠身甚至生命都不存在了，那又何谈得上证得涅槃并求得解脱呢？对道家而言，重生贵生是其长，但也造成许多早期道教徒及其追随者包括帝王将相等走上练外丹而求长生不老之路，结果中毒乃至致死者无数也。

清风：好的，非常精辟，收徒当收新知你也。有你一个徒弟，夫复何求也。

新知：总的说来，佛家道家虽各有侧重，本质并无区别，都是力图找回宇宙万物之原性，从而也找回人之原性也。明末高僧释德清曾有一段非常精辟的话，“不知《春秋》，不能涉世；不知老庄，不能忘世；不参禅，不能出世。知此可以言学矣。”

清风：作为泊来品的佛家却成为了在中国影响深远的宗教思想，它同道家思想一起构成了出世哲学，而与之对应的则是儒家的入世哲学。此三者也，相互交锋与融合，构成了整个中国传统文化的核心。弟子你可否就德清的话发一通高论呢？

新知：先生是太累了，弟子愿为先生代劳一下子。前面讲述道教内丹时就讲过道教提倡性命双修——性功主要指无为之法，以锻炼精神控制力及养气为主，而命功则指有为之法，以锻炼身体技能及练气为主。从最广义的角度而言，专以修心见长的佛家可看作性功，而以修身见长的道家则是一种命功了。

清风：妙、妙，你能如此长进迅速，自可省却为师许多精力了。

新知：再来看德清所言，《春秋》，乃儒家之经典著作也，此代指整个儒家学说，充分说明儒家之入世特征。而道家与佛家同为出世之学说，然依德清之言又细分为出世与忘世之分，此间又有什么微小区别呢?

清风：此微小区别正如我们最初所讨论的，佛家虽为出世之学说，但以普渡众生之形象出现，处处香火鼎盛，与一般民众更贴近一点。而道家长期流传于知识分子即士大夫阶层之中，似乎更阳春白雪一点，且在魏晋时更被作为当时兴起之玄学之主要内容。并且道家文献的一些神仙传中颇多羽化飞仙之故事，道士们又时常一副仙风道骨之风范，似乎是不食人间烟火一般，所以德清要以忘世来形容了。

新知：好一个忘世，莫不是“洞中方一日，世上已千年”也。我想给老师补充一点吧，中国本土的道教却被作为外来宗教的佛教所超越并成为影响最大的宗教，其最初的始作俑者，非是别人就是道家始祖老子也。何也，佛祖释迦牟尼自己在菩提树下得道，他本可以自得其“乐”了，但他却怀抱一颗救人于水火之心，毅然奔波劳累，不辞辛苦说法五十年，毕其一生度人无数，并使得佛法弘扬于世。相反，老子却只顾自己忘世逍遥，骑着一匹毛驴西出函谷关而去，飘飘然如同仙人般，最后以高寿而善终。所以老子开了一个脱离众生的坏头，以至于最后道教越发衰微，而佛教越发昌盛也就不足为奇了。

清风：在你看来老子的风格似乎显得要低一些。不过年轻人不可意气用事，你要看到老子毕竟受函谷关令尹喜所托，留下了千古奇书《道德经》嘛。就境界而言，两位伟人其实是在一个层次上的。当今世界上，尤其是在知识界中，道家与佛家的影响是一样的巨大，并且本身如我所说，它们是各有侧重，互为补充，相得益彰也。

新知：是的，是的，师傅所言极是。只是说，佛家与道家实在是一枚硬币的两面，一则偏于精神，一则偏于生命而立论，是为相互补充也。最简单的例子，比如两家都视淫欲为修行路上的巨大障碍，佛家即谓之“万恶淫为首”，放纵淫欲必造诸恶业，使人心性迷乱等等。而道家则论之，丧神耗气，肾气大伤，水火不济，阴阳失调等等。先不谈这些了，我急于想知道，影响中国文化几千年的儒家入世学说又是怎样来为人们指点迷津的呢?

清风：儒家自孔子开始，建构了一整套以“仁”“义”为中心，进行克己复礼的精神修养的伦理学说来指导人们的行为。到宋代以朱熹为代表的新儒家将其上升到一个哲学的高度，建立了一个以“存天理，灭人欲”为核心的理学体系，将儒家学说推到一个登峰造极的地步，并彻底成为封建社会的主流思想。必须看到儒家思想确实对于中国社会无论在个人修养，还是社会治理方面都有其积极的作用，直至今日仍然有重要的借鉴意义。所以中国决定在世界各地计划建立几百所孔子学院，比如据报道最新在纽约便开张了一家。

新知：打断你一下子，建立以文化名人命名的学院，这方面其他国家早已开了先河，如法国的雨果学院，西班牙的塞万提斯学院，德国的歌德学院等等。2005 年 9 月 28 日整个中国乃至全球在孔子诞生 2556 年之际举行了盛大的全球祭孔仪式，山东孔子故乡曲阜的孔庙和全国四十多处文庙（孔子曾被后来的唐玄宗追封为文宣王，所以各地建了大量的文庙）的祭孔活动尤其热烈。而联合国教科文组织也来凑这个热闹，决定从 2005 年 10 月 9 日开始设立“孔子教育奖”，以表彰为教育事业作出突出贡献的各国政要。

清风：无论是在古代，还是在现代社会，通过儒家文化的大力传播，都对江河日下的社会风气起着一个中和的作用，这一点是毋庸置疑的。但是，在封建社会里，尤其是在后期，它却日益称为封建统治者禁锢人们的思想工具，这也是必须加以指出的。正因为如此，在五四新文化运动中打倒“孔家店”的口号才会响彻云霄，当然这种对儒家文化的全盘否定似乎又有矫枉过正之嫌。

新知：我插一句，儒学真正一统天下并且走向禁欲之极端，被统治阶级多加利用因而遭到后世口诛笔伐，主要是从朱熹建立理学开始，因此可以这样说孔子很大程度上是代朱氏受过了。

清风：近代以冯友兰等人为代表的学者，重新提倡儒家学说，称之为新儒家。我本人也感到尤其是在今天的中国，重倡儒家文化特别有必要，概由于在中国这样一个自古以来的礼义之邦，在现代社会中却处处能体会到普遍的社会公共道德的沦丧以及整个社会的诚信危机。

新知：可见在现代社会中，重新提倡重德重义的教育是多么的迫切。只是为什么在道家的思想中，对儒家不屑一顾而极尽嘲讽之能事呢？

清风：这是很简单的道理，因为在道家看来，“大道废，有仁义”，就是说因为人的原性失去了，才来提倡仁义，而它是非常虚伪的东西。因而，又有，“圣人不死，大盗不止”的说法。就是说，当圣人的言论尚在蛊惑人心的时候，欺世盗名的窃国大盗就不会停止。

新知：确实是这个道理，在人心未能返璞归真的情况下，妄图靠仁义来规范人们的行为，也会给一些伪君子以可乘之机。甚至出现“窃国者侯，窃钩者铢”的局面。

清风：对于这个问题，需要辩证地看。一个方面，人心不能平静，单靠儒家学说确实是一种治标不治本的东西。但是，儒家之仁义学说，至少能对世风日下的状况起到一个中和的作用，这一点又是不可否认的。简单点说，正如民间所言，虽有不少“王宝森”，但确也有一些“孔繁森”呢？即使在古代，不是也不乏如范仲淹之类，一心想着“先天下之忧而忧，后天下之乐而乐”的仁人贤士吗？

新知：我明白了先生的意思了，那就是说作为提倡清心寡欲的东方哲学，不管是道家还是佛家，如若人人皆效仿之，那将收釜底抽薪之效。但是正如我们以前所说的，人之欲望扩张是人之本性所在，所以，在常人看来，出世哲学有一些虚无缥缈之嫌。最关键一点还在于作为一种返还之术，与人之本性有些相悖，因而也有操作上的困难。比如说，在过于安静的环境中，常人的身心反会导致一些紊乱。而人们在喧嚣的生活中，不断地寻求刺激，可以立竿见影地消除烦躁。虽然又带来新的烦躁且让心灵永无休止地不得安宁，但确实是适合常人的简易方法。这种情况，有点类似生了病去吃药，它不是最佳的方法，也不能治本，但它最省力，且立马取效。

清风：这就注定了出世哲学永远都会延续，但又永远只能在一个局部的范围内起一定的作用。而儒家学说，它一方面有使人心更加诡诈的流弊，但另一方面对常人而言有着巨大的可行性和操作意义。它能造就一批高觉悟的人是毋庸置疑的，并且这些人的榜样力量永远是无穷的，永远都对世风日下的社会起一个警世与矫正作用。简单点说吧，着力于建立世俗伦理规范的儒学对于常人而言，能切人事近人情，故有法度可行，而道家佛家虽高妙毕竟相对常人的生活方式而言属于一种“倒行逆施”，下手不易。而道家修行因多从身体锻炼入手，较之佛家又显得更加简明与切用一点。中国古代思想史很大程度上就是此三家学说的不断交锋与融合的历史，如南宋孝宗的一句名言，“以佛修心，以道养生，以儒治世，斯可也。其惟圣人为能同之，不可不论也。”

新知：谈完了东方，再来看西方。西方哲学源自古希腊的萌芽，经过漫长中世纪黑暗的经院哲学，到了黑格尔时期，建立了集辩证法之大成的形而上学体系。一代伟人马克思继承了黑格尔哲学中的合理内核，其根本便是说，世间一切都是由理性与必然性所主宰的，尤其是在历史研究中，逻辑与历史是同构的。马克思将唯物主义的“物质决定意识”引入历史研究中，形成了独特的辩证历史唯物主义，其核心思想是一切的意识形态都是由当时的生产力所决定的，这通常被西方学者称之为典型的经济主导型的“历史决定论”。

清风：马克思与黑格尔类似，坚信能够用一个辩证法的公式概括人类社会的进化过程。他认为所有哲学家所做的都不过是在解释世界，问题的关键在于如何改变世界。马克思给我们指出的方向是通过阶级斗争的方式，推翻资产阶级统治，实现社会主义、全民所有，直到物质极大丰富时，建立共产主义。社会主义时的按劳分配，共产主义时就成了按需分配，人们在那时不再是为了谋生而劳动。劳动成为人的第一需要，人将得到全面发展，真正实现人性的解放，也就彻底摆脱了异化。

新知：马克思的根本思想还是同古代中国“天下大同”、古希腊柏拉图“理想国”的思想相一致的，可见东西方的思想本身也是相通的，这也符合全息论的观点吧。当然，古代的天下大同的思想是建立在一种人文的理想上的，而马克思的思想是建立在他对整个社会的进程尤其是生产力的发展轨迹研究而得出的结论。我们学历史的时候都知道当资本主义蓬勃兴起时，其固有的制度弊病也开始显露无遗，许多有识之士便开始进行了共产主义的实验，但无一不以失败而告终，于是他们被称之为空想共产主义者。但是，有些偏激人士说，当前资本主义国家是垂而不死，腐而不朽，而社会主义则是兴旺而不发达，如何来看待这样的说法呢？

清风：垂死的与腐朽的，是列宁对资本主义发展到帝国主义阶段时所作的评价。不管是马克思还是列宁他们也有他们自身的由于历史所造成的局限，不能对伟人就要求他们的话字字珠玑，对历史进程的把握能够分毫不差。正如我们以前所分析的那样，当代的资本主义一定程度上吸取了一些社会主义的思想，因而一定程度上缓解了阶级矛盾。至于现在的社会主义尤其是中国，提出了新的社会主义初级阶段的理论，同时在很多方面借鉴了西方国家的市场经济的做法，因而现在不仅是兴旺而且开始发达起来了。

新知：谈到这里，我想要谈谈马克思对宗教的批判。在马克思看来，宗教的存在有其合理的因素，只要人间的苦难没有消除，宗教就将成为苦难的避难所。只要从经济上真正消除了其产生的土壤，宗教也就自然消除了。我感觉马克思对宗教的认识只是说对了一半，宗教是人间苦难的避难所，但它不仅限于此。许多人都知道牛顿晚年几乎二十年的时间用于研究神学，目的是研究第一推动力的问题，相类似的情况也发生在与达尔文同时提出进化论的华莱士身上。当我们为牛顿扼腕叹息的同时，似乎也能想到人生、宇宙的许多根本问题，它必然推动智者去思考，因而必然有一种宗教性的需要。

清风：很好，很好，你的出色表现有时让我想叫你老师了。一个关键的问题是，任何宗教本身在其成为一个团体之前，其吸引人的思想教义本身具有深刻的哲学内涵，如果把它同哲学对立起来，就犯了一个天大的错误。另一个问题是宗教固然有着麻痹人们的反抗意志的消极作用，但是另一方面它从更广大的层面上为人类的真正自由指出了一条返还的道路，也是不争的事实。这是因为单从经济上来消除了人们的不平等状况，是否就能让人得到真正的解放呢？答案显然是否定的。

人欲既然是真正造成烦恼的根源，也就不是单单社会变革就能解决问题的了。即使是一些达观贵人，仍然要去教堂做礼拜，何也？因为人性中虽然向外的扩张的力量占主导地位，但是每个人的内心世界又有着强烈的回归人之清静本性的愿望。是以，在宗教的仪式中，人们此时抛开了一切世俗的高低贵贱贫富等区分，因而能够获得一丝真正的宁静。

新知：马克思主义对宗教进行了无情的批判，可有西方学者说它本身也是一种宗教，何也？

清风：遇到你这种小愤青，真是无奈得很呢，拒绝作答这个问题。作为唯物主义的对立面，唯心主义特别是主观唯心主义，无疑是走向了另一个极端。这个极端就是片面强调了意识的能动作用，而否认了客观实在。当然它的功绩也就在于，“态度决定一切”，确实又是我们需要仔细在生活中尤其是心理学中加以分析研究的问题。

新知：存在主义和实用主义异军突起，成为在近现代影响很大的哲学流派。总的说来存在主义的前身生命意志论者更多强调人之本能，意志等对人之行为所起的决定作用，而后期存在主义更加强调人性的绝对自由，人人为自己的选择负责等充满了人道主义精神的思想。虽然存在主义遭遇一个比较经典的选择悖论，但是它对张扬人性，以及对人性的尊重方面确实起到了深远的推动作用，所以是现代人学的重要组成部分。当然，正如萨特晚年会重新认识马克思主义学说的价值一样，说明即使是当代最杰出的哲学大师都意识到完全脱离社会环境而谈论抽象的人性的弊端。

清风：存在主义就是一种人道主义。说到这里，我倒是要与你提一下2008 年 8 月 3 日逝世的前苏联著名流亡作家，诺贝尔文学奖获得者，有“民族的良知”之称的索尔仁尼琴。索老可谓得人道主义之精髓，因为他认为“个人不应作为集体的一员出现。当行动与个人有关时，个人便应成为主角。人的地位是平等的。个人的命运体现在千百万人中间，千百万人的命运集中在个人身上”。

新知：相关报道我也看了，索老在小说中的名句我念给你听听——

宇宙中有多少生物，就有多少中心。我们每个人都是宇宙的中心，因此当一个沙哑的声音向你说“你被捕了”，这个时候，天地就崩溃了。

清风：他的小说主要是揭露了前苏联时期肆意践踏人的尊严的极端统治，不提也罢了。实用主义更多的是继承了康德以来的一种反对形而上学的思潮，试图打破二元论对哲学的统治，以实用为出发点，试图将哲学拉回到现实生活中来。但是，完全否定人类理性对形而上学的思考，是另一种矫枉过正，并且容易滑入利己主义的泥潭而不能自拔。

2. 心理学回顾

新知：我突发奇想，愿意用一张图来总结当代最著名的心理学流派。如下所示：

心理失常←普通人→心理超常

精神分析学←行为主义→人本主义心理学

认知心理学

清风：那你将作何解释呢？

新知：可以将人分作心理超常健康的人以及普通人和心理失常的人三大类，与现代存在主义渊源颇深的人本主义心理学可看作是根据超常人而得出的，而与早期存在主义渊源颇深的精神分析学可看作是研究心理失常的人的，而行为主义和认知心理学可看作主要是针对普通人的。

清风：那我问你既然绝大多数人都是普通人，那么人本主义心理学以及精神分析学对普通人而言又有什么意义呢？

新知：一向是我发问，先生作答，今日反过来了，我倒也很乐意扮演一次先生的角色。普通人是这样一种角色，在他们身上既有一些超常人的特质，只是没有得到充分的调动，因而研究心理超常者就是为了引导普通人也能实现潜能并达到超常者的境界；普通人又是这样一种角色，在他们身上也有许多失常者的东西，只是他们不像失常者那样长时间受困于心理问题而不能自拔，因而研究心理失常者的问题就有助于指导普通人解决好自己的心理问题，避免滑入失常者的行列。

清风：那我给你归纳一下吧，就是说失常者及普通人及超常者本身没有绝对的分野，没有人会是天生的失常者或者天生的超常者。失常者的主要问题在于，按早期精神分析的理解主要是童年经历尤其是童年性本能受到压抑所造成的。按现代精神分析的理解，则失常者的问题主要在于对现实的意象与实际不符合，从而造成需求不能得到满足，紧张不得缓解。精神分析的主要问题是过分强调了满足本能对心理健康的作用，过去经历对心理健康的意义等等。人本主义心理学将超常者称为自我实现的人，这样的人经常都能获得高峰体验，人格完整，追求发挥最大潜能并达到人性的最高境界。它的主要问题在于脱离现实环境的理想化，完全寄希望于诉诸于人的灵魂深处爆发革命来解决普遍的精神危机。

新知：行为主义将心理学研究的对象从意识转为行为，强调了环境塑造行为习惯的重要性，问题在于完全抹杀了人的意识的主观能动性，将心理学完全等同于自然科学，走向了另一个极端。认知心理学通过矫正特定的认知过程以使个体顺利适应当前的生活，具有简便高效的特点，问题在于忽略了客观环境对人类心理的致命影响。

新知：我在想普通人学习心理学应该起到怎样的作用呢？增强胜利者、强者、乐观主义者等等的气质，而减少失败者、弱者、悲观主义者等等的气质，从而能够顺应各种不同的环境，不管是顺境还是逆境，都能保持心理平衡并且不受心理问题的困扰。

清风：你这属于“穷者独善其身”呀，可集体的解决办法对于恢复大众的健康心理更为重要。

新知：这个理我认得，所以还要“达者兼济天下”嘛。问题的关键不在改变个人，回到马克思所说的，问题的关键在于如何改变世界，哈哈。

清风：你倒是越来越聪明了呀。你再来用东方心理学的观点划分下失常者、普通人、超常者吧。

新知：超常者是这样一种人，明心见性，超凡脱俗，在道家称为仙，在佛家称为佛也；普通人则是执着于功名利禄，儿女情长，烦恼不断，内心难得清静；失常者则是欲火炽热，无力摆脱，以致身心分裂，脱离现实而陷入魔境。

3. 中道与“一分为三”

新知：老师，我们对历史上最重要的哲学及心理学流派作了系统的阐述与总结，是否可以说各门学说都有其独到之处，也有其显然的缺陷。所以，在这里就可以用得上中国传统的中庸之道了。所谓中庸之道，不偏执于一端也，如《礼记·中庸》所说“执其两端，用其中于民”也。孔子的名言“过犹不及”，已是妇孺皆知了。我这一年多随侍先生身边，致力于创作本书，已深刻地体会到先生就是持中庸之道来剖析与整合东西方思想的，此言不虚吧？

清风：知我者，新知你也。不过，我的确切思维方式应该用中道来形容，在第一章我就给你讲过了，你为何忘掉了？此中道之说，最初起源于释尊，后由龙树菩萨发扬光大。其内涵显然与主要是用于伦理学的儒家中庸之道不同。

新知：对了，我想起来了，释尊最初建立佛教时，便是既反对享乐主义，又抛弃了残酷的苦行，而提倡通过修行戒定慧三学而达涅槃之境，佛称此为苦乐中道也。到了大乘佛教的代表人物龙树时代，他系统地阐述了其中道思想，最著名的称为八不中道，不生、不灭、不常、不断、不一、不异、不来和不去。我记得老师还用全息论解释道，事物在显态上有对立，但是又有统一的一面，这是因为在潜态上而论事物的信息量是一样的，是本无差别的，此乃龙树修行所悟之道也。大乘佛教本身也是相对于偏重于出世的小乘所做的一种趋向中道之努力，是反对小乘将世间与涅槃对立起来的一种学说，是提倡在世出世，自利利他也。

清风：我个人意见，整个历史无论那个领域，尤其是在思想史领域总是这样一种发展方式，即一种学说兴起，然后产生其对立面，然后产生一种结合，然后又产生对立面，然后又结合，如此循环往复。这有点像三国演义开篇所言“天下大势，合久必分，分久必合……”

新知：这也正如黑格尔哲学中的核心一样，总是正题、反题、合题，如此循环上升。又比如儒家代表入世，佛家道家代表出世，宋代朱熹融几家之长而建立理学。近代熊十力等人结合现代社会之实际而创立新儒家，太虚大师同样对佛家进行改造而创立人间佛教。佛家偏重于精神，偏重于世界观，偏重于“道”，而道家偏重于身体，偏重于方法论，偏重于“术”，而后来兴起的密宗以及道教内丹派又都是融合了二者之长，从而使其更加完善。而道教中有强调性功的北宗及强调命功的南宗之分，而后兴起的中派等诸多流派又融合此二者之长使道教之丹道理论臻于极致也。

清风：如以西方学说而论，理性派的局限导致了以存在主义为代表的人学诞生，而当代西方新哲学流派又普遍地综合了二者之长矣。又比如现代心理学各派别是揉合了精神分析与行为主义之长，然后又抛弃掉其过分强调本能或环境的弊端而纷纷创立的。

新知：先生，请恕我不揣冒昧地说一句，先生此书是迄今为止思想界最完美的一次中道努力，并且可以说是前无古人，后无来者的抗鼎之作。

清风：此言太夸张了吧。说前无古人，也许能勉强地说得过去。在此之前，全息论尚未兴起，要进行东西方文化的沟通，实难以展现出一幅清晰的画面出来。另一个原因，由于种种因缘使得我有幸学兼中西，再加以“站在巨人的肩上”，或许能够比别人看得远一点。我感到自己只是一个在海边玩耍的小孩，偶尔拾到一些美丽的贝壳，真理的大海我还没有发现。

新知：师傅，我虽然才疏学浅，可牛顿的名言我还是听过的哟，如何想到也如此谦虚一番了？

清风：是的，是的，确实是引用了牛顿的名言，可是牛顿如是说出自一个伟人的虚怀若谷精神也，而我引用其所言实在是发自内心也。我水平就只有这么一点，并非刻意来作秀谦虚一番。至于你说到后无来者实在是太狠了，在骂人了吧，因为人类文明总是螺旋式上升发展的，没有谁不会被超越，江山代有才人出，各领风骚数百年也。

新知：后人只要对东西方文化进行比较与整合，都可从老师此书得到借鉴。一部伟大的作品就好像是已经耸立起来的在十字路口的一座丰碑，它即使被后人超越，也是因为受到其指引。

清风：我都快飘起来了，但我毕竟已步入中年，所以轻易是不被戴上的高帽迷惑了。我认为此书最主要的成就有三——一是将全息论引用于对东西方文化的比较，力图打破东方古典文化的玄虚迷局；二是第一次引用易经八卦的阴阳不断分化的推演方式，将东西方主要思想流派及其演进脉络梳理得一目了然，如同我们开篇所绘之人类思想文化之树所展示的那样；三是用求变性与守旧性的对立统一这一自己独创性的理论核心，来重新阐释人类烦恼及行为模式之思想根源（具体论述详见下一章“人生的困惑与抉择”）。

但这些成就在人类思想的长河中其实还是沧海一粟呀，没有什么值得夸耀的，所以我们还是赶快回到正题上来吧。我个人最信奉“思想自由，兼容百家”。我们前面曾引用过泰戈尔的名言，“真理之川从错误之沟渠流过，如果把所有的错误都关在门外了，那真理也就关在门外了”，这是我最欣赏的。

新知：我给老师补充一句，好像是鲁讯说过一句话，“猴子之所以没有变成人，是因为第一个站起来的猴子被众猴当作异端杀害了”。而猿猴中第一个站起来的，则没有经受这样的恶运，所以开始有了人类的出现。

清风：至于说思想演进的方式，如我们前面所言是遵循着不断的“正反合”的发展历程，这就应了老子那句“道生一，一生二，二生三，三生万物”也。这也就像是人们结婚生子一样，阴阳相合的生命本身又有阴阳之分，于是又再相合，如此而已。

新知：在中国式的思维方法里面，强调综合的整体性思维在古文化中从来都是占据着主导的地位。只是应该指出的是，这个新合成的一，已是新的一，是经过发展了的变原来混沌的一而成的明晰的一。在儒家，叫做“执两用中”，在道家叫“得其环中，以应无穷”。又有古书中曰，“人有中曰参，无中曰两。两争曰弱，参和曰强”。

清风：在西方同样有近似的论调，如古希腊的亚里士多德曾说，“过度和不及都属于恶，中道才是德性，是最高的善和极端的正确。”所以有现代中国学者庞朴先生提出一分为三的见解，我个人觉得是非常有新意和创意的。

新知：佛教有所谓三宝“佛、法、僧”之说，而法就是佛与僧之桥梁也。道家谓人体有三宝，精气神也，而为阴之极的精与为阳之极的神是对立的两极，而气是兼有两者且是二者转化之桥梁也。在中国这个充斥天人合一思想的国度，是这样形容的，天地人三才也，所以人是上接天之阳气，下承地之阴气也。精神分析法的著名“三我”理论，本我，自我，超我也，自我是协调本我与超我这对立的两极也。

清风：所以莎士比亚说，“人是万物的灵长，宇宙的精华”。关于一分为三，限于篇幅，只能点到为止。总之，现在时兴的第三种思潮，第三次浪潮，第三条道路等等词汇，说明三的内涵已经开始不断地为人所认识了。

新知：另一个角度来说，师傅博古通今，学贯中西，然后冶为一炉，文化杂交，想不卓越都难呀。正如袁隆平发明的杂交水稻想不高产都难，混血儿费翔想不帅呆了都难一样的道理呀。

清风：歪歪道理，辱没师门也。

第十九章 人生的困惑与抉择

人生的根本矛盾就在于守旧性与求变性的矛盾。

1. 人生的困惑

新知：老师，你可知道我此刻想些什么吗？我此刻急于想让你火速亮剑，给我指出一条人生的中道来。

清风：徒儿差矣，我在这里不是来做一个权威的，而是来做一个引导者的。在我看来，每个人信奉什么学说，选择什么道路，全要因人而宜。好比去看病，不在乎医生的名气，而在于是否对症下药，对症便是好药。如果每个人千篇一律地选择，那此世界便无精彩可言了，而生活是需要七色阳光的。我想再对人生烦恼的根源从另外的角度，完全按照个人的领悟而发表一家之言，以帮助读者能选择最适合自己的人生道路。

新知：人要是知道满足就不会有烦恼了，可是人为什么会不满足呢？比如在战争年代，人们会想到只要是战争结束，和平到来就万事大吉了，结果是和平到来时发现烦恼还更多；比如在经济落后时，人们盼望着衣食无忧的生活，可真解决了温饱，欲望也水涨船高，烦恼还更是没完没了；在经济高速发展的时代，车房齐备的人们也还是觉得备受竞争压力的折磨而不堪重负。又如在大城市的人们厌倦了城市的喧嚣，渴望着那山清水秀的名胜古迹；可那环境真正优美之地的人们，却日日把灯红酒绿的大城市想象成世外桃源。

穷人想着成了富人就没烦恼了，可富人烦恼一点也不见少；普通人为不能出名而烦恼，名人则常为声名而苦不堪言；地位低的羡慕地位高的，而地位高的又可能因高处不胜寒而苦恼。社会是要发展的，人的烦恼也不可能稍有停歇。可是对每个人而言，如能根据自己的实际情况，制定一个限度，不就知足常乐，万事大吉了吗？

清风：你这叫站着说话不腰疼，你自己去试试看，能否做到对自己说

“够了，到此为止了”。来让为师告诉你，人类一切不知足的原因何在，你先重温一下巴甫洛夫的条件反射再说。

新知：巴甫洛夫确实是一个伟大的生理学家，连姜昆讽刺公款吃喝的著名相声也引用了他的大名，“领导，冒号，为了纪念巴甫洛夫诞辰一百周年，我科决定吃烤鸭……”我可不可以这样认为，人自身与生俱来必然具备这种习惯化的倾向。除了低级的条件反射，高级的如习惯、经验、思维定式、性格等等，都是这种习惯化倾向的反映。那么为什么会这样呢？

清风：因为这样一来，将使生物体形成一种保护机制，这种保护机制使生物体最大限度地节省能量。试想如果一个人的恋爱阶段每天都像是在初恋，结婚阶段每天都如新婚之夜，那么这个人也许真的永无烦恼可言，但这个天天处于亢奋状态的人，他就无法有精神再做其他任何事情了，甚至我都不相信他能够维持很多年的寿命呢？

新知：哦，恍然大悟也。如果人谈起恋爱来就每天亢奋的话，那可能人就没有精力去发明这么多现代化的东西，也许我们还在过着茹毛饮血的生活呢。先生另辟蹊径，从生理学着手来探讨人之烦恼之产生根源，高！实在是高呀！人天生如同动物且又高于动物，会对周围一切进行适应，并且习惯化，它节约了人的能量，使人能够从事各种新的学习、活动等等。同时，正是由于这种习惯性才能导致人具有环境的适应性和对不良刺激的适应性。比如，一个人在初恋时受挫可能寻死觅活的，但到第二次第三次等谈恋爱时就不容易再受很大的打击了。但是，这种“习惯成自然”又是一把双刃剑，它又必然导致人们从事这种固定动作的特定肌肉、关节等等的疲惫，尤其是指挥其活动的某一固定的脑神经区域的疲惫，以及备感枯燥乏味的反应。为什么会产生这种疲惫呢？这在中医看来就是长期一个姿势，一个动作，一种神经反应，导致那个区域的气滞而血瘀也。

简单重复就导致人的兴奋度日益降低，所有的感觉都开始变得越加钝化，导致什么都成了例行公事，导致索然无味，所以人难以得到满足而无快乐可言。即使如做爱这样在常人看来是人生心理与生理上的最大享受的活动，最后都有可能变得味同嚼蜡，以至于男人出轨，女人红杏出墙。离婚率虽然已迭创新高，其实许多存活的婚姻一直能持续更多地也仅是靠理智来维系而已。

清风：你所说的婚外恋泛滥以及离婚率直线上升的情况，确实与久而生厌有重要关系，但不是唯一的因素。并且固然很多婚姻是不死不活地凑合着过，但也有一些确实是历久弥新，永葆活力的。

可是，见异思迁实在也是人之本性呀，如我们前面所言之生理上的原因，人们必然不断地求新求异，不断地要从外面世界中去寻找满足与欢乐。正如德国哲学家叔本华说，人之生命就是一团欲望，未得满足则感痛苦，而一旦满足又觉无聊。

新知：听完先生的高论，对人之与生俱来的求变性终于加深认识了。我突然想到我们前面不是讲过西方经济学中的边际效用递减规律吗？任何事物给人的心理满足感也遵从这种边际效用递减规律呀。刚开始最新鲜的时候，边际效用最大，到最后味同嚼腊的时候其边际效用就趋近于零了呀。

我再补充一二，这种求变性也是有层次之分的。比如一个歇业在家的人呆在家中看看电视，久之他会感到一丝疲惫，于是出去散一下步或是下棋打牌之类。久之，又感到累了，又回来做做饭，听听音乐……也许在一天之中就通过这样的调节来克服枯燥乏味。

然而天长日久，这样按部就班的生活又造成了更高层次上的枯燥乏味，于是他可能抽周末去串亲戚朋友家的门子，或是去风景区旅游，或是通宵达旦地打牌、看球赛之类的来调节。但是，久之毕竟该城市对他也缺乏新鲜感了，于是他可能会想到换一个城市。再久之，在国内的生活对他也失去新鲜感了，他可能会考虑出国旅游甚至定居之类的……

类似的，就上班族而论，时间一久，他会觉得自己是在单位与家里进行着两点一线的枯燥生活；就一些学生而言，他会觉得自己是在宿舍、食堂、教室之间重复着三点一线的乏味生活。

清风：很好，很好，某种意义上来说，并不是我指导你做学问，而是你使我感受到了做学问的魅力所在。

新知：怎么我听到这句话觉得这么耳熟呢？对了，师傅是套用了著名足球教练萨基赞扬师傅最崇拜的足球明星“辩帅”古力特的一句话，“并不是我指导古力特踢球，而是古力特才使我真正领悟到足球的魅力”。

清风：你的惊人记忆力更加证明了我对你的评价并不过分。接着你的求变层次或可称为枯燥层次理论进行探讨吧，该理论可以从你刚才说的日常生活的一方面延伸到所有的领域。比如就人的职业选择而论，一个人开始可能是一个时政新闻的记者，可能一段时间之后，感到疲惫的他有可能去选择做财经记者，到最后又改做编辑。到最后通过换岗位已经克服不了这种枯燥了，他又可能会换一家报社去到一个全新的环境来克服这种枯燥乏味。到最后也许他必须通过改行来求得新鲜感和快乐，比如去当律师，再到后来去大学当大学教师等等。

又如就人的恋爱婚姻而论，一个人恋爱阶段非常有激情，但是在新婚蜜月之后，每日面对的不再是花前月下，而是柴米油盐之类的琐碎小事，他日益感到乏味。刚开始他可能试着增加一些浪漫元素，或是改变做爱的环境及姿势来克服。久之，又感到无趣，他可能经受不住诱惑在外面偷情来得到欢乐。对有些有钱或是有权人来说，包二奶或情妇之类就成为他们的首选。也许，当小孩这个感情的纽带诞生后制造了许多乐趣，双方的感情得到一定的增进，一定程度上缓解了那种两个人你看看我、我看看你没有什么话好讲的状况。但是，即使是这样，到一定程度新鲜感再次消失掉时，某一方甚至双方都感觉需要改变时，婚姻便会出现危机了。

新知：你刚才所讲是从个人的角度，其实上升到一个国家是同样的道理。当众人的共同欲望汇聚起来，便成为一种国家意志。这种不知满足的求变性所爆发出的巨大能量，如果用在国内可能是一种不断地文明的进步，用于国外就成了扩张主义的一种根源。历史上的罗马帝国，蒙古帝国包括近代的一些扩张主义大国行径，不能不说有这样的因素在内。

清风：很好，举一反三，孺子可教也。

新知：所以，虽然人皆知“知足常乐”的道理，但实际上难以做到，因为自身的生物学原因，加上流行文化的怂恿，必然是“知不足而常乐”了。可是先生，问题应该还没有这样简单吧，你不能只看到久而生厌的一面，却忽略了久而生情的一面。诚然，我们常人总是容易见异思迁，可是有时候又有陷入过分执着的一面了。该拿起的结果丢下了，该丢下的结果又放不下了。还有，要是没有见异思迁，永不满足，又哪来文明的进步呢？以上几个方面还望先生进一步地开示才好。

清风：弟子莫急，要知后事如何，且听下回分解。

2. 人生的根本矛盾

新知：愿闻其详。

清风：在每个人身上其实都具有两种矛盾的力量——一种是求变性，或称冒险性，求异性，追新性，创新性等等；另一种是守旧性，或称保守性，求同性，恋旧性，依赖性等等。这两种力量因不同时期，不同环境，不同年龄，不同人等而产生不同的此消彼长的不同变化。其实我们在求变时，我们也时刻体会得到守旧性的存在。

比如说按部就班的规律生活令我们烦躁，但当我们突然熬一次夜甚至有午睡习惯的人哪一天耽搁了午睡，我们都会感到非常的不适。当我们兴致勃勃地出外旅游散心时，不出几天甚至不出一天，有的人就又开始想家了。这在出长差的人身上表现得特别明显，他们特别盼望早日回家，那曾经令他们备感枯燥乏味的规律生活，此时对他们而言又成了特别珍贵的东西了，以至于俗话所言“在家千日好，出门万事难”也。推而广之，人们最爱说的一句话就叫“得到时不知道珍惜，失去了方知可贵”就是这个道理呀。

新知：是啊，回家的感觉真好呀，我们每个人如此地留恋与怀念故乡，就是依赖性的体现呀。依赖性，实质就是一种习惯的力量，就像我们所说的“习惯成自然”，一个人凭着自然的惯性力量去做事是最省力的，这就是依赖性的生物学基础。就连我们突然在外面住宿时，连睡眠都没有在家里那么香，这就是人们通常说的“择铺”。所以，我们每到一个新的地方，新的单位，从事一个新的行业等等，最初既有由求变性带来的快感，也有由守旧性带来的不适。有些适应能力差的人甚至很长时间完全不能克服而造成心理障碍，特别是在一些重大的变故比如亲人的逝世或者是与恋人分手之类事情出现时，正常人都需要较长时间来调整以适应这种巨大的变化，而何况感情脆弱特别是依赖性很强的人了。

清风：讲得好，你已可以去当一个优秀的老师了。我们每接受一次新的挑战，不管它多大多小，我们既能体会到求变性所带来的愉悦，但同时又能体会到守旧性让我们带来的不适。只是具体哪种成分占的比例大，因人因事因环境而定。比如我们搬进新居或是换了一个新的单位，我们会很兴奋但又很累，因为一切得从头开始适应。慢慢地，我们终于有了一种“搞顺了”的感觉时，我们不再感到累了，但是疲惫与厌倦又开始要捉弄我们了。

作为一个球迷，我突然想到当2004年欧锦赛法国队因整体表现不佳而过早地被淘汰出局时，许多人指责亨利在国家队中远不如在阿森纳队中的表现出色，因而要负很大的责任。这其实不能怪他，因为在阿森纳这种极其讲究配合的球队，队友们也许闭着眼睛都能将球传到作为核心的超级射手亨利脚下，所以屡屡能打出令人赏心悦目的比赛来。一下子到了国家队从打法到队友全变了，亨利一下子失去了如鱼得水的感觉而少有上乘表现，实是情有可原呀。

我们说每个人身上都有这么两种力量，这种个人的力量汇聚起来就形成一种社会的力量，所以每个社会通常有两种力量，一种是代表革新的力量，一种是代表保守的力量。这种情形在现代西方社会的演绎便是保守党（英国）或是共和党（美国）与工党（英国）或是民主党（美国）的对立与共存及相互制衡。保守党与共和党是坚持正统资本主义传统观念的，而工党与民主党是坚持相对激进的改良主义观念的。

新知：对立的派别经常发生争吵，思想难以统一，并且相互掣肘，就影响了一个社会的发展速度呀。

清风：此言差矣，如果一个国家什么思想都是统一的，当这种思想正确时，当然会走得很快。但反之如果是错误的，也将造成难以想象的灾难。我们前面不是讲过中道的道理吗，用于治国也成立。有中道的精神，国家的发展速度似乎会慢一点，但是却不会过分偏离轨道，以至于有出轨翻车的顾虑。

新知：师傅厉害，弟子佩服。你的清风理论，听起来像是对精神分析中每个人都具有的生存本能（广义泛指一切建设性的力量）和死亡本能（广义泛指一切破坏性力量）之理论的有益补充。每个人也好，每个社会也好，都是求变性与守旧性这两种力量的对立与统一，只有这样才能取得稳定与发展的统一。一个人也好，一个社会也好，如果总是变来变去而不是阶段性的发展，则这样的发展是没有稳固基础的。反之，如果过于稳定，求变性就受到了桎梏，那又将陷入死水一潭的僵化境地。

清风：来分析一下这两种力量的具体特点吧——男人的求变性强过女人，女人则守旧性强过男人；外向的人求变性强，而内向的人守旧性强；青少年的求变性强，而中老年则守旧性强；毫无疑问的，西方人的求变性强，而中国人的守旧性强。

新知：这是自然的，中国人一向求稳，依赖性强，中国人喜欢从众，中国学生听话，但动手能力和创新能力都很差。越是发达的国家和地区，特别是像深圳这样由移民组成的地区，求变性就越强；反之落后的国家和地区守旧性就越强。这是显然的，发达的地方信息量大，时尚的脚步迈得快，人们所受的诱惑也大，当然显得更加浮躁和不知足一些。

清风：但是，从对本地区的优越环境的依恋来说，一些如北京、上海等大都市的人却守旧得多，即使是出外读书，对于那里的学生来讲都不是一个容易下的决心。另外，如同云南这样的地方，其四季如春的气候，加之当地人根深蒂固的“家乡宝”观念，使得在外地几乎就见不到一个云南人。相反，由于历史及文化的原因，也可能由于地处盆地的限制所激发的冲劲，四川人是中国最能离家闯荡的一族。如人们所戏言的，只要是有人的地方，就会发现四川人的身影。

新知：老师，你来昆明后就再也不想去其他地方奔波了，还不是被云南人同化了，哈哈。说到这里，我倒是想到以前所看到的一个报道，那就是科学家特别是自然科学家的婚姻是最稳定的，反之如艺术家之类则是最不稳定的。确实如此，作为感情丰富的艺术家，比如演员、歌星之类，总是绯闻层出不穷的对象，因为他们感情太丰富了，因而是求变性最强的一族。

清风：说到这里，你倒是同英国心理学家想到一块去了。报载，英国心理学家发现，艺术家除了都拥有非凡的创造力之外，他们还都拥有多个性伴侣，而出现这种现象并非偶然。

新知：有些专家说，女人要想图一个安定的话，她们最好去找考古学家，因为这类学者恰恰是最喜旧厌新的。

清风：你什么时候也学会恰到好处地幽默起来了，是受了我的潜移默化的影响吧。很显然的，现代人的求变性比之古代强得多。你看看那时尚的步伐迈得多快呀，流行的口味，每一种流行的服饰，每一种流行的手机款式等都只能维持一段极短的时间。曾几何时，穿上一件皮衣还是一个人身份的标志，而现在皮衣则成了打折甩卖的代名词了。流行的元素变幻之快，实在是令人眼花缭乱呀。特别是婚姻的演变最说明问题，在古代几乎无离婚率可言，这除了那时候“嫁鸡随鸡，嫁狗随狗”的落后观念束缚之外，本身人们的求变性很弱。而现在婚姻已是极不稳定了，正如歌中所唱，“不在乎天长地久，只要一朝拥有”。

新知：但是，老师你又如何看待超级女声大赛呢？我知道你这个老古董一向对一些娱乐节目兴趣索然，但唯独仔细看完了前三名之间最后进行的总决赛。我觉得也许超女现象不至于最后让人生厌吧？

清风：它的生命力或许会强一点，但是最终人们也会生厌生腻的。你也知道在我看来除了“道”是永恒的，没有什么是永恒的。英国是这种“人人都来当歌手”理念的发源地，其节目在英国的名字被称作“流行偶像”，以后迅速在世界各地普及开来，但在英国本土已迅速衰落，并且淡出了人们的视线。

新知：这使我想起前几年曾经风靡一时的台湾版《非常男女》，一时间国内几乎所有电视台都克隆它进行现场的男女速配，全都创下了当地收视率的新高，但不久也全军覆没了。

清风：但是“超女”令万人空巷，收视率超过春节联欢晚会这种现象本身，说明国人太需要个性解放了，而这种平民女子参与比赛，全民参与投票的平民娱乐节目正好提供了这样一个宣泄的舞台。

新知：我要给你念一段梁启超的《少年中国说》——

“欲言国之老少，请先言人之老少。老年人常思既往，少年人常思将来。惟思既往也，故生留恋心；惟思将来也，故思希望心。惟留恋也，故保守；惟希望也，故进取。惟保守也，故永旧；惟进取也，故日新。惟思既往也，事事皆其所已经者，故惟知照例；惟思将来也，事事皆其所未经者，故常敢破格。”

梁先生借用少年与老年人的对比，来针贬时弊、激励世人勇于革新求变，变老年中国为少年中国也，这对于当时尚处于半殖民地半封建主义极其闭关自守的中国而言，确有振聋发聩的作用。从历史积淀的角度讲，像中国这种具有悠久历史的国家肯定比之像美国这种建国历史短且又主要由移民组成的国家守旧性强，这正如黑格尔所言：“传统就像江河一样，离源头越远，其容量就越大。”容量越大，就意味着包袱越重，就意味着历史车轮的巨大惯性，意味着封建专制主义的遗毒越难以轻易铲除。

但是，我们今天似乎又革新过了头，当今之青少年谈到流行时尚一个也不落下，而对传统文化知之甚少，即使是许多名校之大学生也极其缺乏文化底蕴。在商业利益至上的社会里，充满了浮躁，其程度似乎比之欧美国家还有过之而无不及。这也难怪，我们有很长的专制主义历史，现在突然一改革开放且开始以人为本，解放人性，于是乎就长期被压抑的人性就如火山一样喷发而出了。

清风：弟子学贯中西，口若悬河，旁征博引，已初显做学问的大气了，可喜可贺。我们来总结一下吧，就是求变性与守旧性构成了人生的一对根本矛盾。求变则推动了文明的进步，但也就带来了欲望不得满足的无穷烦恼；守旧则避免了许多适应的风险与烦恼，但带来了千篇一律般的僵化及索然无味。

整个生物界特别是人由于节省能量的需要，必然会使一切动作、思想等习惯化，这就是守旧性的由来。但是，习惯化又会导致特定生理与心理区域的疲惫，于是就要求变。求变虽然耗损了能量，但是它产生了新的肌肉、骨胳、神经等的兴奋区域，它使得旧有的兴奋区域的由气滞血瘀所引起的疲惫状态得到改善，因而缓解了疲惫。但是新的兴奋区域不可能长期维持，它又开始习惯化，开始变成守旧性，然后制造新的疲惫，然后又开始滋生新的求变欲望，如此循环往复而已。

由于有这种习惯化存在，它就造成了人们的快乐非常的短暂，所谓“入芝兰之室，久而不闻其香也”，人们也永远不可能真正地知足，如此既推动了文明的进步，又为人带来无穷无尽的烦恼。但是，习惯化使得人们能一次次地将初时费心费力的事情变得自然化、本能化，因而我们才能在生活中完成许许多多、各种各样的事情。并且这种习惯化的存在具有一种双刃性，它既降低了快乐的程度，也能降低恶劣环境或是挫折对人的打击程度，实际上能起到一种保护作用，这种麻木性就是人们常说的另一方面"入鲍鱼之肆，久而不闻其臭也"。

新知：师傅所言极是，我记得我刚学会骑自行车时，都兴奋了好一段时间。不过，以后它完全成了一种代步的工具而已，早已骑得心烦了。偶若是一直兴奋下去的话，那就一直停留在"低峰体验"上了，哈哈。师傅，这自成体系的一套另类思维可称作清风理论，以后也许人们会动辄讲清风曰"如何如何"，哈哈。那么，在探讨了那么多的名人学说又加上老师自己的补充见地之后，老师将给我们指出一条什么道路呢？

清风：先着眼于人生该如何处理求变与守旧的关系来讨论吧，且听下节分解。

3. 再谈守旧性与求变性

新知：老师，让我们再重温一遍加缪所讲的"西西弗"的故事吧，盖因其寓意太过深刻了。西西弗的故事取材于希腊神话，他因为泄露了天神的秘密来帮助河神，而被宙斯惩罚。宙斯罚西西弗推石头上山，但是石头只要被推到山顶，又会再滚落下来，如此日复一日，永无结束之日。

清风：西西弗在山脚时对山顶实际上是向往的，到了山顶实际上又会发现不过如此而已。通过这个故事可以加深我们对求变性与守旧性这对矛盾的理解，加缪所讲的实际上就是人生的一个困局——守下去感到烦躁不安，于是朝着新目标前进，可是一旦达到，其快乐也是短暂的，于是又开始了新的一轮追逐，最后还是烦。我们总是对自己说，只要怎样怎样了，我就彻底快乐了。可是真的怎样怎样了，我们快乐一阵之后，感到彻底快乐还是离我们如此的遥远。

新知：目标要是达不到还更痛苦，真是好一个"烦"字了得。所以，在先生开讲了你的以求变性及守旧性为核心的清风理论之后，我现在对佛法有了更加深刻的认识了。这说明凡是向外追逐的东西，即使达到目的其快乐都是短暂的，所以佛说"无常"之论，劝导人们厌弃世俗生活，而一心修行，证得涅槃之境因而求得长乐。

清风：很好很好，我为你击掌叫好。人们常说"无所求就无所惧"，但是世俗之人说这类话时，无非是在欲望未能如愿时的一种聊以自慰而已，并非也不可能真正超越欲望的折磨。修行得道之人，真正才能做到无欲就无求，无求就无忧无惧当然更无烦了。

新知：可是先生你不会又局限于劝人去修行吧，毕竟能去找回人之原性的是极少数呀。你自己就说过，世俗生活有它的合理性，它是顺应人之天性的。

清风：弟子多虑了，我提出自己的理论，当然不会只用于论证出世修行的重要性上，接下来我就来好好讨论一下在人们日常生活中如何来运用吧。

在有些时候、有些领域盲目求变是会带来一些问题的。首先从一个贵在坚持说起。我们都知道凡事要坚持下去都是不容易的，尤其是对于经常是只有三分钟热情的青年人而言。但是，能够坚持着却是做学问也好，干事业也好的一种基本素质要求。尤其是在屡遭挫折的时候。

新知：人们做什么事情都是这样的嘛，一鼓作气，再而衰，三而竭。单位上也是这样，“新官上任三把火”，开始时领导有热情，群众有很高的期待，时间稍长，大家又都麻木了，于是一切又复归平静。不说远了，正如老师所言，凡事久而生厌，久而生腻，自然就想着求变，但这又容易导致许多人最后一事无成。

清风：我单身一人在广州工作时，一天到晚都在吃盒饭，至今我看见白色的盒子我都感到反胃，哈哈。在我看来，如果世上的人都能有恒心的话，也许这世上能够多出一半的伟人来。昔日曾国藩准备给皇帝上书曰“屡战屡败”，有幕僚将其改为“屡败屡战”，一下子语意大变，活脱脱一个绝不轻言放弃的斗士形象便跃然纸上了。其他不论，从个人的修为的角度来看，曾氏都算是封建社会的一个楷模。

新知：如果我们不能学一行，爱一行，然后钻一行的话，我们最后容易导致如同猴子搬苞谷一般的错误，这山还望那山高，搬一个丢一个，最后两手空空也。

清风：就如为师我一样，什么都喜欢，博而不专，号称通才，实为庸才，东一下，西一下，所以是只叹光阴已蹉跎也。

新知：老师实在是太过谦了，老师爱好广泛不假，但我见老师对每个领域都极尽钻研精神。最难能可贵的是不管命运如何颠来簸去，你仍对自己的理想痴心不改，也才方有今日我与你合作的机会呀。很多事情一旦不能坚持，又换一样从头学起，如此换来换去，就好像总是在转学，但转来转去总是在读一年级一样，一样也没学好。正确做法应是先把一样学好，然后一通百通，然后可以融合百家之长，然后可以自成风格。

清风：这就好比是练书法，先从一家字体临帖开始，直到娴熟，再参学其他就容易了。学习是这样，轻易地改行也同此理，年轻人爱犯的毛病轻易地跳槽也不可取。当然，每次跳槽如果是有利于职位提升或是事业发展尚好，很多情况下仅仅因为是新鲜感的丧失而匆忙跳槽，最后会发现自己跳来跳去还在原地，甚至有越来越倒退的情形发生。我记得著名军事家前苏联的朱可夫元帅曾经说过，有许多比他能力强的人都离开了军事岗位，而他留了下来，所以才有了后来的巨大成就。

新知：所以说成功者永不放弃，放弃者永不成功。我记得在第二次世界大战结束后，邱吉尔曾经出席一个集会，众人翘首以待他的精彩发言。结果他说我给你们的忠告第一是坚持，第二也是，第三还是。我记得以前有一年语文高考的作文题便是根据一幅漫画而发表议论，这幅漫画反映的内容是——一个人去打井，每次都是挖到一半左右，见没有出水，便放弃了，结果打了 N 口井，还是一点水影子也没见。这幅漫画说明凡事贵在坚持的道理，动辄半途而废，就会导致一事无成。

清风：那一年几乎所有的考生都是按照你说的思路来写议论文的，但我却很欣赏有一个考生，他认为此打井人在做任何事情之前，都做大量的可行性研究，该放弃的便毅然放弃，以避免更大的损失，这种态度是非常可取的。有幸的是此生遇上一个非常开明的评卷老师，这篇独出心裁的文章仍然被评了高分。

新知：我很欣赏老师对任何事情都具有的“理解”风格，所谓“海纳百川，有容乃大”也。你非常提倡一种社会的民主与包容精神，非常欣赏一个社会应具有的多元化思潮与生活方式。比如你自己并不欣赏诸如“人造美女”之类现象，但你却认为这类现象在中国出现有它的积极意义，至少说明现在国人有了很大的选择自由。在你看来，改革开放三十多年来中国的变化最重要的不在于经济的腾飞，而在于终于回到了“以人为本”的正确轨道上来。

清风：我有时觉得你比我自己还要了解我，你知道我是非常欣赏存在主义的精神实质的，即使是它所宣扬的绝对自由有一定的偏颇之处，但至少在未伤及社会公众利益的前提下，人们理应有无限的自由，这对中国这种专制历史很长的国家而言是尤其重要的。好了，打住，我们接着说贵在坚持的道理，毅力的重要性是毫无疑问的，但个人在坚持某项事业之前的可行性研究也是必要的。最好是能找准自己的真正兴趣所在，辅之以坚定的毅力，则能无往不胜也。

新知：不是有句话叫“热爱是最好的老师”吗？不过，我觉得年轻人就算是有一个探索过程，也应该在三十岁之前确定自己的方向。这是因为在博的基础上专总是必需的，而且“三十而立”嘛。另外我特别体会到的是，即使是再有兴趣的事，一旦作为一种例行公事，它也会让人备感枯燥的，而人的毅力确实是决定成功与否的关键性因素。

清风：你说得非常正确，所谓“成功的秘诀就是简单的事情重复做”也。比如一个人喜欢下象棋，隔三岔五地下上几盘，他觉得非常享受。但是如果他是一个职业棋手，每日都要不停地打谱“练兵”，然后参加一个接一个的比赛，经常都要体验到胜负世界所带来的残酷与痛苦，那就不是一件简单轻松的事了。所以，成功的秘诀又可以说成是“最重要不是做你喜欢的事，而是喜欢你做的事”。以前我看过一篇文章，说是一个人无论在什么领域，坚持学习一万小时，他都能成为那个领域的专家，从而改变自己的命运。

新知：我计算过，一万小时是这样一个概念，那就是每天学习 8 小时，然后坚持三年左右。一个人能坚持三年，肯定能够大功告成了。古代对修炼者有“百日筑基”之说，意思是坚持三个月左右可以打下一个基础。在我看来，百日可以筑基，千日则可功成也，也就是坚持三年，可以成就一番事业。

我最近看了一本好书，名曰《洛克菲勒给子女的 38 封信》，其中第八封信，名曰“只有放弃才不会成功”，对我的启示尤其大哉。信中特别引用了林肯的例子——林肯一生经历了许多巨大的打击，包括恋人去世，生意巨亏，个人身染结核病，连续不断的竞选失败等等。但是，林肯以百折不挠的毅力，历尽磨难，最后终于竞选总统成功，并且领导了著名的南北战争，解放了成千上万的黑奴，废除了南方的奴隶制度，从而成为了美国历史上最伟大的总统之一。因此在信中，洛氏这样写道，林肯的例子充分说明，一个人是不可能被真正打垮的，除非他选择放弃。

信的结尾的总结堪称经典——

没有任何东西能够取代毅力的作用。才干不行，怀才不遇的人比比皆是，一事无成的天才也很普遍。教育也不行，这世上有着太多学而无用的人。只有毅力与决心，才能无往而不胜。

清风：真是太精彩了，什么时候我也要去找来读读。洛克菲勒是20世纪上半叶美国最伟大的商人，也是一个最慷慨解囊的慈善家，他更是一个伟大的教育家，这才使得其子孙后代个个争气，人人成才。听了弟子引用的洛氏的一番高论，使我更坚信了这样的观点，那就是一个真正有毅力的人，他根本就不需要去读很多的成功学书籍。反之，一个人就算读了再多的成功学著作也是无用的。

新知：道理是大家都懂了，关键是如何去做的问题。老师，你认为造成坚持不懈对常人而言是如此之难的原因还有哪些呢？

清风：两个主要原因，之一是“高原期”的问题。就是说不管是学习还是事业发展到某个阶段，由于各种因素影响，包括自身因长久单调重复所引起的惰性等等，会出现一种怎么努力都似乎停滞不前无法再上升的现象。这种高原期在人的成长过程中会反复多次出现，此时最考验一个人的毅力，如果轻言放弃，最后就会前功尽弃。

新知：这种情况有点像跑步时出现“极点”现象，需要一段时间来克服。青年人在遇到高原期时，不需改弦易辙，只需调整一下学习或工作的方法，并且注意参加一些文娱活动包括旅游等进行调节，就像常人说的“一张一弛，文武之道”也。经过如此一番的“换脑筋”之后，往往就会“山重水复疑无路，柳暗花明又一村”了，然后又可再接厉了。

清风：近代学者王国唯曾有一段关于治学境界的话，我感到不管在哪个领域都用得上，特录于此，与君共享——“昨夜西风凋碧树。独上高楼，望尽天涯路。”此第一境也。“衣带渐宽终不悔，为伊消得人憔悴。”此第二境也。“众里寻他千百度，蓦然回首，那人却在灯火阑珊处。”此第三境也。

新知：关键在于在第二境类似于老师所言高原期时，需要熬得住呀，然后才会有以后的蓦然回首，然后“新大陆”就此发现了，哈哈。那么，接着说第二个原因吧。

清风：第二个原因在于，常人可能不曾意识到当成功真正到来之前，往往需要长期的准备，才能实现从量变到质变的转变。而当质变未到来时，它对人的折磨有时是极其惨烈的，那种孤独无助的感受有时是令人窒息的。这就是许多人最后扛不住而放弃的重要原因，这就导致了诸如“为山九仞，功亏一篑”之类的情况发生。

新知：老师啊，我来给你讲一个经典的很有启发性的故事——

在美国曾经有一个著名的成功人士，他应邀出席一个大型的讲座，为在座各位进行演讲。孰知，他只是叫人搬来一个硕大无比的铁球，然后他用铁锤一下一下地往铁球砸。他说，等到这个铁球开始动了，就开始演讲了。可是，过了很久，这个庞然大物还是纹丝不动。听众开始逐渐失去了耐心，陆续有人开始离去，到最后只剩下了三分之一了。此时，峰回路转，铁球开始动起来了。此人开始叫听众上来用铁锤重新敲它，以让它停下来。可是，再也没有人能够做到让它停下来了。于是，人们开始欢呼起来。此人这时开始发话了，他说道，成功就是如此，不来则已，一来则是挡都挡不住呀。

清风：好，换个说法就是“十年寒窗无人问，一举成名天下知”嘛，关键是要能耐得住那十年的寂寞。

新知：老师，你今天与我合著的这本《经营生命》，还不是浓缩了你十年的含辛茹苦，真正是叫“十年磨一剑”呀。除此之外，盲目求变，还有另外的弊病。比如我们都知道“外来的和尚好念经”“墙内开花墙外香”“拥有的不珍惜，失去方知可贵”等说法，何也？就说明我们往往对身边的优秀人物、优秀成果、优越条件等等亮点会熟视无睹，不知道珍惜，因为感觉麻木了，而总是去追求天边的“月亮”，因为感觉新奇。

清风：《圣经》上说，耶酥刚回到故乡耶路撒冷时，备受当地民众欢迎。可当他们知道他原来是家乡小木匠的儿子时，对耶酥的态度就变得很冷漠了。这也符合常人的通病，因为常人总觉得英雄一定是出自神秘的远方，身边出的伟人因为太熟悉了，也就褪尽光环，见惯不惊了。

新知：此所谓人们常说的“远香近臭”也。生活中的道理也是如此也。我与父母呆在一起久了时，矛盾就会出来，有时候感觉怎么看怎么不顺眼。而我现在一年偶尔回去几次，每次见面相互都觉得特别亲切。

清风：以上我们谈了盲目求变，缺少坚持力会阻碍成功，但在有些时候、有些领域盲目守旧也是会带来一些问题的。比如在生活中老是怀念过去，不能走出过去的阴影开始新的生活，这就是问题所在。因此，对于守旧性与求变性这对矛盾如果能分析清楚，有利于我们在生活中认识与处理很多问题。

新知：看来，在守旧与求变、猎奇与维持现状之间找到一种平衡，是一种生活的艺术。

4. 人生的选择

新知：先生的求变性与守旧性的论述，有助于我们对人生困局的理解和决择。我非常欣赏存在主义的基本观点，那就是每个人都是被荒谬地、偶然地抛到了这个世界上来的，这一点我们不能选择。而来到这个世界之后，在我们有限的生命之中，我们又别无选择，必须进行自己的抉择，然后自己为其负责。

清风：在当前这样功利的社会，你作出选择来与为师坐而论道，然后将其精华诉诸于文字，此情此景令老师感动呀。你可说说何以作出这样选择？

新知：因为好学从而与老师结缘，而天天在老师这里耳濡目染，使我真的是对出世哲学有了全新的认识，真的以后纵然是不能出家也要在世出世，一心向道也。当然要断然出家，固然对修行比之于尘世之中有种种好处，但其中的困难也是非同一般。我一下子就想到了妇孺皆知的八仙之钟离权、吕洞宾及他们合著的《钟吕传道集·第十七论磨难》一文了，特将其白话录于此——

钟离权说："信奉大道的人，开始时也有信心，使恩、爱、名、利，一切尘劳之事，都不能改变他的大志。其次大发苦志，勤奋辛劳，甘于寂寞，一切清虚之境都不能够改变他的初衷苦志。如果想要实现大成，也就是达到中成而已。如果想要实现中成，也就是达到小成而已。况且，又不识得大道，难以知晓天机。所学习的是小法，喜好的大都是异端学说。岁月蹉跎，没有见到它的功效。晚年衰老，不得不再入轮回。致使爱好大道的人，以为常生是妄说，超脱是虚言。常常是听说了大道却不相信，心里即使相信了也没有立下苦志。见异思迁，以物丧志，终究不能逃脱十魔、九难。"

吕洞宾说："什么是九难呢？"

钟说："大药没有成功时，还难以抵挡严寒酷暑，在一年之内，四季需要更换衣服。真气没有生成时，还有饥渴的需求，在一日之内，三餐是要吃的。信奉大道的人，所患的是要穿衣吃饭，这是第一难。

"遇到往世造成的宿缘重孽，到了今世偿还。尽管能够忙里偷闲，还是受到了尊长的约束。受制于尊亲而不忍心逃离，看似一向清闲，却难得有空闲的时间。信奉大道的人，所患的是受尊长的邀约或阻拦，这是第二难。

“遇到喜爱的妻子和儿女，怜惜的父母，恩情像枷锁一样，每日增添。陷于俗事中，片刻不得安宁。即使有清静之心，也难以应付忧愁和烦恼的境地。信奉大道的人，所患的是恩爱牵缠，这是第三难。

“遇到已经富甲万户，权贵三公时，妄心导致不肯短暂的休息，贪心驱使惟恐还不得满足。信奉大道的人，所患的是名利束缚，这是第四难。

“遇到青春年少时不肯修持，一方面气弱成病，愚昧无知，一点也没有反省和觉悟之意，另一方面往世造孽成灾，今世一身受苦，后人应该引以为戒。信奉大道的人所患的是灾祸横生，这是第五难。

“遇到有人把生死当作最大的事，急于求师学法，也不选择真伪。有人学习能言善辩，有人模仿道貌古颜。开始也自称得遇神仙，最后，时间久了才知道是好利之辈。信奉大道的人所患的是平庸之师的约束，这是第六难。

“遇到平庸的老师、狂妄的道友，妄加指引旁门左道，寻枝摘叶，不入根本，所以不能相合，而小法小术，异端学说，却在相互指导着修炼。殊不知日月不出则罢，一出则天下大明，使有眼睛的人都能看见；雷霆不震则罢，一震则天下大惊，使有耳朵的人都能听到。那些小火之光微弱昏暗，井蛙之语细言小声，怎么能够会合在一起呢？信奉大道的人所患的是议论差别，这是第七难。

“遇到早晨作出的决定傍晚就改变了。坐着时还在练功，站起来以后就忘却了。只有短暂的热情，缺乏长久的坚持。开始时好像很勤奋，最终还是懈怠无成。信奉大道的所患的是意志懈怠，这是第八难。

“遇到一生中失去了很多年华，没有改变人体内气的由盛至衰，一年中失去了寒暑交替的机会，没有借助大地的生长收藏改变人体之气的质量，一月中失去了对月亮精华的关注，没有借助日魂月魄的转变调整人体的生理周期曲线，一日中失去了对地气的重视，没有借助地气的升降，推动人体五脏之气的运行。年少时名利不忘于心，年老时儿孙常在与意。时光有限，不要说今年已经过去了，等到明年再行动。人间的事是没完没了的，等到明日再行动。今日尚保不了明日，老年又怎么争得少年呢？信奉大道的人所患的是岁月蹉跎，这是第九难。

“只有免除了这九难，才可以恭奉大道。在这九难中，或许有一二难不能克服，也不能取得最后的成功。”

清风：不是我看低你，此“九难”中没有哪一难你是轻易克服的了的，你还是先死了这条心吧。尘世生活岂是这么容易一下子所能丢得下的吗？让我们再重申一遍吧，“古之欲求长生者，闻道难也；非闻道难也，悟道难也；非悟道难也，行之难也；非行之难也，终之难也。”

新知：我能幸会先生，首先就解决了“闻道”“悟道”的问题了呀，接下来需要解决的是行之并终之的问题。在我看来，由顺欲甚或纵欲所带来的快乐，我们可以称为“欲乐”；而由修道之后化欲所带来的快乐，我们可以称为“真乐”。常人是只认得欲乐，而不识真乐为何物也；而修道者是认得真乐，但因身为凡胎，仍时常被欲乐所牵引困扰也。

清风：事实上有相当多的人是根本没有经过尘世的洗礼就直入空门了，并且同样心无旁骛，矢志不渝。此类天生慧根之人，最著名的远如创立禅宗的慧能，近如明扬法师等人。

新知：也许直入空门还好一点呢，像佛陀这样半途出家，固然是于己求得了大智慧，于陷入苦海中的众人带来了大福音，而对其妻儿来说又未免太残忍、太自私了吧？

清风：从世俗的角度来说也是这样的，不过其妻儿后来也先后加入了佛陀的僧团，也算是功德圆满了吧。你刚才所谈到过的八仙之一吕洞宾也是一样的半途出家修道也。真实的吕洞宾在几次科举考试中失意而归，后遇道人钟离权点化，遂决定遁世修道去也。临行前，将金银财物悉数留给妻儿并附书信一封，以说明其修道之志也。

新知：出家修行固然是一途，但也不是说一出家就一了百了了。寺院里也非绝对清净之地，也有衣食住行、人际关系等等困扰，如古人所说“一着袈裟事更多”也。寺院里也有堕落，远非出家人出家前所想象的世外桃源。近代太虚大师曾大力革新佛教，倡导“人间佛教”运动，何也？

方丈与职事多不学无术，因其选任不靠品德与才学，而是与世俗一样靠钻营与人际关系；数十年戒坛不开，丛林之规扫地以尽；私创庵院众多，为豪强恶势力把持，竟成犯罪渊薮。甚至有的寺庙门前，四方流棍相互集结，屠场赌场、酒楼妓院无所不有。寺内僧人与恶棍相互勾结，盗卖寺产，窝藏罪犯无所不为。至于戒律废弛，不讲修持，不闻讲经说法之声更是普遍现象。

清风：现代情形固然改善许多，但将佛教庸俗化之风日盛也，以至于在有些人心中佛门、道门无非就是荐死超生，奉鬼求神之地也。

新知：是的是的，佛教在普及过程中又被庸俗化了，我们在讲述“大乘佛教”时就已下了定论的。我以为人生如果按照婆罗门教（印度教）所规定的四行期来进行的话，将可以收出入世兼顾且真俗圆融之效也。

清风：天下有这等好事吗，说来听听。

新知：老师又在装傻，你还会没听说过，姑且让我卖弄卖弄了。婆罗门教（印度教）认为人生的正当目的有四个方面，这就是实现“法、欲、利、解脱”等四大目标。为了实现上述四大目标，一种理想的生活方式就是“四行期”——年轻的时候开始禁欲的“梵行期”，学习各种圣典与圣“法”；成年后进入“家居期”，结婚生子并履行世俗义务，在“法”的指导下实现对“欲”与“利”的追求；等儿子长大到从梵行期进入家居期时，便把家政事务全部交付给儿子，自己出家到森林中居住，从事祭祀、瑜伽等宗教的修持，此称为“林栖期”；最后年老了则进入“遁世期”，四处托钵游化，追求最后的解脱。解脱是印度宗教及哲学共同的追求——从生死轮回中断开来，从业力的束缚中解放出来，从包括自我、世界在内的所有对象世界的束缚中超脱出来。解脱的人已实现梵我合一，如同河流汇入海洋，个人也就投入到终极的世界本原中去了，也就是那全能全息的潜态世界中去了。

清风：不错，时时不忘全息思想，这是最令我满意的。“四行期”想必是最对你的胃口了，因为先享尽了现时的欲乐，对尘世中的东西没有任何可迷恋的了，然后可以“动心忍性”，一心向道了。婆罗门教认为，每个人都应该在“法”的指导下去争取自己现世的“欲”和“利”，否则就是“非法”。娶妻生子是印度教徒一生中的重大事件，后世甚至有因此而专门传授情爱知识的《爱经》问世。孔雀王朝宰相考梯利耶也曾特意撰写《实利论》来阐述怎样争取“利”。

因此，古印度很早就肯定了世俗生活的合理性，将宗教解脱与世俗享受很好地结合了起来。

新知：以前我只知道老师是古中国文化迷，现在方知老师完全成了个古印度文化迷了，哈哈。我觉得从某种意义上来说，日本佛教界就要近人情得多，对于和尚是不禁婚配的。近年来，许多日本女白领热衷于去寺庙度假，有的甚至会嫁给和尚。动机不一，有的是爱其智慧，有的是因为收入高，有的开玩笑说，“嫁和尚，不是学习佛法最好的方法么?”

也许对于绝大多数有志于修道的人来说，看破红尘出家并非最好的办法也，当然也绝不等于说是一味地不压抑而顺欲纵欲就能修得正果了。借用古人的话来说，尘世中需要解决好“法、侣、财、地”四大问题。法，选择正确的方法并正确地实践之也，此也就是我们以前常说到的闻道、悟道也。侣，指的是要有支持你修炼的功友及亲朋好友等等，这其中你最亲密伴侣的支持尤其重要。

清风：我插一句，得不到伴侣支持而一味修道练功，是本末倒置也。关于这一点，海灯法师曾说过，“你一早晨就练气功，打太极拳，活都给老婆去忙，使她失去平和愉悦，实在不如上街买菜，回屋做饭。”

新知：财，无钱不足以养道也。没有必要的财力支撑，整天为温饱发愁，你是很难定下心来修道的，更不要说寻师访友本身也是一笔开销。地，你练功的环境要比较安静，空气新鲜。从工作环境来说，你整天在一个人际关系紧张并且勾心斗角的单位上班，恐怕在下班后你一时也难以调整好心态投入练功中也。

清风：总起来说，苦行我肯定是反对的，纵欲我肯定也是反对的，而通过修行寻求持久的真乐，这是我所向往的。但就常人而言，则能够顺人欲而不纵人欲而尽力保持身心健康就应该就是理想的选择了。“宁劝十人还俗，不劝一人出家。”这是十分通达人性的。

新知：对常人而言，需要能够珍惜自己拥有的，在比较中获得更多的幸福感。明末清初有幅《骑驴图》，图上几位老叟同行在一条曲折的山路上，只不过有的骑马，有的骑驴，有的步行，有的推车。画的旁边题道，“人家骑马我骑驴，上不足兮，下有余。”后人又有类似的诗句，“人家骑马我骑驴，富贵荣华我不及。回头看看推车汉，比上不足下有余。”这都充分说明，人的幸福感有时需要在比较中获得。不比较的话，“人心不足蛇吞象”“做了皇帝想成仙”，到最后总是远离幸福呢。

清风：通过比较，我们就会发现，我们实际上即使不是世界上最幸运的人，也不是世界上最倒霉的人，我们其实总是走在中间的道路上。如此一来，我们就会获得心理平衡，幸福感、满足感都会应运而生了。美国的海伦的故事，一直都是我前进的动力。海伦有本书叫做《假如给我三天光明》，对这个自幼就生活在盲与聋的世界的不幸的人而言，三天光明就是她难得的奢侈和最大的幸福了。我们来看看海伦对每一个正常人的教诲

——

我们谁都知道自己难免一死。但是这一天的到来，似乎遥遥无期。当然人们要的是健康无恙，谁又会想到它，谁又会整日去惦念它。于是饱食

终日，无所事事。

有的时候，要是人们把活着的某一天看作是生命的最后一天该多好啊！这就更能显示出生命的价值。如果认为岁月还很漫长，我们的每一天就不会过得那样有意义、有朝气，我们对生活就不会总是充满热情。

我们对待生命如此倦怠，在对待自己的各种天赋及使用自己的器官上又何尝不是如此？只有那些聋了的人才更加珍惜光明。那些成年后失明、失聪的人就更是如此。然而，那些耳聪目明的正常人却从来不好好地去利用他们这些天赋。他们视而不见，充耳不闻，无任何鉴赏之心。事事往往就是这样，一旦失去了的东西，人们才会留恋它，人得了病才想到健康的幸福。

我有过这样的想法，如果让每一个人在成年后的某一阶段瞎上几天，聋上几天该有多好。黑暗将使他们更加珍惜光明，寂静将教会他们真正领略喧哗的快乐。

新知：老师说得很对，常人习惯于总是想到自己缺乏的，而不大想到自己拥有的，因而这是造成总是缺少幸福感且不能很好珍惜现时生活的原因。从另一方面来说，我认为常人实际上面临一个如何在伦理学与心理学之间进行取舍的问题。打个比方说，科学斗士布鲁诺拼命宣传哥白尼的日心说，被认为是挑战了教会的权威，最后被活活烧死在罗马鲜花广场上。“你们宣读判决时的恐惧心理，比我走向火堆还要大得多。”这句临终遗言，震撼了世世代代。从伦理上来讲，他无疑是个坚持科学真理的大无畏斗士。而从心理学上来讲，一个心理健康的人首先就要能够适应现实，并能保全自己。我认为这中间无疑存在着一个巨大的悖论。

清风：你说这个问题很好。在现代一般人面临的问题不会像布鲁诺这样严重，为了坚持一种捍卫真理的道德而竟至于牺牲生命为代价。但是，一般人确实是经常面临是坚持道德还是适应现实以获取当前利益的抉择。这就需要在适应现实与保持高尚之间求得一个平衡。

也许你经过修炼，到了我这种年龄，自能将逆境视为财富，苦中得乐，毫不动摇自己的价值观，并且也几乎不影响到自己的心理平衡。

新知：“清风”仰止，影行行止，虽不能至，心向往之。哈哈。我最后来总结下吧，每个人活着都不容易呀，因为“条条道路都咬人”。这正是生活，生活没有像我们想的那样好，但也没有我们说的那样糟。

清风：你都说到这种程度了，我还能说什么呢？我们总以为生活还未开始，其实生活早已开始。

后 记

让思想飘扬过海，这是我一生的宿愿。

本书终于完工，不禁令我长舒了一口气，感觉就是一偿宿愿，终得解脱。我一贯写作的风格就是有感而发，用心来写，尤其是对本书的写作可用呕心沥血来形容。完成这本宏篇巨帙，像是一次马拉松长跑。即使是在“休息”时，也不时有一些思想的火花闪现出来。每跑一步，令我欣喜，感觉目标又近了一步。但很多时候我又感到处于一种极点状态，觉得真是一点力气也没有了，好在尽管步履维艰，最终还是达到了目的地。

本书的写作最初的构想来自于十年前，这十年来由于一些谋生的压力，一直到2004年7月中的一天，我的生日过后方才正式开始动笔。但是，我对此书的构思从未完全间断过，并且这十年来对写作本书的向往既是我的最大心愿，同时又是我克服一切其他困难的直接动力。在我看来世间万物都如过眼云烟，唯有思想方为永恒。人生虽为有涯，但思想能够流传，则即真正如同实现了对生命的延伸，直至永生。

昔日曹雪芹十年磨一剑而写成千古名著《红楼梦》，并且在开篇即表白心迹道：“满纸荒唐言，一把心酸泪。都云作者痴，谁解其中味。”以前我读红楼梦时对此言并无太深之认识，时至今日，方觉对昔日文学巨匠所言感同身受。前后十年，先后买进千本以上价值数万元的相关参考书籍（有许多书现时已未见卖而在网上旧书店去淘得），然后孜孜不倦地反复斟酌酝酿。而在全力写作的近四年多时间中，最令我感到痛苦的是几乎日日发作的头痛病，这种情况因为用脑过度而造成，使我几欲放弃本书的写作。以本书与《红楼梦》相提并论无疑是大言不惭，但是从所付出的辛勤劳动与我之心境来说应该与曹雪芹有类似之处的。因此可以问心无愧地说，本书就是我心中的《红楼梦》！

俗话说，当教师的要有一桶水，方才能倒出一碗水来。我过去曾在大学里任教数年，对此有深刻体会。然而，对于写作本书而言，完全可以说是从一池水中，方才倒出一碗水来。对于有一定文化层次的人来说，不难理解，诸如《道德经》这样的典籍，对其进行研究的古今中外的著作便已是汗牛充栋，何况其他伟人的一些长篇巨著。而对于本书而言，必须将我个人之心得结合中外研究成果提炼在一章中的数节，其难度可想而知了，难免是挂一漏万了，但是令人欣慰的是尽管有许多的不完美，它终于还是历尽艰辛，破茧而出了。

或许在将来可能的时候，将本书扩充为一套丛书，才真正能够凸显出东西方文化博大精深的全貌来。如此，本书可谓是由博返约，而此丛书则是致广大而尽精微，那就真正实现了相得益彰，可以满足各类读者的需要。并且我从小一直都认为无论是读书还是写作还是思维都适用这样一种方法，即将薄书能够变成厚书，最后又能将厚书变回薄书，此乃最高境界也。

必须加以指出的是，虽然笔者的抱负是汇集各家学说的“片面深刻”，而达趋于全面整合与评价东西方文化思想之目的。但是这样庞大的工作仅由我一人独立完成，其缺陷之处实属在所难免，也许在许多人看来本书又何尝不是一种“片面的深刻”呢？但是，可以无愧于我心的是本书绝对是言之有物、文化含量甚高的作品，绝对不像时下许多职业写手于“流水线”上加工出来的那些东拼西凑的东西，它们虽然也可能因追逐热点而流行一时，但很快就成为文化垃圾那样，那样的作品又有何益呢？

一本书可能会引来好评如潮，但也可能会引来铺天盖地的声讨。马克思有句名言是我非常欣赏的：“最好是把真理比作燧石，它受到的敲打越厉害，发出的光辉就越灿烂。”我想此书的问世，不管是否引起重视或争议，总之只要能推动真理的发展，那就大快我心了。因为真理是越辩越明的，并且也是没有极限的，如同恩格斯所说，“没有任何知识是可以称作最后的。”

以上认识属于不成熟的见解，姑妄言之，同本书一样也在批评之列，热盼欢迎指正，相信抛砖之后定能引来美玉。任何人如果需要引用本书中的观点，都是我喜闻乐见的，但敬请注明出处，这是对作者与读者的起码尊重。祝每一个阅读本书的人都有一个即使不灿烂但必定是幸福的人生，那就是我最大的心愿了。人之生前是一个无限的永恒，人之死后也是一个无限的永恒。生前与死后都不是我们所能预料的，而我们每一个人安排好这两段永恒之间的有限之生命，则是责无旁贷的。

有句名言说得好，“改变自己就是改变世界的最短距离”，相信本书能助读者诸君在自我完善的道路上一臂之力。作为一个博览群书而又深切关注人生终极价值和命运的思考者和助人者而言，借用著名的邱吉尔的一句名言来表达我的心声是最合适不过的了，那就是“我无以奉献，唯有热血、眼泪、辛劳与汗水”。

读者诸君有任何意见可发电子邮件至 penglin19700707@sina.com，不胜感激之至也。

昆明的冬日，仍是清风拂拂，阳光明媚的可人季节。“好风凭借力，送我上青云。”借用这句古诗与所有奋斗中的人们共勉之，我要你活出最精彩的人生（I want you to live your best life）！

定稿于2008年年底